教育部人文社会科学重点研究基地
中国政法大学法律史学研究院 主办

中华法系

第十四卷

主　编：朱　勇
副主编：张中秋　林　乾
编　委：陈　煜（常务）
徐世虹　黄源盛
刘广安　单　纯

法律出版社
LAW PRESS·CHINA
—— 北京 ——

图书在版编目（CIP）数据

中华法系. 第十四卷 / 朱勇主编. -- 北京 : 法律出版社, 2022
ISBN 978 - 7 - 5197 - 6356 - 5

Ⅰ. ①中… Ⅱ. ①朱… Ⅲ. ①法系－思想史－研究－中国 Ⅳ. ①D909.2

中国版本图书馆 CIP 数据核字（2022）第 007231 号

中华法系（第十四卷）
ZHONGHUA FAXI（DI-SHISI JUAN）

朱　勇 主编

责任编辑 孙东育　曲　杰
装帧设计 李　瞻

出版发行 法律出版社
编辑统筹 学术·对外出版分社
责任校对 杨锦华
责任印制 陶　松
经　　销 新华书店

开本 A5
印张 13.375　**字数** 331 千
版本 2022 年 8 月第 1 版
印次 2022 年 8 月第 1 次印刷
印刷 永清县金鑫印刷有限公司

地址：北京市丰台区莲花池西里 7 号（100073）
网址：www.lawpress.com.cn
投稿邮箱：info@lawpress.com.cn
举报盗版邮箱：jbwq@lawpress.com.cn
销售电话：010 - 83938349
客服电话：010 - 83938350
咨询电话：010 - 63939796

书号：ISBN 978 - 7 - 5197 - 6356 - 5
定价：78.00 元
凡购买本社图书，如有印装错误，我社负责退换。电话：010 - 83938349

目　　录

学术研究

学术聚焦

法治人物

学术新人

学术动态

学术研究

【编者按】 本卷《中华法系》"学术研究"专栏部分载有十五篇研究论文，内容涵盖了中外法律制度史、法律学术史、法律思想史、法律文化史、比较法律史。不仅如此，还有数篇文章，表面上似乎与法律史无涉，但实质上却勾勒出了中外法律生成所必需的文化土壤，对于我们理解法律，带有重要的作用。总之，本期这一栏目，从不同的角度，展示了中华法系研究的多元色彩。

法律史学的分类认识

刘广安*

【摘要】 本文系笔者2020年10月29日于中国政法大学科研楼A820室所作讲演的记录，为免学生录音整理辛劳，笔者把讲稿写成口述体。本文意在重新讨论法律史学的分类问题，笔者认为可以根据时代、语言、部门、专题、存在状态、学科关系这六个标准，将法律史学分成若干门类。笔者认为，分类的细化对于促进法律史学的认识是大有裨益的。

【关键词】 法律史学；分类；立体

古代法律体系综论的题目交流多年，每年的内容都有些变化。2020年增加了法律史学的分类认识的内容，是关于法史学科的体系问题，也是认识法律体系的法史基础问题。为什么要增加这一节内容呢？我看到许多法史学论文，经常是从某一个点或某一个方面选择题目，很难多角度、多层次地认识法律史学，很难认识立体的法律史学，论文往往限于直线式的、平面式的法律史学认识。为了认识法律史学的各个方面，认识立体的法律史学，我根据法史学界的研究情况，把中国法律史学分为六类认识。

* 中国政法大学法律史学研究院教授。

一、根据时代分类

一般分为法律通史和法律断代史。法律通史的代表作是张晋藩先生主编的《中国法制通史》和张国华先生主编的《中国法律思想通史》。从学科体系看,主要注意通史的分期问题。在何种理论指导下论述分期问题?哪些朝代合在一起写,哪些分开写?其历史依据是什么?法律依据是什么?

民国时期的法史名家陈顾远和杨鸿烈关于中国法制史和中国法律思想史分期的论述值得特别注意。陈顾远在1934年出版的《中国法制史》和1964年出版的《中国法制史概要》中,都专门谈了法制史的分期问题。段秋关老师为陈顾远的商务印书馆2017年版的《中国法制史概要》写的经典导读中,专门评论了陈顾远的法制史分期论述和他写法制史著作的影响,值得细读。

1997年我发表在《中外法学》第三期的《二十世纪中国法律史学论纲》,专门评述了陈顾远关于法制通史分期的观点:陈顾远提出了三项应当遵守的原则,一是"不应妄依朝代兴亡而求中国法制之变迁"。他认为"历代法制彼此相应之点,密密相接,如环无端,实居其大部分",如果一律依朝代横断为书,则难以会通古今,认识法制演变的连续性。二是"不应专依某种标准而言中国法制之变迁"。他认为,在中国史的分期还没有统一的认识标准之前,如果要说明中国法制变迁的阶段,只有暂时从法制本身的性质去考察,即"从中国法制之变迁中,求中国法制史之阶段"。三是"不应偶依个人主观而述中国法制之变迁"。他批评了当时有关中国法制史分期的若干主观性的见解,提出了自己认识中国法制演变的主张。他认为,就整个的中国法制史而言,其变化主要有三种,即"变法"之变、"法统"之变、"律学"之变。这三种变化是各种法制变化的根本。其中,变法之变是最大的变动。变法无论成功还是失败,在中国法制史上都有重要的意义。"成功,则开展百千年法制之局面,不成功,亦有其彪炳之事业,为后世所深思者在。”他认为,中国法制史上最大的变法是秦商鞅变法和清末变法,其次是汉代王莽变法和宋代王安石变法。法统之变是较小的变动。他论述了从法经到秦汉律一直到明清律的变化情况,就以律为代表的中国古代法律系统的演变提出了具体的看法。关于律学之变,陈顾远认为,了解律学的盛衰,有助于推知法律的兴替;了解律家的派别,有助于认识法律的精神。他在系统地考察了律学演变的轨迹之后,精辟地总结说:“故自法学之衰,继以律学,律学之微,沦入刑幕,此实数千年来之最大变迹也。虽然,刑幕之为人鄙视,律学之终归不振,则又与法学之自秦以后,不再兴盛,有其绝大关系。法学何以一败至此?当然不外受儒家思想打击甚深所致。因之,后世之法,虽具有所谓法家思想之形骸,而其精神在大体上则皆儒家思想化矣。此种结果之价值估定,正自难说。然儒家思想影响于中国之法制,使其卓然成一法系,则为事实。”陈顾远关于变法之变、法统之变和律学之变的精辟论述,至今仍值得法律史学者格外重视。

这是1997年我的论文的转述和评论,今天再强调三点:第一,陈顾远重视认识法制演变的连续性,反对依朝代兴亡而求中国法制之变迁。这是很有道理的,但要注意,朝代兴亡是客观的历史存在,依朝代分期就是尊重历史的客观性。只要我们把各个朝代有联系的制度和变化了的制度都分专题说清楚,依朝代分期、朝代为纲、制度为目仍是当代很多法史学者采用的著作体例。需要说明的是,哪些朝代主要制度以继承为主,可以合在一起写。哪些朝代主要制度变化较大,应当分别撰写。都要说明理由,解释清楚。第二,陈顾远主张“从中国法制之变迁中,求中国法制史之阶段”。这突出了法制史的学科特点,应当继续坚持这种认识。第三,陈顾远认为“法统之变是较小的变动”,只注意了律典系统的变化,没有注意会典系统的变化,是其不足之处。

杨鸿烈根据中国法律思想演变的特点,并结合各个时代学派的变化情况,将中国法律思想分为四个时期:殷周萌芽时代、儒墨道法诸家对立时代、儒家独霸时代、欧美法系入侵时代。这种分期法,至今仍受到中国法律史学者的尊重,并对当代中国法律思想史教材体系的安排产生了影响。但要注意,杨著所说“儒家独霸时代”,“独霸”一语概括有差误,应是以儒家为正统的时代,还吸收了法家、道家等多种学派的观点。当代法律思想史著作对此已有更正。

新中国学者进行法史分期研究的基本理论是五种社会形态的理论。1985 年之前的法史学论著是在五种社会形态理论的支配下分期的。这在大学法史学教材体例的安排上表现最为突出。五种社会形态理论对揭示不同历史时期法律的本质和特点,有其深刻之处。但难以解释不同历史时期法律的继承性和相同性。学者们认为中国奴隶社会的礼的基本原则、刑法的主要原则、婚姻继承制度的主要原则,在中国封建社会里形式上变化不大,也没有本质的变化。五种社会形态理论割裂了不同历史时期法律的连续性,并造成了很多法律史论著以论代史的缺陷。近年有的法律史论著用传统法制和现代法制的分期代替五种社会形态理论的分期,但对传统法制不同时期的区别,还没有公认的统一用语。有的教材用奠基时期、发展时期、鼎盛时期、继承时期和转变时期概括传统法制的不同阶段,也存在不符合历史实际的地方。如律典的编纂在唐朝就达到鼎盛时期,会典的编纂到清朝才达到鼎盛时期。很多制度的鼎盛时期是不相同的,是分布在不同的朝代的。

法律断代史的代表作是张晋藩先生主编的《清朝法制史》(中华书局 1998 年版)。该书内容的分类体系,不全是按现代部门法的体系分类。有刑法、民法等部门法的内容,也有民族法、皇族法等专题法的内容,是部门法和专题法共同组成的内容体系。

二、根据语言分类

按照所用语言的标准,可以将法律史学分为古典法律史与现代法律史。

提出这种分类的缘由是历代留传的法制史著述,有的是用古代汉语撰写的体现古人法律观念的法制史,有的是用现代汉语撰写的体现今人法律观念的法制史。前者记述的法制史可以称为古典的法制史,后者记述的法制史可以称为现代的法制史。这两类法制史采用的语言,在形式方面有许多不同,在含义方面有许多差异,需要认真辨析,方能沟通古今,获得确切的认识。

提出这种分类的意义则是:

第一,许多重要法律概念,古今词语形式相同,含义却不尽相同,需要严格区别,才不会误认误读。如法典、宪法、刑法、判例等概念。法典概念的含义,见《孔子家语·五刑》:"礼度既陈,五教毕修,而民犹或未化,尚必明其法典,以申固之。"此文献中所说的"法典",是法令典章的简称,是以刑法禁令为主的单行法令的汇编,与近代意义严密的系统性的法典很不相同。宪法概念的含义,见《国语·晋语九》:"赏善罚奸,国之宪法也。"此中所说的"宪法",是各种法令的统称,非现代意义的宪法。刑法概念的含义,见《汉书·刑法志》:"礼教不立,刑法不明。"《汉书》中的"刑法"概念,有时是各种法律的统称,有时单指"刑罚"之意,与现代意义的刑法概念不完全对应。判例概念的含义,见《抱朴子·省烦》:"今五礼混挠,杂饰纷错……旧儒寻案,犹多所滞……考校判例,尝有穷年,竟不豁了。"此中所说的"判例",指各种成例、成案,非现代意义的判例。

第二,一些法律形式的解释,古代的解释难以直接转化为现代的解释,需要结合具体制度,增加解释内容,才能获得准确的全面的认识。如唐宋时期对律、令、格、式的解释。

第三,古代汉语表述的一些制度或真实存在后来消失,或出于想像原无实迹,用现代汉语难以准确转述,需要综合考察,才能获得较清楚的认识。如象刑及多种礼制。

三、根据部门分类

部门法史研究视角的选择和运用,始于20世纪初日本学者的有关著作。日本学者织田万写的《清国行政法泛论》等著作,是运用西方近代部门法的体系和理论研究中国传统法史问题的早期作品。这些著作的分类认识为梁启超等中国学者先后采用,成为中国现代法律史学分类的主要标准。部门法史分类的认识,既有国外近代法学分类理论的影响,也有中国传统法律史料存在特点的内部原因。中国传统社会诸法合体的法典和典制体史学方面的著作,为中国现代部门法史的研究提供了刑事、民事、行政和经济方面的法律史料,客观上形成了部门法史研究能够利用的历史基础。但近代以来,由于许多中国学者从部门法的理论出发,大量分析评论中国传统法律史料,使中国传统法律史学带上了过分浓厚的现代色彩。有些观点如古代罪刑法定主义说、古代行政法典说、判例法传统说等,掩盖了中国传统法律史学的真相,增加了准确认识传统法史问题的难度。特别是简单地从现代部门法体系出发,随意选择分割传统法典内容和法律体系,使传统法律体系的整体性和历史性受到了破坏,导致了许多认识的主观性和结论的片面性。在中国民法史、经济法史、行政法史的研究方面表现尤其突出。我在1998年提交南京师范大学召开的法律现代化研讨会的论文提纲《部门法史研究的改进》中,即指出了部门法史研究方法存在的问题和改进的建议。我当时认为,用现代法学知识去分析古代法律问题,首先要尊重古人的法律观念,不要随意将今人的法律观念强加于古人。其次要尊重古代法律体系和法律传统的整体性,不要抓住片断史料随意发挥,以致提出违背古代法律基本精神的论点。如中国古代法律重视个人权利之说等类。再次要深化对中国法律史研究目的和层次的认识。研究中国法律史,不一定要与现实政治需要相结合,与现行部门法接轨才有价值,能够提供一种了解中国法律演变过程和法律传统特点的知识,提供一种法学理论基础方面的知识也是有价值的。勉强地去发掘古代法制的借鉴价值和在当代社会的应用价值,往往会使法律史研究沦为现实政治行为的廉价工具,丧失其学术价值。最后要改变以部门法史体系一统天下的教材编写模式,增加专题法史、法社会史和法文化史方面的内容,从而丰富中国法律史教材的内容。把部门法史研究的重心放在近现代,减少部门法史研究溯古的内容;并加强对部门法史研究的评论,减少重复研究,分清部门法史与政治史、经济史和社会史研究方面的界限,改变部门法史学附属于历史学的地位。今天重新反思法史学研究方法的改进问题,我仍然坚持上述看法的基本立场。但应进一步说明,除要改进部门法史的研究方法之外,还要改进用现代法理学的一般概念去比附批评中国传统法史学概念的问题,如用现代法治概念去比附批评中国古代的法治概念和礼治概念方面的问题。有必要特别说明,尽管用现代法学知识分析说明中国传统法史问题表现出很多缺点,但这种视角的选择和法学研究方法的运用,仍是形成和坚持中国法史学独立学科品格的主要路径。引进社会学、经济学等学科的研究方法,会丰富中国法史学的研究方法,增加分析法史问题的广度和深度,但不能代替法学研究方法的主导地位,不能改变形成中国法史学独立品格的学科发展要求。〔1〕

四、根据专题分类

专题法史的研究,涉及面很广。有的专题是法律史上存在的专名,如律、令、格、式等。有的专题是今人提炼的专名,如家族法、民族法、行会法、契约法等。

我在1997年发表的《二十世纪中国法律史学论纲》一文中,对专题法史有专门的评论:"关于法律学派的研究,已发表有研究儒家

---

〔1〕 参见刘广安:《中国法史学基础问题反思》,载《政法论坛》2006年第1期。

法思想、法家法思想方面的论著。关于法制与人物和法学家的研究,已发表有研究孔子、薛允升、沈家本、孙中山等人的论著。关于法律形式方面的研究,已发表有研究《明大诰》问题、清代律例关系问题方面的论著。关于专门制度方面的研究,已发表有研究秦代刑罚制度、明清司法制度、古代婚姻制度和古代监狱制度方面的论著。关于专门法领域的研究,已发表有研究清代宗族法、清代民族法和各少数民族习惯法方面的论著。专题法史的研究是根据古代法律存在的实际情况所做的分类研究,是现代法律史学研究中最为活跃的方面,也是中国法律史学发展和提高的基础所在。在专题法史方面进行系统性的、具有开拓意义的研究工作,应成为中国法律史学者的当务之急。只有在专题研究方面积累了丰厚的成果,获得了比较大的突破,断代法律史和法律通史以及部门法史的研究才会有可靠的依据和坚实的基础。在现代法律史学学科奠基工作完成之后,法律史学者要想在短期内又在宏观设计方面、体系建造方面开宗立派是十分困难的。可能要经过几代学者在专题研究方面更加实实在在的研究之后,在中观问题和微观问题方面更加细致深入的考察之后,才有希望出现新的开宗立派的法律史学大师。新的法律史学大师,一定要能整合历代法律史专题研究的成果,写出真正能够贯通古今融会中西法律史学的巨著来,才会成为世界级的法学家,才会使中国法律史学像罗马法律史学那样,成为世界法学发展的基础学科之一。"[1]

近些年专题法史的论著发表很多,超过其他分类的法史著作。我是坚持专题法史研究的,先后研究过家法族规、民族法规、民间调解、律典作用、令典作用、会典作用等专题。指导学生的博士学位论文都是专题法史方面的,题目都收录在2019年出版的《中国传统刑法》的附录中。大家可以查看参考。

---

〔1〕 刘广安:《二十世纪中国法律史学论纲》,载《中外法学》1997年第3期。

五、根据存在状态分类

(一)理想的法律史与现实的法律史

提出这一分类的缘由是中国历史上的法制史料,有的主要反映了法制的理想,如《周礼》中的若干制度,《唐六典》和历代法典中的某些制度。有的主要反映了法制的现实,如历代特别法的许多内容和司法判决中的大量史料。如果侧重选择反映法制理想的史料研究,看到的就会主要是理想的法制史的面貌和特点。如果侧重选择反映法制现实的史料研究,看到的就会主要是现实的法制史的面貌和特点。我们既要考察反映法制理想的史料,也要考察反映法制现实的史料,才能全面地认识中国法制史的面貌和特点。

提出这一分类的意义:一是有助于认识法制史料中存在的理想的法制史与现实的法制史的差异;二是有助于减少片面运用法制史料得出片面的结论。

(二)公开的法律史与秘密的法律史

提出这一分类的缘由是在阅读中国法律史料的过程中,我们看到有的法律史料在历史上是公开的,如历代法典、法规汇编和案例汇编等,给我们展现的是公开的法律史的面貌和特点。有的则是秘密的,如某些特别法、习惯法和宫廷秘折、讼师秘本等,给我们透露的是秘密的法律史的面貌和特点。只看公开的史料,不看秘密的史料,就不能看清中国法律史的全貌和各种特点。为认识中国法律史的不同面貌和各种特点,我们不仅要认识公开的法律史,而且要认识秘密的法律史。

提出这一分类的意义:一是有助于认识公开法律史的主要特点,为此需要重视法律的统一性和权威性的建立,并重视法律的稳定性和灵活性的调控;二是有助于认识秘密法律史的主要特点,注意法律的不确定性和不可预测性问题。

六、根据学科关系分类

现代学科发展很快,交叉学科出的新著更多。在我看来,主要有这么几个门类:

(一)法律社会史

法史学与社会学相结合的研究,出现了法律社会史著作。瞿同祖先生的《中国法律与中国社会》树立了典范。自中国法律史学科建立以来,沈家本、梁启超、程树德、杨鸿烈、陈顾远的法律史著作,只论述成文的法律史制度,没有结合案例论述。瞿先生的著作注重成文法律与案例的结合研究,注重法律的社会作用和施行效果,使静态的法律史变成了动态的法律史,在中国法律史学发展史上有开辟新领域、新视野的意义,也是法律社会史在中国的奠基著作。后来的模仿者,没有达到瞿先生这部著作的水平。

瞿先生这本著作的学术意义,我做过专门的论述。[1]

(二)法律文化史

法史学与文化学结合的研究,出现了法律文化史的著作。近年出版不少。因对文化学的内涵和外延的认识差别很大,相关著作的内容差别很大,有各说各话的特点。

(三)法律文献史

法史学与文献学结合的研究,出现了法律文献史的著作。如果说法史学是法学的基础学科,法律文献史学就是法史学的基础学科。法律文献史的著作不只是考证材料,还要提炼出理论认识。不提炼出理论认识,就是只筑了地基,没有建成房子。

(四)法律思想史

法学与思想史的结合研究,出现了法律思想史的著作。

---

〔1〕 参见刘广安:《重读〈中国法律与中国社会〉》,载台北法制史学会、台北研究院历史语言研究所主编:《法制史研究》第15期,台北研究院历史语言研究所2009年版。

（五）法律制度史

法学与制度史的结合研究，出现了法律制度史的著作。近年出现法律思想史和法律制度史合编的教材。各有研究对象和特点，分别编写有利学科的深化。

（六）法律学术史

法学与学术史的结合研究，出现了法律学术史的著作。中国法学史、中国律学史、中国法律史学评论都发表了一些论著。

七、结语

以上各类法史论著都要接受时间的检验，接受专家评论和引证的检验，才可以确定哪些是经典，哪些不是经典。过早地、过急地自称经典，或出版社为了营销宣传制造一些经典系列，都是不可确定的，需要再观察。

“或覆问毋有”含义再思考
——兼论秦汉诉讼程序中的“覆”

闫振宇*

【摘要】 睡虎地秦简《封诊式》中含有数例“或覆问毋有”的用语。本文认为,“或覆问毋有”当理解为“又有没有覆问过”,属于嫌疑犯原住地县乡需要向现案审理机构提供的嫌疑犯前罪信息之一,是讯问过程中通知县乡调查嫌疑犯前案情况的固定用语。标题“覆”与其文书格式中“或覆问毋有”一句的“覆”非指同一案件。“覆”应取其本义“反覆”,强调“覆”程序对此前诉讼审理从审理者到诉讼程序各阶段的全面变更。无论案件是否论决,“覆”程序均可启动。秦汉的“覆”程序虽与现代法学概念的“重审”“再审”不同,但因其审理均为对之前审理的介入和改易,仍可认为具有一层重新、再次审理的含义。

【关键词】 封诊式;或覆问毋有;反覆;变更

“覆”是秦汉时期一项重要的司法程序,文献所见相关词汇有“覆狱”“覆治”“覆问”“覆讯”“覆案”等。学界对“覆”制多有研究,其中多数观点延续沈家本“重审察”的认识,认为“覆”指重新审理案件。有学者认为“覆”是对已经审判断决的案件重新审理,有学者提出覆讯程序只是初审程序的一部分,还有学者指出“覆”不仅用于二

---

* 中国政法大学法学院博士研究生。

审、重审、再审案件，也用于一审案件，且“覆”无重审察之意。[1] 睡虎地秦简《封诊式》中含有标题为《覆》的文书格式一节，该节与《有鞫》《告臣》《黥妾》等节中均含有“或覆问毋有”一句，目前学界对该句及“覆”含义的理解仍存在分歧。本文尝试就此问题稍作讨论，不揣谫陋，求教于方家。

一、再释“或覆问毋有”

睡虎地秦简《封诊式》含有《覆》一节，另有数节简文中也出现了“覆问”一词，相关简文如下：

> 有鞫
>
> 敢告某县主：男子某有鞫，辞曰：“士五(伍)，居某里。”可定名事里，所坐论云可(何)，可(何)罪赦，或覆问毋(无)有，遣识者以律封守，当腾，腾皆为报，敢告主。
>
> 覆
>
> 敢告某县主：男子某辞曰：“士五(伍)，居某县某里，去亡。”可定名事里，所坐论云可(何)，可(何)罪赦，【或】覆问毋(无)有，几籍亡，亡及逋事各几可(何)日，遣识者，当腾腾，皆为报，敢告主。

[1] 相关研究参见程政举：《略论〈奏谳书〉所反映的秦汉“覆讯”制度》，载《法学评论》2006年第2期；高恒：《汉代诉讼制度论考》，载高恒：《秦汉简牍中法制文书辑考》，社会科学文献出版社2008年版；[日]籾山明：《卒史覆狱试探——以里耶秦简J1⑧134为线索》，载《里耶古城·秦简与秦文化研究——中国里耶古城·秦简与秦文化国际学术研讨会论文集》，科学出版社2009年版；[日]水间大辅：《秦汉时期承担覆狱的机关与官吏》，载陈伟：《简帛》第7辑，上海古籍出版社2012年版；杨振红：《“南郡卒史复攸■等狱簿”再解读》，载徐世虹主编：《中国古代法律文献研究》第8辑，社会科学文献出版社2014年版；南玉泉：《秦汉的乞鞫与覆狱》，载《上海师范大学学报(哲学社会科学版)》2017年第1期；陈迪：《“覆狱故失”新考》，载《社会科学》2017年第3期；杨振红、王安宇：《秦汉诉讼制度中的“覆”及相关问题》，载《史学月刊》2017年第12期等。

告臣

·丞某告某乡主:男子丙有鞫,辞曰:"某里士五(伍)甲臣。"其定名事里,所坐论云可(何),可(何)罪赦,或覆问毋(无)有,甲赏(尝)身免丙复臣之不殹(也)?以律封守之,到以书言。

黥妾

·丞某告某乡主:某里五大夫乙家吏甲诣乙妾丙,曰:"乙令甲谒黥劓丙。"其问如言不然?定名事里,所坐论云可(何),或覆问毋(无)有,以书言。

亡自出

乡某爰书:男子甲自诣,辞曰:"士五(伍),居某里,以廼二月不识日去亡,毋(无)它坐,今来自出。"问之口名事定,以二月丙子将阳亡,三月中逋筑宫廿日,四年三月丁未籍一亡五月十日,毋(无)它坐,莫覆问。以甲献典乙相诊,今令乙将之诣论,敢言之。[1]

以上是《封诊式》中含有"覆问"一词的诸条文书格式。整理小组以《考工记·弓人》注"犹察也"来解释"覆",将"或覆问毋有"译为"再查问还有什么别的问题",[2]"或"取"又"义,"覆"则不含"再次"的意思。籾山明先生也曾认为,不能循"反覆""再次"的思路去理解《封诊式》的"覆"。"覆"应指官吏"搜求"隐匿的犯罪事实,是官吏对犯罪行为获得直接的认知,属于举劾前的事实调查阶段。[3]然而,这一观点在他的新作中发生了改变,他将"或覆问毋有"译为

[1] 睡虎地秦墓竹简整理小组编:《睡虎地秦墓竹简》,文物出版社1990年版,第148、150、154、155、163页。《告臣》与《黥妾》均由两份文书格式构成,分别为爰书与丞告乡主的文书,引文仅涉及丞告乡主的文书部分。

[2] 睡虎地秦墓竹简整理小组编:《睡虎地秦墓竹简》,文物出版社1990年版,第148~149页。

[3] 参见[日]籾山明:《秦代审判制度的复原》,载刘俊文主编:《日本中青年学者论中国史》(上古秦汉卷),徐世虹译,上海古籍出版社1995年版,第259~260页。

“有无再讯问之必要”，并指出标题“覆”及文中的“覆问”可能指“对李斯的审判”所说的“覆讯”，即再讯问。之所以如此考虑，是由于《覆》段文书可视为以《有鞫》段文书为前提的公文格式。有罪的某男可能是逃亡者，需要委托人再行讯问。再讯问后就获得确实已“去亡”的供述，县就可以重新确认关于逃亡的具体日期和天数。[1]钱大群先生认为“覆问毋有”是指要被告居住地的乡主对告发事实的有无再进行查实。[2]

整理小组译文“再查问还有什么别的问题”及钱大群先生“要乡主再查实告发事实有无”的观点，都将接受文书的县、乡作为“覆”的实施者。但“覆”作为一节的标题，比照《有鞫》一节的标题和内容，可以看出“覆”是由发送文书的审理机构进行的程序。此外，在向县、乡发送文书之前，嫌疑犯就已受到讯问并进行了供述，这些步骤都应发生在举劾之后，“属于举劾前事实调查阶段”的认识也就难以成立。

对读前引《封诊式》文例可以明显发现，前四条文书格式十分相似。籾山明先生将其确定为“通知县、乡”的诉讼程序，位于“讯问”之后，“审判”以前，内容为：“根据嫌疑犯的供述，将指示核实姓名、身份、经历以及查封资产的文书，送达其原籍所在的县、乡。”[3]“定名事里，所坐论云可(何)，可(何)罪赦，或覆问毋(无)有”是上述文书格式的固定用语。里耶秦简9－2287木牍作为秦实际使用过的文书，含有与前引《封诊式》文书格式相近的内容，牍文如下：

廿六年五月辛巳朔壬辰，酉阳齮敢告迁陵主：或诣男子它。

[1] 参见[日]籾山明：《中国古代诉讼制度研究》，李力译，上海古籍出版社2009年版，第61、63页。

[2] 参见钱大群：《秦律“三环”注文质疑与试证》，载钱大群：《中国法律史论考》，南京师范大学出版社2001年版，第163页。

[3] [日]籾山明：《中国古代诉讼制度研究》，李力译，上海古籍出版社2009年版，第60～61页。

辤(辞)曰:士五(伍),居新武陵軴上。往岁八月毄(击)反寇迁陵,属邦候显、候丞【不】智(知)名。与反寇战,丞死。它狱迁陵,论耐它为侯,遣它归。复令令史畸追环(还)它更论。它毄(系)狱府,去亡。令史可以书到時定名吏(事)里、亡年日月、它坐论报、(赦)辠(罪)云何,或(又)覆问毋有。遣识者,当腾腾。为报,勿留。敢告主。/五月戊戌,酉阳守丞宜敢告迁陵丞主:未报,追。令史可为报,勿留。(正)

敢告主。/˙手。

六月癸丑,迁陵守丞敦狐以此报酉阳曰:已以五月壬寅、戊申报曰:它等未毄(系),去亡。其等皆狱迁陵,盗戒(械)传谒迁陵。/逯手。/即令走起以送移旁。

有前在其前狱。

癸丑水下三刻,平里士五(伍)顫以來。/逐半。˙手。(背)[1]

该牍正面为酉阳发送给迁陵要求调查男子它情况的平行文书,性质与《封诊式》所见"通知县、乡"文书相同。特别是其中"定名吏(事)里、亡年日月、它坐论报、(赦)辠(罪)云何,或(又)覆问毋有。遣识者,当腾腾。为报,勿留。敢告主"的句式内容,与《封诊式》"定名事里,所坐论云可(何),可(何)罪赦,或覆问毋(无)有……遣识者,当腾腾,皆为报,敢告主"基本一致。[2] 可见《封诊式》"通知县、乡"文书格式应用于现实诉讼程序中。里耶文书中,男子它因与反寇战斗失利被迁陵判罚,遣返后又被追回改判,在关押期间逃亡,现被抓至酉阳审理。因此酉阳要求迁陵提供"它"的情况。此处"它坐

---

〔1〕 陈伟主编:《里耶秦简牍校释》(第2卷),武汉大学出版社2018年版,第453页。

〔2〕 此处《封诊式》释文改原整理小组句读为"遣识者,当腾腾,皆为报",句读与里耶秦简材料由中国政法大学中国法制史基础史料研读会现场讨论提供。

论报"对应《封诊式》"所坐论云可(何)",都是要嫌疑犯原在处官吏调查其所犯前科。"论"表明前罪已判,"赦罪云何"(何罪赦)、"或覆问毋有"都是承接前句而言的,表示本次审理之前的犯案有没有被赦免过,有没有被覆问过。"或覆问毋有"的直译是"又有没有覆问",是接收文书的县、乡需要提供的嫌疑犯前罪信息之一,而非要其提供本次审理要不要覆问的判断。

《亡自出》条是乡官所写爰书的格式,或许正是县审讯机构要求乡"皆为报""以书言"的回复文书。其中,"·问之□名事定……毋(无)它坐,莫覆问"应是针对"定名事里,所坐论云可(何)……或覆问毋有"诸问题的回复。"莫覆问"若理解为"不要覆问",就符合籾山明先生对"或覆问毋有"的看法。但本文认为,"莫"意为"没有""无""不"。如《岳麓书院藏秦简(肆)》(2037)011简有"莫占吏数者"一句,整理者注释为"不去吏处如实登记年龄超过十八岁的黔首";[1]此外(1257)148简"尉、尉史、士吏、丞、令、令史见及或告而弗劾,与同罪。弗见莫告,赀各一甲"的"莫告",[2]意为"不告、没有告"。因此"莫覆问"可能指"没有覆问过"。"此前没有犯过它罪,没有覆问过"正是与"通知县、乡"文书提问相符合的回复。

《封诊式》标题"覆"与该条中"或覆问毋有"一句的"覆",非指同一案件的"覆"。标题"覆"及该节文书格式属于嫌疑犯当前犯案的"覆"程序,而"或覆问毋有"则是调查该嫌疑犯此前另外犯案的审理情况。因此"或覆问毋有"的用语会在《有鞫》等节中出现。而要进一步理解"覆"的含义,就必须结合其他出土文献与传世文献中"覆"的史料来讨论。

---

〔1〕 参见陈松长主编:《岳麓书院藏秦简(肆)》,上海辞书出版社2015年版,第42、74页。

〔2〕 参见陈松长主编:《岳麓书院藏秦简(肆)》,上海辞书出版社2015年版,第117页。

二、秦汉诉讼程序“覆”的含义

沈家本在《汉律摭遗》中释“传覆”之“覆”为“重审查”,[1]但未说明是在诉讼程序的哪一阶段进行“覆”。高恒先生指出,“覆”是对已经审判断决的案件重新审理。[2] 通过出土文献所见律文和案例,我们知道“乞鞫”能够引起“覆”。其中,《二年律令·具律》114~117简规定:

> 罪人狱已决,自以罪不当,欲气(乞)鞫者,许之……狱已决盈一岁,不得气(乞)鞫。气(乞)鞫者各辞在所县道,县道官令、长、丞谨听,书其气(乞)鞫,上狱属所二千石官,二千石官令都吏覆之。都吏所覆治,廷及郡各移旁近郡,御史、丞相所覆治移廷。[3]

乞鞫须在案件已经论决后的一年之内提出,由乞鞫引起的覆一定在案件论决之后。《奏谳书》案例十七“黥城旦讲乞鞫”案中,覆狱时讲已被错判并执行刑罚,“覆视其故狱”一句亦体现出案件已经论决。[4]

但文献中又确实存在“覆”于案件论决前就已启动的例子。如籾山明先生在讨论“或覆问毋有”时提到的“李斯”案:

---

〔1〕 参见沈家本:《汉律摭遗》,载徐世虹主编:《沈家本全集》第4卷,中国政法大学出版社2010年版,第238页。

〔2〕 参见高恒:《汉代诉讼制度论考》,载高恒:《秦汉简牍中法制文书辑考》,社会科学文献出版社2008年版,第465页。

〔3〕 张家山二四七号汉墓竹简整理小组:《张家山汉墓竹简〔二四七号墓〕》(释文修订本),文物出版社2006年版,第24~25页。

〔4〕 参见张家山二四七号汉墓竹简整理小组:《张家山汉墓竹简〔二四七号墓〕》(释文修订本),文物出版社2006年版,第100页。

> 赵高使其客十余辈诈为御史、谒者、侍中，更往覆讯斯。斯更以其实对，辄使人复榜之。后二世使人验斯，斯以为如前，终不敢更言，辞服。奏当上，二世喜曰："微赵君，几为丞相所卖。"(《史记·李斯列传》)〔1〕

赵高为陷害李斯，派多批人冒充官吏到狱中讯问他，并加以拷打，使其面对真正官吏时也屈服认罪。这里使用了"覆讯"一词，籾山明先生认为其意为"再讯问"。〔2〕程政举先生据此将覆讯制度定义为案件经初次审讯，案情基本清楚后，再由其他官员或审讯人进行二次审讯，以验证初次审讯真实性的程序。覆讯程序是初审程序的一部分，覆讯程序不属于对已生效案件进行再次审理的复审程序。〔3〕就本案而言，我们通过引文可见"覆讯""更言""辞服""奏当"这一顺序的诉讼程序，此处"覆讯"的进行在初次论决之前。但若据此认为覆讯只属于初审，"黥城旦讲乞鞫"案反映了覆讯制度，则又不甚妥当。籾山明先生指出，派遣监察官到管辖郡内，解决长期不能了结的诉讼或者复审不当审判的案件，这个程序就叫"覆狱"。〔4〕总之，"覆"既可于案件论决后进行又能在案件审理过程中启动。

杨振红、王安宇先生认为，"秦汉时期的'覆'不仅用于二审、重审、再审案件，也用于一审案件"，〔5〕这一观点是十分准确的。但其

---

〔1〕司马迁：《史记》(点校本二十四史修订本)，中华书局2014年版，第3107页。

〔2〕参见[日]籾山明：《中国古代诉讼制度研究》，李力译，上海古籍出版社2009年版，第63页。

〔3〕参见程政举：《略论〈奏谳书〉所反映的秦汉"覆讯"制度》，载《法学评论》2006年第2期。

〔4〕参见[日]籾山明：《卒史覆狱试探——以里耶秦简J1⑧134为线索》，载《里耶古城·秦简与秦文化研究——中国里耶古城·秦简与秦文化国际学术研讨会论文集》，科学出版社2009年版，第125页。

〔5〕杨振红、王安宇：《秦汉诉讼制度中的"覆"及相关问题》，载《史学月刊》2017年第12期。

进而认为将“覆”定义为“重审察”是不科学、不准确的。秦汉时期二审、再审或重审称作“覆”,并非因为“覆”是重新、再次的意思,而是因为案件的重新审理必须由上级机关或其指定机构负责,所以才称作“覆”。[1] 这一观点则有进一步探讨的空间。

现代刑事诉讼法中的“重审”和“再审”有特定的含义。“重审”指第二审法院对不服第一审判决的上诉、抗诉案件进行审理后,认为原判决事实不清、证据不足或存在违反诉讼程序的情形,采取撤销原判、发回原审法院按第一审程序重新审判。而“再审”属于审判监督程序,监督主体限于特定的法院和检察院,审理的对象是已经发生法律效力的判决和裁定,第二审程序审理的对象是尚未发生法律效力的判决和裁定。再审程序中的审判也可以叫重新审判。[2] 秦汉时期的“覆”可于案件初次审理过程中启动,不一定要等到论决后。从这一角度看,其与现代“重审”“再审”不同。但笔者认为,“覆”仍有重新、再次之意。

首先,“覆”程序的启动以存在之前的诉讼审理为前提。不论这一审理进行到哪一阶段,是否论决,“覆”都可以开始。但若从未有过针对某人某事的诉讼审理,“覆”也就无从谈起。“覆狱”是相对于“治狱”形成的概念。“覆”是针对最初“治狱”而展开的,不会脱离最初的“治狱”而单独存在。“覆治”与“覆狱”可理解为“覆治狱”的简称,只有存在最初的“治狱”,“覆治狱”才有启动的前提。“治狱”与“覆治”“覆狱”往往并举:

治狱者,各以其告劾治之。敢放讯杜雅,求其他罪,及人毋

[1] 参见杨振红、王安宇:《秦汉诉讼制度中的“覆”及相关问题》,载《史学月刊》2017 年第 12 期。

[2] 参见樊崇义主编:《刑事诉讼法学》,中国政法大学出版社 2009 年版,第 471、486 ~ 487、497 页。

告劾而擅覆治之，皆以鞫狱故不直论。（《二年律令·具律》113简）[1]

告劾既是“治狱”的前提又是“覆治”的前提。又里耶秦简8-141+8-668简：

卅年十一月庚申朔丙子，发弩守涓敢言之：廷下御史书曰县□治狱及覆狱者，或一人独讯囚，啬夫长、丞、正、监非能与□□殴，不参不便。书到尉言。·今已到，敢言之。

十一月丙子旦食，守府定以来。/连手。萃手。[2]

“治狱”与“覆治”、“覆狱”在程序制度方面有共同之处，但分处不同的诉讼审理阶段，因此会在律文或命令中被同时提及。

其次，“覆”程序下的审理对之前审理的干预和变更，当是“覆”最显著的特征。杨振红、王安宇先生认为，正是由于上级机关的诉讼审判行为有不少是对下级机关司法活动的介入、干预和纠正，才造成以往将“覆”理解为案件二审、再审、重审的误解。[3] 笔者认为，“覆”均为上级对下级司法活动的介入和更改，这正说明“覆”是以最初审理为前提的。

案件论决之后开始的“覆”，对前案的干预和改判自不待言，传世文献中多有例证：

---

〔1〕 张家山二四七号汉墓竹简整理小组：《张家山汉墓竹简〔二四七号墓〕》（释文修订本），文物出版社2006年版，第24页。

〔2〕 陈伟主编：《里耶秦简牍校释》（第1卷），武汉大学出版社2012年版，第81页。

〔3〕 参见杨振红、王安宇：《秦汉诉讼制度中的“覆”及相关问题》，载《史学月刊》2017年第12期。

是时起昌陵,营作陵邑,贵戚近臣子弟宾客多辜榷为奸利者,方进部掾史覆案,发大奸赃数千万。(《汉书·翟方进传》)[1]

颜师古注:"榷,专也。辜榷者,言己自专之,它人取者辄有辜罪。"翟方进下属覆案是针对之前权贵对损害其专利者治罪的案件,由此发觉了数千万之赃。

初,傅太后与中山孝王母冯太后俱事元帝,有却,傅太后使有司考冯太后,令自杀,众庶冤之。宝奏请覆治。(《汉书·孙宝传》)[2]

傅太后曾指使官吏审问冯太后,致其自杀,后来孙宝奏请覆治,即针对前案。

在案件审理过程中启动的"覆"程序,同样体现了对最初审理的干预和更改,例如:

延年后复劾大司农田延年持兵干属车,大司农自讼不干属车。事下御史中丞,谴责延年何以不移书宫殿门禁止大司农,而令得出入宫。于是覆劾延年阑内罪人,法至死。延年亡命。(《汉书·严延年传》)[3]

严延年劾大司农持兵器犯天子后车,大司农对此申诉,后"覆"程序启动,针对大司农"持兵干属车"案,对严延年进行劾奏。颜师

[1] 班固:《汉书》,中华书局1962年版,第3416页。
[2] 班固:《汉书》,中华书局1962年版,第3261页。
[3] 班固:《汉书》,中华书局1962年版,第3667页。

古注:"覆,反也,反以此事劾之。""反"体现了"覆"程序对最初审理的翻覆。

> 初,广汉客私酤酒长安市,丞相吏逐去。客疑男子苏贤言之,以语广汉。广汉使长安丞按贤,尉史禹故劾贤为骑士屯霸上,不诣屯所,乏军兴。贤父上书讼罪,告广汉,事下有司覆治。禹坐要斩,请逮捕广汉。有诏即讯,辞服,会赦,贬秩一等。(《汉书·赵广汉传》)〔1〕

赵广汉指使下官举劾苏贤,在此过程中,苏贤之父上书申辩并告发广汉,"覆"程序由此启动。尉史禹和赵广汉最终受到惩处,苏贤被劾"不诣屯所,乏军兴"之罪应得到更正。

杨振红、王安宇先生提出,"覆"取"盖""苫"义,指从上向下罩住、盖住下面。这样,覆就有了自上而下的意思。〔2〕"覆"指上级机关介入的诉讼审判行为。笔者认为,"覆"程序确有来自上级机关的特征,只是上级机关介入须有所本,此即最初的审理。《说文》曰:"覆,覂也,一曰盖也。"段玉裁注:"覂也,反也。反覆者,倒易其上下。覆与复义相通。"〔3〕"覆"的本义有翻转、颠覆,代表了对先前状态的变更。"覆"程序可用"反覆"的本义来解释,理解为翻覆、改易最初的审理。

"覆"程序的核心含义在于"变更",具体来看,"覆"对原诉讼审理所作的变更,由另外派遣的官吏进行审理,对此有律文规定:

---

〔1〕 班固:《汉书》,中华书局1962年版,第3204页。

〔2〕 参见杨振红、王安宇:《秦汉诉讼制度中的"覆"及相关问题》,载《史学月刊》2017年第12期。

〔3〕 许慎撰、段玉裁注:《说文解字注》,上海古籍出版社1981年版,第357页。

气(乞)鞫者各辞在所县道,县道官令、长、丞谨听,书其气(乞)鞫,上狱属所二千石官,二千石官令都吏覆之。都吏所覆治,廷及郡各移旁近郡,御史、丞相所覆治移廷。(《二年律令·具律》116~117简)[1]

县道官所治死罪及过失、戏而杀人,狱已具,毋庸论,上狱属所二千石官。二千石官令毋害都吏复案,问(闻)二千石官,二千石官丞谨录,当论,乃告县道官以从事。彻侯邑上在所郡守。(《二年律令·兴律》396~397简)[2]

县道官将乞鞫或待论决的司法文书上报给两千石官,上级派遣都吏进行"覆"。《奏谳书》"黥城旦讲乞鞫"案中的"覆者",即上级另外派遣进行"覆"的官吏。[3]

"覆"程序对原诉讼审理的变更,还体现在重新进行全部的诉讼程序来代替原审。"覆"开始后将按照治狱程序的步骤进行劾、逮捕、讯问、调查、鞫、奏当、论决等程序。如:

张敞为京兆尹,有罪当免,黠吏知而犯敞,敞收杀之,其家自冤,使者覆狱,劾敞贼杀人,上逮捕不下,会免,亡命数十日,宣帝征敞拜为冀州刺史,卒获其用。(《汉书·王嘉传》)[4]

"其家自冤"当指被杀黠吏的家人向上乞鞫,前来覆狱的使者劾

---

〔1〕 张家山二四七号汉墓竹简整理小组:《张家山汉墓竹简〔二四七号墓〕》(释文修订本),文物出版社2006年版,第24~25页。

〔2〕 张家山二四七号汉墓竹简整理小组:《张家山汉墓竹简〔二四七号墓〕》(释文修订本),文物出版社2006年版,第62页。

〔3〕 张家山二四七号汉墓竹简整理小组:《张家山汉墓竹简〔二四七号墓〕》(释文修订本),文物出版社2006年版,第101页。

〔4〕 班固:《汉书》,中华书局1962年版,第3489页。

其罪并上请逮捕。在《奏谳书》案例十六、十七、十八三个覆案中，又可见讯、诊、鞫、奏当等程序，[1]《封诊式》中的《有鞫》和《覆》，文书格式十分相近，当是由于“覆”程序中也包含了与最初审理程序中相同的“通知县、乡”调查回复的步骤。由此可见，“覆”的审理存在完整的诉讼程序。“覆”要进行完整的诉讼程序，表明其要对原来的审理进行全面的翻覆和改易。已论决的案件自不待言，对于案件审理过程中开始的“覆”，此前的审理活动当被终止，由“覆”程序自劾开始，以完整的治狱程序替代，以新的讯问调查、定罪量刑为准。原已进行的程序被“覆”的程序所替代，就此来看，“覆”又有一层重新、再次之意。此意不受案件是否论决影响，只与对初次审理的介入和改易有关。

三、结论

睡虎地秦简《封诊式》中的“或覆问毋有”，作为现案审理机构在讯问过程中通知县、乡调查嫌疑犯情况文书的固定用语，意指向嫌疑犯原在县、乡询问其之前的犯案有没有被“覆”过。“覆”的本义是“反覆”，翻转、颠覆必有所本，对于“覆”程序而言，此本即最初的审理活动。“覆”程序的核心含义在于对原先审理的变更。无论案件是否论决，“覆”都可以启动。“覆”由上级派遣新的审理官吏，由劾开始，按照治狱的程序进行全面审理。由此来看，“覆”便含有一层重新、再次之意。张家山汉简中有部分“复”字为诉讼程序含义，[2]段玉裁曾谓“覆与复义相通”，以上对“覆”的解释，或许就是与“复”义的交融之处。

---

〔1〕 参见张家山二四七号汉墓竹简整理小组：《张家山汉墓竹简〔二四七号墓〕》（释文修订本），文物出版社2006年版，第98～105页。

〔2〕 参见《二年律令·兴律》396～397简，载《奏谳书》案例十六、十八。

再论秦汉时期的再嫁女

——以《岳麓书院藏秦简(伍)》为中心

陈玉婷*

【摘要】 《岳麓书院藏秦简(伍)》第1~8简是对再嫁女再嫁的限制,旨在通过对再嫁女财产流动上的限制,从而限制女性改嫁。该令的根本在于保护前夫子财产的完整性,防止再嫁女通过各种手段转移属于前夫子的财产。对于违背令的行为,处罚较轻,除了对前夫子给予后夫、后夫子财产处于弃市刑外,其他情况下最高为黥为城旦舂,表现出该令的教化功能,相比刑事处罚而言,该令更接近于移风易俗。"更嫁令"并未从根本上对当时人们的婚姻观念造成影响,即使到了东汉时期,改嫁依然是十分普通并不附加任何否定性评价的行为。

【关键词】 岳麓书院藏秦简(伍);更嫁令;再婚家庭

寡妇再嫁是秦汉时期的常见现象,如汉武帝的母亲王太后的母亲先后嫁与槐里王仲、长陵田氏。王太后本人也先后嫁给金王孙、汉景帝。秦至汉代初期父母改嫁并无特别的禁忌,即使皇室也并不忌讳,民间有大量改嫁行为存在也不足为奇。新出土的《岳麓书院藏秦简(伍)》第1~8简则展示了秦代对妇女改嫁在人身关系和财

---

* 中国政法大学法学院博士研究生。

产关系上的诸多限制。杨振红注意到其与嫪毐事件之间的联系。[1]张以静注意到第1~8简所展示的秦代再嫁女的财产权,着眼于秦至汉代再嫁女财产权的变化,而对秦代本身的分析有所不足。[2]故而本文以《岳麓书院藏秦简(伍)》第1~8简为中心,对秦代限制再嫁女再嫁的令文进行分析,并探寻其背后的法律与经济考量。

一、“更嫁令”及其内容

《岳麓书院藏秦简(伍)》第1~8简是对秦始皇二十六年(公元前221年),女子再嫁时,关于女子所许配对象以及财产分配的限制和规定,兹录全文如下:

> ●廿六年十二月戊寅以来,禁毋敢谓母之后夫叚(假)父,不同父者,毋敢相仁(认)为兄、姊、弟└。犯令者耐隶臣妾而(001/1025)毋得相为夫妻,相为夫妻及相与奸者,皆黥为城旦舂。有子者,毋得以其前夫、前夫子之财嫁及入姨夫及予(002/1107)后夫、后夫子及予所与奸者,犯令及受者,皆与盗同法。母更嫁,子敢以其财予母之后夫、后夫子者,弃(003/1108)市。其受者,与盗同法。前令予及以嫁入姨夫而今有见存者环(还)之,及相与同居共作务钱财者,亟相(004/1023)与会计分异相去。令到盈六月而弗环(还)及不分异相去者,皆与盗同法。└虽不身相予而以它巧(诈)(005/1024)相予者,以相受予论之。有后夫者不得告辠其前夫子。└能捕耐辠一人购钱二千,完城旦舂辠(006/1027)一人购钱三千└,刑城旦舂以上之辠一人购

[1] 参见杨振红:《〈岳麓书院藏秦简(伍)〉有关女子重组家庭的法令与嫪毐之乱》,载杨振红主编:《简牍学研究》第8辑,甘肃人民出版社2019年版,第175~187页。

[2] 参见张以静:《秦汉再婚家庭的财产权——以简牍材料为中心》,载《河北学刊》2019年第4期。

钱四千。女子寡,有子及毋子而欲毋稼(嫁)者,许之。谨布令,令黔首尽(007/1026)☐【智(知)之。毋】巨(歫)辠。有□□除,毋用此令者,黥为城旦。·二(008/0916)

上述规定包括以下四类:(1)身份上的限制,禁止称呼母亲的后夫为假父,不得嫁及入姨夫,不得认不同父者为兄弟姐妹,不得相与为夫妻,不得相与奸;(2)财产上的限制,再嫁女不得以其前夫、前夫子之财嫁及入姨夫及予后夫、后夫子及予所与奸者,后夫、后夫子不能取得前夫和前夫子的财产;(3)诉讼权利上的限制,有后夫者不得告罪前夫子;(4)允许寡妇无论有无子不嫁。本文将上述规定简称为"更嫁令"。以下则分而论之。

(一)人身关系上的限制

人身关系上的限制,即禁止称呼母亲的后夫为假父;不得以其前夫、前夫子之财嫁及入姨夫;不得认不同父者为兄弟姐妹,不得相与为夫妻,不得相与奸。不得嫁及入姨夫是对寡妇本身的限制,其他是对寡妇再嫁后的子女之间的身份在称呼及交往上的限制。

"不得嫁及入姨夫"。对于"姨夫",目前存在两种理解,整理小组认为,"姨夫"为"妻之姐妹的丈夫"。[1] 张以静认为:"此简中'姨'应该不仅仅特指母之姊妹或者妻之同出,也可是对已婚妇女的一种称呼,后世亦有'以夫死姨复可以嫁人之意耳'。岳麓简'入姨夫'之'姨'泛指'妇女',主要指'离异'或者'夫死更嫁'的妇女。"[2]故认为姨夫为泛称,指赘婿的一种。解决姨夫含义的关键在于厘清"入"的含义。入,整理小组解释为"交给"。但是联系上下文,将财产交给自己姐妹的丈夫,在语义上显得较为突兀,并且交给

〔1〕 陈松长主编:《岳麓书院藏秦简(伍)》,上海辞书出版社2017年版,第73页。

〔2〕 张以静:《读〈岳麓书院藏秦简(伍)〉札记一则》,载简帛网2018年3月27日,http://www.bsm.org.cn/show_article.php? id=3036。

和嫁在语义上难以形成并列关系，故而本文不从整理小组“交给”说。回到此句中，“有子者，毋得以其前夫、前夫子之财嫁及入姨夫及予后夫、后夫子及予所与奸者”，该句话的主语为寡妇，“入”是与“嫁”相并列的两种行为。入，《说文解字·入部》曰“内也。象从上俱下也。凡入之属皆从入”。“入姨夫”的字面含义，即使姨夫进入自己的家庭成为家庭成员的一部分。何有祖认为，此处“入”与“张家山汉简《二年律令》338～339‘令勿敢遂（逐）夫父母及入赘，及道外取其子财’、387‘夫同产及子有与同居数者，令毋贸卖田宅及入赘’之‘入’意义相同”[1]，即为使“姨夫”入赘。这在语义上也较为通畅，“入赘”之“入”于“嫁”在语义上可以形成相并列的反义词，本文从何有祖的说法。“嫁及入姨夫”的含义则为出嫁或使姨夫入赘。进而可探寻“姨夫”的含义，当下对“姨夫”的两种解释中，如果将“姨夫”作为一类特殊身份的人的指称，则与“嫁”相矛盾，因为不存在可以嫁给赘婿的情形，并且“姨夫钱”出自明代文献，时期相隔较远，在印证上显得强度不够。查阅先秦文献，也没有将“姨”解释为对女子的泛称的文例。在这种情况下，笔者认为还是遵循整理小组的解释更为恰当。姨，《说文解字·女部》曰“姨，妻之女弟同出为姨”。姨夫即为女弟的丈夫。嫁给或者招纳女弟的丈夫为赘婿在今日看来显得不可思议，但是在先秦时期是广泛存在的。

先秦时期贵族中作为正式婚存在媵婚，正是将同姓侄、娣随嫡而嫁，出现数姐妹共嫁一丈夫的情况，如《谷梁传·隐公七年》“叔姬归于纪”。《左传·闵公二年》“闵公，哀姜之娣叔姜之子也”。媵婚制盛行于西周至春秋前期，到战国末期随着兼并战争的加剧，同姓国越来越少，媵婚制在上层贵族社会中基本消失，媵婚制的存在说明在当时数姐妹嫁一夫是合法合乎“礼”的婚姻，并未加以排斥或者禁

---

〔1〕何有祖：《〈岳麓书院藏秦简（伍）〉读记一》，载简帛网2018年3月10日，http://www.bsm.org.cn/show_article.php?id=3004。

止,故而民间存在丈夫死后嫁给女弟的丈夫的情况也不足为奇。本文从整理小组将“姨夫”解释为“妻之姐妹的丈夫”,将“入”按何有祖的解释为“入赘”之“入”,整体意思较为明确,即,禁止寡妇带着前夫和前夫子的财产嫁给姨夫或者招纳姨夫入赘。为何要对这一现象进行限制?嫁给姨夫(加入自己姐妹的家庭)或使鳏居的姨夫入赘,如果不涉及财产问题,单纯出嫁或者使其入赘不在此令限制的范围内。携带前夫、前夫子之财嫁及入姨夫,则是对前夫子财产权的极大侵害。

“不同父者,毋敢相仁(认)为兄、姊、弟……不得相为夫妻”。禁止寡妇再嫁后的子女之间认为兄弟姐妹。寡妇再嫁后的家庭中,不同父者,包括同母异父和异父异母两种情况,前者具有血缘关系,后者不具有血缘关系。而他们之间相互认为兄弟姐妹,则是与寡妇再嫁本身形成纽带。其效果类似于母系社会中只知其母不知其父,故而一母所出都可以认为兄弟姐妹,不问父亲为何人。禁止将不同父者认为兄弟姐妹,无疑对重组家庭稳定不利,使得寡妇在选择再嫁时有所顾虑。此外,此条法令颁布于秦始皇二十六年(公元前221年),即统一中国之初,除了受到“嫪毐”案的影响,秦始皇为处死两个同母异父弟弟的行为正当化外,还起到了通过法令扼制“淫佚风俗”,减少民间纠纷的作用。禁止前夫子和后夫子相认为兄弟姐妹,其本质上是否定以母系为核心的血缘关系认同,维护以父系为核心的血缘关系认同。而禁止因寡妇改嫁以后形成的同母异父或异母异父兄弟姐妹相与奸或相为夫妻,则有更多的考量。上述人群同母异父者具有血缘关系,相与奸或相为夫妻则会造成伦常关系的混乱。而由寡妇改嫁所形成的异母异父兄弟姐妹,虽然没有血缘关系,但是他们的结合是以寡妇再婚为纽带形成的婚姻,这样的婚姻加固了寡妇与再婚后的家庭的联系,使得再婚家庭更加的稳定。而这项令的本质则是为了打破再婚家庭的稳定,遏制寡妇尤其是有子的寡妇再嫁。其目的在于保存前夫子财产的完整性,通过遏制寡妇改嫁从而减少由于继承问题产生的纠纷。此外,以上的限制建立在寡妇与前夫有子女的情况下,对于寡妇无子的情况,应当是准许其改嫁的,因为在此时并不存在继承权的问题,不存在作为合法继承人的前夫子。另外"禁毋敢谓母之后夫叚(假)父",除了与秦始皇本身的经历有关系外,禁止称呼母亲的后夫为假父还有阻截前夫子与后夫形成良好互动,降低后夫的社会评价。其本质上也是为了打破前夫子与再婚家庭之间的联系。

综上所述,对于"更嫁令"虽然允许寡妇再嫁,但是对寡妇再嫁有较多限制。总结而言,就是在保证前夫子财产和继承权的完整性的情况下,寡妇可以再嫁,其实从根本上限制了寡妇再嫁的权利。即使寡妇"净身出户",将所有财产分给前夫子,再嫁后也要面对两个家庭子女之间关系存在隔阂的情况。这样,改嫁成为一件无论在伦理上,还是经济效益上极低的事情,使一些妇女在面对选择是否再婚时持保留态度。

(二)财产转移的限制

由以上分析来看,人身关系的限制的本质是为了对前夫子财产完整性的保护。为何要如此强调前夫子财产的完整性?这可从汉代《先令券书》中一窥。在《先令券书》中,公文作为妪与第二任丈夫衰近君的儿子,在衰近君死去后,妪改嫁病长宾,公文"年十五去家自出为姓",在生活上陷入困顿,以至"贫无产业"。为了避免这种情况,"更嫁令"规定:(1)毋得以其前夫、前夫子之财予后夫、后夫子及予所与奸者;(2)母更嫁,禁止子以其财予母之后夫、后夫子;(3)禁止变相给予后夫、后夫子财物。其主要目的是保全前夫子的财产。一般而言,秦汉时代的妇女改嫁一般多出于经济问题,由于女子的谋生能力远远低于男子,故而改嫁妇女的父母多劝女子改嫁。而有财产的妇女在选择上较为自由。根据"更嫁令",保有前夫子的继承权,再嫁女不得随意处分前夫子的财产。相对于后夫子而言,后夫子无权占有原本属于前夫子的财产。这就遏制了一些妇女再嫁之前偷偷向后夫转移财产,从而引起财产纠纷。如《韩非子·说林上》

"卫人嫁其子而教之曰:'必私积聚,为人妇而出,常也。其成居,幸也。'其子因私积聚,其姑以为多私而出之"。反映了当时妇女私聚物品为姑婆所出。《礼记·内则》中"子妇无私货,无私畜,无私器,不敢私假,不敢私与"的说教也是针对这种情况。

相比对身份的限制,对财产转移的限制要显得理智和克制很多,显得较为合理,其中心是为了保护前夫子的财产。对后夫子而言,由于有稳定的家庭,财产权不宜受到侵犯,而前夫子因为势单力薄,往往不能保有自己的财产。这一规定与秦始皇本人的经历有关,嫪毐之案中,嫪毐与太后私下商量"王即薨,以子为后",严重侵害到了秦王本身的利益。秦始皇深深知道由于妇再嫁或者通奸可能带来的对前夫子的财产侵犯的隐患,这样就造成了不稳定因素。

二、犯令者的刑罚

"更嫁令"中对犯令者的处罚见表1:

表1 "更嫁令"中涉及的刑事处罚

行为	处罚	其他
禁毋敢谓母之后夫叚(假)父,不同父者,毋敢相仁(认)为兄、姊、弟	耐隶臣妾	无
不同父者,毋得相为夫妻,相为夫妻及相与奸者	黥为城旦舂	无
有子者,毋得以其前夫、前夫子之财嫁及入姨夫及予后夫、后夫子及予所与奸者	犯令及受者,皆与盗同法	限定在有子的情况下
前令予及以嫁入姨夫而今有见存者环(还)之,及相与同居共作务钱财者,亟相与会计分异相去	令到盈六月而弗环(还)及不分异相去者,皆与盗同法	是对前令的重申
子敢以其财予母之后夫、后夫子者	弃市	无

从表1看,处罚最重的是对前夫子给予母亲的后夫或后夫子,为死刑中的弃市。而对称呼母亲的后夫为假父以及不同父者相认为兄弟姐妹处罚最轻,为耐为隶臣妾。该令在对身份的惩罚上力度较小,而对处分财产的行为处罚力度较大。本文以《睡虎地秦墓竹简》的刑罚体系为基准,对"更嫁令"中所涉及刑罚进行探析(见表2)。

表2　秦律刑名体系

<table>
<tr><th colspan="2">刑名及处罚</th><th>数量</th></tr>
<tr><td rowspan="2">死</td><td>腰斩</td><td>14</td></tr>
<tr><td>弃市</td><td>13</td></tr>
<tr><td rowspan="2">刑</td><td>斩左趾为城旦舂</td><td>12</td></tr>
<tr><td>黥为城旦舂</td><td>11</td></tr>
<tr><td colspan="2">完为城旦舂</td><td>10</td></tr>
<tr><td rowspan="2">耐</td><td>耐为隶臣妾</td><td>9</td></tr>
<tr><td>耐为司寇</td><td>8</td></tr>
<tr><td rowspan="3">赎</td><td>赎死</td><td>7</td></tr>
<tr><td>赎刑</td><td>6</td></tr>
<tr><td>赎耐</td><td>5</td></tr>
<tr><td rowspan="3">赀</td><td>赀二甲</td><td>4</td></tr>
<tr><td>赀一甲</td><td>3</td></tr>
<tr><td>赀一盾</td><td>2</td></tr>
<tr><td colspan="2">谇</td><td>1</td></tr>
</table>

耐为隶臣妾和黥为城旦舂之间相差两档,弃市与黥为城旦舂之间相差两档,分布十分均匀。相比《睡虎地秦墓竹简·法律答问》"同母异父相与奸,可(何)论?弃市",黥城旦要轻得多。《二年律令》中也有类似的规定,即"同产相与奸,若取以为妻,及所取

皆弃市。其强与奸,除所强"。《睡虎地秦墓竹简》的年代要早于《岳麓书院藏秦简(伍)》的年代,而《岳麓书院藏秦简(伍)》的年代早于汉初的《二年律令》,为何在《二年律令》与《睡虎地秦墓竹简》规定如此接近的背景下,《岳麓书院藏秦简(伍)》之"更嫁令"对同母异父的同产之间相与奸定罪明显要轻很多?回到规定中来,"不同父者,毋得相为夫妻,相为夫妻及相与奸者,黥为城旦舂"。对原先法律所禁止的"同母异父相与奸"也仅仅只处以黥为城旦舂的刑罚,对原先法律所允许的再婚家庭中异父异母的子女相为夫妻及相与奸,也要被处以黥为城旦舂的刑罚。笔者认为,这是一个折中化的立法。禁止不同父者相与奸是属于移风易俗类的法律规定,而《睡虎地秦墓竹简·法律答问》的规定则属于刑事法律规范的范畴,故而后者的规定要严厉得多。"更嫁令"出台的当年,秦军进入齐国国都临淄,完成了六国的统一。统一之初即颁布此条法令,其意义不言而喻。笔者认为,此条法令所针对的是全国,自然是与之前仅仅针对秦国的法律规范有所不同。将刑罚定为黥为城旦舂而非弃市,旨在利用法律的规范作用而非刑法的处罚作用指引人们的生活。而将相认为兄弟姊妹之处罚定为耐为隶臣妾,则处罚更轻,是考虑到通过此条法令达成移风易俗的功效。此外,法令对前夫子擅自将财物赠送给后夫、后夫子处以弃市,这是为了强行打破前夫子与再组合家庭之间的联系,将他们放置到完全对立的立场上,使再婚家庭在前夫子和后夫及后夫子之间的关系难以调和。前夫子无论在什么情况下均不允许给予后夫和后夫子人为财产,无疑不利于再婚家庭中成员关系的稳定和融洽。虽然可以遏制《先令券书》中所提到的年满十五就让公文自出立户得不到任何财产最终陷入经济上的困顿,但是也使前夫子和后夫、后夫子之前产生矛盾。

对于将前夫、前夫子的财产入姨夫或者给予后夫、后夫子,犯令及受者,与盗同法,即按照秦律中关于盗的规定进行处罚。具体规定可见《二年律令》第 55 ~ 56 简“盗臧直过六百六十钱，黥为城旦舂；六百六十到二百廿钱，完为城旦舂；不盈二百廿到百一十钱，耐为隶臣妾；不盈百一十到廿二钱，罚金四两；不盈廿二钱到一钱，罚金一两”。根据收受财物的多少确定罚金。对盗进行处罚由来已久，《张家山汉简 · 奏谳书》中“异时鲁法：盗一钱到廿，罚金一两；过廿到百，罚金二两；过百到二百，为白徒；过二百到千，完为倡”，就是保留了春秋时期鲁国对盗的处罚规定。根据《二年律令》中的规定，盗根据盗赃被处以罚金一两至黥为城旦舂的刑罚。具体到再嫁女所转移的财务数量多少，根据数量进行定罪处罚。“令到盈六月而弗环(还)及不分异相去者，皆与盗同法”这里的“与盗同法”显得难以理解。没有进行财产和户籍的分异，就要按照“盗”的行为进行处罚。此处不存在一个具体的类似于盗赃的东西存在，只有未分异的财产总额，应当是按照未分异的财产的总量对双方定罪量刑，这样所获的刑罚很容易量刑较高，这也是对违反盈六月还不分割财产、分割户口的再婚家庭的加重处罚。

值得注意的是，“更嫁令”并非单独存在的一个令，而是多个令中的一个。“前令予及以嫁入姨夫而今有见存者环(还)之，及相与同居共作务钱财者，亟相与会计分异相去。令到盈六月而弗环(还)及不分异相去者，皆与盗同法。”针对“分异”，整理小组认为是指“户籍分开”，[1]武汉高校读简会认为，“分异”针对的是财产分割。笔者认为，“会计分异”针对“相与同居共作务钱财者”是没有问题的。“同居共作务”应当是法律意义上的“同居”，即户籍登记在一处，同时也共同生活在一起，一起从事农业生产，所以“分异”的主要是指户口上的分开，户口上的分离必然伴随财产上的分离。由“前令”可见，对于妇女再嫁，秦始皇出台了一系列法令，其目的是遏制妇女再嫁或者通奸造成在前夫子和后夫子之间财产分配不公，从而造成更大的社会矛盾。

---

〔1〕 陈松长主编：《岳麓书院藏秦简(伍)》，上海辞书出版社 2017 年版，第 73 页。

三、"更嫁令"的立法意义

先秦到汉初,改嫁行为十分普遍,甚至帝王后宫对改嫁之女也并无忌讳,这种风俗至少持续到东汉。秦始皇二十六年(公元前221年)的"更嫁令"却通过财产转移和子女身份两个方面对再嫁进行了实质上的限制,并鼓励不再嫁的行为,这种行为在这段历史发展中显得颇为突兀。秦始皇时期十分强调女性贞洁,如琅琊石刻"有子而嫁,倍死不贞",对有子再嫁的寡妇给予"不贞"的描述。除了与自身经历有关系,还应当从经济角度探寻原因。顾颉刚针对上古"烝""报"婚指出,"从父系氏族社会直到奴隶制社会妇女都是氏族和宗族的一笔财产。在生产不发达的社会里,氏族和宗族要守住这笔财产是很不容易的,所以从别的氏族嫁过来的女子不可任她流失"。[1]而寡妇携带财产嫁给或者招纳姨夫为赘婿,不仅因寡妇可以处置亡夫的财产,使得前夫和前夫子的财产流失回到寡妇的母系家庭中,而且也使得寡妇本人完全脱离前夫的家庭,这相当于双倍的财产损失。更重要的是,作为合法继承人的前夫子,这时候往往难以继承到原本属于自己的财产。由于前夫子难以继承到自己本应当继承的财产,其结局大概分两种:一种如《先令券书》中的公文,十五岁后自立门户,得不到任何财产从而陷入困顿,成为社会的不稳定因素,《先令券书》中的公文正是获罪入狱等待刑满释放继承母亲的财产;另一种则是因为抢夺财产造成再婚家庭更加不稳定,从而导致各种流血报复事件。故而秦始皇认为,通过对寡妇本身的再嫁行为进行限制,可以从根本上杜绝前夫子可能面临的各种损失和风险。这样规定的原因,武汉高校读简会认为:"秦代对外扩张,屡兴战争,本国男性损失严重,导致大量妇女成为寡妇,战场上死去的战士的财产

---

〔1〕 顾颉刚:《由"烝"、"报"等婚姻方式看社会制度的变迁》,载《文史》第14辑,中华书局1982年版。

得不到保障,容易被妻子攫取。因此,秦国为了奖励军功,使战士打仗没有后顾之忧,遂禁止有子妇女用前夫之财改嫁。"[1]这样的说法有一定的道理,但是在统一战争已经结束的情况下,再去讨论由于战争的缘故导致男性大量死亡就显得有些偏颇。笔者认为,应当是以前夫子为出发点进行的立法考量。在嫪毐之乱中,秦始皇本人也属于前夫子,在财产和利益上面临遭受损失风险,故而十分重视对前夫子财产完整的保护。为了使前夫子财产得以保全,秦始皇采用的是限制前夫子的母亲改嫁,并认为这是从根本上消除矛盾的一个方法。然而从汉初的情况来看,寡妇再嫁依然是十分稀松平常的事情,并没有受到任何阻却性事由的影响,甚至有的女子再嫁可以进入皇室。一方面,是因为秦代存续时间较短,不能长时期稳定地保障"更嫁令"的实施;另一方面,当时社会儒家经义并没有成为帝国的指导思想,深入贯彻进入民间。即使到了汉武帝罢黜百家、独尊儒术以后,社会对寡妇守节也并无相应的要求,一直到东汉时期,贞洁观念才深入人心,出现了一批孝妇。东汉时代的孝妇虽然多于西汉时代,但是从《孔雀东南飞》等一些文学作品来看,女子再嫁也是十分平常的事情,并没有受到限制,也不会因此降低社会评价,只是在儒家经义的影响下,出现了一些不再改嫁的孝妇而已,整个社会对改嫁还是比较宽容的。

四、结论

秦代在家庭构成上多为核心家庭,大多为五口之家。由于战乱辑佚人均寿命较短等原因,家庭中出现女子丧夫的情况较多,在这种情况下,改嫁成为一件十分平凡的事情。即使到东汉改嫁行为依然十分平常。秦始皇出于自身经历以及保护前夫子财产的考量,限

---

[1] 刘聪、魏德伟等:《读〈岳麓书院藏秦简(伍)〉札记》,载《华中国学》2018年第2期。

制寡妇改嫁,以达到避免前夫子财产遭受损失或者引发更多的社会矛盾。虽然随着秦代国祚的灰飞烟灭,对寡妇的限制也不存在,然而随着儒家经义的深入人心,后世贞洁观念终是发展到一个畸形的层面。

宋代路级机构互察制度初探

赵一鸣 *　崔新赫 **

【摘要】 为了加强对地方的监察，宋代创制了严密的路级机构互察制度体系，通过路级机构之间多渠道、多形式的交错监察，在彼此之间形成牵制，最终将权力集于中央。互察制度的建立和实施对于维护王朝统治、强化中央集权起到了重要的作用，但由于中央集权制度本身的禁锢和等级授职制下人治因素的干扰，在实际执行的过程中存在诸多弊端。

【关键词】 路级机构；互察；权力制衡；中央集权

互察是宋代路级机构对同级机构进行的监察，执行互察的机构以转运、提点刑狱、提举常平三监司为主，还包括发运司、安抚司等机构，是宋代统治者控制地方的重要手段。前人在对宋代职官、地方行政和监察制度的研究中颇有涉及，但在总体上缺乏系统性的论述。本文尝试在现有基础上进行梳理，以管窥宋代互察制度之原貌，深化对宋代地方监察制度的认识，为当代监察体制改革提供借鉴与参考。

---

* 中国政法大学政治与公共管理学院博士研究生。

** 中央纪委国家监委驻教育部纪检监察组干部。本文为国家社科基金项目“宋代地方政府权力制衡机制研究”（17BZZ088）阶段性成果。

一、互察制度之沿革

《续资治通鉴长编》卷九一载真宗天禧二年(1018年)三月丙辰"知虢州查道言:'诸路承例遣幕职官鞫问本路转运使、提点刑狱官,事颇未便。望自今止令两司互相劾',从之",[1]转运与提点刑狱二司自始相互监察。

神宗"熙丰变法"之后,互察的做法被广泛推行,参与执行互察的路级机构大为增加。熙宁三年四月诏,委转运司觉察河东、陕西诸路经略司处置禁止边民与西夏互市事宜,[2]要求转运司对经略司执行互察。五年"诏广南东路转运判官许彦先察访广南西路常平等事,及体量官吏违慢、措置乖方者以闻",[3]说明邻路监司亦可执行互察。元丰七年八月,"诸路科买上供圆融抑配,委转运,提点刑狱、提举司点检举劾,听逐司互察"。[4] 从这一时期互察的施行情况来看,多是由皇帝以敕令指示诸路级机构在某一具体事项的处置中相互监察,是一种临时性的习惯做法,尚未形成稳定的制度。

至迟在哲宗元符年间,监司互察已经成为制度。徽宗政和元年三月臣僚上言:"契勘法有监司互察之文,而提举学事官例以侵官越职之故,不干预他司事……检准元符令,诸监司知所部推行法令违慢,若词讼虽非本职,具事因牒所属监司行遣。其命官老病不职而

---

〔1〕 李焘:《续资治通鉴长编》卷九一《真宗天禧二年三月丙辰条》,载纪昀:《景印文渊阁四库全书》第三一八册,台北,商务印书馆1986年版,第66页。

〔2〕 参见徐松:《宋会要辑稿·兵二八之八·备边二》,中华书局1957年版,第7273页。

〔3〕 李焘:《续资治通鉴长编》卷二三七《神宗熙宁五年八月丁酉条》,载纪昀:《景印文渊阁四库全书》第三一五册,台北,商务印书馆1986年版,第435页。

〔4〕 李焘:《续资治通鉴长编》卷三四八《神宗元丰七年九月辛丑条》,载纪昀:《景印文渊阁四库全书》第三一九册,台北,商务印书馆1986年版,第792页。

非隶本司准此，仍听具奏。"[1]分析此条记载可以说明两点：一是宋廷在哲宗元符年间已经对监司互察进行了规范；二是在未经奏请皇帝批准或敕令指示的情况下，路级机构不得以互察名义干涉他司职事。

徽宗时期互察制度进一步发展。一是相关成文法的颁布。崇宁五年二月，宋廷"以前后所降御笔手诏模印成册，班之中外。州县不遵奉者监司按劾，监司推行不尽者诸司互察之"。[2] 六月，正式颁布诸路监司互察之法，并规定"庇匿不举者罪之，仍令御史台纠劾"，申明了监司互察的责任。二是政和六年十一月正式设立监司互申考课制度。[3] 三是在这一时期，宋廷发布了大量诏令要求诸路级机构执行互察，互察的运用频率更高，涉及的范围更广，几乎涵盖了刑狱、贼盗、常平、保甲、赋役、茶盐、坑冶、铸钱等全部地方事务。

《宋史》卷三五《孝宗三》有孝宗淳熙五年十一月"复监司互察之法"的说法，[4]那么监司互察之法在宋室南渡之后至淳熙五年应曾一度遭停废。停废的时间和具体原因未见史料记载，笔者认为，当与靖康之变后宋廷的统治危机和南渡后的政局不稳以及高宗建炎、绍兴年间长期频繁用兵的军事需要有关，监司互察意在相互牵制，并不利于在战争时期集中事权、统一号令，因此宋廷不得不暂时将其废止。这一点从南宋初期宋廷以安抚使、制置使等军使总一路事权，甚至号令路级诸司的做法可以佐证。从文献所载这一时期发布的诏令来看，仍有相当部分涉及互察，如绍兴六年八月令他司察提

---

〔1〕 徐松：《宋会要辑稿·职官四五之五·监司提举郡守转运提刑使》，中华书局1957年版，第3393页。

〔2〕 脱脱等撰：《宋史》卷二十《徽宗二》，载司马迁等：《点校本二十四史》，中华书局2011年版，第376页。

〔3〕 参见徐松：《宋会要辑稿·职官五九之一六·考课》，中华书局1957年版，第3725页。

〔4〕 参见脱脱等撰：《宋史》卷三五《孝宗三》，载司马迁等：《点校本二十四史》，中华书局2011年版，第669页。

点刑狱司检察系囚,[1]绍兴四年十一月令诸监司察提点刑狱司详覆浙西占田[2]等,说明互察的做法并未被彻底废除,反而得到了广泛的应用。

从南宋宁宗嘉泰二年颁行的行政法典《庆元条法事类》中存在的大量关于互察的内容来看,孝宗在淳熙五年恢复监司互察之法前后,以及光宗、宁宗朝均对互察进行了细化和补充,发布了相当数量的敕令。此后,宋代的互察制度渐趋稳定,并一直为统治者重申沿用。

二、执行互察的机构及其职官

据《庆元条法事类》卷七《职制门四·监司知通按举》载:"诸官司无按察官而违及不公事者,发运监司按察,奏发运监司互相觉察。其经略按抚、发运监司属官听逐互相按举。"[3]又载"诸称监司者谓转运、提点刑狱、提举常平司,称按察官者,谓诸司通判以上官,(原注:发运、转运判官同)及知州、通判各于本部职事相统摄者",[4]明确规定转运使、提点刑狱公事、提举常平官等监司官,及发运司、安抚司等诸司按察官负责互察,按察官即指诸司序位在通判以上的官员。

(一)转运司。"掌经度一路财赋,而察其登耗有无,以足上供及郡县之费。岁行所部,检察储积,稽考帐籍,凡吏蠹民瘼,悉条以上

[1] 参见徐松:《宋会要辑稿·刑法三之七七·勘狱》,中华书局1957年版,第6613页。

[2] 参见徐松:《宋会要辑稿·食货六一之七四·检田杂录》,中华书局1957年版,第5910页。

[3] 谢深甫编纂:《庆元条法事类》卷七《职制门四·监司知通按举·职制令》,载薛允升等编:《唐明律合编·宋刑统·庆元条法事类》,中国书店1990年版,第72页。

[4] 谢深甫编纂:《庆元条法事类》卷七《职制门四·监司知通按举·名例敕》,载薛允升等编:《唐明律合编·宋刑统·庆元条法事类》,中国书店1990年版,第74页。

达，及专举刺官吏之事。”[1]监司官为转运使，两省五品官以上任转运使者为都转运使，另有转运副使及判官。转运司属官有管勾（主管）文字，勾当（干办）公事，管勾（主管）账司，准备差使和准备差遣。

（二）提点刑狱司。“掌察所部之狱讼而平其曲直，所至审问囚徒，详核案牍，凡禁系淹延而不决，盗窃逋窜而不获，皆劾以闻，及举刺官吏之事。”[2]监司官为提点刑狱公事，属官有提点刑狱司检法官，干办公事。

（三）提举常平司。“掌常平义仓、免役、市易、坊场、河渡、水利之法，视岁之丰歉，而为之敛散，以惠农民。……仍专举刺官吏之事。”[3]监司官为提举常平官，属官有干办公事。

（四）发运司。“掌经度山泽财货之源，漕淮、浙、江、湖六路储廪以输中都，而兼制茶盐、泉宝之政，及专举刺官吏之事。”[4]仁宗皇祐五年五月诏发运司奏诸路转运使上供不足者皆行责降，有余者则加以升擢；[5]元丰四年七月令江、淮发运司及荆湖北路提点刑狱司体量荆湖北路转运使孔延之、判官吴太元不和事状；[6]绍兴四年六月工部言“崇宁二年五月十一日……铜料阙乏致亏者，责铸钱司。铸

[1] 脱脱等撰：《宋史》卷一六七《职官七·都转运使转运使副使判官》，载司马迁等：《点校本二十四史》，中华书局2011年版，第3964页。

[2] 脱脱等撰：《宋史》卷一六七《职官七·提点刑狱公事》，载司马迁等：《点校本二十四史》，中华书局2011年版，第3967页。

[3] 脱脱等撰：《宋史》卷一六七《职官七·提举常平司》，载司马迁等：《点校本二十四史》，中华书局2011年版，第3968页。

[4] 脱脱等撰：《宋史》卷一六七《职官七·发运使副判官》，载司马迁等：《点校本二十四史》，中华书局2011年版，第3963页。

[5] 参见李焘：《续资治通鉴长编》卷五三《宋仁宗皇祐五年五月壬辰条》，载纪昀：《景印文渊阁四库全书》第三一六册，台北，商务印书馆1986年版，第784页。

[6] 参见李焘：《续资治通鉴长编》卷二一三《宋神宗熙宁三年七月庚子条》，载纪昀：《景印文渊阁四库全书》第三一七册，台北，商务印书馆1986年版，第529页。

钱司不先次应副物料，典级杖八十，委发运司具职位姓名闻奏取旨”，[1]可以说明发运司的互察职权。发运司长官为发运使，另有发运副使和判官。发运司下设排岸、下卸、催纲、拨发四分司，主官为排岸官、都监、拨发官和干办催促纲运。发运司的主要属官有干办公事、主管文字、粜籴官和准备差遣。两宋职官的资序在不同的时期有所不同，根据《庆元条法事类》卷四《职制门一·官品杂压·职制令》的记载，发运副使、判官均与知州序官，发运司干办公事、主管文字在所部州通判之上。[2] 以上发运副使、判官、干办公事、主管文字并为本司按察官。

(五)安抚司。掌一路军民政事及察治奸吏，为一路帅臣。徽宗初年，安抚使已可监督监司及其属官。建中靖国元年九月九日吏部言鄜延路经略安抚使司状："本司契勘一路监司所部官并系统属，虽于别司属官，在法亦令互察。"[3]南渡以后，宋廷于诸路遍置安抚司，总一路军民政事，安抚司执行互察的情况也更为常见。如建炎元年五月高宗针对"诸路监司或州郡，如敢循习故态，尚用便宜行事指挥"的情况，诏令本路"帅臣、宪、漕按察，具名闻奏"；[4]绍兴五年十一月诏"江西帅、宪司觉察漕司及州县，毋得重迭催理旱伤民户苗米"；[5]淳熙十二年十一月令监司约束广南州县滥征挂丁钱，要求帅

---

〔1〕 徐松:《宋会要辑稿·职官四三之一四六·提点坑冶铸钱司》，中华书局1957年版，第3346页。

〔2〕 参见谢深甫编纂:《庆元条法事类》卷四《职制门一·官品杂压·职制令》，载薛允升等编:《唐明律合编·宋刑统·庆元条法事类》，中国书店1990年版，第21~22页。

〔3〕 徐松:《宋会要辑稿·刑法一·格令二之二〇》，中华书局1957年版，第6471页。

〔4〕 徐松:《宋会要辑稿·兵一四之七·便宜行事》，中华书局1957年版，第6996页。

〔5〕 李心传:《建炎以来系年要录》卷九五《宋高宗绍兴五年十一月丁酉条》，载纪昀:《景印文渊阁四库全书》第三二六册，台北，商务印书馆1986年版，第338页。

臣察监司违戾以闻。[1] 安抚司长官为安抚使,官资较浅者任安抚司事者,称主管安抚司公事,另有安抚副使、判官及都监。属官在不同时期有所差异,主要有参谋官、参议官、管勾机宜文字、书写机宜文字和勾当公事。其中安抚使由路分内首府、州之知府、知州充任,主管安抚司公事、副使、都监均与知州序官,并为本司按察官。南宋安抚司下另设武臣统兵官,主要有都统制、统制、正将、副将、准备将。

由于转运、提点刑狱、提举常平三司是宋代一路中的主要监司,所掌职事广泛,建制长期稳定,所以关于他们执行互察的记载最为常见,是宋代互察制度的主要执行者。发运、安抚二司专掌漕运、军政,但因是朝廷一时之要务,牵涉的范围也大,所以执行互察的情况较他司为多。其他路级机构也参与执行互察,但由于职司单一,涉及不广,多是根据皇帝指示或者按照规定执行,前者如建炎元年九月戒饬诸路提举马递铺官整顿邮路驿传,令诸司互察,[2] 后者如前引政和元年三月许提点学事具事因牒所属监司[3] 等。据官品杂压之法,都大提点坑冶铸钱、提举茶盐、市舶、学事等诸司长官均为知州或以上序位,为本司按察官。

三、互察的措施

互察的主要措施有监司分部巡历、监司互批印纸、监司互申考课、各路级机构间的互报以及受命复核等。

(一)监司分部巡历

宋代监司设置之初,即受命岁行所部州县,以履行其监察地方政

---

〔1〕 参见佚名:《宋史全文》卷一九《宋孝宗淳熙十二年十一月》,载纪昀:《景印文渊阁四库全书》第三三一册,台北,商务印书馆 1986 年版,第 487 页。

〔2〕 参见徐松:《宋会要辑稿·方域一〇·驿传杂录·急递铺之四一》,中华书局 1957 年版,第 7494 页。

〔3〕 参见徐松:《宋会要辑稿·职官四五之五·监司提举郡守转运提刑使》,中华书局 1957 年版,第 3393 页。

事和刺举地方官员之责。为了解决监司巡历不遍的问题,宋廷于熙宁十年正式推行监司分部巡历,并一直延续至南宋灭亡。

分部巡历的具体做法是将转运、提点刑狱、提举常平三监司,分别于本路不同州置司,并将一路分割为几部不同巡历区域,在同一时间内由一司分别巡历一部,但每一监司必须在规定的巡历期限内巡遍本路所有州军。分巡区域由诸监司根据本路地域广狭和距离置司州路程远近等实际情况商议决定。

北宋在要求监司分部巡历的同时,明确了监司巡遍的总周期,但未对监司分巡的时间和次数做出要求,哲宗元祐元年十一月规定,诸路监司互分州县,在二年内巡遍,〔1〕宣和四年十二月又规定,转运和提点刑狱二年遍巡所部,提举常平一年一遍。南宋以后,分巡制度进一步细化,对于监司出行的往返时间、分巡的次数有了明确规定,绍兴二十六年规定诸路监司分上下半年出巡,另据《庆元条法事类》的记载,监司在每年的春、秋两季出巡,〔2〕在上下半年各巡遍本部半境。宁宗嘉定、开禧年间又有监司冬、夏虑囚的新规定,〔3〕南宋监司实际上已经是四季轮流出巡。

分部巡历的做法使地方州军长期且持续的处于不同监司的轮番巡视之下,有益于地方吏治的清明和监督渠道的及时畅通。同时也将前一监司的巡历效果和巡历行为置于后一监司的监督之中,对于防止监司在巡历中徇私舞弊,有效减少失察情况的出现,具有积极作用。

〔1〕 参见徐松:《宋会要辑稿·职官四五之一四·监司提举郡守转运提刑使》,中华书局1957年版,第3398页。

〔2〕 参见谢深甫编纂:《庆元条法事类》卷七《职制门四·监司巡历·考课令》,载薛允升等编:《唐明律合编·宋刑统·庆元条法事类》,中国书店1990年版,第69页。

〔3〕 参见谢深甫编纂:《庆元条法事类》卷七《职制门四·监司巡历·职制令》,载薛允升等编:《唐明律合编·宋刑统·庆元条法事类》,中国书店1990年版,第68页。

（二）监司互批印纸与互申考课

互察的做法在对监司的考课中也有体现。宋廷对于监司的考课分为岁终和任满，基本的做法是通过印纸记录功过，最初由路分内知州、通判将监司任内政绩功过记录在朝廷颁发的印纸历子上，然后呈报中央，但在实际执行中多是由置司地的知州、通判进行批书。由于监司与知、通之间存在实质上的上下级隶属关系，所以批书的内容往往不实，考核的效果不好。为了革除这一弊端，宋廷要求"诸监司印应批书者，逐司互批（原注：谓转运司官印纸，提点刑狱司批书之类"，[1]要求监司之间互相批书印纸。

又立互申考课之法，要求各监司将他司考课事项申报朝廷。绍圣二年七月，哲宗接受尚书省建议，诏诸转运、提刑、提举官合上簿七事，"开具互申都司，都司限两月开具申尚书省"，[2]是为监司互申考课制度之始。政和六年十一月，徽宗应新任梓州路转运副使卢知源的奏请，正式设立监司互申考课之法。根据《庆元条法事类》的记载，南宋监司互申考课法的主要内容包括：

1. 要求诸监司必须互申考课，对于不执行或者不依照规定执行者施以二年徒刑的处罚。[3]

2. 明确了诸监司互申考课的时限和对应申报的中央机构。《考课·考课令》规定"诸监司考课事应互申者（原注：谓转运司事提点刑狱司申之类），每岁于次年二月终以前，转运司事申尚书户部，提举常平司事申户部右曹，其干刑狱事申刑部，仍并申尚书左右司"。[4]

---

〔1〕 谢深甫编纂：《庆元条法事类》卷六《职制门三·批书·考课令》，载薛允升等编：《唐明律合编·宋刑统·庆元条法事类》，中国书店1990年版，第50页。

〔2〕 徐松：《宋会要辑稿·职官五九之六·考课》，中华书局1957年版，第3722页。

〔3〕 参见谢深甫编纂：《庆元条法事类》卷五《职制门二·考课·职制敕》，载薛允升等编：《唐明律合编·宋刑统·庆元条法事类》，中国书店1990年版，第42页。

〔4〕 谢深甫编纂：《庆元条法事类》卷五《职制门二·考课·考课令》，载薛允升等编：《唐明律合编·宋刑统·庆元条法事类》，中国书店1990年版，第43页。

3. 规范了互申考课的文书格式和内容。据《庆元条法事类》所载监司互申考课书状,申报监司在"本司合申某司官某年分内考课事件"[1]一条中,载明所申监司及被考课的年份,逐一列明该司当年的互申考课事件,填写涉及每一事件的具体内容和有关细节。书状所列事件在监司事务考校事件的基础上有所调整,如申转运使事件增列"税租管额并本年收逐色各若干""酒税务各具租额并递年及本年收诸色课利逐色各若干""前一年并本年收籴到谷若干""前一年并本年本路都收钱物各若干,支外见在若干"四项。所填内容因所申监司不同有所差异,考课式中以"以上某司用此"注明前述事件为申某司事所用,余司则不用,如"本年并前三年收支免疫钱若干"和"场务净利比旧额有无增亏,限外有若干拖限"两项仅作为提举常平司的互申内容,申转运、提点刑狱二司时则不用填写。

(三)互报

北宋真宗景德四年五月立中书、枢密院互报法,要求二府就事关军机、民政者互相关报,[2]目的是确保中央机关之间对于重要信息的沟通顺畅与及时。宋廷对路级监司之间亦有互报的要求,《庆元条法事类》中有如下规定:

1. 监司在执行朝廷政令时涉及他司职事时,应当关报所涉路级机构,再由本监司独立策划施行,并在执行完毕后将结果报他司。如本司处置完毕,被他司发现有处置不周的情况,则由发现之司径行处理,并将结果报原处置之司;被他司发现有处置失当的情况,则

---

[1] 谢深甫编纂:《庆元条法事类》卷五《职制门二·考课·考课式》,载薛允升等编:《唐明律合编·宋刑统·庆元条法事类》,中国书店1990年版,第45页。

[2] 参见《续资治通鉴》卷二六《宋真宗景德四年五月壬申条》,载《续修四库全书》第三四三册,上海古籍出版社2002年版,第285页。

由发现之司报原处置之司，由原处置之司进行改正；[1]在所推行之事涉及他司却不关报而径行实施的，本司主管官将受到责罚。[2]

2. 监司发现官员有失职情况，即使所涉之事与本司职事无关，也应关报该官员所属之司，否则发现之司要受到处罚，官员所属之司承报而不处理或者处理不当的也要被处罚，监司发现官员有老病不职的情况也是同样处理。[3]

3.《庆元条法事类》还规定了互报的例外事项，即诸司在按察官员时，不得事先相互关报，须直接据实向朝廷上奏被察官员所犯之事。

诸司互报的做法，保证了路级机构之间信息沟通的顺畅，也在信息交换的过程中将一司的举动置于他司的监督之中，便于及时纠错和改正，是宋廷推行互察的重要措施。

（四）复核

指示一些路级机构策划、执行，令其他路级机构进行复核，是宋代互察中最为常见的措施，参与的路级机构较为多元，具体的做法也相对随意，前文所引实例多是属于此类，这里不再一一赘述。

应当注意的是，其中的一些做法被稳定下来，成为新的制度。元丰元年八月"令诸路转运司勘会所辖州军，熙宁十年以前三年收支，应见在钱物，……半年攒结成都状，送提点刑狱司驱磨保明……自今三年一供，著为令"，[4]崇宁元年九月诏书延续了这一做法并有所发

[1] 参见谢深甫编纂：《庆元条法事类》卷四《职制门一·职掌·职制令》，载薛允升等编：《唐明律合编·宋刑统·庆元条法事类》，中国书店1990年版，第24页。

[2] 参见谢深甫编纂：《庆元条法事类》卷四《职制门一·职掌·职制敕》，载薛允升等编：《唐明律合编·宋刑统·庆元条法事类》，中国书店1990年版，第23页。

[3] 参见谢深甫编纂：《庆元条法事类》卷七《职制门四·监司知通按举·职制敕》，载薛允升等编：《唐明律合编·宋刑统·庆元条法事类》，中国书店1990年版，第74页。

[4] 李焘：《续资治通鉴长编》卷二九一《宋神宗元丰元年八月庚午条》，载纪昀：《景印文渊阁四库全书》第三一九册，台北，商务印书馆1986年版，第68页。

展,规定“令本司(转运司)开析每岁钱谷出入名数,具册关提点刑狱司验实,结罪保明缴奏送尚书户部”。[1] 南宋时,以提点刑狱司复核转运司勘合所辖州军及本司收支的做法已经成为制度。《庆元条法事类》卷三二《财用门三·点磨隐陷》规定,诸提点刑狱司每半年索取转运司买物文凭之类点磨,明确点磨的内容为“有稽违,不还价,不支给,或虽支而不足若不当价者”,[2]限定转运使递交买物文凭的时限为五日,[3]并提出罚则,规定“违限不供送者杖八十,一日加一等,三十日以上若折挨移改事,即有所规避者,徒二年,其提点刑狱司应取而不取,应点磨而不点磨,各故为隐庇者,与同罪”。[4]

此外,宋代还有令诸路级机构在具体事件中联合行动、共同商议对策奏闻朝廷以及互相举荐官员的做法,客观上也起到了促进各路级机构互相监督的作用。如仁宗皇祐三年二月,就侬智高内附一事指示广南西路转运司、提点刑狱司、钤辖司“具利害以闻”;[5]绍圣二年八月诏诸提举铸钱司在辖内坑场监官遇阙时与本路转运司互举;[6]建炎四年二月,令福建路安抚、转运、提点刑狱司“公共相度措置榷酤,……孰为利便以闻”;[7]等等。

---

〔1〕 徐松:《宋会要辑稿·食货四九之二四·转运》,中华书局1957年版,第5645页。

〔2〕 谢深甫编纂:《庆元条法事类》卷三二《财用门三·点磨隐陷·职制令》,载薛允升等编:《唐明律合编·宋刑统·庆元条法事类》,中国书店1990年版,第270页。

〔3〕 参见谢深甫编纂:《庆元条法事类》卷三二《财用门三·点磨隐陷·仓库令》,载薛允升等编:《唐明律合编·宋刑统·庆元条法事类》,中国书店1990年版,第270页。

〔4〕 谢深甫编纂:《庆元条法事类》卷三二《财用门三·点磨隐陷·职制敕》,载薛允升等编:《唐明律合编·宋刑统·庆元条法事类》,中国书店1990年版,第269页。

〔5〕 徐松:《宋会要辑稿·蕃夷五之六一·侬氏》,中华书局1957年版,第7797页。

〔6〕 参见徐松:《宋会要辑稿·职官四三之一一九·提点坑冶铸钱司》,中华书局1957年版,第3333页。

〔7〕 徐松:《宋会要辑稿·食货二〇之一四·酒曲杂录一》,中华书局1957年版,第5139页。

四、互察制度的弊端

平衡地方权力和稳固中央集权，是宋廷创制和推行互察制度的根本目的。互察的做法普遍存在于宋代路级机构政治活动的各个环节之中，在路级机构之间形成了制约关系，然而达成制衡的同时，也存在诸多弊端与问题。

一是彼此牵制，影响效率。

宋代的路级机构有所分工，但是在实践中，宋廷会对某一路级机构的事权做进一步分割，使一事实际上由多个路级机构共管。如坑冶铸钱，在北宋熙宁初年厘正监司所治之职后，主要是由转运司和提举坑冶铸钱司共同管理；绍圣以后，提点刑狱司被赋予检踏兴发坑冶的权责；崇宁二年之后，提举常平司参与管理。[1] 虽然共管坑冶铸钱事的具体机构在不同时期有所不同，但由多个机构共管的情况始终没有变化。根据互报的要求，其中某一路级机构在处置前必须关报其他共管机构，并在处置完毕后接受他们的核查，根据他们的意见进行改正。这种反复通报、核查、纠错的做法，显然会增加路级机构的施政成本。

互察对行政效率的负面影响同样延伸到了执行政令的地方州军。各路级机构各有立场，地位相当，必然会有无法达成统一意见的时候，又因有相互监察和举奏的权力，即便是充分沟通，也难免会有否定其他意见，自行其是的情况发生。在这种情况下，负责执行政令的州军就会处于无所适从的尴尬境地，正如乾道六年臣僚所言："然而监司徇私党局，凡有施行，不相照应，从漕司则违宪司，从

〔1〕 参见徐东升：《从官手工业管理看宋代路级机构的关系》，载《厦门大学学报（哲学社会科学版）》2005 年第 4 期。

宪司则违提举司,遂使州县难于遵承。"[1]地方上行政效率的低下也就难以避免了。

二是互相包庇、纵容。

虽然宋廷对各路级机构之间的互察有着明确要求和规定,但在制度的落实上却并不尽如人意,各路级机构之间相互包庇、纵容的情况极为普遍。

熙宁四年,利州路转运使李瑜定本路役钱失实,提点刑狱周约未经核实亦同签书,李、周二人皆坐责;[2]元祐元年,委成都府路提点刑狱郭槩体量本路茶事陆师闵,郭槩因畏惧陆师闵权势体量不实,被右司谏苏辙、右正言刘安世弹劾。[3] 政和五年四月,泸南夷人叛乱,朝廷认为帅臣"失于绥抚""监司坐视,不以上闻",安抚钤辖贾宗谅除名勒停,转运、提刑司官各降两官。[4]

路级机构之间的包庇与纵容,在一定程度上消弭了互察的作用,削弱了路级机构之间的制约关系和中央对地方的控制力度。从史料中看,宋廷对这一问题早有认识并予以禁止。前引政和五年敕令规定,"见今诸路监司,互相察举如法,或庇匿不举,以其罪罪之"。[5] 南渡以后,宋廷又多次重申禁令。例如,绍兴三十年六月,令监司互察额外征收合纳谷帛丝绵和粮草违制事,规定不互察者同

[1] 徐松:《宋会要辑稿·职官四五之二八·监司提举郡守转运提刑使》,中华书局1957年版,第3405页。

[2] 参见李焘:《续资治通鉴长编》卷二二七《宋神宗熙宁四年十月甲申条》,载纪昀:《景印文渊阁四库全书》第三一七册,台北,商务印书馆1986年版,第735页。

[3] 参见徐松:《宋会要辑稿·职官六六之三二·黜降官三》,中华书局1957年版,第3884页。

[4] 参见徐松:《宋会要辑稿·蕃夷五之三六·西南蕃》,中华书局1957年版,第7784页。

[5] 徐松:《宋会要辑稿·卷四五之四·监司提举郡守转运提刑使》,中华书局1957年版,第3393页。

罪。[1] 庆元四年正月,令互察监司、郡守因疾患废事者,规定"或有隐敝而不以闻者,则令御史台劾奏,亦与黜责",[2]类似的诏令很多。这种三令五申的情况,反映了宋廷对这一问题的禁止态度,同时说明了路级机构相互包庇与纵容的情况在两宋时期长期存在。

三是诸司交馈,贪墨公行。

与路级机构之间的相互包庇、纵容相联系,彼此间的馈赠现象十分普遍。淳熙三年臣僚奏称:"近岁监司临按,多受馈饷,行部例有折送钱物,数目至多。又有无忌惮者,诸司互以钱物馈送,皆以折酒为名,赇饷相通,专济私欲。"[3]明代王鏊也在其著《姑苏志》中记载,"(南宋绍兴末年)蜀旧例,监司交馈不下数千缗"。[4] 路级机构相互馈赠的目的在于交结和托庇,对于中央来说,则有地方结党营私,联合欺瞒朝廷的危险,这种现象显然不利于制衡策略的贯彻,也在宋廷禁止之列。绍兴二十八年十月南郊赦规定:"见任官及监司守臣相互馈送,劳民害物,理合禁止。"[5]淳熙三年九月诏"诸路监司互相馈赠,及因行部辄受折送者,以赃论"。从宋廷屡次重申的情况来看,路级机构相互馈赠的问题并没有得到真正解决。

路级机构交相馈赠的盛行与官员贪墨严重互为因果。北宋后期,监司已被时人称为"贪饕无厌,鲜廉寡耻",[6]南渡以后,各路级机构务求聚敛的现象尤为严重。南宋路级机构官员因贪墨受到朝

---

〔1〕 参见徐松:《宋会要辑稿·食货六四之三二·匹帛》,中华书局1957年版,第6115页。

〔2〕 徐松:《宋会要辑稿·卷四五之三五·监司提举郡守转运提刑使》,中华书局1957年版,第3410页。

〔3〕 徐松:《宋会要辑稿·职官四五之三五·监司提举郡守转运提刑使》,中华书局1957年版,第3408页。

〔4〕 王鏊:《姑苏志》卷四九,载纪昀:《景印文渊阁四库全书》第四九三册,台北,商务印书馆1986年版,第909页。

〔5〕 徐松:《宋会要辑稿·崇儒七·罢贡》,中华书局1957年版,第2413页。

〔6〕 徐松:《宋会要辑稿·刑法二·禁约》,中华书局1957年版,第6075页。

廷惩处者极多,例如,乾道五年十一月,新除江南东路提举常平茶盐公事宋藻以贪饕亡耻放罢;[1]绍熙三年九月,诏江东提刑司检法官向公择因贪纵不法放罢;[2]庆元元年四月,淮东提举陈损之以“盗官盐贩往江上,得钱买货入蜀”[3]放罢;嘉定十五年五月,广东经略使“�(留筠)居官所至,政以贿成”[4]改任宫观等。

综上所述,在等级授职的体制和专制政体人治因素的影响下,互察制度并没有得到真正的贯彻,反而已经成为官员们彼此交结的筹码和满足私欲的工具,南宋后期的诸路级机构,尤其是身膺重寄的监司,其“不法不义反甚于州县”。[5]

五、结语

中国自秦建立统一的中央集权制国家之后,中央王朝在国家的治理中一直存在两个重要议题:一是防范地方做大,形成割据势力抗衡中央;二是防止地方官员徇私枉法、残害百姓,激化社会矛盾,危及王朝统治。因此,历代王朝都极力构建权力的制衡机制以加强对地方的控制,强化中央对地方的监察就是其中的重要一环。汉代以来,中央对地方的监察主要有两种形式,其一,巡视监察,即定期或者不定期地从中央遣出使臣对地方进行监察。其二,固定监察,即中央派遣监察官员常驻地方进行监察。西汉武帝以后,随着中央

[1] 参见徐松:《宋会要辑稿·职官七一之二四·黜降官八》,中华书局1957年版,第3983页。

[2] 参见徐松:《宋会要辑稿·职官七三之一三·黜降官一〇》,中华书局1957年版,第4023页。

[3] 徐松:《宋会要辑稿·职官七三之一三·黜降官一〇》,中华书局1957年版,第4089页。

[4] 徐松:《宋会要辑稿·职官七五之三一·黜降官一二》,中华书局1957年版,第4089页。

[5] 叶适:《水心集》卷三《监司》,载纪昀:《景印文渊阁四库全书》第一一六四册,台北,商务印书馆1986年版,第88页。

集权强化和国家疆域的扩张，进一步发展固定监察的必要性日益凸显，宋代以前的诸王朝也对此做出了尝试，具体的做法是在州郡之上设置监察大区并常驻监察官员，例如，汉代的十三州部与刺史、唐代的十五道与采访处置使。但是汉、唐的两次尝试终以失败告终，监察大区异化为新的高层行政区，监察长官演变为跨州连郡的地方长官，攫取地方权力，疏离中央控制，甚至成为两个王朝崩溃和此后两次大分裂的重要原因。[1]

宋代鉴于安史之乱以来朝命不行，藩镇跋扈的教训，在设立高层政区的不久，即在地方上众建平行机构，以此分割地方权力，保持权力均衡。在对这些机构进行监察的问题上，宋代一改以往的一元化，而向多元化发展，采取了诸如中央遣使出巡、台谏纠弹、走马承受察奏和州县守令密具闻奏等做法，形成了多层次、多渠道的监察网络。其中最具创新性的做法就是诸司互察，各路级机构常驻地方，参与治理，在职权上互有侧重和交叉。允许诸司互察，在充分利用了路级机构常驻地方、熟悉政务的优势，可以及时掌握地方的真实情况的同时，有效的分割了地方监察权力，避免了一元监察体制下监察官员凭借监察权力侵夺地方事权，发展地方势力甚至危及王朝统治和国家统一的可能。

客观地说，在中央集权制度的桎梏和等级授职制下人治因素的不利影响下，宋代路级机构互察制度在实践中存在太多问题。但就总体而言，这一制度的确立，一方面限制了地方势力的发展，有利于巩固王朝统治，维护国家统一；另一方面拓展了中央获取地方信息的渠道，有利于中央做出正确的决策，在畅通监督渠道、推动地方政治清明方面发挥了重要作用，对后世监察制度的沿革产生了重要的积极影响。

---

〔1〕 参见赵一鸣：《"坐而为使"：唐代地方监察制度变迁中的采访处置使研究》，载《安徽大学学报（哲学社会科学版）》2019 年第 3 期。

金代行政诉讼分析
——以《灵岩寺田园记碑》为中心

马小娟*

【摘要】 金代明昌六年(1195年)的《灵岩寺田园记碑》,载录了天德年间和明昌三年灵岩寺因山林权属诉至尚书省的两起行政诉讼案。灵岩寺产于宋景德年间获赐,历天圣、绍圣寺产纷争,伪齐时得以完归。与宋代民户侵夺寺产不同,金代讼案皆因官方公权侵夺灵岩寺山林而起,属于行政诉讼。两起讼案的审理经历了从天眷官制改革下的三省制到正隆官制改革下的一省制,呈现田产讼案由尚书户部职掌,山林讼案由工部审理;登闻鼓院的运行有利于司法分流;石刻史料是判决的必要证据,是民间维权的保障;判决结果经省符、府帖,最后给当事人等特点。此碑呈现了金代法制改革与实践的样貌,以及行政诉讼的特点,对研究古代司法行政运作具有重要价值。

【关键词】 灵岩寺田园记碑;行政诉讼;金代;讼案;尚书省

济南长清灵岩寺之《灵岩寺田园记碑》为碑阳,刻于明昌六年(1195年),碑阴为《济南府长清县灵岩寺明昌五年上奏断定田园记碑阴界至图本》。本文重点研究碑阳,故对碑阴不做赘述。关于此碑,常盘大定和关野贞在佛教发展方面做了讨论;谭景玉和韩红梅

---

* 中国政法大学法学院博士研究生。

讨论了灵岩寺的佛教发展与经济问题;[1]王晶和刘丽丽的《山东长清灵岩寺地界石碑考略》一文,文中虽录有碑文,但错讹颇多。[2] 由此,学界从法制史视角对碑文的深刻解读阙如,本文结合碑文所记讼案的特殊性,将其置于行政诉讼的视角下,[3]尝试对金代的讼案审理作一管窥,祈请方家指正。

此碑撰者周驰"济南人,大定中任太学,屡以策论魁天下,私试亦频中监元"。[4] 书者与额篆者分别为赵沨和党怀英。此二人是金朝的高级文官,赵沨"大定二十二年进士,仕至礼部郎中";[5]党怀英"大定十年,中进士第,调莒州军事判官,累除汝阴县尹、国史院编修官、应奉翰林文字、翰林待制、兼同修国史"。[6] 从周驰、赵沨、党怀英的仕宦经历分析,参与刊刻《灵岩寺田园记碑》与当时山东灵岩寺的社会影响力不无关系。尽管如此,灵岩寺依然不能避免寺产被"侵夺"。由此,研究灵岩寺讼案对窥览金代法制实践具有代表意义。

该碑在《金石萃编》《历代石刻史料汇编》《全金石刻文辑校》中皆有录文,[7]但录文多有不确。现将碑文依照北京图书馆所藏拓片

---

〔1〕 参见谭景玉、韩红梅:《宋元时期泰山灵岩寺佛教发展状况初探》,载《山东农业大学学报》2010 年第 1 期。

〔2〕 参见王晶、刘丽丽:《山东长清灵岩寺地界石碑考略》,载《东方考古》2015 年刊。

〔3〕 为关照行文的逻辑性,本文"行政诉讼"指民众认为官方政府人员在行政过程中的行政行为及结果侵犯了其合法权益而提起的诉讼。

〔4〕 王旭:《金石萃编》第一二六卷,载《新文丰石刻史料新编》第 1 辑第 8 册,台北,新文丰出版公司 1982 年版,第 6061 页。

〔5〕 脱脱等撰:《金史》卷一二六《赵沨传》,中华书局 1975 年版,第 2729 页。

〔6〕 脱脱等撰:《金史》卷一二五《党怀英传》,中华书局 1975 年版,第 2726 页。

〔7〕 参见王旭:《金石萃编》第一二六卷,载《新文丰石刻史料新编》第 1 辑第 8 册,台北,新文丰出版公司 1982 年版,第 6059 ~ 6061 页;国家图书馆善本金石组编:《历代石刻史料汇编》(第 11 册),北京图书馆出版社 2000 年版,第 77 ~ 78 页;王新英辑校:《全金石刻文辑校》,吉林文史出版社 2012 年版,第 380 ~ 381 页;王晶、刘丽丽:《山东长清灵岩寺地界石碑考略》,载《东方考古》2015 年刊。

及拓片照片[1]重新逐录如下:[2]

一、录文

十方灵岩禅寺田园记。

乡贡进士周驰撰。

承务郎、守秘书丞、兼尚书礼部员外郎、骁骑尉、赐绯金鱼袋赵沨书。

翰林学士、朝散大夫知制诰、兼同修国史、护军、冯翊郡开国侯、食邑一千户、食实封一百户、赐紫金鱼袋党怀英篆额。

济南灵岩自法定禅师肇建道场,于今几千载矣。峰峦奇秀,祠宇雄丽,号天下四绝之一。比丘恒二百余众,虽四方布施者源源而来,然其衣食之用,出于寺之田园者盖三之二。其地实亡宋景德间所赐也,[3]逮天圣初稍为人侵冒,主寺者不克申理,但刻石以纪其当时所得顷亩界畔而已。其后绍圣间,掌事者稍怠,左右□□遂伺隙而取之。时长老妙空者,虽讼于有司,其地未之能归也。至废齐时,始征天圣石记,悉归所侵地。然石记字画已皆驳缺,寺僧□其岁久,愈不可考,因请于所司,□令主首故老与夫近邻,共立界至,迄今阜昌碑石存焉。

圣朝天德间,复有指寺之山栏为东岳火路地者,既而省部委官验视,考之阜昌碑文,不得遂其诈,因符移府司,府司乃印署文帖给付焉。大定六年,朝廷推恩,弛天下山泽以赐贫民,由是诸

[1] 拓片照片由李雪梅老师提供,特此申谢。

[2] 北京图书馆金石组编:《北京图书馆藏中国历代石刻拓本汇编》(第47册),中州古籍出版社1989年版,第34~35页。

[3] 拓片此处漫漶不清,在"景德"还是"乾德"间有疑问。王晶文为乾德,但《金石萃编》录为"景德",《历代石刻史料汇编》按漫漶字处理而不载。按乾德为宋太祖初建宋朝,初定纲纪,景德已是宋真宗时期,两相比较,景德的可能性较大,并早期文献《金石萃编》亦为"景德",故而此处应为"景德"。

山林旧所固护者莫敢为主,樵者薪之,匠者材焉,凡森郁丛茂之处,皆濯濯如也,惟灵岩山林,以其有得地之本末,故独保完。明昌三年,提刑司援他山例许民采伐,由是长老广琛诉于部于省,才得地之十一二也。

五年,琛复走京师,诣登闻院陈词,蒙奏,断用阜昌、天德所给文字为准,尽付旧地。省符既下,于是□事僧悟宝陈于府,再给公帖矣,将复刻石以为后人之信,遂□文历下,周驰乃为序,其始终之实而书之。或曰,世人所以不能脱世网而逃死生者,以其贪爱为病也,如来有药为之对治,止于一舍而已。故深于道者,视躯命犹视外物,况外物乎!见众生饥饿,虽刲割支体,了无靳惜。今琛公以土地之故,至取必于朝廷而后已,斯无乃□于其教欤?愚应之曰"不然"。夫到割支体以啖众生则可矣,若刲割众生支体以啖众生,岂理也哉!抑尝闻,客有捐万□□□以遣累者,盖初无难色。及有人托守斗粟,则不敢纵鸟雀耗□一龠,何则?自为、为他之理异也。且夫寺之常住所以赡养十方□□□也,渠盖不得已而为众主持□尔,非所私有也。如视其湮没而弗与保护,因而绝大众日用之资,乃曰吾能以舍为心。然则所舍者□谁物耶?知是理则知琛公之举弗违佛教矣。惑者释然,因并书其言以告来者,使谨守焉。

明昌六年十月二十有三日记。

首座僧悟伦、书记僧普迁、□藏僧广藏、知客僧祖清、知阁僧蕴奥、殿主僧宗坚、监寺僧宗彻、副寺僧广仲、维那僧悟宝、典座僧正演、直岁僧志巧、库头僧觉允当山住持传法嗣祖沙门广琛立石。

二、金代之前的灵岩寺产流转

碑文第6行至第11行反映了灵岩寺在金代以前的寺产流转。经分析,灵岩寺的地产流转如下:

寺产自北宋景德年间获赐,经历了天圣寺产纠纷、绍圣寺产纠纷、伪齐归还侵地等事件。除绍圣未刻石记,天圣石记、阜昌碑石皆在历次寺产纠纷中起到关键证据的作用。在这个过程中灵岩寺的管理体制发生转变,一定程度上,促成了讼案的提起。

灵岩寺从甲乙制到十方制管理权的转变,使灵岩寺归入官方管理。碑文载"十方灵岩禅寺田园记","十方"并非简单的名称标识或者数量之称,而是官方对寺院的一种管理方式。宋代佛寺因主持承嗣方式不同,有甲乙制和十方制的区别。甲乙制下由寺院住持剃度的弟子们轮流主持,甲乙而传,寺院主持及寺院财产不外传;十方制下是请各处高僧主持,往往由官府或朝廷选定。[1] 灵岩寺自北宋熙宁三年(1070年)往后,主持僧人都由皇帝直接派遣。[2] 所以熙宁三年灵岩寺始为十方制,国家对十方制主首的选任在年行学业、品德方面有严格要求,如《庆元条法事类》载"诸十方寺观,住持僧、道阙,州委僧、道正司,集十方寺观主首选举有年行学业,众所推服僧、道,次第保明申州,州审查定差,无,即官选他处为众所推服人,非显有罪犯及事故不得替易"。[3] 从灵岩寺天圣年间主寺者不克申理、绍圣年间妙空诉于有司的差异来看,十方制下的寺院主首应当还有代表官方维护寺产的职责。所以,十方制下对寺院主首而言,不仅意味着权力,也意味着义务,此后灵岩寺山林的诸纠纷得以诉于有司,与此制度不无关系。

在十方制下,主寺者在寺产受到侵犯时有维护寺产的义务与责

---

〔1〕 参见谭景玉、韩红梅:《宋元时期泰山灵岩寺佛教发展状况初探》,载《山东农业大学学报》2010年第1期;潘明权编著:《历代宗教管理法令初探》,宗教文化出版社2017年版,第114页。

〔2〕 参见胡孝忠:《北宋山东〈敕赐十方灵岩寺碑〉研究》,载李雪梅主编:《法律文化研究》第10辑,社会科学文献出版社2017年版,第117~130页。

〔3〕 《庆元条法事类》卷五〇《住持》,载杨一凡主编:《中国珍稀法律典籍续编》第1册,黑龙江人民出版社2002年版,第705页。

任，而立石以证则成为普遍做法。于是便形成了寺产确权的证据，即天圣石记和阜昌碑石。天圣石记中所记仅为天圣初年地为人侵夺后的田产数目。其中“主寺者不克申理”，当指寺院的主要负责人不能通过申诉重新获得景德时所赐的完整田产。阜昌碑石所载田产界至之基础是天圣石记。按此，既然两块石碑所载寺产界至相类，为何重新刻立？除了碑文所述的直接原因“然石记字画已皆驳缺，寺僧□其岁久，愈不可考”外，更重要的是阜昌碑石之刻立获得了官方的行政支持，有了官方认可的法定效力，“因请于所司，□令主首故老与夫近邻，共立界至，迄今阜昌碑石存焉”。其中“所司”是官方的代指；“主首”指寺院的主持者，即主寺；“故老”指当地年老有德之人；关于“夫”，宋人张公亮称灵岩寺“有一易之田，十夫，屋千楹，岁租月僦，以足经费”，〔1〕同此处一样，“夫”表土地单位，百亩为一夫，碑文中的“夫近邻”指百亩附近的居民。〔2〕所以，阜昌碑石是在获得官方支持下，由寺院主寺主导，并请当地年老之人以及附近居民见证而立的。其刻立过程的公证性决定了此碑的证据功能，这成为金代讼案审判的关键证据。

其中，伪齐悉归侵地并非简单的司法行政运作结果，这与伪齐存在的政治格局有深刻关系。金于天会八年（1130 年）至天会十五年（1137 年）建立伪齐政权，以巩固黄河以南的统治，并屏障南宋。刘豫因拥有地盘而被宗翰举荐为“大齐”皇帝。后金朝无力攻打南宋，作为攻打南宋的先锋“伪齐”失去存在的价值，刘豫政权被废黜。〔3〕从金宋政治格局的演变而言，伪齐政权确实无存废

〔1〕张公亮：《齐州景德灵岩寺记》，载《灵岩志》卷三，山东友谊出版社 1994 年版，第 46 页。

〔2〕参见谭景玉、韩红梅：《宋元时期泰山灵岩寺佛教发展状况初探》，载《山东农业大学学报》2010 年第 1 期。

〔3〕参见李秀莲：《金初女真贵族的倾轧与“伪齐”政权》，载《哈尔滨学院学报》2015 年第 2 期。

与否的独立性,全凭金朝的政治抉择。但从伪齐政权内部的职官与制度建设而言,内部存在强化政权的张力,如设置“归受馆”后“升归受馆为招受司”,[1]诸多滞留在黄河以北的原宋将领和官员先后归降。其中孟邦雄,在投降伪齐后“朝廷优加显秩,迁中侍大夫”,迅速获得升迁。[2] 在制度建设方面,基本照搬宋制,这也是诸多宋官归附的重要原因。[3] 所以,废齐“悉归所侵地”的原因,从伪齐政权的角度而言,其欲通过拉拢地方势力强大自身;对灵岩寺而言,如李如钧所言“宋金易替之时,主僧净如并未号召抗敌,反却提告寺产官司,最后更投靠降金知府刘豫保全寺院”。[4] 由此,灵岩寺是为了在战火中保全自身诉至伪齐。所以,伪齐悉归侵地事件是政治因素主导的结果,而在金代讼案中认可阜昌碑石的证据作用,原因在于伪齐的扶植者为金国。可见,政治认同是伪齐、金朝司法运作的基础。

所以,金代之前的灵岩寺在管理方面经历了从民管至官管的体制转变,在官管体制下主寺者便有维护寺产的义务和责任。于是在天圣和阜昌年间的寺产侵犯事件中,产生了由主寺者申理而建立的确权证据——天圣石记和阜昌碑石。其中,伪齐悉归侵地,刻立阜昌碑石有着深刻的政治背景。总而言之,金代之前的灵岩寺产流转及确权碑石,为金代的寺产讼案获胜奠定了证据基础。

---

[1] 李心传:《建炎以来系年要录》,中华书局1988年版,第739~868页。

[2] 参见王新英:《伪齐〈孟邦雄墓志铭〉考释》,载《吉林师范大学学报》2016年第2期。

[3] 参见冯金忠:《新刊黑水城阜昌三年文书所见伪齐职官制度》,载《文献》2010年第1期。

[4] 李如钧:《续与无常:金代山东灵岩寺的起伏兴衰》,载《史学汇刊》2018年第37期。

三、因官而诉

从碑文看，金代灵岩寺为讨回寺产两次上诉于官，分别是天德年间与明昌三年。两次上诉的诉求是返还寺产，被告都是官府而不是普通民众，即都是由官府侵权引起的行政诉讼案。

第一次上诉于“圣朝天德间，复有指寺之山栏为东岳火路地者，既而省部委官验视，考之阜昌碑文，不得遂其诈，因符移府司，府司乃印署文帖给付焉”。概为天德间，有人认为灵岩寺的山栏处是东岳火路的地，于是上诉。既而省部派官验视，验视结果是灵岩寺胜诉，遂符文下移府司，府司帖给灵岩寺以作为判决结果证明。“东岳火路”的东岳指泰山，火路即防火线，为了预防林业火灾，防止造成大规模的火势蔓延，造林的时候特意留下的防火通路。[1] 所以，此处的路与金朝的行政区划层级无关。[2] 所以“复有指寺之山栏为东岳火路地者”是上诉的直接原因，但碑文并未指明“指寺之山栏”的背后主体是普通民众还是官方群体。若为普通民众，碑文概会如前所述使用“侵冒”“伺隙”之类的词语。依指寺山栏为东岳火路之地的目的来看，其背后主体应当为东岳泰山负责防火的公职人员，是涉官个体而非普通民众。

明昌三年灵岩寺广琛上诉原因是“提刑司援他山例许民采伐”，意即提刑司援用其他山林被采伐的例子，允许民众采伐灵岩寺山林。而在寺院众人看来，灵岩寺山林属自身所有，提刑司的行为属于侵权，所以上诉。疑问在于，“提刑司”许民采伐，如此行为的原因是以“官”欺压灵岩寺，还是职务范围内行权的正当性。这需对提刑

---

〔1〕 灵岩寺位于泰山西北的支脉灵岩山，因此其山栏被认为是泰山的防火路是可能的。参见胡孝忠：《北宋山东〈敕赐十方灵岩寺碑〉研究》，载李雪梅主编：《法律文化研究》第10辑，社会科学文献出版社2017年版，第117～130页。

〔2〕 金朝的“路”是行政区划中的高级行政管辖区域。

司的职掌作一考察。

金代章宗大定二十九年(1189年)正月,始置提刑司:[1]

"诏曰:朕初即位,忧劳万民,每念刑狱未平,农桑未勉,吏或不循法度,以隳吾治,朝廷遣使廉问,事难周悉。惟提刑劝农采访之官,自古有之。今分九路,专设是职。尔其尽心,往懋乃事。"[2]

由此可知,章宗设置提刑司旨在劝农采访,[3]监察地方司法。但学界对提刑司的职掌主要有两种观点:一种观点认为其负责监察,提刑司建立后,金廷建立起了从地方到中央的完整监察体系。[4]另一种观点认为提刑司职责多维,审刑方面对大理寺负责,廉问方面对吏部负责,劝农方面对中央劝农司负责。[5] 提刑司主管纠察官府案卷、贪赃、贩卖私盐、酿酒以及劝课农桑等。[6] 另外提刑司参与地方司法也可见其职责多维,如承安三年(1198年)的《沸泉分水碑记》载,曲沃县临交村民翟子忠等与白水村柴椿等状告沸泉使水不均,词讼不绝,"近蒙提刑司到县,委权县县丞主簿定夺"。[7] 按此,

---

〔1〕 于承安四年(1199年)被改为按察司,泰和八年(1208年)诸路按察使并兼转运使,将按察司之职权合并到转运司,贞祐三年(1215年)废按察司。参见余蔚:《金代地方监察制度研究——以提刑司、按察司为中心》,载陈桥驿主编:《中国历史地理论丛》第3辑,陕西人民出版社1988年版,第5~16页。

〔2〕 脱脱等撰:《金史》卷七三《宗雄传》,中华书局1975年版,第1681页。宋制制度中全称为"提点刑狱司",金制中,"提刑司"为正名,非简称。机构为"提刑司",长官亦名"提刑司"。

〔3〕 采访之权力主要分为推荐官员以及复核之权。参见余蔚:《金代地方监察制度研究——以提刑司、按察司为中心》,载陈桥驿主编:《中国历史地理论丛》第3辑,陕西人民出版社1988年版,第5~16页。

〔4〕 参见程妮娜:《金代政治制度研究》,吉林大学出版社1999年版,第219页。

〔5〕 参见余蔚:《金代地方监察制度研究——以提刑司、按察司为中心》,载陈桥驿主编:《中国历史地理论丛》第3辑,陕西人民出版社1988年版,第5~16页。

〔6〕 参见都兴智:《金代官制中的几个问题》,载《辽宁师范大学学报》1999年第4期。

〔7〕 雷涛、孙永和主编:《三晋石刻大全·临汾市曲沃县卷》,三晋出版社2011年版,第17页。

碑文中提刑司"许民采伐"概是劝农职权范围之事,有其权力正当性。且明昌二年,金章宗"谕提刑司,禁势力家不得固山泽之利",[1]即禁止地方世家大族占据山林。无疑提刑司是按皇帝命令行权的,而非恣意侵夺灵岩寺产。这在当时的语境中就导致灵岩寺案成为依皇帝命令行权导致的侵犯合法财产案件。

另外,一种观点认为,就提刑司所属机构而言,是尚书省的下属机构,对尚书省和皇帝负责,并受到御史台监察。[2] 另一种观点认为,提刑司为御史台的下属机构,[3]这一观点有误,如明昌五年(1194年)的《解州平陆县张氏义居门闾碑》载"明昌三年,河东南路解州平陆县百姓张仁楫四世义居,县申州,州申□□节度,察衙差官体究诣实,申本道提刑司,申尚书户部会法,照例呈都省准,皇符下,旌表张仁楫",[4]指出平陆县对张仁楫四世义居之事层层上申的程序是县——州——节度使——提刑司——尚书户部。由此可知提刑司是尚书省的下属机构无疑,这种隶属关系决定了此案的审理需至尚书省。

依上所述,灵岩寺于天德年间和明昌三年的讼案皆因"官"而起,是公权对灵岩寺山林的"侵夺"。这在灵岩寺看来是对宋代以来拥有合法寺产的侵夺,因而上诉。两次上诉皆以灵岩寺胜诉终局,表面看这坐实了两次"官民争利"中的"官"不当的行政行为。以明昌三年案依皇帝命令行权导致的侵犯合法财产为例,从深层展现了金代国家治理进路中法制自洽的不足以及盲目执法造成的不当后果。

---

〔1〕 脱脱等撰:《金史》卷四九《食货志四》,中华书局1975年版,第1110页。

〔2〕 参见余蔚:《金代地方监察制度研究——以提刑司、按察司为中心》,载陈桥驿主编:《中国历史地理论丛》第3辑,陕西人民出版社1988年版,第5~16页。

〔3〕 参见程妮娜:《金代政治制度研究》,吉林大学出版社1999年版,第214页。

〔4〕 刘泽民总主编:《三晋石刻大全·运城市盐湖区卷》,三晋出版社2010年版,第37~38页。

四、审理:从三省到一省

金代两次审理灵岩寺诉案,但天德间经省部审理,山林得以回归,未再上诉;而明昌间经省部审理后,再诉至登闻院,历时三年。两相比较,两次诉讼的相同之处在于上诉主体都为灵岩寺主首,诉讼诉求皆为山林权属,结果却大相径庭。对此不能简单地归结为历史时间的差异性、为官者个人的差异性,而应从金代的制度变迁中去观照。

(一)天德间:三省制下的审理

碑文载"圣朝天德间,复有指寺之山栏为东岳火路地者,既而省部委官验视,考之阜昌碑文,不得遂其诈,因符移府司,府司乃印署文帖给付焉",可知其中"省部"是此次审理运作的关键,决定了结果走向。但"省部"确指为何,需从金代天眷官制改革分析。金太宗时期,三省制雏形出现,熙宗即位,进行天眷官制改革,正式确立尚书、中书、门下三省制,但皇统六年,将门下、中书附属于尚书省,门下、中书形同虚设。[1] 且尚书省辖六部,故而此处的"省"当为尚书省。

其中"部"当指工部而不是刑部或户部。《金史》载工部"掌修造营建法式、诸作工匠、屯田、山林川泽之禁、江河隄岸、道路桥梁之事"。[2] 灵岩寺诉案属"山林川泽之禁"类,而不是户部职掌的"田宅、财业"类:"(户部)郎中而下,皆以一员掌户籍、物力、婚姻、继嗣、田宅、财业……法式、给授职田、拘收官物、并照磨计帐等事。"[3]也不是刑部的"追征给没":"(刑部)员外郎二员,从六品,一员掌律令格式、审定刑名、关津讥察、赦诏勘鞫、追征给没等事。"[4]尽管在一

---

[1] 参见程妮娜:《论金代的三省制度》,载《社会科学辑刊》1998年第6期;程妮娜:《金代一省制度述论》,载《北方文物》1998年第2期。

[2] 脱脱等撰:《金史》卷五五《百官一》,中华书局1975年版,第1237页。

[3] 脱脱等撰:《金史》卷五五《百官一》,中华书局1975年版,第1233页。

[4] 脱脱等撰:《金史》卷五五《百官一》,中华书局1975年版,第1236页。

定程度上户部和刑部的职掌和灵岩寺的诉案类型高度相似(既是田宅财业,也属征偿的范围),但金朝时对此有清醒认识,如涉及户口,需申户部,《解州平陆县张氏义居门闾碑》载“提刑司申尚书省户部”。[1] 因此,不能囿于现今的诉讼审判体系去观照金朝的诉讼逻辑,不能盲目认为该处的“部”为户部或刑部。

(二)明昌间:一省制下的审理

碑文载“明昌三年,提刑司援他山例许民采伐,由是长老广琛诉于部于省,才得地之十一二也。五年,琛复走京师,诣登闻院陈词,蒙奏,断用阜昌、天德所给文字为准,尽付旧地。省符既下,于是□事僧悟宝陈于府,再给公帖矣,将复刻石以为后人之信,遂□文历下,周驰乃为序,其始终之实而书之”。明昌三年讼案起因是提刑司许民采伐灵岩寺山林,故广琛诉于部省,但得地甚少;明昌五年琛再诉于登闻院,经审理,灵岩寺山林得以完全归还。明昌年间已属于正隆官制改革以后,讼案审理的变化与其关系密切,灵岩寺案件的审理必须放在这一大背景中考察。

海陵即位后进行正隆(1156年)官制改革,革除了门下、中书二省,以尚书省为唯一的最高政务机构。[2] 所以此次广琛诉于“省”确为尚书省,此处的“部”依然是工部。这并没有因正隆官制改革而改变,涉及“山林川泽”之事依然诉于工部,如“(大定十八年)今月初八日,承都省批,大理寺断,上工部呈,大兴府申,宛平县李仁莹等每仰山寺僧法诠争山林事来断”,[3] 其中指出大兴府申于工部,工部呈上于都省,大理寺决断。从此碑来看,实践中工部对山林川泽之禁相关的诉案是予以处理的。涉及民间普通民众的田产纠纷,则属

[1] 刘泽民总主编:《三晋石刻大全·运城市盐湖区卷》,三晋出版社2010年版,第37~38页。

[2] 参见程妮娜:《金代一省制度述论》,载《北方文物》1998年第2期。

[3] 沈榜编著:《宛署杂记》卷二〇,北京古籍出版社1980年版,第295~297页。

于户部管辖,如时间相近的同为大兴府大定十七年的《昌平崔村锣钹邑碑》载“大金国中都大兴府上古郡昌平县北乡崔村锣钹邑长陈师友……又至天会年间亦行通检,过后又至定四年新行通检讫,见收户帖为验。后至定十一年、十二年,两次有军人请射。本邑内点差李贵、李显……等各人于运衙告诣申覆。……今年(大定十七年)九月内承奉尚书户部符文,承□省批本部,承契勘随路军户不合指射百姓系通地土革拨”,[1]崔村锣钹邑是为寺院及佛事活动服务的邑社组织,以栗园为主要经济基础。基本经过是,金世宗大定十一年(1171年)、十二年,女真猛安谋克两次企图占有锣钹邑栗园,为此,李贵等人到“运衙”(中都路转运使司衙门)申诉,转运使申此案于尚书户部,数年后,尚书省批复,猛安谋克户不得随意占领百姓固有田产。[2] 实践表明,田产和山林在职官职掌中属于两类事务,民间的田产讼案由尚书户部职掌,山林讼案则由工部审理。

另需解释广琛直接诉于部省而不是府司的原因。从侵权者提刑司的职官行政层级与权属级别分析,提刑司隶属于尚书省,地方府司受其监督,对其无权管理,故而诉于省部。由此,天德年间诉于省部,也可推论出当时与寺院争山林的是公权机构,而不是普通民众。

广琛再诉至“登闻院”,与正隆改制有关,“正隆二年八月,始置登闻院”。[3] 且其为登闻鼓院而非登闻检院,“知登闻鼓院,掌奏进告御史台、登闻检院理断不当事。知登闻检院掌奏御进告尚书省、御史台理断不当事”,[4]从中可知,二者相互监督,并未标明诉案的受理权。但实践中由登闻鼓院受理,如《资善大夫吏部尚书张公神

〔1〕 王新英辑校:《全金石刻文辑校》,吉林文史出版社2012年版,第210~211页。

〔2〕 参见杨广文、邢军、周峰:《金元昌平崔村锣钹邑碑考释》,载《中国历史文物》2004年第1期。

〔3〕 脱脱等撰:《金史》卷五《海陵》,中华书局1975年版,第107页。

〔4〕 脱脱等撰:《金史》卷五六《百官二》,中华书局1975年版,第1279~1280页。

道碑铭并引》载“(正大元年招抚使高伦以诬伏罪)家人讼其冤,尚书省付有司谛审之,伦无异辞。家人复抱登闻院鼓以诉”,[1]其中也是诉于登闻鼓院。从这些实例来看,正隆改革后的登闻鼓院在实践中有利于司法分流。

广琛告于登闻鼓院后,得以获山林完归的关键是阜昌、天德文字,即其为有效性证据。但并非所有旧的石刻、帖文类都能起到相同的所有权证明作用。如宛平县李仁莹等诉仰山寺僧法诠争山林事,最终大兴府申此事至尚书省,由大理寺决断,虽然最终仰山寺僧法诠获得胜诉,但初期的审判结果对村民李仁莹等有利,“今来本僧见争山林,虽见收天会年施状碑文书示,正隆年间牓文,及在后立到私约文字等为主凭验,然是未抚定已前占固为主,既在制有立定不许占固刑名……以此看详李仁莹等告仰山寺僧法诠占固山林,合依上制文,其僧法诠不合占固施行”。[2] 其指出天会年的施状文书、正隆年间的榜文,以及后来的私约等虽为证据,但那是金朝统治以前占有的情况,在金制中有不许占固山林的刑名,所以按制度,僧法诠不应该占有山林。[3] 同为山林讼案,同有山林所有权的证据,在仰山寺案中证据的法律效力认证层层曲折,而灵岩寺案却不存在证据效力的怀疑,与特殊诏令不无关系。大定六年(1166 年)金世宗下诏,略曰“推恩天下,山泽以赐贫民,任其樵者薪之,匠者材焉。惟灵岩同五岳,留护灵脉,不在赐例,采伐者仍治以罪”,[4]规定灵岩寺山

---

〔1〕 元好问:《元好问全集》卷二〇,山西人民出版社 1990 年版,第 530 ~ 536 页。

〔2〕 沈榜编著:《宛署杂记》卷二〇,北京古籍出版社 1980 年版,第 295 ~ 297 页。作者称本碑为《元朝公移》,即认为此碑是元朝的碑,其实是金朝的碑,参见杜洪涛:《金代公共资源问题的一个侧面——以中都大兴府仰山栖隐寺与三家村的“山林”之争为例》,载《史学集刊》2014 年第 2 期。

〔3〕 认为天会年的施状文书、正隆年间的榜文以及后来的私约等为金朝统治以前的证据,概指天会、正隆文榜的发文者非金朝政权,但在金朝统治后按照金朝年号“天会、正隆”称之。

〔4〕 马大相:《灵岩志》,山东友谊出版社 1994 年版,第 41 ~ 42 页。

林不可采伐。所以,灵岩寺案中的阜昌、天德文字固然有证据作用,但大定六年的诏令以及灵岩寺本身的地位对审理亦有相当助力。

灵岩寺两次讼案审理的最后,皆以司法文书形式结案,“因符移府司,府司乃印署文帖给付”“省符既下,于是□事僧悟宝陈于府,再给公帖矣”。再结合文献,“大定二十九年,制绿油红字者,尚书省文字处用之。……牌送各部,付马铺转处,日行二百五十里”,〔1〕以及“(大定十八年)今月二十六日,奉大兴府指挥,奉尚书工部符文”,〔2〕综合以上史料,金代的司法文书行政运作是,尚书省的符文转送各部,山林讼案中转送工部,后工部通过马铺转处转符文于府司,府司并非将原符文给当事人,而是将符文按照府司的行政文书帖文处理后,再给予当事人,所以广琛最后拿到的是府司帖文。这一行政运作过程,呈现了金代严密的文书行政特点。

五、结语

灵岩寺自北宋景德年间获赐田园,在天圣、绍圣时期,寺产被民众侵夺,不能完归;伪齐因政治需要,以天圣石记为准,完归寺产,阜昌碑石得以刻立。至金代,天圣石记、阜昌碑文皆成寺产确权之证据,可谓陈陈相因。与前代不同,金代灵岩寺两次上诉皆因官府侵夺寺产,是因官府侵权而起的行政诉讼案。这从深层呈现了金代国家治理进路中法制自洽的不足,以及盲目执法造成侵权后果,造成了司法资源的浪费。

天德年间的讼案发生于天眷官制改革后的三省制时期,诉至尚书省工部,并由其审理结案。明昌三年讼案发生于正隆官制改革后的一省制时期,广琛诉于尚书省工部未果,后诉至正隆二年始设的登闻鼓院,山林得以完归。其中,阜昌、天德文字固然有证据作用,

〔1〕 脱脱等撰:《金史》卷五八《百官四》,中华书局1975年版,第1335～1336页。
〔2〕 沈榜编著:《宛署杂记》卷二〇,北京古籍出版社1980年版,第295～297页。

但大定六年的诏令以及灵岩寺本身的地位对最终的判决亦有相当助力。通过两起讼案,可知金代民间的田产讼案归尚书户部职掌,山林讼案则由工部审理;尚书省至地方的文书运作程序严格,尚书省符文转送各部,山林讼案中转送工部,工部通过马铺转处转符文于府司,府司并非将原符文给当事人,而是将符文按照府司的行政文书帖文处理后,再给予当事人。综上,《灵岩寺田园记碑》既呈现了金代司法行政运作的实践状况,也启示了国家治理进路中法制自洽的重要性。

日本德川时代纪伊藩对中国明代法律的研究与继受

杨怡悦*

【摘要】 德川时代是日本自律令时代以来继受中国法的又一高峰,学习和研究明清律、制定法典时采用明清律要素的做法,在德川幕府及其管辖之下的诸藩当中十分常见。而在此之中,纪伊藩是日本明律研究的起点,它铸就了以《大明律例谚解》《大明律例译义》为代表的传世作品,纪伊藩藩主德川吉宗继任幕府将军后,推动了全国性的享保明律研究和法律改革,而到了德川时代中晚期,纪伊藩又借鉴明律制定了其藩法典《国律》。以上事例表明,纪伊藩在德川时代中日法律交流史中发挥了至关重要的作用。

【关键词】 德川幕府;纪伊藩;大明律例谚解;大明律例译义;国律

德川时代,日本的政治和法律结构较以往有了重大变革。这一点要追溯到在德川家康取得将军地位之前的战国时期,彼时多名领主割据一方,通过组建自己的军队以及向自己领地内的居民征税的方式凝聚起了军事和经济实力,并逐渐在领地中获得了包括立法、行政、司法在内的各项权力。而德川家康在征服各地领主并取得征

---

* 西北大学法学院副教授。本文为教育部人文社科基金青年项目“日本德川时期幕藩法对中国法的受容研究”成果,项目编号:15YJC820069。

夷大将军这一最高实权地位之后，各地领主皆臣服于将军和幕府。同时领主原有的领地转变为封地，领主仍享有领地上的最高统治权，即一种具有较高独立性的自治权，自此整个国家在幕府的统筹下，由二百六十多个领主分区域各自管辖。基于这一体制，各地的领主一方面在领地内保持高度自治；另一方面又受到幕府的监督并定期向幕府纳贡。德川时代的这种政治结构被后世的学者称为“幕藩体制”。在“幕藩体制”下，幕府在其管辖的范围内实施一套法律制度，而藩的做法则各有不同，一些实力雄厚的藩先后制定了自己独具特色的法典，这些法典之中，有些主要参考了幕府法，另一些主要参考了中国的明清律制定。[1] 而其余的藩则未能制定法典，他们保留了本地的习惯法、单行法令或援引幕府法来作为裁判标准。

德川幕府第八代将军德川吉宗在位期间曾经发起过一次重要的改革，史称“享保改革”，在这场改革运动中，涉及了多项与中国法典（主要是明律）研究推广相关的活动，可以说是自律令时代以来日本继受中国法律的又一高峰。而在享保年间这场轰轰烈烈的明律研

---

〔1〕 德川时代约有十二个藩的藩法具备法典的形式，在此之中可以大致分为两种类型：第一种类型是以德川幕府法典《公事方御定书》为蓝本制定的“御定书系”藩法（例如，福井藩、盛冈藩、龟山藩、松代藩）；第二种类型则是效法中国的明清律制定的“明清律系”藩法（例如，和歌山藩、熊本藩、弘前藩、会津藩、新发田藩）。有学者认为存在第三种类型的法典即“混合型”或“折中型”［手塚豊「会津藩刑則考」『慶応義塾創立百年記念論文集』（1958 年）；高塩博『日本律の基礎的研究』汲古書院，1987 年］，但笔者认为，藩法之中并不存在纯粹继受明清律的法典，所有明清律系藩法在内容上多少都参照了御定书，只是程度不同而已，因此再划分出一类“混合型”并无很大必要。研究这些不同类型的藩法也可以看出幕藩体制下各藩独立的立法权和司法权。关于明清律系藩法的研究，分析较为全面的有：井上和夫「日本近世藩法の成立」司法研修所報 No. 14（1955 年）；小早川欣吾「明律令の我近世法に及ばせる影響」東亜人文学報 4 巻（1945 年）；Dan Fenno Henderson, *Chinese Influences on Eighteenth-Century Tokugawa Codes*, Essays on China's Legal Tradition, Princeton University Press, 1980。该文的中译本参见［美］孔杰荣、爱德华、陈张富美编：《中国对十八世纪德川法典的影响》，杨怡悦译，载朱勇、张中秋、朱腾编：《海外中国法研究译丛：中国法律传统论文集》，中国政法大学出版社 2015 年版，第 206 页。

究活动之后,中国法并没有如一些学者所言那样,成功地渗透到德川幕府法当中去,然而它却另辟蹊径,对多个颇具实力藩的藩法产生了不可估量的影响,这种影响甚至一直持续到了明治初期。[1] 在这些藩之中,纪伊藩无疑是最为特殊的,因为享保年间的明律研究运动与纪伊藩有着千丝万缕的联系,它最初源于纪伊藩,受纪伊藩主推动而得以施行,并且享保年间的研究成果最终又在纪伊藩被付诸实践,凝聚为传世法典。从中日法文化交流的角度来看,研究德川时代纪伊藩对明清法文化与明清律的继受,无疑有着极为重要的意义。

一、纪伊藩的明律研究传统

纪伊藩又称纪州藩,版籍奉还后改称和歌山藩,藩主是被称为"御三家"之一纪伊德川家的亲藩大名,[2] 是德川家康的直系后代,拥有约 55.5 万石产量的领地(在德川时代诸藩中约排第五),管辖范围包括整个纪伊国(大约为当今的和歌山县全部以及三重县的南部),是位于关西的实力大藩。德川家康在世之时曾留言"将军若无子嗣,即从尾张、纪州家挑选养子继嗣"。而在德川幕府第七代将军

[1] 在幕末的 1862 年,土佐藩还曾编纂了一部法典《海南律例》以及一部行政法典《海南政典》,其中体现出了许多中国法律特征(石尾芳久「海南政典,海南律例の研究」、『関西大学法学論集』15 卷(1965 年);16 卷(1966 年)。另外,日本在明治维新之后曾经推行"王政复古",并效法中国的明清律制定了《假刑律》(临时刑律)、《新律纲领》等法典,但最终由于不适于当时社会状况而转向对西方近代法的继受。关于明治初期日本法制道路的选择,中文的研究成果参见陈煜:《明清律例在日本明治维新前后的遭际及其启示》,载《华东政法大学学报》2018 年第 2 期。

[2] 德川时代作为藩主的大名主要有三种,根据其与将军家关系的远近亲疏不同划分为亲藩、谱系、外样三种类型。"亲藩大名"主要为德川家康三名子嗣的后代尾张德川家、纪伊德川家、水户德川家(德川家光时期加入),即"御三家"以及"御三卿";"谱系大名"指关原之战前即为德川家臣的大名;"外样大名"则指的是关原之战后臣服德川家的大名。亲藩、谱系、外样大名的区分与其领地的石高并无必然联系,但这三类大名与将军和幕府之间的关系密切程度则是递减的。

德川家继夭折后，德川秀忠一脉再无直系的男性子孙，此时即由六代将军德川家宣正室天英院指名由时任纪伊藩五代藩主的德川吉宗接任幕府将军之位，德川吉宗在继任之后于享保年间发起了明律研究运动，可以说是该运动的直接推动者。然而从史料来看，研究和推广明律并不是德川吉宗本人继任将军后的一时兴起，在吉宗的出身地纪伊藩，对于中国法典的探索可以追溯到建藩初期，并且一直延续下来成为纪伊藩的一项独特传统。

纪伊藩的初代藩主为德川家康的第十子德川赖宣，赖宣在继任藩主之后，试图推广汉文，从而展开明律研究。在这一时期，有少量明代文人因战乱等原因流落日本，赖宣与二代藩主德川光贞有意找寻并任用这些文士为纪伊藩教授汉语和明律。其中就包括丰臣秀吉入侵朝鲜之时，于万历年间随明军入朝鲜，在文禄之役中被丰臣军俘获的明代文士李一恕，以及为避明末战乱流亡于日本的福建文人吴仁显。根据法制史学者大庭修推测，吴仁显极有可能曾为江户时期明律研究的最知名学者之一、撰写《大明律例谚解》的榊原篁洲教授过汉语。而李一恕的门人李一阳则对明律更为精通，他投于纪伊藩二代藩主德川光贞门下，为光贞启用的鸟井春泽讲授明律。[1]而鸟井春泽之后又受命于光贞之子德川吉宗，为其再次修订《大明律例谚解》一书。

二代藩主德川光贞对于明律的热衷并不亚于赖宣，并且他对于明律的推广不仅仅像其父赖宣那样依赖于收集相关汉文书籍以及听取汉人的讲授。元禄三年，光贞命令榊原篁洲开始《大明律例谚解》的撰写工作，这项工作持续了大约四年，于元禄七年完成。全书集训读、语释、全译于一体，是日本德川时代明律翻译做出的最早期尝试。

在德川时代早期，不止纪伊藩，一些其他藩的学者乃至藩主，对

〔1〕 关于吴仁显、李一恕、李一阳等人对于纪伊藩学问的贡献，参见大庭脩『徳川吉宗と康熙帝：鎖国下での日中交流』（大修館書店，1999 年）187 - 188 頁参照。

中国的法典尤其是明律也抱有浓厚的兴趣。然而有很多证据表明,纪伊藩对明律相关书籍的收藏,在诸藩中最为全面、其所做的明律研究也显著领先于其他藩。著有《明律国字解》的儒学家荻生徂徕曾经高度评价纪伊藩的明律研究,认为关于明律的学术研究如果缺了纪伊藩将无法进行。[1] 又譬如江户时期诸藩之中石高排行第一的加贺藩,其第五代藩主前田纲纪对明律研究有着极高的热情和执着的追求,他曾经广泛搜集与明律相关的汉籍,于宝永、正德年间多次向长崎奉行求购《大明律管见》《大明律全解》《大明律直引》《读律琐言》等中国的明律注释书,[2] 也曾向公卿询问,但均无所获。宝永六年,前田纲纪从儒学大师木下顺庵之子处求得一本日本明律注释书,欣喜若狂,而这本著作就是纪伊藩儒榊原篁洲于光禄七年完成的《大明律例谚解》一书。次年,前田纲纪拜托出仕于纪伊藩的"木门十哲"之一的祇园南海[3] 询问纪伊藩的明律相关书籍的收藏状况。享保元年,前田纲纪又拜托大学头林信笃帮助其寻找上述明律著作,并特意提出想要借出纪伊藩纪州文库中的《读律琐言》。[4] 前田纲纪作为江户时期最大藩的藩主,其经济实力和政治权利在诸藩之中首屈一指,且座下曾拥有木下顺庵、室鸠巢等诸多大儒,收集资料的能力也必然胜于旁人,然而在搜集明律相关著述之时,最终仍要求助于纪伊藩。由此可见,至少在这一时期,纪伊藩的明律藏

〔1〕 参见西田太一郎校注「徂徕集」『日本思想大系』36『荻生徂徕』(岩波书店,1973 年)。

〔2〕 前田纲纪向长崎奉行求购明律注释书的书信原文,详见[日]大庭修:《江户时代日中秘话》,徐世虹译,中华书局 1997 年版,第 75 页。

〔3〕 木门十哲,江户前期大儒木下顺庵门下最优秀的十名弟子,包括新井白石、室鸠巢、雨森芳洲、祇园南海、榊原篁洲、南部南山、松浦霞沼、三宅观澜、服部宽斋、向井沧洲,"十哲"的前五位最为知名,亦被称为"木门五先生",其中,榊原篁洲、祇园南海二人仕出于纪伊藩。

〔4〕 关于加贺藩主前田纲纪与林信笃之间的书信具体内容,参见[日]大庭修:《江户时代日中秘话》,徐世虹译,中华书局 1997 年版,第 75 页。

书和明律研究是远超于其他诸藩的。

上述前田纲纪的遭遇反映了江户前期部分热衷明律的藩主、学者们的困境：由于锁国政策，德川幕府限制了每年入港的中国船只数量，对于舶来书籍则有着更为严格的管控和审查制度（这种情况直到吉宗继任将军后才有所缓解[1]）。不仅如此，清朝对于中国商船的对日贸易也有一定限制，康熙朝就曾有中国官员为是否没收日方发放给中国船只的信牌一事争议不休，这直接导致正德五年至正德七年（1715～1717年）中国船只无法与日本进行贸易。[2] 在历经中日双方的多重阻碍之后，真正输入日本的汉籍已经少之又少，且到达日本后很可能首先由幕府进行选用，这就使各藩热衷于明律的人士无原著可研究。根据大庭修先生的考证，上述前田纲纪订购的明律相关书籍，事实上在正德元年到正德三年陆续由中国商船输入了日本，然而却并没有送到纲纪手中，它们大部分在正德三年被收入德川幕府的红叶山文库。据大庭修推测，松云公前田纲纪很有可能直到最后也没能拿到这些书籍，因为"在享保之后又出现了无法与之匹敌的藏书对手将军吉宗，所需之书即使舶来，也不会落入他的手中"，[3] 这一推测中也隐含了作为德川时代有着外样大名身份的大藩主前田纲纪与幕府将军之间某种程度上的对立关系。笔者

---

〔1〕 享保五年（1720年）将军吉宗发布了禁书缓和政策：唐船舶来之书，只要不涉及邪教，即不再受过去的禁令限制，这些书不仅可供御用也可在民间进行买卖。政策内容详见大庭脩『徳川吉宗と康熙帝：鎖国下での日中交流』（大修館書店，1999年）182頁参照。

〔2〕 关于这一事件的始末，参见王来特：《日本信牌事件与康熙的对日交涉策略》，载《社会科学战线》2013年第5期，文中谈道"德川幕府于日本正德五年（1715年）颁布了新的贸易条例，其中对中国商人的来航船数以及铜的交易限额均有大幅削减，同时又发给商人们一定数量的信牌照票，并规定只有携有信牌的船只方许通商。然而针对中国商人是否可以接受日本信牌的问题，在浙江、江南的地方官员间引发了争议。此事继而作为政治事件被上报至朝廷，并引起了康熙皇帝与大臣们数番激烈的议论"。

〔3〕 ［日］大庭修：《江户时代日中秘话》，徐世虹译，中华书局1997年版，第78页。

认为,从这一信息也可以引申出明律研究活动能够首先在纪伊藩兴起的部分原因。前田纲纪所订购的明律相关书籍被红叶山文库先行收录,能够说明德川幕府对于舶来书籍有着绝对的优先购买权,而纪州文库中能够收藏有《读律琐言》这样的书籍,除纪伊藩几代藩主皆热衷于此的原因外,这些书籍的取得很有可能与纪伊藩主和幕府将军具有极近亲缘关系的亲藩大名地位有关。

二、德川吉宗与纪伊藩藩儒对明清法律研究的贡献

纪伊藩的第五代藩主德川吉宗,是前述二代藩主德川光贞的第四子,德川家康曾孙。相传吉宗从小性格开朗果敢,并且文武兼备。据记载,吉宗“喜好明律、时常阅读”“好延喜式,时常抄录”,[1]很显然,吉宗继承了其祖父与父亲对于中国法典的爱好,甚至青出于蓝而胜于蓝。德川吉宗在两位兄长相继去世后继任纪伊藩藩主,在任期间便招纳了一些汉学功底颇深的儒者,上文中提到了江户时期极具名望的“木门十哲”,尽管十哲的老师木下顺庵和十哲之首的新井白石、室鸠巢都是幕府的儒师,但紧随其后的榊原篁洲与祇园南海却出仕于纪伊藩。除这两位以外,大学头林信笃的学生高濑喜朴、榊原篁洲之子榊原霞洲、鸟井春泽等知名儒者皆投身于吉宗门下,在纪伊藩的明律研究事业中发挥了极为重要的作用。

尽管吉宗之父德川光贞在位期间,榊原篁洲已经完成了《大明律例谚解》一书,但在吉宗看来这显然是远远不够的。正德二年,吉宗命令曾在江户师从林信笃的儒者高濑喜朴(高濑学山、高濑忠敦)为朝鲜文《大明律直解》做训点,之后又命榊原篁洲之子榊原霞洲与鸟井春泽重新修订了《大明律例谚解》。但吉宗也许对这些成果仍不够满意,正德五年,他又让高濑喜朴重新谚解大明律。而此后不

---

〔1〕 关于德川吉宗生平经历,参见『有德院殿御実記』;黒板勝美編『新訂増補国史大系』46卷(1964年)。

久,吉宗就因德川家继的突然夭折在短时间内离开纪州,前往江户继任幕府将军之位。继任将军后的吉宗有一段时间忙于幕府事务,虽然无暇顾及但仍然惦记着明律研究。享保五年二月,吉宗再次向高濑喜朴下达命令,要求其继续完成他之前在纪伊藩的明律研究任务,高濑喜朴也不负所托,同年十二月即献上了他的明律研究书《大明律例译义》。

由于高濑喜朴所撰写的《大明律例译义》之中并未附原文,为了让当时日本的儒士能够更好地理解明律,吉宗又命幕府文官荻生北溪训点明律原文并附上假名。荻生北溪,名观,北溪是他的号。北溪的父亲是幕府医师,其兄是江户时代著名的古文辞学代表人物荻生徂徕(值得一提的是,徂徕在享保年间受到北溪研究明律的影响,也著成了一本备受推崇的明律注释书《明律国字解》)。根据荻生徂徕的回忆,德川吉宗在担任纪伊藩藩主的时候就"深喜法学,海内诸侯咸知之",吉宗将纪伊藩文人所著的明律注释书交给荻生北溪,北溪逐一指出其中错误,因此颇受吉宗赏识。〔1〕为了训点明律原文,荻生北溪召集数十位儒生创办了明律研究会,并对参与人员提出了不卑不亢、颇具法律人精神的几点要求:"一、律为人命之所系,君大夫如有所问,当据文以对之,要慎于随意增减以迎其旨,勿因善于强记而轻忽之;二、律乃异代异国之法,勿动辄用于今世,以坏如今之法;三、律书文简义深,动辄难解,故古有法家,独为一家之学。勿以此授予鲁莽之人、贻害非浅。"〔2〕这几点要求很大程度上反映了德川时代翻译和注释明律的学者对于明律所持的严谨审慎态度。经过研究会的集体努力,训点明律的工作在几个月之内便告完成,在将

〔1〕 参见西田太一郎校注「徂徠集」『日本思想大系』36『荻生徂徠』(岩波書店,1973年)。

〔2〕 [日]高盐博著、刘俊文、池田温主编:《日本享保时期对明律的研究及所受的影响》,载《中日文化交流大系》(法制卷),张玉元译,浙江人民出版社1996年版,第79页。

军吉宗的要求下,幕府特准许此书刊行(在此之前幕府禁止刊行法律书籍),并且为了彰显其官方地位,特将其命名为《官准刊行明律》。

从史料的记载中可以看出,吉宗非常爱好读书,成为将军之后,曾频繁自红叶山文库借阅书籍,并且多次催促借阅不还者尽快返还,催回的书籍中就包括在正德年间被新井白石借阅已久的、上文中曾经提到辗转从中国舶来的《大明律管见》《大明律全解》等汉籍明律注释书。享保六年(1721年),萨摩藩主岛田吉贵将一本自琉球流传而来的《六谕衍义》进献给将军吉宗,书中"孝顺父母、尊敬长上、和睦乡里、教训子孙、各安生理、毋作非为"这种儒家与法律相结合的理念对吉宗深有触动,吉宗本人同荻生徂徕亲自训点了此书,由室鸠巢做了日文的缩写版翻译和评注,该日文版中还附上了一些实例和诗文,于享保七年出版刊行。这一日文版本的《六谕衍义》很快就在平民教育机构寺子屋中得到推广。[1] 对于《六谕衍义》的推广可以说是德川吉宗在享保年间推行法律教育的第一步,差不多同一时期,《大明律例译义》和《官准刊行明律》相继成书。不仅如此,吉宗又向长崎奉行要求订购《大清会典》《定例成案》等清律相关书籍。在取得《大清会典》原书后,吉宗又命深见玄岱、深见有邻父子[2]开始着手会典的日文翻译。深见父子在接手这项工作之后深感责任重大,为了更好地翻译,深见有邻甚至于享保六年亲自前往长崎,在长崎当地中国人的帮助下,经过五年时间方才完成了整部

---

〔1〕 参见『有德院殿御実記』;黒板勝美編『新訂増補国史大系』46卷(1964年)245頁。

〔2〕 深见玄岱之父为中国人,因此玄岱又名高玄岱。深见父子精通汉语,常与新井白石探讨汉语问题,因此宝永年间新井白石将深见玄岱推荐给幕府成为寄合儒者,之后其子深见有邻亦于享保年间被聘任为寄合儒者。

会典的翻译工作。[1]

三、纪伊藩的明律研究成果:《大明律例谚解》与《大明律例译义》

江户时代前中期,尤其是享保年间,曾涌现出大量围绕明律的研究成果,其中有多部作品极具学术价值并流传至今。这些作品主要有榊原篁洲的《大明律例谚解》、高濑喜朴的《大明律例译义》《大明律例详解》、荻生北溪的《明律译》及其训点的《官准刊行明律》、荻生徂徕的《明律国字解》、冈白驹的《明律译注》等,至今仍能够窥其全貌。

在这些明律相关的研究成果之中,《大明律例谚解》《大明律例译义》这两部皆为纪伊藩的儒者受藩主德川吉宗委托所作,其成书与著者在纪伊藩的研习经历密切相关,是其作者的代表作品,且具有相当高的学术水准和研究价值。因此本文拟选取这两部作品进行简要剖析。

1.《大明律例谚解》[2]

《大明律例谚解》一般被认为是德川时代的明律注释书中成书最早的一部。其作者榊原篁洲原是大儒木下顺庵门下弟子,与新井白石、室鸠巢、雨森芳洲、祇园南海并称"木门五先生"。榊原篁洲与其师木下顺庵的交情匪浅,但他与修朱子学的木下顺庵以及"木门五先生"其他四位不同,是江户时期儒学"折中学派"的代表人物,木下顺庵曾称与篁洲是"汝与我,是如同阴与阳之存在"般的超越了师生的在学术上的互补关系。[3] "折中学派"集古学、朱子学、阳明学

---

〔1〕 参见大庭脩「徳川吉宗と大清会典—享保時代における日清交渉の一斑」法制史研究21卷(1971年)61-95頁。

〔2〕 本文所参考《大明律例谚解》原文为原内务省藏,现日本国立公文书馆内阁文库所藏文政七年手抄本。

〔3〕 榊原篁洲,参见朝倉治彦監修『江戸文人辞典』(東京堂,1996年)235頁。

各派之所长,学风自由,涉猎领域广博,这一学术背景为榊原篁洲之后能够从事明律研究奠定了基础。贞享四年(1687 年),榊原篁洲经木下顺庵举荐前往纪州成为纪伊藩的藩儒。出仕纪伊藩之后,榊原篁洲曾经师从流亡纪伊的中国文士吴仁显,向其学习汉语。元禄三年(1690 年),篁洲受藩主德川光贞之命开始《大明律例谚解》的撰写工作,于元禄七年(1694 年)完成。在榊原篁洲完成这一里程碑式巨著后,其师木下顺庵还曾特意为此赋诗一首:

> 大明律例罕人传,谚解功成纔数年;条例不忧难句读,政刑亦识达经权;三纲六纪正南国,五纬十躔拱北天;江汉滔滔能润物,恩波可必及新编。[1]

整首诗不吝赞美,可谓对其弟子明律研究的高度认可。到了第五代藩主德川吉宗在任期间,其又命篁洲之子霞洲与鸟井春泽重新修订了此书,此后又经过高濑喜朴的校正,《大明律例谚解》应是于六代将军德川宗直在任期间才最终完成。

《大明律例谚解》虽是日本明律研究的出发点,却有着极高的水准。全文共三十一卷,其中目录一卷、正文三十卷。全书依各篇目次序对明律正文和问刑条例做了日文的训读,又援引《大明令》《大明会典》《大明律集解》《读律琐言》等三十三部明律相关著作(其他著作共引百余部),[2]对律文做出解释,其中主要是将关键词汇用方框圈出并对这些词做出详细的语释。此外为了便于日本读者的理解,还加入了对条文整体做的简要说明。从《大明律例谚解》的行文中可以看出,作者榊原篁洲对于中国法典、条文的发展沿革历史以及对于法律概念的理解都是相当深入的。

---

〔1〕 参见木下顺庵、木下一雄校譯『錦里文集』卷八(岩波書店,1953 年)67 頁。
〔2〕 这一数据参见高塩博『日本律の基礎的研究』(汲古書院,1987 年)393 頁。

和歌山大学的松下忠教授曾对《大明律例谚解》的版本做过细致的考证,他认为从写作时间和内容上来看,现存的《大明律例谚解》共有三个版本:榊原篁洲本人元禄七年(1694 年)所著的版本(原撰本);榊原篁洲之子霞洲等人修订,正德三年(1508 年)完成的版本(参订本);在此之后再考证改订的最终定本(考正本)。[1] 对这几个版本进行比较能够发现一些值得关注的问题,其中最重要的就是在最终的考正本之中,改订者(应为高濑喜朴等人)在某些问题上表现出了与榊原篁洲不同的意见。譬如对于罚金刑(赎铜)问题的看法,榊原篁洲本人在讲到"五刑"之中的流刑时,曾谈到"以赎铜宽恕流刑,并非良法",他认为赎铜的做法会加剧贫富不公,而且并不能使法律起到惩戒作用。而在之后的版本之中,改订者却认为赎铜可以弥补国库的不足,与篁洲最初的看法相左。[2] 据记载,吉宗曾向高濑喜朴询问过赎铜一事,喜朴认为,赎刑既是对人的宽恕,也是恩泽,应当效法明律实行赎刑,其观点与改订版本中的看法相符。值得深思的是,《大明律例谚解》原作者和改订者之间的这一争议,很有可能影响到了江户时期的立法和法律实践。日本在律令时期曾经受唐律影响,在《养老律》中规定了赎铜制度,在律令制衰亡之后的几百年间,日本几乎再没有过罚金刑的规定,然而在沉寂几个世纪后,享保三年(1718 年)德川吉宗颁布的法律中又重新出现了罚金刑。

过料

三贯文或五贯文

严重者需要缴纳十贯文甚至二十两、三十两,或者根据罪犯

〔1〕 关于这三种版本的考证,参见高塩博『日本律の基礎的研究』一书中转引松下忠「榊原篁洲著『大明律例谚解』と『明律譯解』について舊说を是正する」一文的研究,『日本律の基礎的研究』(汲古書院,1987 年)371 頁。

〔2〕 参见高塩博『日本律の基礎的研究』(汲古書院,1987 年)386 頁。

的收入、村庄产值与人口按比例估算金额,罚金总额将由法庭决定,款项需在判决后的三天之内缴纳。在罪犯无力缴纳的情况下,将被强制戴上镣铐。[1]

该法令之中虽然没有使用明律中的“赎铜”一词,但“过料”的含义却与赎铜无异。享保三年(1718年)正是处于《大明律例谚解》最后的修订期间(参订本与考正本之间),从这一点来看,笔者推测,很有可能是《大明律例谚解》改订者的意见影响到了吉宗颁布的法律,当然也存在吉宗的意见或法律规定的出台本身左右了《大明律例谚解》改订者观点的可能性。而无论是哪一种情况,都能够说明《大明律例谚解》的著述并非单纯的学术研究,它与当时的法律实践是分不开的。

2.《大明律例译义》[2]

《大明律例译义》的作者高濑喜朴,名高濑忠敦、号学山,喜朴是他的字。高濑喜朴是纪伊藩的医官之子,贞享年间他本人也成为纪伊藩的藩医。之后他曾前往江户,师从大学头林信笃(凤冈)修习朱子学,对于《论语》《孟子》等儒家经典颇有研究,亦有著述;其对于中国古代法典更是熟悉,精通《明律》、《唐律》以及《唐六典》,曾著有《唐律解》和《唐律谚解》。[3] 正德二年(1507年),高濑喜朴曾从其师林信笃处获得朝鲜刊本《大明律直解》四册,并为其做了训点,之后参与了前述《大明律例谚解》的修订工作,在此期间吉宗也曾提出让高濑喜朴重新译注明律,喜朴显然从正德年间就已经开始着手此

---

[1] 这一规定过料刑的享保三年令之后被收入德川幕府法律汇编《公事方御定书》第一百零三条。其原文参见石井良助編『德川禁令考别卷』(創文社,1961年)公事方御定書。

[2] 本文所参考《大明律例译义》原文为原红叶山文库所藏,现日本国立公文书馆内阁文库所藏手抄本。

[3] 参见安藤精一「高瀬学山」『国史大辞典9』(吉川弘文館,1988年)。

项工作。到了享保五年(1720年),吉宗重提此事,高濑喜朴即于同年年底献上了他的明律研究书《大明律例译义》。《大明律例译义》被认为是江户时期诸多明律注释书中出类拔萃的作品,之后的幕府法和诸藩藩法的制定和运用,很多都多少参考了《大明律例译义》一书。该书给幕藩法制和整个德川时期的明律研究所带来的影响不可估量,因此后人将其与享保年间荻生徂徕所撰写的《明律国字解》并称为江户时期明律研究的"双璧"。[1]

《大明律例译义》是将明律以及作为其追加法的条例逐条翻译为日文的著作,全书共十四卷,正文十二卷,首卷与末卷各一卷。正文中并未附明律和条例中文原文,只有汉字和假名相结合的日文翻译。其在翻译上的主要特色在于将日本人难于理解的律文以一种简洁通俗的方式翻译成译文,如将"入官"直接翻译为"没收土地财产";而对于重要的语句以及必须要说明的事项,还会在译文之后添加数行小字注释,注释内容则相当详尽。高盐博教授认为,《大明律例译义》译文简洁明了,却忠实于原文,用心地引用日本当时的社会制度与习惯去解释原律例(文中常出现"相当于日本的……")。

《大明律例译义》的首卷与末卷则是最有显著特色,也最能够体现出译者律学思想的部分。其首卷为"律大意、译义凡例、目录",其中"律大意"讲解了明律之前的历朝法律沿革史、明律的简要介绍和价值、肉刑之弊以及对滥用肉刑的反对、规范调查、审问程序以及执行程序、德治与刑律关系等,充分体现了作者高濑喜朴对儒家思想和慎刑观念的推崇。末卷为"罪名、赎法、九族五服"。值得注意的是,《大明律例译义》末卷并不像《大明律例》原本那样,仅在附录中收录本宗九族五服等服制图,而是将明律所收录的所有服制图拆解开来,以对待律例正文的方式用较大篇幅翻译和注解之。书中对服

[1] 关于《大明律例译义》的后世影响,详见高塩博『日本律の基礎的研究』(汲古書院,1987年)397頁。

制图中出现的所有亲属名称和服制的对应关系都做出了日文训读,并将对于日本人来讲难以理解的称谓做出简要翻译(如“伯叔父母“译为“父之兄弟及其妻”,侄孙”译为“兄弟之孙”),对重点内容则做出详细注释(如“斩衰三年”“父母”“齐衰杖期”等概念),对于这些概念的解释相当全面,应该是借鉴了《大明令》或《大明会典》等资料。事实上,日本即使在全面效法唐王朝的律令时代,也并未仿照唐代将五服制度入律,而是直接删除相关条文(如“不睦”“内乱”)或列举亲属名称以取代斩衰、齐衰、大功、小功、缌麻这些称谓。[1]这种削减做法一方面是出于方便推广律令制度;另一方面也极有可能是当时的立法者轻视了家族制度在中国社会中承担的重要角色。而与此相对,《大明律例译义》却在末卷详细翻译注释了关于九族五服的具体内容,从这一点也可以看出,作者高濑喜朴对于明律的研究所持的慎重态度和对中国律法的深入理解。

四、纪伊藩《国律》对明律的继受

在德川幕府享保法律研究兴起之后约三十年,幕府法律汇编《公事方御定书》诞生。由于御定书出台之时仍处于吉宗任将军期间,因此早期有学者认为,御定书之中大量融入了享保明律研究的精华。然而事实上并非如此,御定书几乎可以说完全是日本本土的产物。从形式上来看,御定书分上下两卷,上卷为政令,下卷“百箇条”为法律条文,其中并无“名例律”那样的总则性规定和篇目条文

---

〔1〕 唐律在涉及容隐制度以及其他有关亲属范围的法律规定时,基本上援引的是五服制度,五服制度入律意味着个体在家族中的定位方式得到了皇帝权威的认可。日本律令时代却并没有完全接纳中国的“五服制度”,而是将五服制度进行大幅度简化形成了“五等亲制”,在令之中,以数行对这“五等亲”各自的范围进行了列举。因此“五等亲”仅仅是一个亲属范围,与丧服礼仪并无关联。而日本令“丧葬令”之中,则另行简单规定了哪些亲属应服丧多久,基本限于直系近亲。与中国古代不同,日本律令时代的亲等制度在“仪式”与“法律”这两个环节之间是断裂的,因此难以实现中国古代五服制度那样的社会功能。

之间严密的内在逻辑,只是法条的简单分类汇总;从内容上看,这一百零三条法律基本上都是德川时代的定例。[1] 虽然如此,享保年间大规模的明律研究并非没有对立法实践造成影响,这种影响主要表现在之后数十年间制定的几部藩法当中。宝历年间(1754年),熊本藩率先以明律为蓝本制定了其藩法《刑法草书》;纪伊藩、弘前藩、会津藩、新发田藩则在宽政、享和年间陆续制定了某种程度上效法了明律的藩法;而最晚受中国法典影响的藩法则出现在幕末的1862年,即土佐藩的《海南律例》与《海南政典》,其被认为是参酌了明清律和唐律令制定而成的律典与行政法典。[2] 在这几部效法中国法典的藩法之中,非常值得一提的就是明律研究的发源地、纪伊藩的藩法《国律》。如前所述,由于纪伊藩在江户时代中前期明律研究活动非常盛行,因此近百年后编纂的法典《国律》是否受到了这种研究传统的影响,无疑是令人好奇的。

《国律》是纪伊藩第十代藩主德川治宝在任期间,命藩儒山本为之进以明律和幕府的公裁录[3]为基础编撰的刑法典。据推测,它制定于1801~1804年的享和年间,具体时间是哪一年尚不确切。[4] 目前流传的《国律》及其追加法《国律补叙》主要有以下几个版本,各版本之间的内容略有不同。(1)村田本《国律》。明治维新之后,日本政府开始搜集德川时代的各藩法律,时任太政官大书记官的村田保非常有兴趣并热心此事(村田保本人编纂的《各国刑法比照》六卷曾经引用了八部藩法可以说明这一点),他曾多次敦促司法省推进搜集工作,不久以后村田本人也开始搜集和收藏诸藩藩法。到了昭

---

〔1〕 参见石井良助編『德川禁令考別卷』(創文社,1961年)公事方御定書。

〔2〕 参见石尾芳久「海南政典,海南律例の研究」『関西大学法学論集』15卷(1965年)。

〔3〕 参见井上和夫『諸藩の刑罰』(人物往来社,1965年)23頁。

〔4〕 参见手塚豊「和歌山藩国律」法学研究26卷(1953年)一文对于《国律》的编纂和成书时间做了较为细致的研究。

和年间,村田保收藏的多部文书被寄赠给庆应义塾大学,庆应大学法学部研究室在整理过程中发现这些藏书中有一部题为《旧和歌山藩国律》的手抄本,后被称为"村田本《国律》"。这一版本之中只有律正文,并无追加法和评注。[1] (2)《国律补叙》。村田本《国律》之中只有律正文,作为追加法的《国律补叙》则是通过《南纪德川史》一书得以流传下来的。《南纪德川史》是原纪伊藩藩士堀内信,受纪伊藩最后一代藩主德川茂承的委托,于明治年间的1888~1901年编纂的藩史,其中记载了纪伊藩从1602年第一任藩主德川赖宣出生,到1871年最后一任藩主德川茂承于废藩置县后移居东京期间的历史,其中的第十七卷"刑法"当中收录了《国律补叙》全文。[2] (3)京大本《国律》全本。京都大学法学部藏本《国律》分为上下两卷,《国律》及其追加法《国律补叙》均包含其中,法典正文《国律》共五十六编,增补的《国律补叙》则为六十五编。文本中有多处红色标记,是为评注,[3]另外还有百余条旧判例附于该当条文之后以便于理解和裁判。1942年,京都帝国大学法制史研究会开始逐步将其所藏藩法进行整理,发行为《近世藩法资料集成》,然而还未出版至纪伊藩即由于战争原因中断。[4] 战后该项工作被搁置多年,直到1980年又以《藩法史料集成》为名出版,其中收录了这一版本的《国律》。[5] 对纪伊藩《国律》诸版本做出对照研究(这三个版本之间能

---

[1] 本文所参照的村田本《国律》原文收录于手塚豊「和歌山藩国律」法学研究26卷(1953年)一文之中。

[2] 本文所参照的《国律补叙》原文收录于堀内信『南紀德川史』南紀德川史刊行會17卷(1933年)1050~1084頁。

[3] Dan Fenno Henderson, *Chinese Influences on Eighteenth-Century Tokugawa Codes*, Essays on China's Legal Tradition, Princeton University Press, 1980.

[4] 参见手塚豊「和歌山藩国律」法学研究26卷(1953年)。

[5] 参见鎌田浩(書評)平松義郎監修京都大学日本法史研究会編著「「近世法制史料集」全五巻」、中澤巷一監修京都大学日本法史研究会編著「藩法史料集成」法制史研究1981年巻31号(1981年)。

够相互补足),能够更全面地发掘其与明律之间究竟存在何种程度上的关联。

首先,从篇章体例上来看,《国律》与明律高度相似。《国律》由上下两卷共十八律构成,分别为上卷"乾",包括"名例、公式、卫禁、仪制、仓库、祭祀、关津、盗贼";下卷"坤",包括"人命、斗殴、诉讼、诈伪、犯奸、杂犯、捕亡、断狱、寺社、连及"。从体例上来看,《国律》与明律均是以"名例"为总括的原则性规定,下设各分则,不同之处主要在于《国律》将明律以六部为统辖的编纂体例拆解,直接以明律二级篇目作为十八律,这是德川时代明清律系藩法的常见体例,很有可能是借鉴更早的唐律做出了适应当时各藩政治制度的修改。从篇目来看,除"寺社"与"连及"外,《国律》的其他所有篇目均源于明律;明律中存在但《国律》之中删减掉的篇目,则包括吏律中的"职制",户律中的"户役、田宅、婚姻、课程、钱债、市廛",兵律中的"军政、厩牧、邮驿",刑律中的"骂詈、受赃"以及工律的全部。从这种篇目对比可以看出,《国律》除增添了日本特有的寺社和连及律外(这两律内容甚少),还从其蓝本——明律中删减掉了部分内容,在这些删减内容中,固然有不少与政府和军队机构的差异相关(幕府时期一个藩的行政机构显然与明帝国庞大的行政体系之间存在显著差异),但更为引人注目的是,《国律》将明律之中与财产、婚姻、买卖等民事法律相关的部分几乎全部删除,而保留最多的则是刑律部分。一个明显的证据在于,《国律》与其追加法《国律补叙》总共一百二十一条中,刑律共一百零八条。[1] 这是否为纪伊藩法典的独有特征?在对各藩藩法进行多方考察后发现事实并非如此,在德川时代,明清律系的几部藩法典之中,熊本藩《刑法草书》共有八篇,除第一篇总则"名例律"之外,其余七篇(盗贼、诈伪、奔亡、犯奸、斗殴、人命、

〔1〕 数据来源:Dan Fenno Henderson, *Chinese Influences on Eighteenth-Century Tokugawa Codes*, Essays on China's Legal Tradition, Princeton University Press, 1980。

杂犯)[1]完全是由明律的"刑律"部分修改而来,是一部彻底的刑法典;以《刑法草书》为蓝本的会津藩《刑则》亦为刑法典;弘前藩《御刑法牒》分为七篇,"名例、人命、盗贼、贿赂、田宅、仓库、诉讼",明显以刑律为主;新发田藩《新律》分为"户役、田宅、婚姻、诈伪、犯奸、诉讼、盗贼、斗殴、人命、杂犯",民事部分较其他几部藩法内容稍多。[2] 由此可见,以刑律为主,少民事规定并不是纪伊藩《国律》的独有特征,而是多数藩法的共同特点。这种特征有可能是自中世纪以来的国家法律结构所造成的。由于司法资源有限,日本从室町时代开始,地方上的村与町就逐渐形成了一定的法律上的自治权,乡村有关婚姻、丧葬、农耕、用水、生产等民事纠纷,一般都由村依据习惯法解决;而在城市,町内房产的购买、转让、婚姻、继承等问题则由町会管辖。到了德川时代,这种做法仍然延续下来并渗透到了幕藩体制,形成这一时期以不成文法为依据的基层司法制度。[3] 据此也许可以初步推测,在上述藩法制定之时,民事问题的解决在司法实践中基本达不到藩这一级别,因此从实用角度讲,也就可以将其从藩法典中摘除了。

其次,从法典内容来看,纪伊藩《国律》在很多重要内容上继受了明律。譬如其第一篇"名例律"之中,直接仿效明律规定了"十恶"与"八议"。这样的做法在日本历史上极为罕见,日本即使在律令制时期,也并未全盘接受此两者,而是将其修改为"八虐""六议",从"十恶"之中删除了"不睦"和"内乱","八议"之中删除了"议勤""议宾"。其中部分原因是为了迎合日本当时的现状,但另外的原因如前文第三部分所述,律令时期日本并未继受唐律中的五服制度,

---

[1] 参见京都帝国大学法学部日本法制史研究室編『近世藩法资料集成』第二卷 京都帝国大学法学部日本法制史研究室(1944年)2~12頁。

[2] Dan Fenno Henderson, *Chinese Influences on Eighteenth-Century Tokugawa Codes*, Essays on China's Legal Tradition, Princeton University Press, 1980.

[3] 参见牧英正、藤原明久編『日本法制史』(青林書院,1993年)189頁。

而“不睦”“内乱”恰是围绕着服制而产生的条文。[1]《国律》中少见地完整继受了“十恶”与“八议”，但还是对条文内容做出了一定修改，以规避服制问题。将“不睦”由“谓谋杀及卖缌麻以上亲，殴告夫及大功以上尊长、小功尊属”改为“亲族不和或有谋杀殴打等行为”；“内乱”由“谓奸小功以上亲、父祖妾，及与和者”改为“亲属相通奸”。此外在刑罚方面，《国律》虽没有像明律那样规定“五刑”，但有类似于流刑的追放（此并非为《国律》特有，德川时代刑罚普遍施用追放刑而非徒刑，藩法之中仅有熊本藩《刑法草书》与会津藩《刑则》采用了徒刑）和死刑中的斩刑。值得注意的是，它也仿照明律规定了赎刑。然而在除“名例”以外各分则的具体条文方面，《国律》与明律之间的相似度就要低很多，可以看出在明律的体例框架下，《国律》之中的法条在内容上还是更多参酌了幕府法《公事方御定书》及纪伊藩之前颁布的法令。然而即便如此，在与官僚制度和社会现状关系较小的部分，明律对其条文内容的影响力还是可见一斑的。譬如《国律》“人命”律“杀父母祖父母”“妻妾杀夫”“妻妾杀夫之父母祖父母”“杀兄姊伯叔父姑”条文均源自明律中的“恶逆”，而“杀一家无罪者三人以上”条，则明显源于明律“杀一家三人”条，等等。[2]这种情况在“人命”律中出现得相对较多。

最后，从评注内容上来看，京都大学法学部所藏的《国律》文本之中，有多处红色文字标记的评注，根据学者的考察，这些评注很可能并不是产生于《国律》编纂之时，而是在完成之后、在法典的运用过程中添加了这些评注。在这些评注之中，有三次明确援引了“大明律”，而作为“大明律”的简称，“律”被引用了十九次，[3]这种现象

---

[1] 关于“八虐”、“六议”与“十恶”、“八议”的对比，参见律令研究會編『譯註日本律令二・律本文篇（上）』（東京堂，1975 年）。

[2] 参见手塚豊「和歌山藩国律」法学研究 26 卷（1953 年）。

[3] Dan Fenno Henderson, *Chinese Influences on Eighteenth-Century Tokugawa Codes*, Essays on China's Legal Tradition, Princeton University Press, 1980.

可以说是法律解释中对于明律的借鉴。当然,《国律》的评注绝不仅仅是引用大明律作为其渊源,其中也曾多次引用幕府法条文“公裁”中的规定,并且还会对明律和公裁进行比较,选择其中更优者。例如,关于主杀的评注写道:“公裁(《公事方御定书》)规定了主杀将被处以磔刑,而律(大明律)则规定了杀原主等同于一般杀人,此两者严重程度大有区别。这种情况下斩首示众更为合适。”[1]

五、德川时代纪伊藩明清法律研究与继受的评价

纪伊藩从第一代藩主德川赖宣始至第十四代藩主德川茂承终结,其间陆续展开着对中国古代法典,尤其是明清律的研究与继受活动。在这三百多年的历程中,纪伊藩不仅是诸藩之中明律研究与继受的代表,也是德川时代幕藩法借鉴中国法的一个缩影。借助对纪伊藩藩儒的明律研究及其以明律为蓝本的《国律》进行分析,能够从一个独特的角度管窥中国法典在日本德川时代流传的起落。

从德川时代前中期由纪伊藩的几代藩主与藩儒推进的明律研究活动中可以看出:首先,无论是出于藩政需要还是出于个人兴趣,纪伊藩早期的几位藩主皆对明律研究有持久的热情和行动力。虽然幕府以及多个藩在建立伊始,就已经掌握有大明律原文,但此时的将军和部分藩主显然并不满足于此。日本在宽永年间(1624~1644年)就已经开始闭关锁国,[2]但由于长崎港仍然对少量中国船只开放,明代律学的兴盛状况或许也因此被日本国内所了解。在这种情况下,各藩研究明律并无天时地利,即便这一时期对中国书籍的收集实属不易(现存史料很难证实纪伊藩的明律相关中国书籍资料从

---

〔1〕 Dan Fenno Henderson, *Chinese Influences on Eighteenth - Century Tokugawa Codes*, Essays on China's Legal Tradition, Princeton University Press, 1980, p. 287.

〔2〕 关于闭关锁国的起因与过程,详见[日]坂本太郎:《日本史》,汪向荣、武寅、韩铁英译,中国社会科学出版社2008年版,第283~288页。

何而来,但前述前田纲纪的遭遇可以体现出收集过程之艰辛),纪伊藩的前两代藩主赖宣与光贞仍然很快开始着手搜集中国的明律注释书,这为藩儒们的研究提供了一手研究资料;而其招纳的中国贤士则为藩儒们的汉语和律学知识打下了一定基础。其次,纪伊藩的明律研究者绝大多数是德川时代的名儒,且对该项研究持有十分严谨审慎的态度。从前文可以看出,纪伊藩早期的明律研究者大多作为儒学学者在日本已经相当知名,除律学外,还有其他多部学术著作(如榊原篁洲即为江户儒学“折中学派”的创始人,著有《芸窗诗稿》《榊巷谈苑》《易学启蒙谚解大成》《古文真宝前集谚解大成》《书言俗解》《诗法授幼抄》等书;而高濑喜朴则为知名朱子学者,另著有唐律注释书《唐律解》《唐律谚解》,以及儒学和医学著作《论语钞说》《孟子钞说》《医学正传标注》等),基本上都是自身有深厚的学术(尤其是儒学)根基,方才开始着手明律研究,这种明律研究高门槛的形成,应该与当时学术氛围颇有关系,儒者通过一般学术著作积累名望,而在官方的授意下翻译注释明律却能够为其仕途铺平道路(各藩如此、幕府亦如此),这也意味着明律研究者会以极大的敬畏之心和审慎的态度来对待这项工作,从《大明律例谚解》对个别概念的反复修订和探讨,以及《大明律例译义》对于服制图的详尽阐释等细节就可以看出这一点。

而享保法律改革中,德川吉宗对于早先明律研究的运用以及近百年后纪伊藩《国律》的制定,则能够说明另一问题:首先,以纪伊藩为代表的德川前中期的明律研究,并非单纯的学术研究,而是直接面向日本法律实践的研究活动。尤其是经过纪伊藩近百年明律研究的积累,德川吉宗在继任将军之位后很快就将这些研究成果引入幕府法律实践。当然,吉宗对于明律的态度是慎重的,虽然他在前期做出了很大努力,积极推动明律研究,但可以看出吉宗几乎从未考虑过像律令时代那样全盘继受中国法,而更多的是在对具体问题进行具体分析,为每一个当时可能推行的新法令以及所面临的法律争议寻找更适合于日本自身的解决方式。正如前文所述的"赎铜"刑问题,除了询问译注明律者高濑喜朴的意见,他还委托大学头林信笃向前田纲纪询问了这一制度在加贺藩实施的状况,以及罚金收入的用途(加贺藩从纲纪上一代藩主前田光高在任期间,即开始实施罚金刑),[1]幕府罚金刑的实施显然经过了吉宗的反复调查和深思熟虑,也正因如此,这一制度才能够在德川时代延续百余年。除此之外,吉宗在平民中推广"六谕"以及对"目安箱"制度的沿用[2]等措施,都是在听取多方意见之后才采取了效仿中国的做法。其次,制定于享和年间的纪伊藩《国律》则是对于这种具体问题具体分析做法的再一次印证。从形式上来看,纪伊藩并无明代六部那样权责分明的行政执行机构,而幕府法《公事方御定书》的篇章结构又杂乱无章、欠缺明律之逻辑,因此《国律》取明律之所长,抛弃了明律的六部体系而直接采用了明律的二级篇目作为其十八律,这就是为适应其藩政需要做出的必要调整;从内容上看,《国律》继受御定书的条文居多,但在"十恶""八议""刑罚""人命""斗殴"等方面,又大量借鉴了明律的内容。这些都能够反映出《国律》取明律和御定书更适合本藩具体情况的部分为己所用的立法特色。当然,无论是八代将军德川吉宗的享保法律改革,还是纪伊藩《国律》的制定出台,

---

〔1〕 关于林信笃向前田纲纪询问罚金刑在加贺藩执行情况的对话,详见近藤磐雄『加賀松雲公』中卷(1909年)703~705頁。

〔2〕 目安箱是德川幕府早期就已经有的一种制度,民众可以向此箱内投放诉状,是一种向幕府将军直诉的方式,吉宗还在纪伊藩的时候也曾经设置过目安箱。在幕府方面,德川家宣时期的两位大儒新井白石和室鸠巢曾就此问题展开过辩论,家宣采纳新井白石意见减少了目安箱的使用。而到了德川吉宗当政时期则听取室鸠巢意见于幕府最高法院"评定所"大门前重新设置了目安箱,并进一步明确了使用规则。前引亨德森(Henderson)一文中推测目安箱制度可能源于中国的"登闻鼓"。笔者则认为除登闻鼓外,唐代的"匦"亦有可能是德川时代设立"目安箱"的灵感来源。据《唐六典》第九卷载:庙堂之上东南西北各设四枚铜匦,"东曰延恩,怀才抱器,希于闻达者投之;南曰招谏,匡正补过裨于政理者投之;西曰申冤,负屈无辜受刑者投之;北曰通元,献赋作颂谕以大道及涉于元象者投之"。

都能够如此具体灵活地运用明律中的形式与内容要素，是与德川前中期扎实的明律研究是分不开的。

综上所述，德川前期纪伊藩的明律研究由官方推动、由多位知名儒者倾力完成，并且面向当时日本法律实践的研究活动，其研究成果普遍有着很高的学术质量，并且能够较好地与实在法相对接。而由德川吉宗发起的享保年间的法律改革，以及百年后纪伊藩藩法《国律》的编纂，则是在德川前期明律研究深厚积累的基础上，采纳明律的先进部分，并结合具体社会状况所做出的立法实践。综观整个德川时期，不仅是纪伊藩，其他继受明清律的各藩藩法多少都具备这一特点。德川时代对于明清律的研究与继受，是中日法律交流史上的第二次高峰，其与近乎全盘继受唐律令的第一次交流高峰律令时代相比，虽然急于效法先进制度以振国家之心稍减，但脚踏实地深入研究并结合自身特点反复权衡的做法却显然更胜一筹。

清代民族政策的创新与发展

——以设置承德政治副中心为视角

刘玥昕*

【摘要】 伴随着清王朝统一的多民族国家的历史进程，承德作为政治副中心出现在历史舞台上。清政府出于军事、政治、宗教等多种因素先后在此建立了“木兰秋狝”制度，把避暑山庄作为第二政治中心处理政务，修建了避暑山庄周围寺庙开展民族宗教活动，这些举措极大地丰富了清代民族政策的内容，在团结少数民族、巩固边疆稳定、捍卫祖国统一方面发挥了重大作用，被认为是清代民族政策从发展到成熟的标志。

【关键词】 木兰秋狝；避暑山庄；外八庙；清代民族政策

在多民族国家内实行相应的民族政策是维护国家统一的必要手段。作为中国历史上为数不多的少数民族政权，清朝政府在民族政策的制定、实施和国家民族事务管理等方面，与历代封建王朝相比取得了较具突破性的进展。“这绝不是单纯的由于那时的清朝在军事上很强，在军事上取得一系列胜利所能够做到的。单纯的、一时军事上的胜利和军事征服要是没有社会、经济基础来维持的话，统

---

* 中国政法大学刑事司法学院博士研究生。

一是不能持久的。"[1]清史学者戴逸认为:"康雍乾盛世之所以能够达到统一,是因为清朝的民族政策起到了非常重要的作用。因为清朝本身是个少数民族执政的王朝,它懂得和理解少数民族的要求和心态,所以在考虑少数民族利益的时候能够特别周到地照顾少数民族。"

北方牧猎民族建立的王朝,在中原地区一般采取秦汉以来的郡县制度,但对塞外地区的游牧民族却常采取兵民一体的部落制。辽为营卫制,金为猛安谋克制,元代对蒙古各部实行部落制。为适应这种社会组织,这几个王朝在北方有陪部之设,辽有五京,金人因之,元除大都外也在草原上设上都(开平)。[2]

承德以其自然、地理上的优势得到清朝统治者的青睐,清政府自顺治以来,通过移民垦荒,设立驿站、北巡和木兰秋狝,开始了对承德的开发。康熙时期在承德肇建避暑山庄并修建溥仁寺、溥善寺,乾隆时期继续完善避暑山庄及其周围寺庙的规模,并将木兰秋狝和避暑活动制度化和长期化,使承德成为当时全国的第二政治中心。木兰秋狝与承德避暑活动是当时一系列政治、经济、文化等因素综合作用的产物,而山庄周围寺庙的修建,更是典型的民族和宗教政策的产物。

承德作为政治副中心的兴起,为清政府一系列民族政策的实施提供了空间,让清政府"进一步发展和完善了清朝民族政策体系""构成了包括汉族地区在内的覆盖全国的管理体制和管理网络,全国形成了政治上统一、协调的整体,积极营造了政治上广泛认同和文化上适度宽容的氛围,并使国家政令畅通,国家的政治意识扩展

---

〔1〕 谭其骧:《历史上的中国和中国历代疆域》,载《中国边疆史地研究》1991年第1期。

〔2〕 参见王玲:《承德的历史发展与北京的政治社会渊源》,载《河北学刊》1986年第2期。

到全国,切实把政治离心力减少到最低限度”。[1]

一、清代初期对民族政策的继承和发展

在不同的历史阶段,由于各民族的发展水平不同、民族关系不同、政策制定者的利益集团不同以及认识水平不同,都会形成不同性质、不同种类、不同特征的民族政策。清朝是由满族建立的一个封建性政权。满族是以女真为主,吸收部分汉、蒙等族成员,于明朝末年形成的一个新的民族共同体,在特定的历史条件下,建立起全国统治。作为少数民族入主中原,决定了他们必须比历史上的其他朝代要付出更多的努力,他们要去研究和解决民族问题,需要制定和实施比历史上汉族建立的朝代更加精致和先进的民族政策。

(一)羁縻政策

在我国历史上,汉族人口一直处于绝对多数,更长时间是汉族占统治地位。满族较汉族处于人口数量绝对的少数和经济文化方面相对落后的状态,这种差距决定了清政府要统治中国,必须首先用最大的精力统治好占优势的汉族。在清朝初年实行的“五大弊政”(剃发、易服、圈地、投充、逃人),虽然有些政策在后来停止实施了,但易服与剃发一直保留到了清朝统治结束。这些政策是民族压迫政策的直接体现,伤害了民族感情,恶化了民族关系。

从维护自身政权的角度出发,清政府特别注重蒙古贵族和其他少数民族高层人士的联合,充分利用边疆民族上层人士熟悉本民族的历史特点和实际情况,在本民族中的威望和政治号召力,对民族地区进行管理。民族政策沿袭秦汉以来统治少数民族的羁縻制度,以利于化解矛盾,减少摩擦。

(二)“分而治之”到法制建设

随着政权的巩固和民族关系的不断发展,作为统治者如何保障

---

〔1〕 余梓东:《清代民族政策研究》,辽宁民族出版社2003年版,第78页。

边疆安全并实施有效管理，成为清政府民族政策的重点。和中原历代王朝一样，清政府不得不重新审视边疆问题并调整民族政策。清朝统治者通过“少其地而众建之，既以彰赏罚之典又使力少不能为乱，庶可宁辑陲”[1]的方式，实现对少数民族分而治之。

为了实现对少数民族的有效管理，清政府在中央机构建立理藩院，地方机构有将军、都统、大臣对各边疆地区的有效管理，各边疆民族地区因俗设官，形成了治理边疆，贯彻边疆民族政策的一套自上而下、强而有力的完备的边疆民族管理机构。清朝政府非常重视民族政策的法制化，为了有章可循，往往会把服务于一个时期的民族工作任务的具体措施和策略，以民族法的形式加以规定；当民族工作的中心任务发生改变时，适时修订民族法规以增加法条的实际效力，保证了其对民族地区的法律辖制和政权统治。

二、承德政治副中心对民族政策的创新和实践

民族政策是历史的产物，它的制定和实施，有一个继承、发展、探索、完善的过程。清政府民族政策的发展是特定历史条件下，作为中央政府的满族统治者出于国家安全、有效管理的政治考量，与边疆少数民族博弈互动的综合结果。清政府在特殊的历史时期，从巩固政权、维护稳定的角度出发，兴建了承德这个政治副中心，并围绕军事、政治、宗教等重大问题创造性地制定了一系列民族政策。清政府的副中心政治实践，取得了成功的历史效果，并把清朝民族政策推向了历史的高峰。

承德作为城市的兴起与其他城市大不相同。一般城市往往是经济比较发达的地方或交通枢纽之地，即使纯粹为军事、政治目的而设的城市也有一个逐步发展的过程。承德则不然，它于塞外山间谷地突然兴起，一出现便很快压倒其他城镇，不仅是皇家园囿，并有明

〔1〕 赵云田：《清代治理边陲的枢纽——理藩院》，新疆人民出版社 1995 年版，第 36 页。

显的陪都性质。[1] “府志志府也,承德则府而都会矣”,[2]这种政治副中心的突然出现,归根结底是承德特殊的地理地貌、历史禀赋,给清政府创造性地实施民族政策、治疆方略,提供了历史舞台。

(一)木兰秋狝——和平时期的军事演习

“木兰”是满语哨鹿的意思,“秋狝”即是在秋季打猎,人们用哨音模仿鹿的鸣叫声引诱鹿群,然后进行围猎。远在金代的满族先民女真人就有哨鹿的做法,习武骑射是满族的重要日常活动。康熙二十年(1681 年)四月,康熙帝第二次北巡,当其北出长城喜峰口,经宽城行至华北平原与内蒙古草原接壤的地方,发现这里水草丰美,林木葱郁,动物繁多,野鹿成群,虎豹、麋鹿和其他野兽不计其数,非常喜欢,于是令人“前往相度地势,酌设围场”[3],划定了东西长约 150 公里,南北长约 100 公里,共计 14,000 多平方公里的地方作为行围打猎场所,时称“木兰围场”(现今位于承德市围场满族蒙古族自治县内)。康熙帝规定,自此以后,清帝于每年秋天,都要带领其皇子皇孙及王公大臣等至木兰围场打猎,此即木兰秋狝之制。[4] 1683 ~ 1820 年,康熙帝、乾隆帝、嘉庆帝以行围或避暑为目的的出塞可达百余次,其中前往木兰围场举行秋狝典礼 92 次并成为惯例。

木兰行围主要分为小围、合围和哨鹿三项。小围又称行围,以小分队的形式分路线进入山林,人数较少,每队数百人左右,队伍通常是在低冈或平原上进行热身、练习活动,小围的特点是围而不合。合围是专门的大规模的围猎活动,场地的选择十分重要,一般是四

---

〔1〕 参见王玲:《承德的历史发展与北京的政治社会渊源》,载《河北学刊》1986 年第 2 期。

〔2〕 《承德府志》卷十。

〔3〕 《康熙起居注》(第 1 册),中国第一历史档案馆整理,中华书局 1984 年版,第 687 页。

〔4〕 参见王开玺:《清代历史中的承德避暑山庄》,载《河北广播电视大学学报》2018 年第 2 期。

面皆山、中间较平的地方较好，还要在高冈处搭建好供皇帝观赏围猎的看城。合围是由管围大臣指挥军队，以看城为中心四面环绕围成一个大的包围圈，并逐渐由外向里压，直到人与人并肩，马与马并耳的距离方可，这即是合围。待士兵合围之后，皇帝首先射猎，护驾者跟随牵狗、架鹰、递箭，保护皇帝，皇帝射完之后回看城休息，再观察皇子皇孙、王公大臣们射猎。在此过程中，对于胆小懦弱者，严加惩处，对于勇猛不畏死者给予提拔或抚恤，整个过程形同两军对垒一样激烈震撼。每次行围时间不确定，一般在20天左右。

木兰秋狝政策是清朝政府所独创的民族政策，它既强调了强大军事力量的重要性，同时也非常注重与国内各民族的联盟、伙伴关系的进一步巩固，在形成利益共同体的基础上，不断扩大自身在边疆及少数民族中的影响，以维护国家的统一。乾隆帝对康熙帝举行木兰秋狝的真正意图有如此评价："故自三逆底定之后，即不敢以逸豫为念，巡狩之典或一岁而二三举行，耗财劳众之论岂不虑？然而，凛天戒，鉴前车，查民瘼，备边防，合内外之心，成巩固之业。"〔1〕通过木兰秋狝之制，清政府实现了"国家承平不忘肄武，每岁木兰行围，简蒐军实，兼以绥怀藩服，意至深远"〔2〕的政治目的。

1. 承平不忘武备，简蒐军实

木兰秋狝活动旨在强化满族人骑射技能，同时整顿八旗怠惰骄奢之风，所以其开展模式完全是按照军队实战进行演练。在活动中不仅随行蒙古贵族要骑马射猎，而且皇帝也要亲自射猎。在围场盘马弯弓，纵横驰骋，成为清朝隆重的习武大典，并形成了每年皇帝考察军队力量的惯例。"于苗以讲武事，燕衎以怀远人。"〔3〕

〔1〕 昭梿撰：《啸亭杂录》，中华书局1980年版，第219页。

〔2〕 纪欣、赵非：《木兰秋狝与"康乾盛世"》，载《保定学院学报》2009年第2期。

〔3〕 《康熙诗词集注》，王志民、王则远校注，内蒙古人民出版社1994年版，第178页。

康熙六十一年(1722年),康熙帝在避暑山庄总结了北巡秋猎的军事意义:"从前曾有以朕每年出口行围,劳苦军士条奏者,不知国家承平日久,岂可遽忘武备。前噶尔丹攻破喀尔喀,并侵扰我内地札萨克至乌兰布通,朕亲统大军征讨,噶尔丹败走。后又侵犯克鲁伦,朕统兵三路并进,至昭莫多剿灭之。今策妄阿喇布坦,无端侵犯哈密地方,朕征发阿尔泰及巴尔库尔,两路兵进剿,策妄阿喇布坦闻之,心胆俱碎,乃遣策零敦多卜等,潜往西藏劫掠,毁坏寺庙,土伯特地方,已被残蠹。朕又遣大兵前往,击败策零敦多卜等,复取西藏,救土伯特于水火之中,我兵直抵西藏,立功绝域。此皆因朕平时不忘武备,勤于训练所致也。若听信从前条奏起言,惮于劳苦,不加训练,又何能远至万里之外,而灭贼立功乎。"[1]乾隆帝也多次明确地说:"朕每年行围射猎,正为使官兵等熟习骑射,不至废弛。"[2]保持军队的生气和强大的战斗力,是清王朝走向盛世所必不可少的坚实基础和有力保障。

2. 扶绥蒙古、政治会盟

尽管在皇太极时期,漠南蒙古已经基本臣服于清朝,但是蒙古各部之间的矛盾随时都有可能成为北部边疆的威胁。蒙古诸部因利益所驱,动辄纷争四起,冲突不息且似有蠢蠢欲动妄图南犯之意,蒙古头目觊觎之心曾引起清朝上层的高度戒备。

木兰秋狝作为一种会盟制度的衍生,通过与蒙古族地区的频繁交流,发挥了与外邦政治传播和交流的职能。自古代社会以来,蒙古部落一直是中原政权的边患威胁,如何运用木兰行围活动而巧妙地将蒙古族与满族联系起来,并号召各蒙古部落云集景从,这是木兰秋狝活动开展的主要政治意图,所以康熙皇帝将木兰秋狝活动的地址选在了蒙古一带,"念热河之地,为中外之交。朕驻跸清暑,岁

---

〔1〕《清圣祖实录》卷二九九,中华书局1985年版,第891页。
〔2〕《清高宗实录》卷三六七,中华书局1985年版,第1053页。

以为常。而诸蕃来觐,瞻礼亦便”。[1] 魏源在《国朝绥服蒙古记》中提到,“本朝抚绥蒙古之典,以木兰秋狝为最盛”。[2]

皇帝可以借每年的木兰行围,在那里接见蒙古各部的王公贵族,以便进一步巩固和发展满蒙关系,加强对漠南、漠北、漠西蒙古三大部的管理,这对于北方边防有着十分重大的意义。1754～1775年,几乎每年蒙古各部落的王公贵族、大臣首领都要前来木兰围场觐见乾隆皇帝,每举行围猎,在悠扬的音乐声中,被邀请或前来觐见的蒙古贵族们向乾隆皇帝敬酒,行祝福语,之后进行摔跤、驯马、射箭等表演,宴会气氛热烈、情趣盎然,席间蒙古诸部向皇上进献驼马等物品,皇帝则赏赐其大量绫罗绸缎、金银瓷器等,相互往来,以礼相待。在与其他各族交流的过程中,皇帝亦希望通过木兰秋狝活动的举行,使其子孙能承“祖宗德泽”,继续与蒙古联系感情,建立友谊,实现清王朝的长治久安。

3. 震慑北部边疆,使之畏威怀德

16世纪末,沙俄在对外武力扩张的过程中,改变了中俄两国领土原本并不接壤的状态,其领土范围已靠近中国北部边疆,并且时常侵扰、蚕食中国黑龙江流域的土地。17世纪初,沙俄甚至靠近中国卫拉特蒙古的游牧地,诱使卫拉特蒙古臣属于沙俄。准噶尔部的首领还勾结沙俄对抗清朝,造成整个西北边疆动荡不安,这已严重威胁到中国领土主权的安全。康熙对出现在北方边境的严重威胁十分焦虑:“罗刹(指沙俄)扰我黑龙江、松花江一带三十余年……不速加翦除,恐边徼之民不获宁息。朕自十三岁亲政,即留意于此。”[3]

---

〔1〕 玄烨:《溥仁寺碑文》,载齐敬之:《外八庙碑文注译》,紫禁城出版社1985年版,第1页。

〔2〕 魏源:《圣武记》卷三。

〔3〕 《平定罗刹方略》卷二六。

抵御沙俄侵略的关键问题是在内部巩固我们多民族国家的统一。木兰秋狝在对内提升军事战斗力并笼络蒙古贵族上层的同时,也有展示综合国力对外实施战略威慑的目的。木兰秋狝场面威武壮观,气势恢宏,有诗写道:“霓旌动处武维扬,猛士声暄共陟冈,信是天威能播远,道旁舞拜尽名王”,〔1〕不啻为大规模的军事演习。这既是一次和平的围猎,同时又不可避免地对塞外各部族具有一种威慑作用,“上每岁行狝,非特使旗兵肄武习劳,实以驾驭蒙古诸部,使之畏威怀德,弭首贴伏而不敢生心也”。〔2〕

当年康熙帝之所以决定每年秋天在木兰举行行围活动,并非为了狩猎娱乐,而是为了实现重大的军事意义。这一点,从康熙帝设置木兰围场的时间上也可以看出,当时正是平定漠北蒙古之时。

(二)避暑山庄——政治中心的延伸

康熙帝选择长城以北的承德兴建自己的政治副中心,是根据当时政治形势的客观需要,在统一的多民族国家巩固和发展的历史背景下做出的战略选择。避暑山庄,又名热河行宫,当地人也称为“离宫”。它占地达560万平方米,包括宫殿区、湖区、平原区、山区四个部分。始建于清康熙四十二年(1703年),建成于乾隆五十五年(1790年),历时87年。

乾隆帝在《避暑山庄百韵诗》的序言中明确评价道:“我皇祖(康熙)建此山庄于塞外,非为一己之豫游,盖贻万世之缔构也。”并进一步解释说:“使诚以游冶为尚,即深居九重,厌见百辟,恣声色,怠政事,谁其禁之?而必往来沙塞,风尘有所不避,饮食或致不时,以是为乐,固未见其乐也。”避暑山庄的政治作用,就是要联络国内各民

---

〔1〕尹继善:《木兰随围感恩纪事》,载《钦定热河志·艺文》卷一一一,天津古籍出版社2003年版,第13页;《文渊阁四库全书·地理类·史部二五三》第496册,台北,商务印书馆1989年版,第698页。

〔2〕赵翼:《檐曝杂记》,中华书局1982年版,第13页。

族,巩固清朝中央政府对全国的政治统治,抵御沙俄对我国北部边疆的侵略。达到“合内外之心,成巩固之业”[1]的政治目的。

清政府把承德作为政治副中心,是一系列政治考量的结果,时至今日,仍然有借鉴意义:

1. 政治、军事、社会、自然环境的综合考量

(1)控华夏之防。

古代北京,是中原通向北方的交通枢纽。当时北京通向北方的古道有三条:一是出居庸关至蒙古高原;二是出古北口穿越燕山北部丘岭地向东北至松辽平原;三是出山海关(古称榆关)至辽河下游。承德是北上的正中一路。古北口、热河(承德旧称)、木兰围场一线,即历史上从北京通往漠南蒙古、喀尔喀蒙古、东北地区乃至沙俄的重要交通要道之一。康熙年间,被派往蒙古、东北及沙俄的使臣大多经此一线。

李鸿章等人所撰《畿辅通志》,则形容自热河至木兰围场一线,为南北交通孔道,地势高峻,“据天下之脊,控华夏之防”。[2] 热河的这种既为清廷都城之门户又可控驭关外的蒙古各部的地理优势以及政务处理与宫中无异的独特政治优势,是清帝选中热河为其第二政治中心的原因之一。

康熙二十七年(1688年),准噶尔部首领噶尔丹率军进攻喀尔喀蒙古,进军内蒙古,直抵今内蒙古克什克腾旗境内的乌兰布通,距离清王朝的首都北京不过800余里(直线距离)。康熙二十九年(1690年)七月,康熙帝亲自进驻热河至木兰围场一线,直接指挥清军作战。八月一日,清军充分发挥火器的优势,大败准噶尔军队,其首领噶尔丹仅率数千人逃回科布多。

---

〔1〕《热河志》卷七九。

〔2〕李鸿章等撰:《畿辅通志·关隘一·顺天府》卷六七,光绪十年保定畿辅通志局刻本,第11页。

（2）去京师至近。

康熙帝称之所以选择在热河地方建造避暑山庄，是因其地“道近神京，往来无过两日”。[1] 热河向北至木兰围场大约150公里，向南距北京大约250公里，“去京师至近，章奏朝发夕至，综理万机，与宫中无异”。[2] 嘉庆帝在《木兰记》一文中也强调说：“每岁秋狝，不逾二旬，驻营莅政阅本，接见臣工，一如宫中，不致稍旷庶事。”[3]

（3）无扰民之害。

热河一带地理环境优美，可以因山就水“度高平远近之差，开自然之峰峦”，既节省人工成本又充分利用自然禀赋，营建江山名园。

在整体布局上，避暑山庄按照中国地貌进行选址，范围有5.64平方公里，形成了西北山区、北部草原、东南湖泊的布局，而围绕山庄蜿蜒长达万米的城墙，仿佛中国雄伟的万里长城。用皇家园林之气魄模拟了中国的皇舆全图，地形西高东低，东南水乡泽国，宫廷建筑群居中枢之地，寄寓意为中华一统，气势恢宏。

更为难得的是，热河一带当时为蒙古王公的牧马场，水流清洁，人烟稀少。“名号不掌于职方，形胜无闻于地志”，在此兴建政治副中心，减少了建设成本，不会侵扰地方百姓，不会造成其他社会影响。

2. 以少数民族为边疆屏障的国家安全思想

清王朝入主中原后，清朝皇帝对于是否继续修筑长城一事，另有自己的认识，康熙帝说：“帝王治天下，自有本原，不专恃险阻。秦筑长城以来，汉、唐、宋亦常修理，其时岂无边患？明末，我太祖统大

---

[1] 玄烨：《御制避暑山庄记·御制文第三集》卷二二，第19～20页，载故宫博物院编：《故宫珍本丛刊·集部》第546册，海南出版社2000年版，第181～182页。

[2] 海忠等纂修：《道光承德府志》卷五〇，载《艺文三》，第22页；载《中国地方志集成·河北府县志辑》第17册，上海书店2006年版，第429页。

[3] 颙琰：《清仁宗御制文·二集》卷四，第11～12页，载故宫博物院编：《故宫珍本丛刊·集部》第580册，海南出版社2000年版，第138～139页。

兵，长驱直入，诸路瓦解，皆莫敢当。可见守国之道，惟在修德安民，民心悦则邦本得，而边境自固，所谓众志成城是也。”[1]后来，他又进一步明确了“本朝不设边防，以蒙古部落为之屏藩”的这一思想。

乾隆帝继承发展了这一思想：“自秦人北筑长城，畏其（北方游牧民族）南下，防之愈严，则隔绝愈甚，不知来之所以安之。我朝家法，中外一体……恩亦深而情亦联，实良法美意，超越千古。”[2]由此可见，清廷在热河建立避暑山庄，处理政务，接见、宴赏蒙古王公的做法，还有其以蒙古等少数民族为边疆屏藩，以边疆各民族为捍卫边疆的主要力量的思想，仅仅依靠长城，并不能保障大清帝国的长治久安。

康熙三十年（1691年），康熙帝亲临多伦诺尔举行会盟仪式，对喀尔喀蒙古三部实行盟旗制度，明显加强了对漠北喀尔喀蒙古的管理与控制，蒙古即成为防御沙俄南进的重要屏障。正如康熙帝所说：“昔秦兴土石之工，修筑长城。我朝施恩于喀尔喀，使之防备朔方，较长城更为坚固。”[3]

3. 笼络少数民族高层的政治意图

清初，设立理藩院管理蒙古、青海、西藏等少数民族各部事务。康熙五十九年（1720年），定朝觐年例，蒙古、青海、西藏少数民族各部王、贝勒、贝子、公、台吉等轮流进京朝觐皇帝，即年班。乾隆时期，为避免未出痘者惧怕来京，改为赴热河觐见，不必来京。

蒙古处于抵御北方沙俄侵略的最前线，如果与朝廷发生矛盾，会对清政权构成严重威胁。康熙帝认为对待蒙古族要“控驭有道”，所

---

〔1〕《清实录·圣祖仁皇帝实录》卷一五一（第5册），中华书局1985年版，第677～678页。

〔2〕《钦定热河志·巡典》卷二〇，第20页，载《文渊阁四库全书》第495册，台北，商务印书馆1986年版，第321页。

〔3〕参见《清实录·圣祖仁皇帝实录》卷一五一（第5册），中华书局1985年版，第677页。

谓“控驭有道”,就是要正确对待他们,制定积极的政策,以德以恩固结其心。因此,清前期对蒙古制定了一系列“怀柔远人”的政策:“屏翰之重,所以宠之;甥舅之联,所以戚之;锐刘之卫,所以怀之;教政之修,所以宣之。”〔1〕

清政府经常对蒙古王公实行诸如优渥的政治礼遇、特予金银赏赐、联络情感等行为。这些活动当然可以通过让蒙古王公来京的形式完成,但在当时却存在许多的障碍和不便。一方面,蒙古王公的旗地分散,距离北京路途遥远,往来交通十分不便;另一方面,由于当时中原地区天气较为炎热,暴发了流行传染性极强、病死率极高的烈性传染病痘疹(天花)疫情。无论是当时的满族皇室,还是蒙古王公,可以说都是谈“痘”色变。凡是已经出过痘疹的蒙古王公,固然可按照年班的规定,不远千里,风尘仆仆地来京觐见清帝,而那些未曾出过痘疹的蒙古王公,因畏惧被传染上痘疹,而皆不得入京觐见,承受浩荡的皇恩荣宠。

清廷在天气较为凉爽,又距离蒙古王公领地较近的热河设立离宫,既可以很好地满足这些未曾出过痘疹的蒙古王公的觐见愿望,也符合清廷笼络蒙古王公,巩固满蒙关系的政治需要。乾隆在《出古北口》诗注中强调:“皇祖辟此避暑山庄,每岁巡幸,俾蒙古未出痘生身者,皆得觐见、宴赏、锡赉,恩益深而情益联,实良法美意,超越千古。”〔2〕

清政府在避暑山庄开展了一系列接待少数民族首领的政治活动:

(1)接见杜尔伯特部首领。

乾隆十九年(1754年),乾隆帝在避暑山庄的澹泊敬诚殿内接见

〔1〕《清史稿·藩部一》。

〔2〕《钦定热河志·巡典》卷二〇,第20页,载《文渊阁四库全书》第495册,台北,商务印书馆1986年版,第321页。

了厄鲁特蒙古四部之一的杜尔伯特部的“三策凌”，并册封策凌为亲王，策凌乌巴什为郡王，策凌孟克为贝勒。这次接见，不仅加强了中央与杜尔伯特部的联系，还使乾隆帝知晓了准噶尔部与其他各部的关系，为日后平定准噶尔奠定了基础。

(2)接见、赏赐土尔扈特首领渥巴锡。

乾隆三十六年(1771年)，厄鲁特蒙古四部之一的土尔扈特部因不堪忍受沙俄的迫害，在首领渥巴锡汗的带领下，冲破了沙俄的重重封锁，到达了木兰围场。乾隆帝在避暑山庄予以接见、赏赐，并在四知书屋和卷阿胜境单独召见了渥巴锡，先后三次为其举行灯宴。乾隆帝还特别写了两篇碑文，即《土尔扈特全部归顺记》和《优恤土尔扈特部众记》，分别刻碑立于普陀宗乘之庙的碑亭内。土尔扈特部的万里东归，是清政府具有向心凝聚力的反映，是中华民族大团结的象征。

(3)隆重接待西藏六世班禅。

乾隆四十五年(1780年)七月二十日，六世班禅一行抵达避暑山庄，乾隆帝在澹泊敬诚殿举行欢迎仪式，为表示对西藏和班禅的重视，乾隆帝还专门学习藏语问道“长途跋涉，必感辛苦”，班禅答道“远叨圣恩，一路平安”。随后，乾隆帝与班禅携手同登宝座，接受王公大臣和外国使节的朝拜，并引班禅入四知书屋赐座、慰问。之后，乾隆帝赐以御用黄盖肩舆，由章嘉活佛及内务府大臣护送班禅至须弥福寿之庙内居住。这是清中央朝廷与西藏地方政权的一次最高等级会见，大大加强了中央与西藏地方的联系。

避暑山庄在联络蒙古及新疆地区的少数民族上层，维护民族团结和国家统一方面发挥了极其重要的作用。正如乾隆帝所说，由于清廷在避暑山庄所采取的怀柔政策，使“新投之人”，有“一至如归”的感觉。对于那些“由驿而来”的其他朝觐者，清廷“即命随围观猎，且于山庄宴赉……夫此山庄，乃我皇祖所建，以柔远人之地。而宴赉车凌等之后，遂平定西域，兹不数年间，又于无意中不因招致，而有土尔扈特全部归顺之事。自斯,凡属蒙古之族,无不为我大清国之臣”。[1]

(三)周围寺庙——宗教文化的认同

康熙二十九年(1690年),噶尔丹兴师南侵,康熙帝亲率大军与噶尔丹于乌兰布通展开激战,重创其精锐力量。次年,康熙帝于多伦诺尔召集漠北喀尔喀三部与漠南蒙古四十九旗蒙古封建主会盟,漠北蒙古诸部向清帝奉表称臣,成为清朝的藩属。康熙帝在多伦诺尔修建汇宗寺以彰盛典。汇宗寺也成为多伦诺尔仅有的一所由政府下令敕建,通过提倡民族信仰维护民族团结的寺庙,可谓清朝利用寺庙增进民族关系促进民族团结的开端。

从康熙五十二年(1713年)至乾隆四十五年(1780年),清政府在兴建陪都承德的同时,还在避暑山庄的东北部、西北部山间陆续修建了12座寺庙,是当时清政府为了团结蒙古、新疆、西藏等地区的民族,利用宗教作为笼络手段而修建的。占地40多万平方米,从选址到布局,都是清朝皇帝亲自裁定,是集汉、满、蒙、藏等各民族建筑艺术、宗教艺术之大成的北方规模最大的皇家寺庙群。其中溥仁寺、溥善寺、普宁寺、普乐寺、安远庙、普陀宗乘之庙、殊像寺、须弥福寿之庙归清政府理藩院管理,即所谓俗称的“外八庙”。庙宇按照建筑风格分为藏式寺庙、汉式寺庙和汉藏结合式寺庙三种。

综观承德外八庙兴建的漫长过程,可以清楚地看到清朝政府在承德大兴土木,兴建这么多寺庙,宗教形式只是它所利用的一种手段,真正的目的是巩固国家的统一。那时候,喇嘛教在我国蒙古、西藏、青海以及新疆北部等大片的民族地区占据支配地位。上层喇嘛不仅在精神领域内具有巨大的影响,在经济上拥有很多的土地和财产,而且直接操纵着许多民族地区的地方政权。西藏的班禅,不仅是宗教首领,而且是当时西藏地区政治上的统治者。喀尔喀、内蒙

---

[1] 《清实录·高宗纯皇帝实录》卷八九二(第19册),中华书局1986年版,第964页。

古、北疆等蒙古族地区的喇嘛教，在政治事务中也具有重要的影响。乾隆采取“因其教，不易其俗”“以俗习为治”的政策，把喇嘛教颁布为国教。所谓“兴黄教，即所以安众蒙古，所系非小，故不可不保护之”，[1]表明他的大修喇嘛庙，无非是为了顺应各少数民族（特别是蒙古族）上层人物的宗教信仰，使之倾心于中央政府，“俾满所欲，无二心焉”。这在当时的历史条件下，对我国统一的多民族国家的巩固和加强，对扼制沙俄对我国边疆地区的渗透和侵略，有着重大的积极意义。

外八庙每座庙宇的修建都与特定民族有着相关联系，按照外八庙修建的顺序，它所反映的民族关系也有先后。

1. 蒙古族各部

明末清初，蒙古分为三大部分，即漠南蒙古、漠北蒙古、漠西蒙古。其中漠南蒙古在清入关前已臣属清政权，漠北蒙古在多伦诺尔会盟中向清帝奉表称臣，正式成为了清朝的藩属。漠西蒙古又称“厄鲁特蒙古”，在明末已分为和硕特部、准噶尔部、杜尔伯特部和土尔扈特部等四部，准噶尔部的噶尔丹在登上汗位之后，野心勃勃，极力扩充本部势力，与清廷也不断发生冲突。

溥仁寺、溥善寺建于康熙五十二年（1713 年），正值康熙帝六十岁寿辰，“众蒙古部落咸至阙廷，奉行朝贺，不谋同辞，具疏陈恳，愿建刹宇为朕祝釐”，康熙帝故而修建。康熙帝依在多伦建汇宗寺的先例，在山庄东面修建了溥仁、溥善二寺。溥仁寺和溥善寺的修建，承继了汇宗寺的宗教政策，不仅尊重了蒙古族各部的信仰，更进一步密切了漠南蒙古、漠北蒙古与清廷的关系。

普宁寺建于乾隆二十年（1755 年），是乾隆皇帝在承德修建的第一座寺庙，为纪念平定厄鲁特蒙古准噶尔部两次叛乱而建。当时，

---

〔1〕《清实录·高宗纯皇帝实录》卷一四二七（第 27 册），中华书局 1986 年版，第 84 页。

噶尔丹以后我国西北边疆的厄鲁特蒙古多次发生叛乱，各贵族争权夺位，康雍两朝几次出兵亦未彻底解决，西北边疆仍未统一。清政府于乾隆二十年（1755 年）出兵伊犁，生擒准噶尔贵族达瓦齐，取得了平定准噶尔的胜利。同年十月，乾隆帝因此大宴厄鲁特四部王公贵族，加封赏赉。为了纪念这次平叛胜利和这次盛会，尊重蒙古族的信仰，特下令仿西藏三摩耶庙在避暑山庄以北修建了普宁寺，从而使得“至是而内外一家，遐迩同风之言允符”。

安远庙建于乾隆二十九年（1764 年）。准噶尔部阿睦尔撒纳起兵叛清，坐落在伊犁河畔北岸的固尔扎庙被烧毁。在达什达瓦夫人率领下，于乾隆二十年（1755 年）九月，毅然离开世代居住的家园，举部六千余人投归清政府。经长途跋涉及在途中与叛军战斗，最终所剩下的达什达瓦部二千余人先后分两批定居承德。清廷对其极为优待，为了尊重其宗教信仰，仿新疆伊犁河畔的固尔扎庙建安远庙以慰其远离家乡。安远庙的修建，充分体现了清政府“盖以绥靖荒服，柔怀远人”利用宗教、怀柔、团结蒙古人民的民族政策的成功。

此外，还有后来修建的普陀宗乘之庙，作为土尔扈特部进贡朝贺之所，与普宁寺、安远庙一起都反映着与漠西民族关系的密切。

2. 新疆其他民族

普乐寺建于乾隆三十一年（1766 年），这是首次外八庙的修建同天山以南的新疆民族建立联系。清政府平定准噶尔两次叛乱后，边疆哈萨克族、维吾尔族、布鲁特族、蒙古杜尔伯特部诸王公相继归顺清政府，由于维吾尔、哈萨克、布鲁特民族并不信奉喇嘛教，而信奉伊斯兰教，故因其宗教信仰修建了普乐寺。普乐寺取天下太平、普天同乐之意，以达到“兴其肃恭，俾满所欲，无二心焉”[1]的政治目的，既是少数民族朝觐时的瞻仰之所，也起到了加强民族团结的作用。

---

〔1〕 齐敬之：《避暑山庄和外八庙碑文选注之四——普乐寺碑记》，载《承德师专学报》1983 年第 12 期。

3. 藏族

普陀宗乘之庙，于乾隆三十二年（1767 年）仿西藏布达拉宫而建，其规模居外八庙之首。乾隆三十五年（1770 年）是乾隆帝六十寿辰，第二年是其母八十寿辰，因此乾隆皇帝为接待来祝寿的少数民族而营建此庙，从而成为"藩服皈依之总汇"。普陀宗乘之庙落成之际，恰逢土尔扈特蒙古自伏尔加河历时八个月不远万里付出巨大牺牲返回祖国，乾隆皇帝在普陀宗乘之庙的"万法归一殿"中，为土尔扈特部首领渥巴锡一行，举行了隆重的宗教欢迎仪式。土尔扈特蒙古热爱祖国、回归祖国的壮举，是清王朝民族政策追求的"万法归一、万众归心"的生动诠释。

须弥福寿之庙建于乾隆四十五年（1780 年），英国自 18 世纪 70 年代占领印度之后，一直图谋向西藏渗透其势力，乾隆三十九年（1774 年），英国要求和西藏订立商约，六世班禅予以坚决拒绝，英国分裂分子从中作祟，制造西藏地区分裂矛盾。为了维护祖国统一，且正值乾隆帝七十寿辰，为此六世班禅不远万里从西藏到承德觐见清帝，这是自清顺治九年（1652 年）五世达赖觐见皇帝后西藏政教领袖的第二次觐见。由于班禅六世是全国喇嘛教的重要首领，他到承德朝见中央皇帝这件事，在各蒙古族上层人物中产生了巨大的影响，"一闻其来，无不欢欣舞蹈，欲执役供奉"。[1]《热河志》卷二四，载乾隆帝对班禅六世前来的政治作用也十分重视，参照顺治皇帝在北京德胜门外修建西黄寺供达赖居住的先例，在避暑山庄外围北山坡上仿班禅居所日喀则的扎什伦布寺而建须弥福寿之庙，俗称班禅行宫，以供六世班禅讲经和居住。班禅此次东行，标志着西藏地方与清政府的关系更为巩固，促进了西藏的繁荣和稳定，是国家统一、民族团结的里程碑。

---

〔1〕《热河志》卷二四。

三、清民族政策的进一步完善

“康乾盛世”是清王朝历史上的辉煌时期,承德作为政治副中心的兴起,恰好发生在这个时期,“木兰秋狝”、避暑山庄及其周围寺庙的修建,以及一系列政治、军事、宗教活动的展开,为清政府实施民族政策积累了丰富的经验,实现了多民族的团结,同时也见证着清朝民族政策从权宜之计到日趋成熟的过程。“天下一家”协调民族关系、“改土归流”调整羁縻政策、“法制治藏”加强法制治理都发生在同一时期,为清王朝达到鼎盛创造了条件。

(一)民族关系格局的历史飞跃

满族建立清王朝初期,面对人数、经济、文化远远优于自己的汉族,清朝统治者在民族关系的处理上是缺乏自信的,不能摆脱元朝少数民族政权统治过程中民族压迫、民族不平等的局限。但清朝统治者善于吸取历史教训,比较早地意识到民族和谐才是国家长治久安的基础,在“满洲根本”的基本国策上辅之以“满汉一家”的民族政策,并推动管制上的“满汉并用”和提倡“满汉通婚”。尽管在被统治的汉族看来,这种民族平等的政策是“虚假的”“表面的”或者不可能不带有历史局限性。但是相比较元朝统治者赤裸裸的民族不平等政策和民族压迫,清朝统治者的执政理念已经远远高于元朝。

“天下一家”观念的确立,是清朝最具深远影响的划时代的变革。清朝关于“天下一家”的新观念,集中表现在对“华夷之辨”的否定和批判,并提出了它的理论主张,清圣祖明确提出“天下一家”的思想,他说:“帝王治天下,自有本原,不专恃险阻。秦筑长城以来,汉、唐、宋亦常修理。其时岂无边患?明末,我太祖统大兵长驱直入,诸路瓦解,皆莫敢当。可见守国之道,惟在修德安民,民心悦,则邦本得而边境自固,所谓众志成城者是也。”清世祖坚持“满汉一体”的思想,他说:“历代帝王,大率专治汉人。朕兼治满、汉,必使各得其所,家给人足。”他不断宣传满汉一体的新观点,如“满汉官民,俱为一家”“方今天下一家，满汉官民皆朕臣子”“不分满汉，一体眷遇”等。[1]

在承德作为政治副中心兴起期间，《平定准噶尔后勒铭伊犁之碑》《土尔扈特全部归顺记》《优恤土尔扈特部众记》等重大事件，皆用满、汉、蒙、藏四种文字书写于巨型石碑之上，体现“天下一家”执政理念，这种用人而不是用土石固边御敌的思想，充分体现出清朝统治者在制定和实施民族政策的理念方面实现了历史性的飞跃，反映了清朝统治者博大的政治胸怀和杰出的政治抱负。[2]

在“天下一家”的理念下，借助宗教政策实现政治、文化、宗教向心力的办法，在承德作为政治副中心兴起期间达到顶峰，寺庙建设从“以彰盛典”到“万法归一”，再到六世班禅不远万里从西藏到承德觐见清帝，各蒙古族上层人物“一闻其来，无不欢欣舞蹈，欲执役供奉”，“构成了包括汉族地区在内的覆盖全国的管理体制和管理网络，全国形成了政治上统一、协调的整体，积极营造了政治上广泛认同和文化上适度宽容的氛围，并使国家政令畅通，国家的政治意识扩展到全国，切实把政治离心力减少到最低限度。”[3]

（二）民族政策服务于国家主权原则

清代边疆政策的最终目的，是维护清王朝对全国的统治，加强国家的统一。任何影响主权和统治的问题，清政府都毫不犹豫地通过一次次叛乱的军事平定来保证边疆的稳固，以巩固主权和统治。但是，在叛乱——平定——再叛乱——再平定的治理模式中，清政府注意及时总结，创造性地通过和平时期的“木兰秋狝”这样的军事演习从军事上威慑、通过避暑山庄及其周围寺庙的政治上拉拢、宗教上尊崇到最终使民族高层人士实现心理上的认同。在这个基础上，才

---

〔1〕 雍正：《大义觉迷录》卷二，载《清史资料》第4辑，中华书局1983年版。

〔2〕 参见余梓东：《清代民族政策研究》，辽宁民族出版社2003年版，第52页。

〔3〕 余梓东：《清代民族政策研究》，辽宁民族出版社2003年版，第151页。

有“分而治之”政策的逐步顺利实现。

清代分而治之政策最早始于漠南蒙古,尔后推行于漠北蒙古,最后成为清朝对边疆地区实行统治的基本政策。在蒙古地区,漠南蒙古由六万户变为六盟四十九旗;漠北蒙古由七鄂拓克变为四盟八十六旗;漠西蒙古由四卫拉特变为八盟三十一旗。在西藏地区,将部分藏族地区划归青海、四川、云南管辖。清政府这种做法目的很明确,就是要削弱边疆民族上层人士的权力,“使力少不能为乱”。另外边疆地区各种行政机构,包括各盟旗长、各级伯克、各部土司互不相统属,任免权掌握在理藩院或清政府各驻扎大臣手中,边疆民族地区各级行政官员负责处理该地区的民政事务,但处在清朝驻边各级大臣的监督之下。

(三)民族政策服从于国家利益原则

对于一个刚刚建立的政权,在统治基础相对薄弱的时候,采取一定的权宜之计是正确的,但随着政权基础的稳固,对于当下政策的状况就需要适时进行考察和改变。中国的各少数民族居住的地域环境不同,政治与文化的发展水平具有显著的差异,而且其生成与发展的历史亦有长短之别,因而形成了不同的习俗。这些习俗具有很强的权威性,国家立法如与该族的习俗相悖,势必招致抵制,难以推行,故而清朝采取因族因俗而治的立法原则。

清政府在因俗而治的前提下,坚持分析的态度,并不一概简单继承沿袭,强调民族利益与国家整体利益相一致。清王朝在建立初期,也曾实行了土司制度。但随着时间的推移,清朝政府认识到了土司制度的弊端,开始实行“改土归流政策”,使西南的统一得到了保证,为西南地区以后的发展扫清了道路。“清代的改土归流,始于康熙朝,盛于雍正朝,收于乾隆朝”,[1]发生在承德政治副中心兴起

---

[1] 白寿彝总主编:《中国通史》(第10卷上),上海人民出版社1996年版,第62页。

的同期,是民族政策不断完善的标志之一。

(四)民族政策服从于有效统治原则

"因俗而治"不意味着放手不管,任何不安定因素,只要威胁到清中央政府利益,清政府必然会施以武力,保障法制建设纳入统治正轨。以西藏为例,清前期对西藏每次用兵,对藏法制建设上都有所成就。如康熙五十七年(1718 年)第一次、康熙六十年(1721 年)第二次入藏平定准噶尔蒙古侵藏,确立了四噶伦联合执政制度;[1] 雍正六年(1728 年),清军平定四噶伦内讧,确立清在藏驻军三年轮换制及驻藏大臣制,并于乾隆十六年(1751 年)颁布驻藏大法《酌定西藏善后章程十三条》;第四次乾隆五十三年(1788 年)、第五次乾隆五十六年(1791 年)清军平定廓尔喀侵藏,开始了对西藏政治、经济、宗教的全面整顿。并于乾隆五十八年(1793 年)颁布清廷治藏根本大法《钦定藏内善后章程二十九条》,从而使法制治藏进入新时期。[2] "恩威并用,偏之以威"是清政府在"因俗而治"基础上用武力反对西藏分裂的方略,起到了巩固统一维护中央集权的作用。

无论是清政府对民族地区制定的法律,还是认可民族地区原有的法律,法律的制定权和认可权都由中央政府统一行使并由皇帝批准,严禁各民族以各种形式进行各种内容的立法,以切实保证国家对民族地方的立法权。"在继承并积极拓展以往治边政策的同时,清朝将边疆民族管理纳入法制化、制度化轨道,是区别以往的所在。从这种意义上说,清朝治边的成功与其说是政策的,毋宁说是法制的。"[3]

西藏法制化的进程伴随着清政府平叛——叛乱——再平叛的过程,这个过程中清政府能够及时吸取教训,因势而为加强立法,不断

[1] 参见牙含章编著:《达赖喇嘛传》,人民出版社 1984 年版,第 62 页。
[2] 参见孙镇平:《清代西藏法制研究》,知识产权出版社 2004 年版,第 385 页。
[3] 林乾:《清朝依法治边的经验得失》,载《中国边疆史地研究》2005 年第 3 期。

推进对西藏的有效管理。承德民间有“一座喇嘛庙,胜过十万兵”的说法,宗教认同固然可以促进和谐、加深互信,但是只有与有效的军事控制、及时的法制建设、有效的政治管理互相配合,即民族政策的综合治理,才能实现“文治之极盛”的崭新局面。

四、结语

民族政策是历史的产物,清朝政府善于总结历代封建王朝治疆经验,既注重“因俗而治”灵活多样制定边疆民族政策,保证民族地区管理的有效性,又采取“分而治之”的安全战略,有力维护国家统一。能够审时度势,循序渐进地推动民族政策法制化,不断加强中央对民族地区的实际控制和影响力。

清政府根据自身的具体情况,摒弃修筑长城等民族隔离措施,创造性地建设承德作为政治副中心,开始了一系列民族关系治理的伟大尝试。通过“举木兰秋狝,绥藩肄武”、建避暑山庄“合内外之心,成巩固之业”、修周围寺庙使“万法归一、万众归心”,并于承德兴起的同期开展从“因俗而治”到“恩威并施”的一系列措施以确保中央集权的法制建设等富有创造性的成功实践,展现了清朝认识和处理民族问题的一个全新高度,直到今天仍然带给我们丰富的启示和深刻的思考。

服务还是管控:清末警察形象及其窘境根由

宋　鸽*

【摘要】　在清末警政初创时期,基层警察始终未能在民众的印象中建立起正面形象。这导致基层警察的地位形同贱役,社会对于警察制度的接受程度也普遍偏低,警政推行不畅。为了改善这种困境,清政府从加强警务管理、提高警员素质等方面着手,试图重塑警政形象。但这些努力始终收效甚微。回顾清末建警过程即可发现,导致这一现象的根由并非因为制度设计不善,而是在于清政府未能发现堪称西方近代警政制度灵魂的服务精神。对该制度核心精神的忽视,使清末建警活动沦为制度的机械性模仿,缺乏对该制度内涵的移植。这也使近代警政在引入中国之初面临"水土不服"的窘境成为必然。

【关键词】　警政史;清末;近代警政;预备立宪;法律移植

近代以来,清帝国的掌舵者们为了保障帝国楼船在颠簸摆荡的航行中免于倾颓,不得不"试图通过舶来的警察制度,建立起一套新的地方治安体系",[1]以便管控日益动荡不安的民间社会。可是,以除弊兴善为目的而施行的近代警政,不但未能顺利获得预想的效

* 中国政法大学司法文明协同创新中心博士研究生。

[1] 韩延龙、苏亦工等:《中国近代警察史》,社会科学文献出版社2000年版,第126页。

果,反而造成了警职形同贱役的制度窘境。警员身份卑微低贱、法律位阶低下,都导致基层警察在具体警务工作中受到多方桎梏,甚至危及处于襁褓之中的警政建设。

作为新政之一端,清末警政实为对西方近代警政的移植。清末警政理应是与传统安保措施截然不同的近代警政,清末警察的法律地位也应当更加肖似今日之警察。依照现代国家公务体系的运作实践来看,警察系统乃是行政系统的一部分,其从业者亦当属于公务员身份。警务人员在正当行使法律赋予的职权时,理应受到人们的尊重与理解。但是,对于警政初设时期的警察来说,此等礼遇却可遇而不可求。

近年来,学者们已经关注到清末建警时期警察身份卑贱这一现象,但对于导致此现象的原因却仍未有足够深入的分析。[1] 基于前人的研究,导致该现象的深层历史原因仍有待挖掘,清末建警过程的偏颇之处,对于探索改进当今警务工作的方向有着重要意义。

一、清末新政施行过程中的警察形象

在文坛巨匠老舍先生的描摹下,小说《我这一辈子》的主人公当着"穷得要命、文明得稀松"的差事,过着"穷而文明"的一生,忍受着职业所带来的卑微得有些低贱的社会身份。[2] 然而,旧时代基层警员的处境较之小说中的描写更为不堪。警察行业在清末时期属于

---

〔1〕 近年来,关于警察形象卑劣现象的研究主要包括:李自典、李海滨:《近代北京警察生活之管窥》,载《北京社会科学》2011 年第 6 期;罗维、雷惠雄:《"胥吏"与"武士"——中日传统社会警察前身的文化比较及启示》,载《湖南警察学院学报》2011 年第 5 期;李自典:《近代京师警察职业群体略论(1901 - 1927 年)》,载《历史档案》2010 年第 2 期。除此之外,该现象在相关警政专著中亦多有提及,但在这些论著中,均未将其作为一个独立的问题进行有针对性的探讨。

〔2〕 参见老舍:《我这一辈子》,解放军文艺出版社 2001 年版,第 40 ~ 41 页。

标准的"忧患行业",[1]其境遇之艰难甚至超乎今人之想象。警员不但受到官员士绅的欺凌,而且难以得到市民百姓的拥戴。在流传至今的市井资料中,不难寻见当时人们对警察乃至警政的微词,而早期警政的恶劣形象亦跃然于纸上。具体而言,当时警察所面临之困阻可从以下方面得以窥见。

(一)迫于官场威势的警员形象

清末的城市往往聚居着大量官员,这些官员在法律上及生活中多享有各种特权与优遇。当官员们破坏公共秩序时,身负保障城市安宁职责却迫于官员势力的基层警察根本无力约束管控其行为。甚至对于狐假虎威的官府仆役,警察们也招惹不起。

当时的报纸多有记载市井情状,其中亦可见警察迫于官员威势之事。据报道:"日前东安门外有甲乙二人赶大车一辆由甬路而行,有路工局夫役误将水溅于车上。甲乙大怒,遂用支车木棍将夫役打倒。当被公所巡捕瞥见,意欲扭获,亦被甲乙打倒。顷刻之间打退巡捕六名。该巡长一声呼哨,各处巡捕齐集,即将甲乙扭获。不料有某丙者与车主人送信。登时车主人至公所,肆意辱骂,该公所捕官见系某总管之胞兄,不胜战栗,竟长跪讨饶。一时观者如堵,不知如何了结。"[2]从此新闻中可见,基层警员在面对假凭官员威势之人时毫无地位与体面可言。

基层巡警遭遇如此凄惨,低阶警官的遭遇也未有好转。许世英供职巡警佥事时,即曾在面对官员时有过类似遭遇。在其回忆录中即谈及权贵无视巡警之事。当时,许世英主持制定了北京大栅栏的交通规则,而肃亲王的福晋却为图便利而接连违反,执勤巡警畏于肃亲王权势也不敢加以干涉。接到报告的许世英即依照《违警罚

[1] 参见章光明、黄启宾:《现代警政——理论与实务》,台北,扬智文化2003年版,第17页。

[2] 《巡捕受欺》,载《大公报》1905年3月16日,第3版。

法》对福晋处以罚锾。肃亲王得知后立即将其召来,盛气凌人地予以质问。所幸许世英对答得法,肃亲王亦顾念大体,此事才得以圆满解决。[1]

虽然在此风波中许世英并未受到更多的责难,但从其经历中可以看出,当时的官员实际上将警察官兵视为可由其"呼之即来挥之即去"的奴仆而已。巡警在正常执法过程中,几乎难以对得势之官员及其荫护之人有所约束。

在暮气深重的晚清官场,低阶官员若想仕途平稳通达,就只能仰上峰鼻息。诚如许世英所说,对他这样操持警务的低阶官员来说,其命运完全"决定于一二大人物的喜怒之中"。[2] 这并不只是一种个别现象,而是整个官僚体系排斥警察官兵的缩影。

(二)苦于百姓轻视的警员形象

对于每天巡视街面的基层警察来说,与其互动最多、关系最为密切的群体当属市井百姓。在现实生活中,虽然警察因忠于职责、勤于工作,为百姓排忧解难而获好评之事间或有之,但从社会整体风气上看,普通百姓对于基层警员仍然偏于轻视。这主要体现在以下三个方面。

第一,在警察执行公务时,百姓往往不愿予以配合,甚至将警察之所劝导的于公共事业有益之事务,视为影响自己利益的因素而加以反对或抵制。《警钟日报》就记有发生于扬州之事。据载:"巡警新章,凡担粪者限早间十点钟以前一律挑清出城。盖恐秽气郁蒸成疾,法至善也。乃乡民无知,相约把持不复进城担粪。后经萧管带出示晓谕始得照常。"[3]类似事件也发生在奉天。当时,"奉天警察

---

〔1〕 参见许世英口述、冷枫撰记:《许世英回忆录》,台北,人间世月刊社1966年版,第84~86页。

〔2〕 许世英口述、冷枫撰记:《许世英回忆录》,台北,人间世月刊社1966年版,第85页。

〔3〕 《阻挠新章》,载《警钟日报》1904年4月13日,第2版。

局筹济局承兴两县会衔出示严定粮价。惟高粱与高粱米二种，高粱定价东钱十千文，高粱米定价东钱十二千文。所定价已属不少。而出示后各粮店均恃护符仍照原价高粱十一二千、高粱米十三四千出售，少钱不卖。买者云：'已出示定价何得仍是原价？'粮店怒云：'定价当如何？官价米亦有。'取出视之，皆系带皮高粱不能食用。买者无可如何，惟有忍气吞声而已"。[1] 从上述事件来看，警察所执行之命令因为影响了涉事者的利益而受到抵制，而警察自身又没有足够的能力维护其执行政令的权威。

第二，由于警察平日作风懒散、执勤低能，导致百姓基于此等形状产生警察无用之观感。关于警察松懈之情形，曾有报纸揭露："淮城巡警前日虽经汪知府责办一次，近日依然奉行故事。日间每街只见有一二警兵坐于店铺门首，至夜间则各街不见一人。"[2] 在湖北地区，"警察勇时有调戏妇女或结众赌博、夜间盘踞烟馆等事。而于火警捕盗等事反置之不理"。[3] 警察业务能力不足也常遭诟病。据载："西砖胡同彭向青给谏宅第之南隅向为该段巡捕睡宿之所。乃十四日晚有人行经是处，一巡捕方席地而卧，一巡捕自言道：我的一双青布鞋哪儿去了？这儿没有外人怎么会丢了呢？其一巡捕云：以后零碎东西不要在这儿搁。咱们要是睡着了，哪里照料的过来呢？呵呵！巡捕是防备盗贼的，不想自己丢了鞋也是无法子。像这等巡捕要他何用？"[4] 由是观之，警察的业务能力在当时确实存在问题。

第三，由于警察风纪混乱，间或发生扰民事件，致使民众视警察为生活中又一祸患。在福建地区，"警务分设四局已历月余矣。其开办第一宗曰重濬沟泥。讵挑泥役夫恃官恃众在南街粿店痛饱一

---

〔1〕《政令不行》，载《大公报》1905 年 3 月 31 日附张。

〔2〕《巡警虚设》，载《警钟日报》1904 年 4 月 18 日，第 3 版。

〔3〕《巡警虚设》，载《警钟日报》1904 年 4 月 26 日，第 3 版。

〔4〕《巡捕之言》，载《大公报》1905 年 3 月 23 日，第 3 版。

餐不给以值,且撞坏店中器具,并拳殴店伙。时邻里目击皆为不平。遂相率罢市”。[1] 在扬州清江地区,该处“文庙释奠有乐舞生一人与六段警察某兵不知何故小为诟詈。而该兵遽将某生一掌。及该生与之支撑,误将某兵号月摘下。某兵遂呼聚其众,将该生大肆凶暴。适该生之龙戚在旁,出而与之理论。而众兵直指为土棍抗事,扭见六段委员黄君。黄亦即将某戚串重责数百”。[2] 同样在扬州,淮安警察“因无所事事端以敲诈调奸窝赌为扰害闾阎之计。城西漆工黄姓家有少女一,稍具姿色。为某警兵所瞥见,遂借端入门调戏。黄女不从,警兵乃吹号呼唤同伙打闹黄家”。[3] 从这些事件中可以看到,当时民众视警察为一祸患实属事出有因。

客观上讲,社会民众看待巡警的目光,最能体现出巡警在当时社会生活中的地位以及警政的弊端所在。除了在工作上未能有效树立起权威,基层巡警在日常生活中也面临着社会经济地位低下的尴尬。两相结合,普通百姓对于警察的印象多归于负面,少有人愿意与其为伍。对于感到自身难以被社会接纳的警员来说,这些都是其社会压力的来源,从而也在一定程度上加剧了巡警与普通百姓的对立现象。

简言之,虽然被视为旨在除弊立新的新政,但在清末建警的过程中,警察人员并未能顺利地树立起其所应享有的正面形象,警政工作的开展也未获得来自民众的支持。而在同一时期的日本,尽管其实施警政尚为时不久,却已塑造起“令人有可敬可爱之想”的警察形象。[4] 与他国同行相比,清末警政长期受到来自上层社会与民间社会的排斥与轻视,清末警察在建警过程中始终难获尊礼。这也成为

---

〔1〕《警务扰民》,载《警钟日报》1904年4月5日,第4版。

〔2〕《警察滋事》,载《警钟日报》1904年5月2日,第3版。

〔3〕《警兵敲诈》,载《警钟日报》1904年4月29日,第4版。

〔4〕参见杨宝书:《警察刍言》,载《东方杂志》1906年第7期。

清末警政所面临的最大窘境。

二、清廷试图提升警察形象的法律措施及效果

在试办警察制度的过程中,清政府即已在应对各地警政于实践中所面临的问题。通过当时文献所载的种种见闻,今人亦可窥见时人所处之困境。这些困境多体现在警察制度权威阙如、社会对警察工作认同度低下、警政推行实效性差等方面。从现象层面上看,这些问题大多脱胎于警察无法获享礼敬的社会风气。从政府官员的视角来看,创办警政并未使其感受到这一西方先进制度的福祉,反而徒增了许多烦恼。在一些地方,推行警政甚至引发了社会的动荡不安。例如,1904 年 5 月,镇江地区发生了大规模的民众暴乱。导致这场动荡的原因之一,即是由于该地试图"以房捐、妓捐、菜市捐各项所以供警察之用者"。[1] 事件发生之时,警察与民众之间产生了激烈的冲突,警察部也被乡民焚毁。[2] 对于尚属新生事物的警政来说,此等事件所带来的打击可谓深重。从普通民众的视角来看,类似事件的发生也对其顺利接受警察这一职业群体增加了阻碍。

作为警察制度的推行者,清政府坚定推行该制度的决心并未就此动摇。为了能够发挥出警察制度的良好效果,也为了使警察树立起应有的正面形象,清政府不断颁布各项法令、采取各种措施,试图修补在实践中产生的弊端。然而这些努力在实践中的效果却非常有限。

(一)强化警务管理的努力收效甚微

在清末建警过程中,根据其发展特征,可大致分为两个主要阶段。在"清末地方警政的初创阶段"中,主要由地方根据自身情况试

---

〔1〕《镇江耗乱》,载《警钟日报》1904 年 5 月 14 日,第 2 版。

〔2〕参见《镇江耗乱》,载《警钟日报》1904 年 5 月 14 日,第 2 版。

办警政。[1] 而在地方尝试推行警察制度出现种种问题后,清政府试图发挥中央力量对警察制度的实施进行统一督导。因此,在光绪三十一年(1905年)后,伴随着巡警部的设立,清末警政建设进入了"警政稳步开展的阶段"。[2] 在此之后,清政府不断通过完善相关管理体系及警政立法的方式,加强对警务活动的管理,以图"作更深一层的考虑,从事于根本制度层面的改革"。[3]

1.巡警部政令不畅

依据传统治国经验,当统治者试图解决某一制度所面临的问题时,往往倾向于在更高的行政级别上对其进行干预。因此,在一些地方警政机构相继出现后,作为"全国警政最高管理机构"[4]的巡警部,于光绪三十一年(1905年)十月正式宣告成立。

巡警部创立于地方警政长期"未能走入正轨",且"无中央统领"的背景之下。[5] 在出洋五大臣遇袭事件后,清廷越发认识到"巡警关系重要,亟应认真办理,以销隐患而靖人心"。[6] 于是,清政府设立巡警部,委任徐世昌、毓朗及赵秉钧等人共同操持该部事宜,并将"所有京城内外工巡事务"与其他各省巡警事务"并著该部督饬办理"。[7] 自此,清政府开始了中央统一指挥地方警政建设的努力。对于已经下定决心推行警政的清政府来说,巡警部的建立既有利于

[1] 参见韩延龙、苏亦工等:《中国近代警察史》,社会科学文献出版社2000年版,第124页。

[2] 韩延龙、苏亦工等:《中国近代警察史》,社会科学文献出版社2000年版,第131页。

[3] 王家俭:《清末民初我国警察制度现代化的历程(一九〇一~一九二八)》,台北,商务印书馆1984年版,第35页。

[4] 万川主编:《中国警政史》,中华书局2006年版,第355页。

[5] 参见韩延龙、苏亦工等:《中国近代警察史》,社会科学文献出版社2000年版,第59页。

[6] 《清实录》(第59册),中华书局1987年版,第286页。

[7] 《清实录》(第59册),中华书局1987年版,第290页。

其对地方参差不齐的警政事业进行统一规划及管理,同时也有助于其在地方警政起步阶段进行督导。在实践中,各地警政也确实经历了“一个逐步趋向统一的过程”。[1]

但是,清朝是一个幅员辽阔的帝国,各地所面临的情况往往千差万别。即使是在中央统一指挥之下,各地的警政仍然呈现发展程度严重不平衡的特征。[2] 对于作为旨在“整饬京外警政”的巡警部来说,其成立也“不可能消除清末警政的弊端”。[3]

2.违警律徒有具文

除了在组织机构方面加大建设力度外,清廷也在制度法律方面付出了许多努力。在清末风雨飘摇的境况之下,中央政府尽其所能地制定、颁行了许多有助于警察制度发展的法律规范。在这些法令中,既有关于规范警察机构建设的内容又有约束警察职权的部分。前者如《巡警部官制章程》《民政部官制章程》等;后者则包括《管理旅店规则》《报律》《结社集会律》《调查户口章程》等。其中,最重要的法律当属光绪三十四年(1908年)制定颁行的《大清违警律》。

《大清违警律》产生于“京外推暨日广”的背景之下。在当时负责制定该律的民政部与沈家本看来,对于“正待扩充,关系綦重”的警政事业来说,“尤非订立专律,不足以昭郑重而密维持”。[4] 该律最初于光绪三十三年(1897年)草拟成章后,又于次年予以检讨考核。结合当时“民政既设专官”的情况,编查馆坚持了将该律“析出单行”的立法模式,并酌改其“辞义未妥”、“字句歧出”与“文词生

---

〔1〕 万川主编:《中国警政史》,中华书局2006年版,第369页。

〔2〕 参见韩延龙、苏亦工等:《中国近代警察史》,社会科学文献出版社2000年版,第142~143页。

〔3〕 韩延龙、苏亦工等:《中国近代警察史》,社会科学文献出版社2000年版,第71页。

〔4〕 《光绪朝东华录》,中华书局1958年版,第5739页。

涩"之处,以求该律能够"吻合国情,俾官民易于通晓"。[1] 在朝廷的支持下,经过修改后的《大清违警律》得以"颁行京外一体遵守"。[2]

从《大清违警律》的颁行过程中可以看出,清政府非常重视建立一个统一适用于全国范围的高位阶警政立法。而通过该律附则中第45条所确定"各直省督抚得因地方情形,酌定违警章程变通办理,惟不得与本律向抵触"之原则,清政府也在立法技术上申明了其对于地方警政立法的监督权力。清廷希冀通过立法方式纠正警政推行问题的意图十分明显。

可是,虽然这些关于警政建设的立法得到了清政府的高度重视,但其效果仍然不尽如人意。饱受期待的《大清违警律》尽管在立法技术上并不落后于时代,却在施行效果上"远远逊色于东西发达国家"。[3]

从以上分析中可以看出,清政府确实付出了许多努力,试图在中央层面为新生的全国警政将警政引向快速发展的轨道。然而,清政府的努力并未获得应有的收效。清末警政施行十余年,清政府无论是在组织管理方面的付出还是在制度建设领域的尝试,都未能使警政建设摆脱困境。

(二)从业人员的素质难有改观

"徒法不足以自行",再好的制度与规范也必须通过适合的人来执行才能获得良好的效果。作为警察法令的直接履行者,警察从业人员,特别是基层警员的素质高低,直接决定了警察制度推行的效果。

而为了使警察制度获得更多的社会认可,清政府从中央到地方

[1] 《光绪朝东华录》,中华书局1958年版,第5894~5895页。

[2] 《光绪朝东华录》,中华书局1958年版,第5895页。

[3] 韩延龙、苏亦工等:《中国近代警察史》,社会科学文献出版社2000年版,第268页。

的各级行政官员都力图在具体警务施行过程中塑造警察的正面形象，增加人们对于警察的好感。为了达到这一目的，清政府在改进警察作风、严肃警纪方面尤为重视，并且不断加强警员招募、教育等方面的管理力度。可惜的是，终有清一代，这些措施收效始终有限。

1. 警员选拔标准长期松弛

在清政府锐意推行警政之初，各地警察的来源主要有三类，即转行的旗兵，身为传统治安维护者的绿营、团练、保甲以及通过招募而来的壮丁。[1] 这三类人在其原有工作中并没有机会获得有关新式警政的知识，更无法理解新式警政对于国家、社会的重要意义。相较于合格警政对于从业者的能力要求，这些穿上警服者的素质颇堪忧虑。但为了尽快建立起一支警察队伍，地方政府也只能对此问题采取容忍、放任的态度。

由于警察扰民等事件频繁发生，政府对于警察素质问题不能再采取视而不见的态度。为了从根本上解决警察素质的问题，政府也开始尝试一些补救措施。在当时的境况下，巡警部尚书徐世昌曾上奏提出，应当对绿营马步战守各兵进行筛选，挑选其中"年富力强、体力合格、粗识文字、别无嗜好"之人改编为巡警。[2] 这一建议得到了朝廷的认可。之后，巡警部制定了《考取巡警章程》，从立法层面规范了警察招募标准。

通过制定包括《各区训授巡警规则》《募警入学简章》《巡警教练所章程》在内的一系列法规，清政府构架起了一套可供地方遵行的警察人事规范。从表面上看，警察素质的保障似有所凭，但在实践中，受到警政兴办地区发展不平衡的影响，上述警察选拔标准并未能够在各地得到严格的遵守。在有些地方，"警察充其役者大抵皆

〔1〕 参见韩延龙、苏亦工等：《中国近代警察史》，社会科学文献出版社 2000 年版，第 179 页。

〔2〕 参见《请饬各省将绿营兵弁挑设巡警折》，载《退耕堂政书》第 3 卷。

游手之人。此辈平日最喜滋事，藉官为护符，则其鱼肉小民也尤甚”。[1] 可以说，在整个清末时期，警察选拔工作长期松弛。

2. 警学教育难革旧习

除提高警务从业者选拔标准之外，清政府也注意到了通过教育提升警察素质的重要性。端方就曾在其奏折中指出，巡捕素质低劣乃是由于“巡捕既不出自学堂，捕员亦罔知其义务”，进而“虽已变警察之名，仍未尽革保甲之习”。在此分析之上，其提出“酌量先设警察学堂”的建议。[2] 在徐世昌等人的倡导下，“省会及商埠设巡警学堂，施以教练，再推及于县市乡镇，而保全国治安”。[3] 其实，早在各地陆续兴办警察学堂之前，清政府就已经在京师地区设立了颇富特色的京师警务学堂。

京师警务学堂创办于光绪二十七年（1901 年），其目的在于“为刚刚设立的警察机构输送具备初步警察知识的官吏”。[4] 当时的庆亲王奕劻采纳了日本占领局司令山口素臣的建议，开办该警务学堂，是为清末时期政府所创办的第一所警察学校。[5] 该学堂延聘时任顺天府日本警务衙门事物长官的川岛浪速监督办理一切事宜，又另聘若干日籍教师负责日常教学。这些日本教习使学警之人得以接触到较为先进的警政理论。而大量基础警员正是通过在学堂“加深了警察的职业意识”。[6]

在一干官僚的力主之下，清政府逐渐将警学教育推及于全国。

---

〔1〕《警察滋事》，载《警钟日报》1904 年 5 月 2 日，第 3 版。

〔2〕参见《整顿警察折》，载《端忠敏公奏稿》第 4 卷。

〔3〕沈云龙：《徐世昌评传》，台北，传记文学出版社 1979 年版，第 25 页。

〔4〕韩延龙、苏亦工等：《中国近代警察史》，社会科学文献出版社 2000 年版，第 235 页。

〔5〕参见王家俭：《清末民初我国警察制度现代化的历程（一九〇一～一九二八）》，台北，商务印书馆 1984 年版，第 28 页。

〔6〕参见肖朗、施峥：《日本教习与京师警务学堂》，载《近代史研究》2004 年第 5 期。

在京师地区开设警务学堂后，直隶、天津、四川、山东、江西、广东等地陆续兴起警学教育。而京师地区建设警政和开办警务学堂的具体做法，也逐渐“成为各地仿效的榜样”。[1] 这些学堂也为清末建警贡献了最初的一批骨干队伍。

不过，由于在警察选拔环节未能严加控制，故清末时期充任警察者往往并非可造就之才。而各地的警务学堂“均属职业培训的性质”，所教授的内容又多为“警务知识和技能的培训”。[2] 因此，尽管当时各地的警政建设多与巡警学堂的教育相配合，但巡警人员的“素质普遍不高”仍然是“一个不可争辩的事实”。[3]

应当说，清政府在办理警政的过程中，始终在有意识地提高警察从业者的素质，以期使警政的推行收到应有效果。但是，清政府的付出始终面临着收效甚微的尴尬。当时针对警察的风貌即有“虽已变警察之名，未尽革保甲之习”的评价。[4] 这也从另一个侧面说明，清政府在提升警察素质方面的努力实际上已归于失败。

简言之，清政府基于警察形象恶劣、警政推行不畅的现实困境，作出了一系列积极的改变，其付出与努力不可谓没有诚意。从清政府的本意来讲，其对于办好警政有着强烈的愿望，也从未放弃解决警政建设困境的努力；从其所采取的手段上看，各项措施也具有较强的针对性。然而，由于缺少宏观统筹，这些旨在促进警政发展的政策都只能发挥片面作用，无法获得令人满意的效果。尽管从表面上看，每项政策的失灵都有其具体理由，但如此多的理由凑在一起，且导致清末警政建设始终步履蹒跚，不能不让人感到过于“巧合”。而此吊诡现象也使人不得不去思考那些隐藏于现象背后的阻碍清

---

〔1〕 肖朗、施峥：《日本教习与京师警务学堂》，载《近代史研究》2004 年第 5 期。

〔2〕 肖朗、施峥：《日本教习与京师警务学堂》，载《近代史研究》2004 年第 5 期。

〔3〕 孟庆超：《清末建警失败原因分析》，载《公安大学学报》2002 年第 5 期。

〔4〕 参见《整顿警察折》，载《端忠敏公奏稿》第 4 卷。

末警政建设的深层症结。

三、清末警察形象窘境的根由分析

客观上看,导致警察形象低劣、警政推行不畅的原因有很多。为了深入探究这一系统问题的根本原因,有必要回到清末建警的历史过程中,寻找那些在初创时期即已经存在的影响因素,进而审视这一现象。

(一)传统安保与近代警察之间的理念冲突

"人类社会形成群体随之亦使人类发生贪婪、欲望和愤怒等特性",[1]使任何一个社会群体都必须将维持内部秩序作为一个至关重要的问题予以解决。对于东土帝国来说,警察或许算是新生事物,但若从"维护国家安全和社会治安秩序"的警政内涵上看,[2]传统中华大地上始终都存在承担警察职责的制度设计。为解决"群而不足,争心将作"的问题,[3]历代帝王设计推行了包括"乡里""乡亭""坊厢里甲"在内的种种制度。而在引入具有西方近代意义的警察制度之前,清帝国的国家社会安宁就是通过这些由国家针对本土环境而设计的制度得以维护。

1.根植于传统社会的安保制度及其理念

对于生活于清代末年的帝国臣民来说,其日常生活中所能经验到的社会安保制度就是起始于清军入关后所建立的"保甲"制度,以及形成于清朝中后期的"团练"制度。

清世祖入关后,曾于"州县城乡"施行"牌甲之法",[4]后又仿效明制推行"里甲之法",进而将其改进为"建立于村庄之上、落实于人

---

[1] [印度]慕礼克:《警政哲学》,赵森严、林吉鹤译注,中央警官学校1978年版,第3页。

[2] 参见万川主编:《中国警政史》,中华书局2006年版,第9页。

[3] 参见《汉书·刑法志》。

[4] 参见赵尔巽等撰:《清史稿》,中华书局1977年版,第3481页。

户之中”的“保甲之法”，〔1〕并于顺治二年（1645 年）要求各地“凡属军宅屯庄，不拘乡村城市，概入保甲”。〔2〕虽然名称变动不一，但该制度在“恢复社会生产，稳定社会秩序”方面发挥了重要作用。〔3〕

进入到社会较为稳定的康雍乾时期后，清政府又多次改进、强化“保甲”制度，使其得以发挥对基层社会更为紧密的控制作用。由于雍正年间“摊丁入亩”政策的落实，“保甲与地亩完全分离”，其功能更加倾向于维护社会治安。〔4〕从性质上看，保甲系“纯为乡村的民众组织”，〔5〕其目的也越来越倾向于控制人口的流动和维持社会的治安。〔6〕从与保甲有关的制度设计中也可以发现，保甲制度发挥作用的基础乃是通过户口编制对人口进行控制。

除了“保甲”制度外，较晚出现的“团练”制度也是清代后期多为采用的一种社会管理手段。团练产生于“八旗与绿营均不堪使用”的背景之下，〔7〕并在太平天国起义期间盛极一时，系“清朝政府利用绅士建立起来的地方武装”。〔8〕从其性质来看，团练原本属于“各地临时的民兵组织”，以自卫为首要目的。〔9〕

“中国历代王朝都以军队兼顾警察的职能”，〔10〕而在武备不修

〔1〕 王晓琳、吴吉远：《清代保甲制度探论》，载《社会科学辑刊》2000 年第 3 期。

〔2〕 《清实录》（第 3 册），中华书局 1985 年版，第 125 页。

〔3〕 参见万川主编：《中国警政史》，中华书局 2006 年版，第 337 页。

〔4〕 参见王晓琳、吴吉远：《清代保甲制度探论》，载《社会科学辑刊》2000 年第 3 期。

〔5〕 王家俭：《清末民初我国警察制度现代化的历程（一九〇一～一九二八）》，台北，商务印书馆 1984 年版，第 9 页。

〔6〕 参见瞿同祖：《清代地方政府》，范忠信等译，法律出版社 2003 年版，第 252～253 页。

〔7〕 参见王家俭：《清末民初我国警察制度现代化的历程（一九〇一～一九二八）》，台北，商务印书馆 1984 年版，第 9 页。

〔8〕 黄细嘉：《近代的团练和团练制度》，载《历史教学》1997 年第 10 期。

〔9〕 参见王家俭：《清末民初我国警察制度现代化的历程（一九〇一～一九二八）》，台北，商务印书馆 1984 年版，第 10 页。

〔10〕 万川主编：《中国警政史》，中华书局 2006 年版，第 345 页。

的时期,作为乡兵集合的团练成为正规军的辅助兵力。[1] 在与太平天国对抗期间,朱孙诒、曾国藩又对团练组织进行了改造,使其从"原来意义上的乡兵"蜕变成一种"具有政治、军事双重职能的新的地方统治力量",并从中生发出了"勇营兵制的萌芽"。[2] 由地方士绅所兴办的团练组织,其领导者自然也是这些地方的头面人物,只是要在名义上隶属于其所在地的州县政府。而基层勇兵则来自当地的农民,依照户籍名册征发。因此,从组织方式上看,团练是生长于乡村地方的武装组织。军事化的武装力量与基于人口户籍的兴办模式,使团练组织得以有能力维持基层社会的安定秩序。

在和平年代及战争岁月中,保甲与团练制度相辅相成、共同发挥着其维护社会治安的作用,并一度取得了良好的效果。面对收效,清政府愈加对其寄予厚望。从客观上讲,在清末国门洞开之前,保甲制度与团练制度确实在维护社会治安方面发挥了积极的作用,但从清代中后期开始,保甲与团练制度都在不同程度上面临着尴尬的境地。由于保甲组织的效益日趋下降,民间对其观感也相应变差。越来越多的富有德行之人"视担任保甲长为畏途"而逃避此责,导致保甲组织被地方无赖、恶棍把持。[3] 这种现象日益加深了保甲制度的积弊,使其"防盗不足,扰民有余"。[4] 同时,团练制度也因腐朽未能避免重蹈八旗与绿营覆辙的命运。其虽然一度发挥着重要作用,但却未能得以延续,"不数年即为弊窦丛生",不仅未能"裨益于地方",还经常为祸地方。[5]

---

〔1〕 参见王家俭:《清末民初我国警察制度现代化的历程(一九〇一~一九二八)》,台北,商务印书馆1984年版,第10页。

〔2〕 黄细嘉:《近代的团练和团练制度》,载《历史教学》1997年第10期。

〔3〕 参见万川主编:《中国警政史》,中华书局2006年版,第346页。

〔4〕 廖一中、罗真容整理:《袁世凯奏议》(中),天津古籍出版社1987年版,第604页。

〔5〕 参见王家俭:《清末民初我国警察制度现代化的历程(一九〇一~一九二八)》,台北,商务印书馆1984年版,第11~12页。

保甲与团练制度是生发于传统民间社会的安保体系。自始至终,清政府都只是将保甲与团练制度视为自身统治的诸多工具之一。虽然二者随着时间的推移已经趋于弛坏,但其曾经发挥过良好的功用则是不争的事实。出于对该制度的工具性依赖,即使此类制度已经不堪重用,清政府仍然试图通过不断修补制度漏洞来维持其功能。同样源于这种工具性的态度,清政府长期将管控作为社会安保制度所应具有的精神特质,始终未曾意识到管控精神对于建立一套行之有效的安保制度的阻碍作用。归根结底,任何维持社会治安的制度都仅仅是清廷维持其社会统治的工具,这些制度工具是否有利于维持自身统治、是否足以对社会进行管控才是清政府最为关心的内容。

2. 西方近代警政的核心理念

启蒙运动以来,西方社会产生了剧烈的变化,导致其历史上薪火相传的安保制度必须与时俱进,西方近代警察制度也随之渐露端倪。经过不断摸索,英国警政最终脱颖而出,成为近代警察制度的标杆。

在历史上,英国也曾经施行过以"守望相助"为核心的安保制度,其社会治安的维持奠定在血缘与小群体之上。[1] 在古老的盎格鲁-撒克逊传统中,社会通过调动人们的公益心来维持治安。每个成年男性都被编入一个类似于"保甲"一样的组织,并由其中的志愿者为社会的安宁提供服务。这种社会治安管理模式在诺曼征服后仍然予以沿用。基于皇家的军事力量,诺曼人延续传统发展出治安官(constable)一职以加强对社会治安的控制。而这一职位在英国沿用了长达500年之久,始终是社会治安体系中的重要角色。除了治安官外,在英国历史上从事地方治安维护工作的职位还包括守望者(watchmen)与捕盗者(thief-takers)等职务。在传统社会下,维护社

〔1〕 See Mawby, R. I., ed. *Policing Across the World*, Routledge, 2013, p. 29.

会治安并非仅仅是这些特定工作者的义务,而是每个人都应当承担的社会责任。[1]

作为保守主义国家的代表,英国社会的发展始终缓慢而扎实。英国的"现代警察亦系由旧式民警发展而来,他们都与民众血肉相连",所以当其"在勤务上对抗暴力敌对行为时,最受人民的支持协助"。[2] 警察的角色也在缓慢的演变过程中展现出越来越多的服务性质,从而获得了越来越多来自人民的信任。

1829 年是英国警察制度发展过程中的历史性时刻。为了解决治安官时期所面临的困境,英国内政大臣罗伯特·皮尔(Sir Robert Peel)试图发展出一种能够被社会各阶级所接受的警政模式。就在这一年,罗伯特·皮尔发起了对警察制度的改革,并制定了《大都市警察法案》(The Metropolitan Police Act 1829)。随着这部法案的诞生,伦敦警察局得以建立,并且替代了原有的夜间守望者,[3] 而一种新的警察形式也随之建立。[4]

从大都市警察(The Metropolitan Police)草创开始,这项事业的支持者们就十分重视民众对于这项改革的接受程度,这可谓英国警政现代化过程中所需要遵守的重要原则。罗伯特·皮尔在其所拟定的《警务原则》第 5 条中写道:"警察寻求和保持公众的支持,但不是通过迎合公意,而是通过长期严格无偏私地服务于法律,独立于政治,无论具体法律的内涵是否正义;随时准备向社会任何成员提

---

〔1〕 See David A. Sklansky, *The Private Police*, 46 UCLA L. Review, p. 1165, 1195 - 1197(1999).

〔2〕 [印度]慕礼克:《警政哲学》,赵森严、林吉鹤译注,中央警官学校 1978 年版,第 39 ~ 40 页。

〔3〕 See David D. Noce, *The History of Policing*, Fed. Probation, p. 79 - 80(2000).

〔4〕 See Villiers, Peter, *Police and Policing: An Introduction*, Waterside Press, 2009, p. 17.

供具体的服务与友谊，不论其种族和社会地位如何……”[1]由此可见，服务性是英国警政所秉持的核心特征，也是新式警察制度与传统治安保卫制度之间的本质区别。

在实践操作中，英国警察制度的设计也体现了对于服务性原则的遵守。在罗伯特·皮尔的规划下，新式警察在维持秩序与安宁、打击犯罪与执行公共服务三个方面确立了自己的职能。[2] 新式警察以服务为本的社会定位也使其易于被社会所接纳。在民众普遍对国家权力充满戒备之心的时代，警察将其服务对象锁定为市民，而非那些控制着警察系统的官僚。[3] 纷繁的工作内容对于警察的专业性提出了很高的要求。警察在履行职务职能时也被期待能够独立地处理各项事宜，并且具有基础的法律知识。[4] 而为了满足民众有关公平正义的需求，警察维持秩序的活动必须在法律的规定之下完成。[5]

新的警察制度建立后，英国警政并未停下发展的脚步，有关警察的法案日趋完备，制度设计也逐渐完善。而在此过程中，服务于民众的建警原则始终得以贯彻。专业与高效的服务使警察获得了来

---

〔1〕 此处内容为笔者节译。该条原文为："The police seek and preserve public favor, not by catering to public opinion, but by constantly demonstrating absolutely impartial service to the law, in complete independence of policy, and without regard to the justice or injustice of the substance of individual laws; by ready offering of individual service and friendship to all members of society without regard to their race or social standing, by ready exercise of courtesy and friendly good humor; and by ready offering of individual sacrifice in protecting and preserving life." (See Sir Robert Peel's Principles of Law Enforcement 1829.)

〔2〕 See David D. Noce, *The History of Policing*, Fed. Probation, p. 79 – 80(2000).

〔3〕 See Villiers, Peter, *Police and Policing: An Introduction*, Waterside Press, 2009, p. 15.

〔4〕 See Villiers, Peter, *Police and Policing: An Introduction*, Waterside Press, 2009, p. 35.

〔5〕 See Villiers, Peter, *Police and Policing: An Introduction*, Waterside Press, 2009, p. 29.

自社会的尊敬与好评,警察在英国也成为"最受人们欢迎的职业"。[1] 诚如慕礼克所言:"警察活动,如果未获民众因信任而产生之认同与支持,不可能有顺利的成果……每一警察人员均应自认为社会的公仆,以此观念用作决定警察行动的依据。"[2] 随着英国警政渐次流传到世界各地,英国式的警政也成为世界近代警政的典型代表,而服务精神也成为世界范围内警政的核心价值。

从上述分析中可以看出,清政府对于相关治安制度长期秉持工具性态度,保甲与团练制度的设立、改进、实施,均以加强对民间社会的管控与巩固、维持其自身统治为直接目的与最终价值导向;而英国则延续了其传统安保体系中的价值,以服务精神作为其近代警政制度的核心理念。接续于各自国家的历史传统,清帝国与英国分别发展出了两种截然不同的警政理念。这种理念上的区隔在当时特定的社会历史条件下确实难以避免。不过,由不同理念所引发的冲突确实导致警察形象落入窘境。

(二)传统社会对现代警察的认识盲区

在"开眼看世界"的过程中,在野士人与居庙堂位的官员之中,均有一些开明者通过不同途径接触到了近代西方警察制度,并且认为该制度乃是维持社会秩序、保障公共安全的良法美政。但是,当时的开明者对于西方警政的了解十分有限,甚至是不得要领。

1. 局限于效果层面的民间观察

租界的设立使西方警察制度有机会出现在清帝国的疆土之内。为了维持租界内的秩序,各国纷纷参照施行于本国之内的警察制度设立租界警察。而"租界警察既反映了租界创建国的政治体制和警

〔1〕 [印度]慕礼克:《警政哲学》,赵森严、林吉鹤译注,中央警官学校1978年版,第40页。

〔2〕 [印度]慕礼克:《警政哲学》,赵森严、林吉鹤译注,中央警官学校1978年版,第118页。

察制度”，也“对中国当时相对落后的传统治安管理方式和司法制度以有力刺激和相当影响”。[1] 作为当时国人接触外部世界的窗口，租界无疑为士大夫近距离观察西方近代警政提供了机会。而当时社会报刊对于租界中的捕房活动亦多有报道，这也为国人了解西方警政开辟了一个窗口。

生活于清末的葛元煦是最早引介西方近代警政的士人之一，其所出版的《沪游杂记》中“片段地介绍了上海租界内的西方警察制度”。[2] 其中所及内容多是其旅居沪地时的所见所闻。何启、胡礼垣、郑观应、陈炽等支持警政者也多是在自身游历所见闻的基础上，综合其他著作中所记录的内容，对西方警察制度予以推介。这些初期向国人介绍西方警政的士大夫们并不具有专业的警政知识，其对于警政的了解大多停留在旅居见闻、自身经验的程度，很难进入到理论探讨层面。

可以说，晚清士大夫基于救亡图存的理想，试图将警政引入已处于风烛之年的清帝国，这种想法并无问题，只是其在引入西方警政之前，并未能对西方警察的服务性特质有所体认。

2. 统治思维桎梏下的官方认识

甲午战争后，警察的重要性越来越被人所体认。[3] 警政“于地方民生大有裨益，诚泰西善政之一端”[4] 的观点也逐渐成为心忧天下者的共识，戊戌年间，警政也随着倡办新政的风潮而出现在庙堂的议事内容中。但此时上书朝廷者仍然只是将其作为强国之术，对

---

〔1〕 汪勇：《略论清末警政建立对租界警察的借鉴》，载《山西大学学报(哲学社会科学版)》2010 年第 1 期。

〔2〕 万川主编：《中国警政史》，中华书局 2006 年版，第 4 页。

〔3〕 参见王家俭：《清末民初我国警察制度现代化的历程(一九〇一～一九二八)》，台北，商务印书馆 1984 年版，第 21 页。

〔4〕 夏东元编：《郑观应集》(上册)，上海人民出版社 1982 年版，第 512 页。

警政的理解仍然未超出“可以安靖地方”的功能性范畴。[1] 其所重视者仅是警察作为一种制度工具会为政府的统治带来益处,而缺乏对该制度所具有的精神内涵方面的深层认识。

从接触西方近代意义上的警政开始直至具体从事建警活动,清政府对于警政的理解始终未能摆脱旧式统治思维的桎梏。以社会管控为核心内容,形塑于保甲制度、团练制度的治安管理理念,使清政府对于社会治安体系的理解长期停留在工具性的层面,缺乏对于制度内在精神层面的关怀。因此,在清政府的认识中,警政与传统上所施行的保甲、团练甚至是八旗绿营等制度并没有什么本质上的区别,只是一种朝廷控制社会与民众的新式手段而已。虽然清政府也知道警察制度是来自西方社会的新政,但该制度或属“西人所施之中国旧法”的念头,仍然在其脑海中挥之不去。在此有限的认识范围之内,清政府始终没能发现“服务性”这一西方近代警政之精髓。然而,正是这种停留于表面化理解的警政思想,成为自戊戌新政起指导各地进行建警尝试的思想基础。

总之,对于英国警察制度这一现代警政的渊源与典范来说,其成功之处就在于该制度建立之初即已确立了服务于民众的原则,并将其贯彻于发展过程之中。这既使其能够更容易获得社会的支持,也使其能够顺畅地发展。而受制于时代的限制,清朝后期接触到西方警政的士大夫们,多仅能了解其功能与制度形态,而无法体认到这一生长于英国市民社会的警政精神。这也构成了时人对于西方近代警政的认识盲区。服务精神的缺位导致了清末警政与民间社会之间的隔阂,警员与民众之间难以形成紧密的情感纽带。在此背景之下,民众对于警员的恶劣观感不仅无从消弭,反而日益深化。

(三)传统惯性下旧人办新政的时代困局

“防禁”与“卫生”事实上是“一个健全的国家必需的客观条件之

〔1〕 参见万川主编:《中国警政史》,中华书局2006年版,第15页。

一”。[1] 在治安形势剧烈变化的背景下，清政府实际上已经意识到传统保甲与团练制度已经无力维系民间社会的安宁。要想维持帝国的稳定，必须尽快建立一个新的体系对社会治安进行管理。但是，“每一个国家的警察自有其特色，所存具的思想也有所不同，这种不同于传统的文化、习俗是有关的”，[2]这一普遍规律也是清政府无法跨越的障碍。因此，清政府在过往所施行的保甲与团练制度以及其对待这些制度的心态都“对于日后的警政自有相当的影响”。[3]

1. 难以突破的观念束缚

从一定程度上讲，清政府的建警努力是在试图挽救日益恶化的基层社会治安环境，作为一个统治农业社会的政府，清廷所惯用的统治技术也源于乡土社会。受到制度惯性与路径依赖的影响，即使身处“数千年未有之大变局”，政府的统治思路仍然被束缚于国家必须强力掌控民间社会这一传统模式之中。

虽然清末力主创办警政者多为当时具有开明思想的官员，但其自身荣辱与施政成败仍系于传统官僚考绩制度。其职务往往同时“涉于政治全体，混合外交、军事、裁判等项”，朝廷也更期待其能够在履职过程中“保国家存立，张君主威福”。[4] 在此政治生态当中，治安问题对于这些地方实力派官员来说，只是其必须关注的诸多繁重政务之一。当一切都与政治挂钩时，官员们对待某一具体制度的态度就只能受限于工具层面，更多地聚焦于制度的兴利除弊的功能

[1] 曾荣汾：《浅谈建立中国警察史的一些问题》，载朱汇森主编：《警政史料》第1册，台北，“国史馆”1989年版，第14页。

[2] 曾荣汾：《浅谈建立中国警察史的一些问题》，载朱汇森主编：《警政史料》第1册，台北，“国史馆”1989年版，第14~15页。

[3] 王家俭：《清末民初我国警察制度现代化的历程（一九〇一～一九二八）》，台北，商务印书馆1984年版，第6页。

[4] [日]织田万撰：《清国行政法》，李秀清、王沛点校，中国政法大学出版社2003年版，第26页。

价值,从而忽视制度背后的精神内涵。对于负有守土之责的地方官员来说,无论是从其内在主观意愿上,还是从外在政治环境上,后人都无法苛求其将保护民众个体安危、服务社会的现代行政观念注入建警的具体施政过程中,也不能期待其可以像现代意义上的公职人员那样具有服务精神。

建警计划是清末预备立宪过程中施行新政的一部分,起初计划在九年预备立宪期间,随着立宪过程逐步将警政推行于全国范围。据制订的计划,在立宪进程开始后的第二年,厅州县巡警应"粗具规模",到第三年则要一律完备,第四年起"筹办乡镇巡警",第五年"推广乡镇巡警",第六年使乡镇巡警"粗具规模",到第八年时"一律完备"。[1] 乍看之下,此计划条理得当、层次分明、逐年推广、不徐不疾。但若仔细检讨,则会发现本计划过于乐观地估计了民众对于警政的理解程度及接纳速度。对于顺利建立起近代警政的英国来说,成功的基础在于其民间社会经过了漫长的演变,其国民的素质已然能够适应这种环境下的治安管理体系。这种漫长的观念积累是清帝国的子民们未曾有过的经验,清政府也不可能在短短几年时间内将其培育出来。可见,清政府的建警计划仍显操之过急。依此步调所建立起来的警政,势必导致民众旧思维与警政新精神之间的矛盾,从而使近代警政的建设过程面临缺乏必要社会观念基础的困境。

2. 对西方警政制度的机械模仿

由于缺乏对近代警政精神特质的认识,清政府仍然将既有的工具性思维带入到警政建设过程中。在此期间,为了便于警政与原有的制度相承接,有的地方试图将旧有的保甲制度改造成新式的警察制度,一些地方官员也基于传统认识将警察理解为新型的保甲,而

---

〔1〕 参见故宫博物院明清档案部编:《清末筹备立宪档案史料》,中华书局 1979 年版,第 61~67 页。

这种认识也未能在第一时间得到中央的纠正,这使警察制度自始不能与腐朽的保甲制度划清界限。当时的社会舆论也曾指出:“仍用旧日充当保甲兵丁,不过另易名目。恐将来仍不免有名无实也。”〔1〕基于此种建警路径,初期从警者多由这类熟谙市井习气的旧式社会安保人员充当,这为警察素质难于提升以及警政走向腐败埋下了伏笔。同时,警政与保甲制度之间藕断丝连的关系,也导致人们将对保甲制度的厌恶迁移到了警察制度之上。受此影响,基层警察也如旧时保甲长一般受到了民众的普遍贱视,给基层警员的执勤与警政的推行带来了巨大阻力。从根源上说,这种阻碍的出现很大程度上是由于清政府未能突破传统统治思维,将警察制度建设成为一个服务于社会、服务于民众的善政。虽然清政府也明认“警察为内治之本”,〔2〕但却未能将服务社会、服务民众这一核心精神注入新生的警政之中,反而试图以警政为工具革除保甲之弊,进而加强对社会的控制。诚如时人所言:“我国之于警察,重在巡缉盗贼,而不重在保护人民。终之盗贼未清,而人民受累。”〔3〕

此外,清政府在建警之前的理论准备过程中,并未深入地分析军警之间的关系,导致在当时人们的印象中,警察与军队似乎并无本质差别,巡警军甚至成了地方军事实力的重要组成部分。而为了能够如期完成政府所布置的建警任务,地方上有多采取将绿营裁撤改编为警察的方式以求便捷之效。〔4〕这虽然催生了地方警政建设方兴未艾的景象,却导致在实际政治生态中警政与军政长期混淆、纠缠不清的恶果。反观英国警察的诞生过程,罗伯特·皮尔始终在向

〔1〕《兴办巡警》,载《警钟日报》1904年3月20日,第2版。

〔2〕故宫博物院明清档案部编:《清末立宪档案史料》,中华书局1979年版,第196页。

〔3〕杨宝书:《警察刍言》,载《东方杂志》1906年第7期。

〔4〕参见万川主编:《中国警政史》,中华书局2006年版,第362页。

世人强调,他所建立的警察并非军事力量,[1]这使英国警察得以获得不同于军事力量的独立品格。军队与警察之间纠缠不休的关系使清政府所建立的警政与西方警政颇为不同。而这种区别也严重地侵损了警察制度的服务性特质,并且影响了警政服务社会的功能。而在清廷“裁兵改警”的建警思路下,新建的警察队伍沾染“旧式军队的流弊”也就不足为奇了。[2]

由此足见,清政府所建设出来的警政与西方重视服务精神、强调警察人员专业性的警政之间存在巨大的差异。清政府的建警活动始终缺乏对西方警政精神层面的效法,最后无法避免地沦为对相关制度的机械模仿。而这种缺少必要精神内涵的制度自然也难以在民众心中树立起良好的形象。

总之,不论是官员还是社会上的普通民众,在具有近代意义的西方警政面前,都属于处在前近代国家中的“旧人”。虽然抱有救国图强的主观动机,但在实践过程中,受制于自身认识的局限性,清末建警仍然走不出对西方警政制度机械模仿的窠臼。正所谓“不能并进于文明,则警察虽善,而警察有不能尽善也”。[3] 由“旧人”办新政以及在“旧人”中办新政,也成为导致清末警员形象难以提升的重要原因。

四、结语

对于任何源自西方的制度,如果不先细考其精髓,剖析其所需要的社会基础就贸然进行移植,那么必然会产生各种文化与制度上的冲突。正如前文所述,传统安保与近代警政之间所存在的理念差

---

〔1〕 See Villiers, Peter, *Police and Policing: An Introduction*, Waterside Press, 2009, p. 24.

〔2〕 参见万川主编:《中国警政史》,中华书局2006年版,第363页。

〔3〕 杨宝书:《警察刍言》,载《东方杂志》1906年第7期。

异,传统社会对与近代警察身份的误读以及“旧人”办新政的时代困局,都是导致旧时代警察形象恶劣的原因。但归根结底,这些因素都指向一个更为深刻的根由,即未能在清末建警过程中将服务精神确立为警政的核心精神。

回顾整个清末建警的过程,仍然可以发现警政所呈现的可喜之处。当时的报刊在普遍报道警察乱象的同时,也为今人记录下了警察的良善形象。《大公报》即曾报道巡官颇得民心而在调任时获赠万民伞的事迹。[1] 由此可见,在民众的日常生活中,以服务精神为依归的警察履职活动,仍然能够得到民众的赞扬与拥护。

今日之警察正面临着与清末警察相似的困境。每当发生警民冲突时,社会舆论及大多数民众都本能地站在警察的对立面对其进行声讨。警察权威在一次次的社会事件中不断下降,民众对于警察业务能力的评价也越来越低,警察在执法过程中越来越难以获得民众的有力支持。而导致这一现象的根源亦是未能在制度建设过程中切实确立服务精神。警察不应是维护社会治安的行政工具与统治手段,而应是面向百姓的公共服务者。只有将为民服务作为核心精神并切实履行,才能从根本上缓解警民对立的现象,重塑警察的形象。

俗话说:“打铁还需自身硬。”尽管近年来政府已经陆续采取了许多措施以求改善,但要改变警察形象,必须先转变指导警政工作的核心理念。抛弃传统的管控思维,树立服务精神,并且切实做到为人民服务,才是改善、解决警政困境的根本。所谓“以史为鉴可以知兴替”,在警察形象亟待重塑的今天,源自清末建警所留下的经验足以使人警醒。

---

〔1〕 参见《巡官得民》,载《大公报》1905 年 4 月 3 日,第 4 版。

社会主义核心价值观融入法治的历史传统

肖国忠*　闫强乐**

【摘要】“社会主义核心价值观”作为国家统治意识形态的核心,将其入宪、入法,是中国传统政治的固有逻辑。中国自秦汉伊始,开始法律儒家化的进程,将中国传统儒家文化中的核心观念纳入国家法律体系。而党的十八大以来,坚持依法治国的国家战略,因革损益,因时制宜,创造性地发展完善“中国特色社会主义核心价值观”,将其纳入国家法律体系,正是中国传统治国理政的优秀智慧的现代性继承,是对传统在新时代的创造性转化。社会主义核心价值观入法入规,是中国共产党领导的中国人民对中国历史上优秀政治传统的创造性转化与创新性发展。

【关键词】社会主义核心价值观;儒家法律化;历史传统

一、问题的提出

社会法治建设的发展与主流意识形态密切相关,社会主义核心价值观是国家主流意识形态的集中体现,反映了我国社会主义基本制度在精神和价值层面的本质要求,决定着中国特色社会主义的发

* 中国政法大学法学院博士研究生。
** 中国政法大学法学院博士研究生。

展方向。法治中国的建设需要社会主义核心价值观的引导,需要与核心价值观的践行同步进行。

2014年2月24日,习近平总书记在中共中央政治局第十三次集体学习时强调,要用法律来推动核心价值观建设,注重在日常管理中体现价值导向,使符合核心价值观的行为得到鼓励、违背核心价值观的行为受到制约。[1] 2016年12月25日,中共中央办公厅、国务院办公厅印发《关于进一步把社会主义核心价值观融入法治建设的指导意见》,明确了社会主义核心价值观作为法治中国建设的价值宗旨,并从立法与司法等层面上提出了将社会主义核心价值观融入法治建设的基本路径。[2] 2018年3月11日,第十三届全国人大第一次会议高票通过了对现行《宪法》的第五次修正。其内容之一即是在第24条第2款内容中增加"国家倡导社会主义核心价值观",[3]使其上升为国家意志。这不仅是坚持依法治国与以德治国相结合、推进社会主义核心价值体系建设的战略举措,而且是我国宪法不断完善发展的必然选择。2018年5月7日,中共中央印发《社会主义核心价值观融入法治建设立法修法规划》,强调"要以习近平新时代中国特色社会主义思想为指导,坚持全面依法治国,坚持社会主义核心价值体系,着力把社会主义核心价值观融入法律法规的立改废释全过程,确保各项立法导向更加鲜明、要求更加明确、措施更加有力,力争经过5到10年时间,推动社会主义核心价值观全面融入中国特色社会主义法律体系,筑牢全国各族人民团结奋斗的共同思想道德基础,为决胜全面建成小康社会、夺取新时代中国特色社会主义伟大胜利、实现中华民族伟大复兴的中国梦、实现人

---

[1] 参见习近平:《培育和弘扬社会主义核心价值观》,载《习近平谈治国理政》第1卷,外文出版社2018年版,第163~165页。

[2] 参见中共中央办公厅、国务院办公厅:《关于进一步把社会主义核心价值观融入法治建设的指导意见》,载《人民日报》2016年12月26日。

[3] 《中华人民共和国宪法修正案》,载《人民日报》2018年3月12日,第1版。

民对美好生活的向往，提供坚实制度保障。"[1]

随着国家政治层面对社会主义核心价值观融入法治建设的推行，国内外学者从学术理论研究的角度建言建策，陈金钊、[2]冯玉军、[3]韩震、[4]蒋传光、[5]李其瑞、[6]赵蓉、[7]孙德超[8]从意义、内涵、路径和方法等多个角度对社会主义核心价值观融入法治建设进行了学理阐释。

习近平总书记指出"重视历史、研究历史、借鉴历史是中华民族5000多年文明史的一个优良传统。当代中国是历史中国的延续和发展"。[9] 本文基于中国历史发展的自有逻辑与规律，从中国传统治国理政的历史传统角度，尝试性地回答为什么要将社会主义核心价值观融入法治建设，中国古代的法律规范如何更好地体现国家的价值目标、社会的价值取向、公民的价值准则？

---

〔1〕 中共中央印发《社会主义核心价值观融入法治建设立法修法规划》，载《人民日报》2018年5月8日，第1版。

〔2〕 参见陈金钊：《"社会主义核心价值观融入法治建设"的方法论诠释》，载《当代世界与社会主义》2017年第4期。

〔3〕 参见冯玉军：《把社会主义核心价值观融入法治建设的要义和途径》，载《当代世界与社会主义》2017年第4期。

〔4〕 参见韩震：《社会主义核心价值观入法入规的意义及其进路》，载《行政管理改革》2017年第8期。

〔5〕 参见蒋传光：《关于推动社会主义核心价值观入法入规的思考》，载《学习与探索》2017年第8期。

〔6〕 参见李其瑞、王金霞：《社会主义核心价值观融入法治文化建设研究的现状、意义及前景》，载《陕西师范大学学报》2018年第4期。

〔7〕 参见赵蓉、黄明理：《社会主义核心价值观融入法治建设的逻辑理路》，载《理论探讨》2018年第5期。

〔8〕 参见孙德超、周媛媛：《法治中国建设吸纳社会主义核心价值观的过程机理研究》，载《理论探讨》2018年第6期。

〔9〕《习近平致信祝贺中国社会科学院中国历史研究院成立》，载《人民日报》2019年1月4日，第1版。

二、社会主义核心价值观与中国传统文化

社会主义核心价值观是中国特色社会主义文化中的核心内容，对法治建设起到一种价值引领作用。它包括三个层面的价值观：一是国家层面的价值观——富强、民主、文明、和谐；二是社会层面的价值观——自由、平等、公正、法治；三是个人道德层面的价值观——爱国、敬业、诚信、友善。

习近平总书记提出以中国优秀传统文化为基础建设社会主义核心价值观，[1]认为"要讲清楚中华优秀传统文化的历史渊源、发展脉络、基本走向，讲清楚中华文化的独特创造、价值理念、鲜明特色，增强文化自信和价值观自信。要认真汲取中华优秀传统文化的思想精华和道德精髓，大力弘扬以爱国主义为核心的民族精神和以改革创新为核心的时代精神，深入挖掘和阐发中华优秀传统文化讲仁爱、重民本、守诚信、崇正义、尚和合、求大同的时代价值，使中华优秀传统文化成为涵养社会主义核心价值观的重要源泉。要处理好继承和创造性发展的关系，重点做好创造性转化和创新性发展"。

"富强"是中国永恒的价值追求。《周礼·天官冢宰》记载太宰的职责，"掌建邦之六典，以佐王治邦国"，六典即治、教、礼、政、刑、事诸典，其中"事典"即"以富邦国，以任百官，以生万民"。《周礼·

---

[1] "培育和弘扬社会主义核心价值观必须立足中华优秀传统文化。牢固的核心价值观，都有其固有的根本。抛弃传统、丢掉根本，就等于割断了自己的精神命脉。博大精深的中华优秀传统文化是我们在世界文化激荡中站稳脚跟的根基。中华文化源远流长，积淀着中华民族最深层的精神追求，代表着中华民族独特的精神标识，为中华民族生生不息、发展壮大提供了丰厚滋养。中华传统美德是中华文化精髓，蕴含着丰富的思想道德资源。不忘本来才能开辟未来，善于继承才能更好创新。对历史文化特别是先人传承下来的价值理念和道德规范，要坚持古为今用、推陈出新，有鉴别地加以对待，有扬弃地予以继承，努力用中华民族创造的一切精神财富来以文化人、以文育人。"习近平：《培育和弘扬社会主义核心价值观》，载《习近平谈治国理政》第1卷，外文出版社2018年版，第163~165页。

地官司徒》记载大司徒的职责,“以保息六养万民:一曰慈幼,二曰养老,三曰振穷,四曰恤贫,五曰宽疾,六日安富”。《周礼》是中国古代政治理想的集中体现,其中太宰、司徒最为国家股肱,其主要职责就是让国家富强。富强亦是中国一切有识之士在面临社会变革过程中的永恒追求。春秋战国是中国历史上第一次大变革时代,屈原《九章·惜往日》载“国富强而法立兮,属贞臣而日娭”,不仅包含富国强兵的政治理想,更寄托着楚国政治清明的理想。晚清面临“三千年未有之大变局”,以曾国藩、张之洞、李鸿章为代表的洋务派,提出了“自强”“求富”的国家战略口号。

“民主”是中国永恒的价值追求。《礼记·礼运》记载“大道之行也,天下为公,选贤与能,讲信修睦”。儒家亚圣孟子认为,“民为贵,社稷次之,君为轻”,体现了中国固有的民本、民主思想。

“文明”,是中国永恒的价值追求。《周易·乾卦》九二爻辞“见龙在田,利见大人”,《乾文言》载“见龙在田,天下文明”。孔颖达《周易正义》疏“天下文明者,阳气在田,始生万物,故天下有文章而光明也”。中华文明的永恒文化追求使中华文明成为人类历史上从未断绝的文明,中华文明在历经坎坷的发展过程中逐渐孕育出的文明表现出符合人类发展方向的超越性,以其强大的生命力,影响世界文明的历史进程。

“和谐”,是中国永恒的价值追求。《尚书》作为儒家创始人孔子建设理想国家与社会的文本蓝图,描绘了中国古人的和谐价值追求,《尚书·尧典》载“百姓昭明,协和万邦”,即主张万邦团结,和谐相处。在人际关系上,孔子讲“君子和而不同,小人同而不和”“君子矜而不争,群而不党”。孟子亦认为,“天时不如地利,地利不如人和”。可见,中国古代儒家追求以和谐的人际关系为主题的大同理想社会,这种社会价值追求作为一种崇高的目标和理想境界,始终引导着中华民族追求以和谐为内核的社会发展目标。

“自由”是中国永恒的价值追求。明代思想家方以智《一贯问答》载“心不直即不自由，不自由即非礼，自由之几在乎自克”，强调自由在于恪守善良，严格自律。近代思想启蒙家严复在《论世变之亟》中说“得自由者，乃为全受，故人人各得自由，国国各得自由”。社会主义核心价值观将自由作为社会价值建设层面的第一价值，体现了对中华优秀传统文化中追求自由之精神的继承。

“平等”是中国永恒的价值追求。儒家孔子讲“己所不欲，勿施于人”“忠恕违道不远，施诸己而不愿，亦勿施于人”“己欲立而立人，己欲达而达人”强调人格的平等，“有教无类”强调教育机会的平等。墨子讲“今天下无大小国，皆天之邑也；人无幼长贵贱，皆天之臣也”。法家主张法律方面的平等，讲“法不阿贵，绳不挠曲。法之所加，智者弗能辞，勇者弗敢争。刑过不辟大臣，赏善不遗匹夫”。

“公正”是中国永恒的价值追求。中国古代将社会公正看作政治文明的重要体现，儒家《荀子·正论》中认为，“上者”为“下之仪”“下之本”，“上公正，则下易直矣”。荀子强调应该守持“公正”之德，“故能处道而不贰，咄而不夺，利而不流，贵公正而贱鄙争，是士君子之辨说也”。法家亦讲“天公平而无私，故美恶无不覆，地公平而无私，故小大莫不载”。

“法治”是中国永恒的价值追求。中国古代社会强调法治的价值与意义，春秋战国百家争鸣时代，法家代表人物韩非子总结春秋以来各国的兴衰历史，提出“国无常强，无常弱，奉法者强则国强，奉法者弱则国弱”“明法者强，慢法者弱”，开启中国依法治国的滥觞。之后历代政权均重视法治对于维持社会秩序、调整社会关系的有序价值，立法修律，使中国成为世界历史上成文法传统最为悠久的国家，形成秦律、汉律、魏律、晋律、隋律、唐律、明律、清律等与时俱进的国家法典，为中国法治的历史传统提供了重要的文献参考。

“爱国”是中国永恒的价值追求。伟大的史学家司马迁讲“常思奋不顾身，而殉国家之急”，三国诗人曹植讲“捐躯赴国难，视死忽如归”，北宋政治家范仲淹爱国以天下为己任，讲“先天下之忧而忧；后天下之乐而乐”,南宋诗人陆游讲“位卑不敢忘忧国”,明末清初思想家顾炎武讲“天下兴亡,匹夫有责”。中国历代仁人志士以爱国作为人格发展的重要参考,五千年的中华文明史涌现出一批又一批爱国的民族英雄,爱国的历史传统成为每一个中国人最为重要的核心价值观。

“敬业”是中国永恒的价值追求。中华民族历来有“敬业乐群”“忠于职守”的传统,敬业是中国人民的传统美德。中国人对于自己职业的热爱,创造了辉煌的中华文明,敬业精神成为中华文明形成的重要因素。《礼记·学记》载“一年视离经辨志,三年视敬业乐群”。《朱子语类》讲“敬业,是知得此是合当如此做”。梁启超写有《敬业与乐业》一文,认为“凡做一件事,便忠于一件事,将全副精力集中到这事上头,一点不旁骛,便是敬。当大总统是一件事,拉黄包车也是一件事。事的名称,从俗人眼里看来,有高下;事的性质,从学理上解剖起来,并没有高下。只要当大总统的人,信得过我可以当大总统才去当,实实在在把总统当作一件正经事来做;拉黄包车的人,信得过我可以拉黄包车才去拉,实实在在把拉车当作一件正经事来做,便是人生合理的生活。这叫作职业的神圣。凡职业没有不是神圣的,所以凡职业没有不是可敬的”。

“诚信”是中国永恒的价值追求。诚信是中国人修身齐家最为重要的品德价值,塑造着一个人的基本人格。在中国古代社会,由于社会流动较少,形成以血源、地缘为纽带的“差序格局”形式,一个人的诚信与否,成为个人在“熟人社会”生存的重要标准。中国古代的家庭教育非常重视诚信品德的培养,嵇康在《家诫》中叮咛儿子“守之无贰”“坚执所守”“慎言语”。颜之推《颜氏家训·名实篇》专讲诚信,通过“伯石让卿”“王莽辞政”的典故,告诉子孙“巧伪不如拙诚”之理,认为伯石、王莽“自以巧密,后人书之,留传万代,可为骨寒毛竖也”,告诫子孙:“以一伪丧百诚者,乃贪名不已故也。”中国古代的书院教育亦特别重视诚信,《白鹿洞书院教条》是北宋著名教育家朱熹于淳熙六年(1179 年)为重建庐山白鹿洞书院而写的学规,该学规中有“朋友有信”“言忠信,行笃敬”等诚信戒条。

“友善”是中国永恒的价值追求。友善是中国传统文化的重要范畴,孔子曰:“益者三友,损者三友。友直,友谅,友多闻,益矣。友便辟,友善柔,友便佞,损矣。”《孟子·万章下》载:“一乡之善士,斯友一乡之善士;一国之善士,斯友一国之善士;天下之善士,斯友天下之善士。以友天下之善士为未足,又尚论古之人。颂其诗,读其书,不知其人,可乎?是以论其世也。是尚友也。”道家老子亦认为:“上善若水。水善利万物而不争,处众人之所恶,故几于道。居善地,心善渊,与善仁,言善信,政善治,事善能,动善时。夫唯不争,故无尤。”

中国特色社会主义核心价值观,将“富强、民主、文明、和谐、自由、平等、公正、法治、爱国、敬业、诚信、友善”作为国家价值和基础目标,体现了中国人自古以来的价值追求,创造性地发展了中国优秀传统文化的精神内涵。社会主义核心价值观既是对中国优秀政治文化的继承,体现了全面把握中国优秀传统文化核心价值高度和广度的立场,更是中国优秀传统文化在新时代的创造性转化和创新性发展。

三、结论

习近平总书记指出“重视历史、研究历史、借鉴历史是中华民族5000 多年文明史的一个优良传统。当代中国是历史中国的延续和发展”。[1] 在新的历史时期,以习近平同志为核心的党中央,将社会主义核心价值观融入法治建设,是中国共产党总结历史经验,将盛世王朝治国理政的优良传统结合时代发展的创造性转化与创新性发展,体现了中国自古以来治国理政的历史传统与民族特色,也展现了中华民族的政治智慧与法律智慧。

---

〔1〕《习近平致信祝贺中国社会科学院中国历史研究院成立》,载《人民日报》2019 年 1 月 4 日,第 1 版。

士绅、自治与乡村治理

——以萧公权《中国乡村》为中心展开的讨论

黄鹏航*

【摘要】 士绅是传统乡村治理的基石,在清帝国政府控制下的乡村社会治理过程中起到重要的作用。没有士绅的乡村虽然也能存在,但是很难有较为秩序性的乡村组织生活。“皇权不下县”的传统乡村并不存在现代意义上的自治组织和自治,实质上是“士绅自治”。这正如萧公权先生《中国乡村:19 世纪的帝国控制》中论述的,拥有对乡村社会实际治理权的士绅,维持着乡村社会的实际秩序。对清帝国统治者而言,士绅发挥着稳定乡村社会的重要作用,控制了士绅就意味着控制了乡村。

【关键词】 乡村治理;士绅;自治

一、问题的提出

乡村治理似乎一直都被学者所重视。正如王先明教授所论,“在急切探求中国乡村社会发展同时也是探求中国现代化出路的讨论中,汇聚的学识和学科范畴也是极其广泛的:社会学、人口学、经济学、历史学、政治学;政界、思想界、文化界、舆论界等,他们各自以自己的认识和思考提出了独特的见解。所谓重农主义派、重工主义

* 中国政法大学法学院博士研究生。

派、工农并重派,农村复兴派、都市建设派,资本主义派、社会主义派、民生主义派,放任主义派、统制经济派、合作运动派,交通建设派、生产建设派等均试图在自己的学理论证框架中提出改造和建构中国发展的模式"。[1] 研究者从自己所从事研究的学科出发,在乡村治理研究方面均取得了诸多颇有建树的学术研究成果。这样的研究正在逐渐接近乡村治理的本质。"要真正认识中国社会,就应该从认识中国的乡村开始,乡村之问题是近代中国(modern China)所面临的最重要的问题。目下对于乡村社会议题的多重讨论,从深度上则标领着一个时代问题的长时段历史追溯与内在学术理路。"[2] 对此,有研究者对近代以来的乡村治理研究进行了较为细致的学术梳理。[3]

---

〔1〕 王先明:《从〈东方杂志〉看近代乡村社会变迁——近代中国乡村史研究的视角及其他》,载《史学月刊》2004 年第 12 期。

〔2〕 王旭:《近代中国乡村社会变迁的历史图景——王先明〈乡路漫漫:20 世纪之中国乡村(1901－1949)〉评析》,载《史学月刊》2018 年第 11 期。

〔3〕 相关研究参见王先明:《中国近代乡村史研究及展望》,载《近代史研究》2002 年第 2 期;李金铮、邹晓:《二十年来中国近代乡村经济史的新探索》,载《历史研究》2003 年第 4 期;李善峰:《20 世纪的中国村落研究——一个以著作为线索的讨论》,载《民俗研究》2004 年第 3 期;郑卫东:《"国家与社会"框架下的中国乡村研究综述》,载《中国农村观察》2005 年第 2 期;黄志繁:《20 世纪华南农村社会史研究述评》,载《中国农史》2005 年第 1 期;黄忠怀:《20 世纪中国村落研究综述》,载《华东师范大学学报》2005 年第 2 期;池子华、王晚英:《20 世纪中国农村人口流动研究概述》,载《中国农史》2005 年第 3 期;彭南生:《近 50 余年中国近代乡村手工业史研究述评》,载《史学月刊》2005 年第 11 期;陈潭、罗晓俊:《中国乡村公共治理研究报告(1998－2008)——以 CSSCI 检索论文与主要著作为研究对象》,载《公共管理学报》2008 年第 4 期;王先明、杨东:《新世纪以来中国近代乡村史研究的回顾与反思》,载《史学月刊》2010 年第 7 期;任放:《近三十年中国近代史研究视角的转换——以乡村史研究为中心》,载《史学月刊》2011 年第 4 期;朱珏:《近十年中国乡村社会史研究述论》,载《浙江社会科学》2011 年第 2 期;武小力:《回顾·思考·展望:近五年以来中国近代乡村史研究综述》,载《高校社科动态》2017 年第 3 期;王旭:《近代中国乡村社会变迁的历史图景——王先明〈乡路漫漫:20 世纪之中国乡村(1901－1949)〉评析》,载《史学月刊》2018 年第 11 期;李发根:《"国家政权建设"与中国近代乡村史研究省思》,载《近代史研究》2019 年第 1 期等。

从学术史角度而言,近些年来,乡村治理研究已经成为一个较为独立的研究主题。“从学科研究的角度看,乡村治理的研究发展似乎表明学科之间的藩篱已越来越少,但从乡村治理研究内部角度看,这其实反映了研究本身碎片化的态势。如何促进各学科之间针对同一研究主题的对话交流,是亟待解决的紧迫任务。”[1]例如,郭正林教授从政治学的研究视角出发,认为“国内外学术界对中国农村政治及其变迁研究的理论视野或概念框架,主要有国家与社会关系、政治经济学、新制度主义等理论框架。这些理论框架的学科背景、分析切入点及关注的焦点问题各有不同,但相互渗透、相互借鉴”。[2] 总言之,面对乡村治理这一研究命题,单纯从某一个学科出发,拘泥于学科本身,难免有些力不从心。

理解中国的治理,无法回避的问题是中国的基层治理。理解中国基层治理的关键是乡村治理。历史的延续性和继承性使回顾过去的乡村治理对理解中国的乡村治理毗益。在传统乡村的治理过程中,士绅发挥着重要的作用。回顾传统帝制时代的乡村治理,一定程度上就是回顾绅士[3]在乡村的治理。在传统乡村治理诸问题研究上,士绅制度研究应当放在重中之重。“‘谁在治理’及‘怎样治理’一直以来是中国传统农村基层治理研究最为核心的议题。”[4]

---

[1] 姜晓萍、代珊珊:《从二元结构到全景关照——中国传统乡村治理研究的视角转换》,载《华中师范大学学报》2017 年第 1 期。

[2] 郭正林:《当代中国农村政治研究的理论视界》,载《中共福建省委党校学报》2003 年第 7 期。

[3] 在本文中,绅士、士绅两个概念的意思相同。关于绅士、士绅、乡绅、绅衿等概念的辨析和说明,参见张仲礼:《中国绅士研究》,上海人民出版社 2019 年版;费孝通、吴晗等:《皇权与绅权》,三联书店 2013 年版;郝秉键:《西方史学界的明清“绅士论”》,载《清史研究》2007 年第 2 期;郝秉键:《日本史学界的明清“绅士论”》,载《清史研究》2004 年第 4 期;王先明:《中国近代绅士论述》,载《求索》1989 年第 1 期;王先明:《近代中国绅士阶层的分化》,载《社会科学战线》1987 年第 3 期。

[4] 狄金华、钟涨宝:《从主体到规则的转向——中国传统农村的基层治理研究》,载《社会学研究》2014 年第 5 期。

传统乡村社会是怎样的，传统乡村治理到底是如何展开的，传统乡村治理所要追求的价值是什么以及传统乡村治理对当前乡村治理的启示又是为何？诸如此类的问题需要不断地解释和理解。回答上述诸问题远非通过一篇短文就能够论证清楚的。关于乡村治理诸问题研究，有待在已有的研究基础上运用更多的历史文献再进一步深入展开研究。因此，本文立足于萧公权先生所著《中国乡村：19世纪的帝国控制》（以下简称《中国乡村》），[1]从学术史出发，以绅士治理为主线，旨在对清季乡村治理相关研究进行梳理。

二、《中国乡村》述要

萧公权先生在学术史上留下了浓墨重彩的一笔，在中西政治思想等诸多领域都有独到建树。正如丁卫博士所言，"萧氏得以名世的《中国政治思想史》等大著湮没了他关于中国乡村社会的深刻洞察与真知灼见。另一原因，则可能是由于内地学人对于译介萧氏著作一事缺乏应有热情。尽管早在20世纪80年代，萧氏的几部主要著作已在我国台湾地区（翻译）出版，但迟至90年代中后期，大陆才相继推出了萧氏若干著作的中文简体字版"，[2]而《中国乡村》中文简体版本直到2018年才在九州出版社出版。

《中国乡村》的成书，"确实存在一些偶然性的因素，如来自同事梅谷和卫德明等人的建议以及华盛顿大学远东研究所之于中国研究的长期规划，但真正着手展开乡村中国研究毋宁说是他经过深思熟虑之后的必然选择"。[3] 这在萧公权先生《中国乡村》"序言"中

[1] 萧公权：《中国乡村：19世纪的帝国控制》，张皓、张升译，九州出版社2018年版。

[2] 丁卫：《乡村控制：萧公权对帝制中国晚期社会的探究》，载《华中科技大学学报》2007年第4期。

[3] 丁卫：《乡村控制：萧公权对帝制中国晚期社会的探究》，载《华中科技大学学报》2007年第4期。

也有说明。[1] 综观《中国乡村》,萧公权先生对传统帝制时期的乡村社会治理"一个核心的结论便是帝制晚期的中国乡村并不存在真正意义上的乡村自治,作为帝国统治者的代理人,地方绅士在乡村社会生活中发挥着实际作用"。[2]《中国乡村》非常明确地说明,在专制官僚体制之下不存在所谓的自治。公权先生之所以强调专制,这也是清末以来对构建怎样的现代意义上的国家,以及如何实现社会转型的现实思考。[3]

传统帝制时代的乡村治理是绅士治理。"士绅作为国家与民间之间'桥梁'的特殊地位,其对乡村社会所发挥的作用具体可归纳为以下方面:第一,表率乡里。士绅有钱有势有识,为乡村社会之精英,因此士绅一向为官为民所重视,往往会起到表率作用。而这种表率作用往往与既定的价值、文化体系密切相关,因此,士绅集团往往会对乡村社会中的价值体系建构产生重大影响,从而影响乡村秩序。第二,调节乡村中的各种纠纷、处理疑难和诉讼案件等……"[4] 这只是在正常情况下,绅士在乡村治理过程中所起的作用。在《中国乡村》中,萧公权先生运用大量的史料文献,对绅士在帝国控制下的乡村发生怎样的作用做了深刻剖析。在非书面规则化的绅士制度中,绅士在乡村治理过程中,所起的作用时好时坏,尤其是在动乱的19世纪后半叶,士绅们为了维护自身利益或者因为本身对利益的驱使,往往没有起到稳定乡村的作用,反而引起了乡村的暴乱,更有甚者,在一些地方,绅士就是暴乱的煽动者或者组织者。这样的描

---

〔1〕 参见萧公权:《中国乡村:19世纪的帝国控制》,张皓、张升译,九州出版社2018年版,"序言"。

〔2〕 丁卫:《乡村控制:萧公权对帝制中国晚期社会的探究》,载《华中科技大学学报》2007年第4期。

〔3〕 参见何江穗、方慧容:《萧公权〈中国乡村〉刍议》,载《读书》2017年第9期。

〔4〕 杨建荣:《中国传统乡村中的士绅与士绅理论》,载《探索与争鸣》2008年第5期。

述和论证在《中国乡村》中不在少数。

萧公权先生在《中国乡村》“序言”中，对研究的目的表达得非常清楚：[1]

> 这个研究可以满足几个有用的目的。中华帝国是一个农业大国，乡村居民在其总人口中占压倒性的多数。如果不考虑政府对乡村亿万居民的影响，以及人民在不同的历史时期、不同的环境下所表现出来的态度和行为，就不能充分理解中国历史和社会。19 世纪是一个王朝崩溃和政治转向的时期，特别引人注目。研究这个时期的中国乡村，不但会弄清一些造成中华帝国统治体系衰败的力量和因素，或许还能提供一些解释后续历史发展的有用线索。

理解和认识 19 世纪的中国乡村，一方面，对帝制时代的中国乡村有一个相对全面的认识；另一方面，认识社会大变革时期，乡村社会所发生的变化，也是进一步认识国家上层政治的关键之处。换言之，《中国乡村》以 19 世纪乡村社会为研究对象，深层次的学术追求，一定程度上是在展现专制制度下的社会变革。这也是公权先生所追求的制度史、思想史背后宏观理论的大注解。汪荣祖先生指出，“公权先生根据大量的原始资料，肯定了晚清帝政对中国乡村控制的实况，并不如一般人所认为村落间组织系自治性的社区，由社区民众自理。事实上，太多的乡村穷困得根本无法自组任何结社。同时也忽略了农民生活的乡村与帝政控制的乡村之分，前者是自发的，而后者则是政府主使的。此一疏忽导致误将政府行动视作乡村自发……极大部分的乡村以及复杂的地方组织，皆由政府设立。而

---

〔1〕 萧公权：《中国乡村：19 世纪的帝国控制》，张皓、张升译，九州出版社 2018 年版，“序言”。

这些政府部署,从长远看,对帝国与乡民两蒙其害。此一发现更加澄清了帝政的性格,以及晚清的历史变化”。[1] 应当将《中国乡村》放在萧公权先生政治思想研究中进行理解。[2] 虽然从表面上看,《中国乡村》似乎较公权先生之前的研究是一个独立的研究命题,但是在实质上,这是其原有学术思想的延伸。[3]

在萧先生看来,“地方自治的概念同乡村政治统治体系是不相干的。对于乡村中任何形式的自发或社区性的生活,政府在一定程度上能够包容,要么认为可以用来加强对基层的控制,要么认为没有必要加以干涉。在政府眼里,村庄、宗族和其他乡村社会组织,正是能把基层政治统治体系扩展到乡下地区的切入点”。[4] 正如杨晖博士所言,“萧公权的历史叙说,揭示着中国现代政治的诉求:清除专制因素,才是建立一个不需要控制和维稳的(乡村)社会的前提”。[5] 这也正如萧公权先生在《中国乡村》中所言:[6]

> 乡村控制更大、更主要的困难,在于它创造出一些会削弱帝国乡村统治基础的状况。中华帝国的乡村居民,绝大多数是农

---

〔1〕 汪荣祖:《萧公权先生学术次第》,载萧公权:《近代中国与新世界:康有为变法与大同思想研究》,汪荣祖译,江苏人民出版社1997年版,第619页。

〔2〕 萧公权在《中国乡村》一书中强调传统君主制中乡村控制的“专制”特质,是他在关于中国社会转型目标和道路的论争中一贯立场的延续和发展。萧公权对“君主专制”的强调,并不是将中国经验作为西方理论的注脚,而是与当时中国的学界讨论及现实政治联系在一起的。尽管“专制”这个类型学概念的确存在局限,仍然应当看到萧公权之所以强调帝国的乡村控制和君主专制,是在传统中为中国社会转型寻找并确立思想资源和制度资源。这种努力需要放在他对中国思想史和制度史的研究以及对现实政治的讨论中来理解。参见何江穗、方慧容:《萧公权〈中国乡村〉刍议》,载《读书》2017年第9期。

〔3〕 参见何江穗、方慧容:《萧公权〈中国乡村〉刍议》,载《读书》2017年第9期。

〔4〕 萧公权:《中国乡村:19世纪的帝国控制》,张皓、张升译,九州出版社2018年版,第7页。

〔5〕 杨晖:《〈中国乡村〉与中国现代政治研究》,载《战略与管理》2014年第6期。

〔6〕 萧公权:《中国乡村:19世纪的帝国控制》,张皓、张升译,九州出版社2018年版,第9页。

民,几乎都不识字,自古以来大体上都是不主动或不进取的,他们的心思和精力都用在竭力维持贫苦的生活上。或者由于生活绝望,或者受到许诺过更好生活的诱惑,农民不支持帮助推翻专制王朝。但是,只要他们处于正常的生活环境之下,给予他们必要的生存条件,那么相对说来,他们就会安分守己,对政治丝毫不关心,如此控制农民的问题看起来就相当容易。但是,乡村农民一贯的被动性格也在一定程度上限制了有效控制。挑选当地居民来执行基层控制的措施,虽然在理论上听起来很有道理,但是在实际上却是失败的,因为居民没有为官府效劳的意愿,他们的工作能力也不如官府所期望的那么强,反而在许多情况下,他们积极利用基层政治统治体系为自己谋取更多的私利,而不是为皇家服务。

客观历史事实表明,在涣散的传统乡村社会,清帝国政府要实现对其有效的控制,似乎是一件非常难的事情。“专制制度下统治者和被统治者的矛盾,是控制的治国逻辑无法克服的。”[1]这也正是萧先生所要表达的观点,在19世纪的中国乡村,一心想要对乡村社会实现真正有效地控制,但实质上事与愿违,无法真正实现。在萧公权先生看来,自秦统一至清王朝,帝国政府对乡村控制的治理思想似乎一直都没有发生过实质性变化。“有效的解决方案主要在于建立一套行政组织,以帮助皇帝确保臣民的顺从并防止反叛。其一,通过保障其臣民基本的物质需求,避免臣民因难以忍受的生活而‘铤而走险’。其二,通过反复向臣民灌输经过严格筛选的道德教条(大部分是从儒家学说中筛选出来的),使臣民接受或认同现存的统治秩序。其三,通过不断监视臣民,从而查出‘奸民’并及时采取措施。这套政治统治体系通过在战略要地驻军而得到加强,使各个王

〔1〕 杨晖:《〈中国乡村〉与中国现代政治研究》,载《战略与管理》2014年第6期。

朝有可能在相当时期里有效地统治一个广阔的疆域。"[1]非常遗憾的是,这种控制模式在爆发严重危机时就会暴露严重的弱点。[2]

此外,汪荣祖先生在《萧公权先生学术次第》一文中较为概括地对《中国乡村》作出了如下评价:[3]

> 整个控制中最值得注意的是利用当地人来做监控,或即因此有人误会中华帝国下的乡村享有自治。所谓"天高皇帝远"的印象亦不正确。整个监控系统由上而下,经由地方政府,下达乡村中每一个人。如此庞大的帝国控制,显然支撑了200余年的满清统治。但自上而下的集权统治实亦松动了帝国的基业。任何集权政体但求安定而忽略了群众生活的改进与参与,以致于变得十分被动,听天由命,似于统治者无害,但当帝国控制最后失控时,被动的乡民不仅没有能力为政府效劳,而且无从抗拒贪官污吏土豪劣绅的欺凌,以致于不信任和恐惧官府。至此帝国控制便有了反弹……公权先生发现,所谓农民起义实非由农

---

〔1〕 萧公权:《中国乡村:19世纪的帝国控制》,张皓、张升译,九州出版社2018年版,第3页。

〔2〕 只要各种条件仍然大致有利于统治政权,情势看起来就还算平静。但是,一旦爆发严重的危机——像19世纪那样,清王朝统治的致命弱点就暴露出来了。当各级机构都退化堕落,而不像以往那么有能力处理灾患时,饥荒就频繁发生,而且受灾的区域相当广。在这严峻的历史关头,西方列强的入侵,不仅严重地损伤皇家的声望和权力,而且在那些遭受西方工商业直接入侵的地方,本土经济遭到摧毁。在骚动最强烈的地方,原本一直因习惯、传统惰性和封建专制统治的约束影响而养成温顺性格的乡村大众,也终于爆发了猛烈的暴动。先前,清朝统治者对乡村只不过维持不完全的掌控;现在,他们用来维持掌控的这种复杂工具被证明完全无用。把这种局面归因于乡村控制体系的衰败,恐怕是不准确的。但是,事实在于,在19世纪的最后几十年里,整个清王朝专制统治体系(乡村政治统治体系是其中的一部分)处于全面崩溃之中。清王朝以及中国王朝体系,事实上在迅速走向灭亡(萧公权:《中国乡村:19世纪的帝国控制》,张皓、张升译,九州出版社2018年版,第10页)。

〔3〕 汪荣祖:《萧公权先生学术次第》,载[美]萧公权:《近代中国与新世界:康有为变法与大同思想研究》,汪荣祖译,江苏人民出版社1997年版,第620~621页。

民主动，每由不得意的士人或“劣绅”所领导，农民在农民运动中主要是提供人力……像太平天国这样规模的大动乱，都无法消除帝国控制的后遗症。所以公权先生的结论是：传统中国乡村不存在任何性质的自治政府。

“皇权不下县”并不意味着乡村社会拥有自治权。严密的制度安排并不能在不和平的年代实现对乡村社会的实际控制。恰恰相反，拥有对乡村社会实际治理权的绅士，维持乡村社会的实际秩序。另外，在《萧公权〈中国乡村〉刍议》一文中，对萧先生之《中国乡村》作出了这样的评价：“在对十九世纪中国乡村的研究中，萧公权强调了帝国对乡村社会的系统控制，并将这种系统的乡村控制作为传统君主专制的体现。时至今日，萧公权对帝国乡村控制的强调早已受到国内外学者的挑战与质疑。日本学者如栗林宣夫从乡村出发对明清国家——社会关系的研究表明，保甲、里甲等乡村行政组织实际上并不是按照近似十进制方式进行刻意的划分，而是与乡村生活中已有的村庄、宗族等自然组织高度重合。国内社会经济史学者如郑振满在对明清时期福建乡村赋役关系的研究中也发现，里甲编户是乡族组织的代名词，作为行政组织的里社、作为乡村自然组织的家族，构成了不同层次的赋役共同体。这些发现修正了萧公权关于帝国在乡村行政中刻意打破自然边界以实现控制的论断。”[1]这样的评价，也无可厚非。当然，这样的批判，无法否认萧先生所论证的传统乡村治理模式。

面对今天的质疑，其实，萧公权先生早已深刻意识到。其在《中国乡村》中指出，“大区间存在着差异，而大区中各个地区之间也存在着差异。重点是，村庄的自然层面存在的差异——无论是在同一地区各乡村中进行比较，还是在不同地区各乡村中进行比较——都

---

〔1〕 何江穗、方慧容：《萧公权〈中国乡村〉刍议》，载《读书》2017年第9期。

显示了相同的一点:地理环境和经济条件具有决定性的影响”。[1]在幅员辽阔的中国,各地区乡村之间存在的差异是非常明显的。“华北省份和华南省份不同的农村之间的差别,即使没有更明显,至少也存在类似的情况。不同的地理环境特点形成了鲜明的对比。地理环境和历史背景似乎把这两个地区的乡村社区塑造成截然不同的两个社会。”[2]在这样的社会背景下,乡村社会所面临的实际治理肯定是有区别的。

单纯依靠《中国乡村》不足以发现帝制时代幅员辽阔的真实乡村世界的方方面面。受当时条件所限制,通过已有史料论证,时至19世纪中国的乡村依然是帝国控制下的乡村,这是不应该值得怀疑的。幅员辽阔的中国,各地区存在的差异,当然是存在的,不能因为这种差异的存在,从而否定《中国乡村》的学术价值。概言之,在《中国乡村》之后,关于传统乡村的研究如雨后春笋般出现,在某种意义上也弥补了萧先生研究之不足。然而,《中国乡村》依然是认识帝制时代乡村治理的重要著作。

三、问题讨论

李怀印教授在谈及中国乡村史研究所存在的问题时,作出了这样的评判:[3]

> 早先有关中国乡村的学术研究,受限于那些出自官僚士绅笔端的文献资料,多强调乡村少数精英对当地村社集体生活的

〔1〕 萧公权:《中国乡村:19世纪的帝国控制》,张皓、张升译,九州出版社2018年版,第20~21页。

〔2〕 萧公权:《中国乡村:19世纪的帝国控制》,张皓、张升译,九州出版社2018年版,第16页。

〔3〕 [美]李怀印:《中国乡村治理之传统形式:河北省获鹿县之实例》,载黄宗智主编:《中国乡村研究》第1辑,商务印书馆2003年版,第81页。

支配，把普通乡民描绘成一群无知、盲从、驯服的黎民。这种过于简单化的描述，无助于我们理解乡村的集体性制度安排为何得以沿续，并有效运行。当我们摆脱传统官僚文人的话语束缚，转而利用来自乡民之口的第一手材料，仔细观察乡规的日常运作时，就会发现一幅截然不同的活生生的乡村社会政治生活画面。这里，将强调以往不为人们所注意的村社日常生活的两个主要方面，即规范村民自愿合作的村社伦理、准则，以及在此基础上所建立的集体认同和话语空间。分析的重点，将是它们如何透过调节村民关系和规范权力运作，维持乡地制的正常运行。

这样的研究范式的转变固然重要，带来全新的研究视角，然而，对此并不能否认，绅士在实质性的乡村治理过程中所起的作用。在《中国乡村》中，公权先生运用大量史料，进行了非常细致的描述和论证，足以表明传统乡村是士绅治理。

从当前的研究现况来看，“国内外学术界对士绅阶层的研究，大致经历了由‘士绅’到‘乡绅’再到‘地方精英’的过程。其问题意识，从早期着重探讨士绅阶层的身份特征与政治地位，逐渐转向士绅阶层对地域社会的控制与支配。着重探讨正统意识形态对民间日常生活的规范和影响；其学术视野，从早期关注士绅与科举制度及官僚政治的关系，逐渐转向关注士绅的社会存在形态与地方性策略”。[1] 在这个过程中，作为地方精英的士绅进一步被阐释。“地方精英在国家政权和农村社会之间，它是一个类似于‘中介’的存在，它起着‘缓冲’矛盾的特殊‘双重制衡’作用。它对王朝统治的稳定和改朝换代时期的社会稳定所起的作用尤其重要，而这也许就是中国历史王朝不断更迭，而社会发展却保持了比较稳定和连续的状

〔1〕 衷海燕：《士绅、乡绅与地方精英——关于精英群体研究的回顾》，载《华南农业大学学报》2005 年第 2 期。

态的根本原因所在。"[1]与绅士治理相关的研究,正如李世众博士所言,"士绅研究长期以来是史学研究中的一个热点和难点。有关士绅的大量问题,在学术界取得比较一致的观点非常少。其中唯一获得学者最普遍认同的观点也许是对士绅在社会中的功能和作用的认识:士绅是地方官与民众的中间人,或曰沟通地方官与民众的桥梁。一方面他们把民意上达给官府;另一方面又以官方代理者的身份把官方的意旨传到民间,甚至进而协助官府的行政工作,如治安维持,民食确保,排难解纷,官民联络,善举劝业,移风易俗等"。[2]然而,这只是在一个较为平静的乡村社会之下。"士绅在政府与民众之间执行媒介的任务……农民必须依靠士绅来保护他们不受官吏的侵犯。当一个普通农民遇到麻烦时,他就找一个地方士绅分子请求帮助。因为官吏与民众之间的社会距离很大,农民们对政府没有信心,政府不可能赢得人民的合作,只有士绅能做沟通隔阂的桥梁。"[3]按照《中国乡村》的研究表明,在多数情况,绅士在乡村治理实践过程中所起的作用并非如此。[4]

正如萧先生自己所言,"自秦始皇以降,帝国控制的基本原则几乎没有发生什么实质变化,不过由于经验的日益积累,以及随后各个王朝中一些皇帝的足智多谋,统治体系在一些细节方面不时得到精炼和提高,主要表现为中央集权不断加强,法律规章更加详细,临

〔1〕 纪程:《"国家政权建设"与中国乡村政治变迁》,载《深圳大学学报》2006年第1期。

〔2〕 李世众:《晚清温州权力关系格局透视——以士绅为中心的历史考察》,华东师范大学2005年博士学位论文,第67页。

〔3〕 周荣德:《中国社会的阶层与流动——一个社区中士绅身份的研究》,学林出版社2000年版,第76~77页。

〔4〕 参见萧公权:《中国乡村:19世纪的帝国控制》,张皓、张升译,九州出版社2018年版,第375~381页。

视事加严密，控制更加严厉”。[1] 清帝国政府在继承前朝法律制度的同时，也制定了更加周密的法律制度，以加强对基层的控制。奈何，这只是一种理想状态。“中华帝国地域广阔，通信和交通不发达，加上绝大多数的人民目不识丁，不问政事，因此政府公布的法律与命令，要让百姓知道都极为困难，更不用说去加以实施或贯彻了。”[2]“目不识丁，不问政事”的农民无心帝国的乡村治理政策，如此一来，乡村治理的任务一定程度上就是绅士为之。正如王先明教授所言：“晚清士绅常常超越清王朝基层社会组织控制，成为基层社区控制系统的真正的主体力量。”[3] 因此，讨论帝制时代的乡村治理，重心依然应该是绅士在乡村治理过程中所展现的功用。

只要讨论传统乡村，就无法避免士绅问题。“在中国传统乡村社会，乡绅阶层几乎垄断了文化资源、政治资源，并且掌握了相当多的经济资源。中国传统社会的政治结构（专制政体）、经济结构（小农经济）和思想文化结构（儒家文化）是一个互为因果、共生共存的一元化社会结构，这种结构所孕生的伦理型文化构成了中国独特的传统文化秩序。而独占着伦理文化解释权（文化权力）的乡绅阶层则成为这一文化秩序的坚决维护者。”[4] 绅士们被赋予特权，主要是基于如下考虑：“首先，这是统治者出于维护封建礼治的需要。封建礼治的特点是明尊卑和长幼，士绅集团属于传统意义上的‘贤者’，受到尊重和优待。其次，这体现了国家控制乡村社会的策略。长期以来，中央集权的政府始终面临着一对矛盾：一方面，乡村社会难以

---

〔1〕 萧公权：《中国乡村：19 世纪的帝国控制》，张皓、张升译，九州出版社 2018 年版，第 3 页。

〔2〕 萧公权：《中国乡村：19 世纪的帝国控制》，张皓、张升译，九州出版社 2018 年版，第 5 页。

〔3〕 王先明：《晚清士绅基层社会地位的历史变动》，载《探索与争鸣》1996 年第 1 期。

〔4〕 王广义：《乡绅与近代东北乡村社会控制——以东北地区旧志为研究视角》，载《中国地方志》2008 年第 1 期。

控制,一旦控制不当,就容易引发一些深层次的危机;另一方面,中央政府总是难以避免过多干预。士绅集团在某种程度上可以缓解这一矛盾,就是说士绅既可以对国家负责、教化百姓,又可以对百姓负责、限制官吏对乡里的干扰。"[1]士绅在乡村社会中享有特殊地位,自然使其在乡村治理过程中享有特权。

帝国政府碍于自身"无能",没有实质上对乡村进行有效的控制。"在传统帝制时期,历代王朝都关注到,并致力于全面掌握、控制疆域内的民众,希望他们按照自己的统治理念和既定的规则运作不息。"[2]清帝国政府并不满足这种现实状况。"为了保障皇权对乡土社会的渗透,削减士绅对地方社会的制约,清王朝曾反复尝试过将民众的所有阶层纳入这一制度,包括地方绅士,他们也要和平民一道登记。在反复而又艰难的尝试中,清王朝将士绅阶层置于保甲控制之下的企图终难实现。到咸同之际,伴随着地方团练的兴起与发展,士绅阶层借助这一组织形式,获得了对地方社会控制的主动权,开始从根本上摆脱了保甲制度的制约,意味着其基层社会地位的根本性变动。"[3]换言之,时至19世纪中叶,绅士们在乡村社会中所拥有的实质性权力在不断增强。这一点,王先明教授也在文章中予以了说明:[4]

> 士绅之所以能最终超越清王朝的控制,是因为"绅为一邑之望,士为四民之首",是整个封建社会赋予士绅的独特地位。在社会生活中,士绅们的特权地位常常以各种外显的礼仪而区别于平民。然而,清王朝在基层社会所依凭的保甲长,却是没有

[1] 杨建荣:《中国传统乡村中的士绅与士绅理论》,载《探索与争鸣》2008年第5期。

[2] 刁培俊、张国勇:《宋代国家权力渗透乡村的努力》,载《江苏社会科学》2005第4期。

[3] 王先明:《晚清士绅基层社会地位的历史变动》,载《探索与争鸣》1996年第1期。

[4] 王先明:《晚清士绅基层社会地位的历史变动》,载《探索与争鸣》1996年第1期。

等级身分的平民。虽然朝廷借助于官僚行政权力，试图予保甲长实际的监控权，但却无法改变保甲长“之名近于为官役”的社会地位，也不能泯灭“地保等贱役也，甲长等犹之贱役也”与“非官而近于官”的士绅阶层的等级差别。

进言之，“乡村在某些事务上之所以享有自主权，并不是来自政府的授权，而是因为政府无能为力控制或者监管。当然，当政府觉得有必要加以控制或者能控制时，依然会加以控制”。[1] 当然，控制效果另当别论。“帝国在传统乡村只具有象征性，并不发挥真正的作用，绅士阶层成为传统乡村社会治理的主体之一。”[2]总体而言，直到19世纪，乡村社会不存在自治主体。“绅士治理乡村公共事务大多是在志愿和非正式的基础上行使，这就决定了绅士乡村治理的弹性。绅权作为一种社会性权力，是法理权威和个人魅力权威的结合。绅士既与国家官僚体系休戚与共，而同时又与基层民众保持着密切联系，成为官与民之间的缓冲与中介。作为官系统触角的延伸，绅士配合官府向人民征收赋税，维持地方治安；与此同时，作为基层民众的代言人，绅士在一定程度上又是地方利益的代表。正是绅士在官民之间上下沟通，并形成一种良性互动关系，在一定程度上维持了传统国家与社会的整合。”[3]绅士在一定程度上实质性地治理、控制乡村。“十九世纪的中国乡村虽然存在一些与地方自治原则相近的组织（如宗族）和活动，但并不存在任何地方自治的正式制度安排。”[4]这也正如丁卫博士所言：“中国乡村的组织化程度并不是很高；而且家族组织在黄河以北的省份以及经济特别拮据的乡

---

〔1〕 萧公权：《中国乡村：19世纪的帝国控制》，张皓、张升译，九州出版社2018年版，第314～315页。

〔2〕 张健：《传统社会绅士的乡村治理》，载《安徽农业科学》2009年第5期。

〔3〕 张健：《传统社会绅士的乡村治理》，载《安徽农业科学》2009年第5期。

〔4〕 何江穗、方慧容：《萧公权〈中国乡村〉刍议》，载《读书》2017年第9期。

村往往并不存在;书院在乡村社区难以看到;行会只在商业中心运作,并且只对行会会员提供服务,它几乎与乡村社会毫无关系。"[1]

公权先生认为,士绅是乡村社会组织的基石。没有士绅的乡村虽然也能存在,但是将很难有较为像样的乡村组织生活。正是因为有士绅的存在,才为乡村带来繁荣以及为乡邻们带来福利。尤其是,在面对地方官欺压乡邻,危及地方利益的时候,广大士绅们会有办法保护地方利益。因为,士绅们的学识和身份足以抵挡和化解这样的侵害,甚至有的时候能因为不合理的侵害得到必要的补偿。[2]王先明教授曾言:"绅士们拥有的文化教养和在家庭社会中的地位,决不是一个以平民为保甲长的基层组织所能制约。被封建制度和传统文化养育强壮的士绅阶层,作为一个乡土社会地方势力,始终与社区的利益血脉相系地联结在一起,并自觉扮演着民众领袖的角色。封建皇权只能借助于绅权有限地实施自己的统治,而不可能抛开绅权直接渗透于基层社会。"[3]通过士绅对乡村实现控制,是帝国政府治理乡村的路径选择。

绅士一定程度上承担基层政府的行政职能,在维护社会治安、教化百姓、社会控制等诸多方面起决定性作用,实行实质性的治理职能。[4] "绅士也乐在其中,嫁接帝国政权,或服务于帝国利益,或服务于自身利益,或服务于地方性公共利益,或者三者利益兼而有之。总之,这个领域是帝国推动的乡村行政建设的妥协性产物,既表明了帝国对这一领域的主导性影响又标示着由于能力不足而导致的

〔1〕 丁卫:《乡村控制:萧公权对帝制中国晚期社会的探究》,载《华中科技大学学报》2007年第4期。

〔2〕 参见萧公权:《中国乡村:19世纪的帝国控制》,张皓、张升译,九州出版社2018年版,第376页。

〔3〕 王先明:《晚清士绅基层社会地位的历史变动》,载《探索与争鸣》1996年第1期。

〔4〕 参见李严成:《晚清政府职能萎缩与绅士基层"自治"》,载《湖北大学学报》2005年第1期。

帝国责任的转移。"[1]对清帝国统治者而言,在正常情况下,绅士发挥稳定乡村社会的重要作用,控制了士绅就意味着控制了乡村。然而正常情况不是总存在的,有时拥有特权的士绅们为了一己私利,欺压剥削乡里。此时,士绅非但没有起到稳定乡村社会的作用,反而破坏了乡村社会的稳定。[2]"传统国家对绅士的控制依靠王朝权威,但近代清王朝权威衰微,对绅士来讲已经失去了向心力。"[3]在真实的历史世界里,"掌控村庄事务的士绅通过科举考试获得了政府认可的特殊地位,并得以成为乡村社区生活的领导者,但他们的利益与地方利益并不完全一致。为了保护自身的利益,乡绅经常利用自己在乡村中的领导地位危害乡邻的利益,甚至成为扰乱地方的'恶绅'"。[4]也正如张健博士所言:"并不是所有的绅士都能积极从事与当地利益有关的活动,有些绅士只考虑自己的利益,甚至与官府勾结危害乡里成为劣绅。"[5]这些劣绅抑或恶绅横行乡里,长此以往,对乡村社会的破坏是非常严重的,极其不利于乡村的稳定。此时,士绅将不再是清帝国政府统治乡村的辅助力量。[6]当然,并不是所有的士绅都存在自私自利、欺压鱼肉乡里的行为。

虽然清政府通常不干涉乡村组织和活动,但是乡村并没有享受过真正的自治,也没有真正意义上的自治组织,更没有表现出真正的民主社会特征。虽然许多乡村都有组织存在,但并不是所有乡村都成立了组织。对存在组织的乡村而言,公共活动的范围不仅有

---

[1] 张健:《传统社会绅士的乡村治理》,载《安徽农业科学》2009年第5期。

[2] 参见萧公权:《中国乡村:19世纪的帝国控制》,张皓、张升译,九州出版社2018年版,第377页。

[3] 李严成:《晚清政府职能萎缩与绅士基层"自治"》,载《湖北大学学报》2005年第1期。

[4] 何江穗、方慧容:《萧公权〈中国乡村〉刍议》,载《读书》2017年第9期。

[5] 张健:《传统社会绅士的乡村治理》,载《安徽农业科学》2009年第5期。

[6] 参见萧公权:《中国乡村:19世纪的帝国控制》,张皓、张升译,九州出版社2018年版,第380页。

限,而且所有村民在平等基础上进行的大众活动,几乎没有。要想找到一个全村性的组织为所有村民利益而齐心协力的事例,真是难上加难。大多数组织仅仅是为了特殊目的而成立起来的,只不过是为了解决一时的需要,它们的成员通常只包括一部分村民。虽然普通村民可以参加村中事务,甚至可以充当领导,但常常受到乡绅的控制。绅士在很大程度上决定乡村生活的组织形式和方向。[1]"表面上,中央下达政令,有一个自上而下的正规渠道贯彻着帝国的整体秩序,但在实际运作中,经过各级人员的中介变通处理,帝国秩序并不能触及地方管辖事物。在这种情况下,双方都默认并谨慎对待管制领域的边界,除非在基层无法处理的事才上达官方。地方权威的'自主'管辖权没有受到严重挑战,它们自成一体。"[2]即便是在宗族组织强大的乡村,乡村的治理掌控在宗族手中,此时宗族往往也是被成员中的绅士们直接控制。村中大小事宜也并非一个普通村民所能左右的,因为他们根本无权参与讨论和决议村中大小事宜。因此,传统乡村当然不存在所谓的"自治"。[3] 总之,"皇权不下县"的传统乡村社会是绅士的"自治社会",传统乡村并不存在现代意义上的自治组织和自治思想。

四、余论

关于乡村治理的研究,可谓是汗牛充栋。无论是在材料裁取还是在研究方法运用上,多数关于乡村治理的研究皆有可取之处,至少是一种知识的增量。"从当前学术界对乡村社会研究的进入来

---

〔1〕 参见萧公权:《中国乡村:19世纪的帝国控制》,张皓、张升译,九州出版社2018年版,第381页。

〔2〕 李世众:《晚清温州权力关系格局透视——以士绅为中心的历史考察》,华东师范大学2005年博士学位论文。

〔3〕 参见萧公权:《中国乡村:19世纪的帝国控制》,张皓、张升译,九州出版社2018年版,第315页。

看，不同学科具有不同的问题，例如，政治学者更为关注村民自治和乡村关系的研究，法学学者关注送法下乡和乡村秩序的获得，历史学者关注农村传统的组织形态及其在现实中的功能状况，经济学者关注土地制度及农民负担等。虽然不同学科关注的问题不尽相同，但在这些具体问题的背后，有一个问题是共同的：他们都关注国家政策在农村社会的遭遇，这就与关注农村社会本身是什么只有一步之遥了，也就是说，转型期的乡村社会性质研究的必要性就凸显了出来。"[1]相对于之前的乡村研究，晚近的乡村研究在学术视野以及文献利用上皆有了很大的提升，正如李怀印教授所述：[2]

> 晚近的中国乡村研究，不再局限于官方文献（特别是地方志书）或官僚士大夫的作品，而是依据更为可靠的由20世纪三四十年代人类学者所遗留下来的田野调查资料，并开始利用那些长期以来沉睡在县级档案馆库中的地方档案资料。正是在这些全新的史料基础上，新一代的乡村研究得以突破先前的"国家——绅士"模型，转而提出各自不同的新的模型，用以解释国家与社会的关系及地方社会内部的权力结构……过去一直为研究者所重视的持有功名的绅士，在华北的自然村中却很少见。当地的村级领袖几乎全部由庶民组成。他重新强调研究村庄的重要性，提出用一个更全面、更切实际的"牵涉国家、士绅和村庄三方面关系的三角结构"取代过于简单的"国家——士绅"二元结构，因为后者无视村庄中可能存在的自发的领导。

〔1〕 冯小双：《阅读和理解转型期中国乡村社会——"转型期乡村社会性质研究"学术研讨会综述》，载《社会学研究》2002年第1期。

〔2〕 [美]李怀印：《中国乡村治理之传统形式：河北省获鹿县之实例》，载黄宗智主编：《中国乡村研究》第1辑，商务印书馆2003年版，第72~73页。

研究范式的转变当然具有现实意义,对进一步解释传统乡村社会,毗益良多。任何研究都不可能是完美的。"在传统的研究中,研究者多从地方社会与国家权力之间充满张力的关系来窥探传统乡村的治理态势,其特点便是从地方权威(治理主体)的角度来审视乡村治理,忽视了所谓被治理者及其对国家行政指令的策略性应对,从而简化了这一领域的研究对象,无法全面地呈现乡村治理实践的复杂形态。"〔1〕随着研究的深入以及新的历史材料被发现和运用,正在弥补和完善这样的不足。"特别是20世纪80年代前后对中国乡村的研究中,乡村社会更进一步摆脱了萧公权笔下的消极形象,不同阶层——特别是普通民众——的反抗行动成为理解传统中国乡村生活的重要环节……当前对传统乡村的研究,不再简单地把帝国—乡村关系看作帝国对乡村的控制乃至容忍,而是强调帝国与乡村之间存在着复杂的多方互动。"〔2〕这也是研究的常态,"政府在地方治理中必须充分尊重各种民间知识形态。从地方治理角度看,无视民众的价值观念及其社会组织原则,就没有稳定的社会秩序"。〔3〕在未来的乡村治理研究中,"自下而上"的研究视角,进一步阐释乡村治理,抽象背后的理论,是努力的方向。

限于当时的研究条件,萧公权先生在《中国乡村》中所阐释的帝国控制下的传统乡村治理研究,在史料运用和分析范式上存在一定的不足。然而,这并不影响《中国乡村》作为经典之作的地位,《中国乡村》依然是有志于传统乡村治理研究者的必读之作。当然,对乡村治理研究这一大命题而言,应当有更多的研究者从学术史出发,放宽视野,消除学科藩篱,对乡村治理进行深入、细致的研究。

---

〔1〕 姜晓萍、代珊珊:《从二元结构到全景关照——中国传统乡村治理研究的视角转换》,载《华中师范大学学报》2017年第1期。

〔2〕 何江穗、方慧容:《萧公权〈中国乡村〉刍议》,载《读书》2017年第9期。

〔3〕 李世众:《晚清温州权力关系格局透视——以士绅为中心的历史考察》,华东师范大学2005年博士学位论文,第271页。

近代中国内国公债研究

孙 政*

【内容摘要】 以史为鉴,面向未来。中国近代内国公债随着民族资本主义的发展,自清朝末年萌芽,北洋军阀时期正式形成,到国民政府时期发展至功能衰退,虽然时间不长,但是情况复杂,内容丰富,涉及面广,可以对当前我国公债的健康发展提供很多经验、教训和启示。本文介绍中国近代内国公债发行和公债市场情况,总结对当代我国政府债务的启示。

【关键词】 近代中国;内国;公债

根据《中国大百科全书·财政、税收、金融、价格》解释,公债是指"政府为筹措财政资金,运用国家信用方式,向国内外投资者所借的债务"。[1] 根据《现代经济词典》解释,公债是政府向居民、经济实体、事业单位及外国政府或组织借款而形成的债务。根据上述公债的定义,公债包括外国公债和内国公债。本文仅以内国公债为研究对象。在清朝末年"西学东渐"的历史背景下,随着民族资本主义的萌发,近代中国的公债经历了从无到有,从小到大,从分散的、无组织的场外市场到集中的、有组织的场内市场的过程,在波折中渐

---

* 中国政法大学商学院博士研究生。

〔1〕 刘国光:《中国大百科全书·财政、税收、金融、价格》,中国大百科全书出版社 1988 年版,第 89 页。

进式发展。但囿于近代政府更迭不断,财政基础薄弱,公债滥发情况频发,多次发生公债风潮,使近代中国公债市场也不可避免地走向衰败。

一、萌芽——清朝末年

近代公债在我国萌芽于清朝末年。自鸦片战争以来,清政府不断割地赔款,中日甲午战争之后,清政府负担日益加重,不但耗费了巨额战争经费,而且面临战败后的巨额赔款。《辛丑条约》庚子赔款又使晚清政府的财政雪上加霜。同时,在"西学东渐"背景下,西方公债制度得以传播,国内主张举借内债的声音也多了起来。1883年,钟天伟在《扩充商务十条》中说:"国债之法创自欧洲,实开千古未有之局。不敢谓永无弊端,而总觉有大利,而无大弊。"郑观应亦在1893年所撰《盛世危言》中大为推崇西方国债制度,并提出"苟能施以大公,持以大信,试借民债以给度支,诚一时之良规,即以保万世无疆之盛业,较日前之开捐例以鬻爵,设重卡以病民,其利弊得失之相去,有不可以道理计",他还进一步对举借内债提出具体建议。

在现实财政压力和革新思潮的推动下,晚清政府在1894年中日甲午战争爆发后,终于决定向国内商人举借内债,称为"息借商款",这是中国历史上第一次正式发行国债。光绪二十四年(1898年),《马关条约》的战争赔款迫在眉睫,清政府面对列强"争欲抵借",只能"合天下之地力人力财力""以应国家之急",发行"昭信股票",名为"股票",但比"息借商款"更接近现代公债。1911年武昌起义爆发后,各省相继独立,晚清政府的政权几近崩溃,为了挽救财政危机,再次发行了"爱国公债"。

上述三笔内国公债的发行按照当代债券发行评价标准均是失败的。"息借商款",发行量仅有1102万两,根本无法解决甲午战争期间的军事窘境,且发行募集没有市场规则,实质上变为国内商人的捐募和对百姓的经济勒索。"昭信股票",实质上应为"昭信公债",

名股实债，试图偷换概念消除第一笔公债的不良影响。原计划发行1亿两，实际的募集量不足2000万两，属于发行“流标”。流标的主要原因在于清政府户部自行发行和管理，未引进市场化机构；虽然设计了田赋、丁赋和盐课盐厘做抵押的信用机制，但是没有预估市场需求，发行规模过大，演变为“苛派勒捐”。而“爱国公债”尚未发行完，清王朝就走向了灭亡。而且这次募集的主要认购者为清室王公世爵和部分在京文武官员，占实际募得资金的80%以上。梁启超在分析清末内国公债发行失败的原因时曾指出：“欲公债之成立，其必不可缺乏条件有五。一、政府财政上之信用孚于其民；二、公债行政纤悉周备；三、广开公债利用之途；四、有流通公债之机关；五、多数人民有应募之资力。五者缺一，则公债不可得举也。”[1]他认为清末国内公债的发行缺乏这些必要条件，因此不免失败。

综上，近代中国内国公债是晚清政府在财政入不敷出的困境下所作出的一种无奈选择，也是在当时举借外债和增加税收都难以弥补战争、赔款所造成的财政赤字的情况下的必然选择，突破了清代惯用的捐输、报效等封建落后的筹款方式，这在财政手段和财政观念上都具有进步意义。另外，因为晚清时期缺乏发行公债的经济基础——近代化的金融机构与金融市场，加之受传统观念影响，民众普遍缺乏公债意识，因而虽然发行了债券，但均未能按预期计划进行，交易有限，市场狭小，难成规模，所以说仅仅是中国近代公债的萌芽。

二、正式形成——北洋政府时期

进入北洋政府时期后，政府财政依旧困顿，一方面，第一次世界大战以后，“善后大借款”中止，北洋政府完全没有了外部资金来源；

〔1〕 梁启超：《论直隶湖北安徽之地方公债》，载《饮冰室文集》第21卷，中华书局1932年版，第101页。

另一方面,地方军阀割据,不向国库上缴税款,国库亏空严重。以1913年的中央预算为例,年收入4.13亿元,年支出4.98亿元,赤字0.85亿元。[1] 地方上交预算为3242万余元,实际收入仅560万元。[2] 为了解决军需和财政困境,北洋政府迫于无奈推行公债,公债市场逐步建立。1914年,北洋政府设立内国公债局,专门负责内债的发行和管理工作。财政部发表的"发行债券理由书"载:"吾共和民国,建设以来,政变纷乘,政府预算远未成立,收入多被截留,支出漫无限制,入不敷出,库亏之数逐年增加。初或借用外债以资弥补,至民国八年,外债无可再借,于是始向国内外银行起零星短期借款……此等借款,条件严酷,期限既短,利率尤高。"[3] 自1912年1月发行民国元年军需公债开始,到1926年发行奥国赔款担保二四库券,北洋政府以公债票形式发行国内公债共26次,发行金额合计8.45亿元,实发额为6.18亿元。[4]

北洋政府时期公债发行已初具规模。第一,发行利率越来越高。1919年以前的内国公债,利率多为年息6厘;1920~1921年的利率已有增至7厘的;1922年以后,利率又提高为年息8厘;至1922年发行四库券,利率竟高达月息1分5厘。第二,债券面额随着政府信誉的丧失越来越大。1921年之前,公债票面额种类较多,有大面额的万元券、千元券,也有小面额的10元、5元,甚至1元券;但1921年内国公债整理之后,公债票面额大多为万元券、千元券。第三,发行价格以折价发行居多,折扣率从九五折到六折不等,用于吸引投

---

[1] 参见贾士毅:《民国财政史》(下册),商务印书馆1917年版,第47~48页。

[2] 参见刘克祥、陈争平:《中国近代经济史简编》,浙江人民出版社1999年版,第296页。

[3] 张郁兰:《中国银行业发展史》,上海人民出版社1957年版,第46页。

[4] 参见王宗培:《中国之内国公债》,上海长城书局1933年版,第6~7页;千家驹编:《旧中国公债史资料》,中华书局1984年版,第33~101页及其"附录";汪敬虞主编:《中国近代经济史1895-1927》(中册),人民出版社2000年版,第64页。

资。第四,担保方式多样。北洋政府发行的公债主要采用关余盐余等方式进行担保,采取这类方式担保的公债信誉较高。但除此之外,还有钱粮税收、整理内债基金、铁路收入、印花税、契税等其他收入作为担保的公债发行,这类公债的债信则相对较差。第五,募集债款绝大部分用于军政费用。北洋政府的公债主要用于军事用途和行政开支,直接投入到基础设施建设和经济发展领域的很少。[1]"根据统计计算,北洋政府所有内国公债实际发行额中约有42.53%用于军政费用,用于偿还及整理旧债者约占有28.22%、整理及调剂金融者约占有26.34%,此三项用途共占97.09%,仅有约0.52%用于赈灾和教育事业……"[2]第六,公债的偿还采取分期定额偿还居多,时限以中期为主,最长达35年。

适应公债的发行和管理的需要,北洋政府公债制度和流通市场正式形成:第一,1921年以前内国公债的主要发行方法是银行间接公募法。1914年内国公债局设立之后,到1921年以前内国公债基本上是以公募法发行的,其中三年公债、四年公债、五年公债等明确采取由银行包卖的方式即间接公募法进行公债募集。有些公债名义上是直接募集,实际上也是通过银行间接募集的。第二,正式的公债交易市场建立。1918年北洋政府紧急批准设立"北京证券交易所",1920年批准设立"上海华商证券交易所",[3]解决了公债的二级流通需求问题。第三,银行业作为公债市场的参与者成为公债的主力投资者。当时各项公债中流通较繁,买卖进出最盛,而银行业购置生息数量最多者,主要集中在金融公债、整理六厘、七年长期、五年公债、整理七厘5种。"是以银行业在此期间如雨后春笋,成立

〔1〕 参见张郁兰:《中国银行业发展史》,上海人民出版社1957年版,第46页。

〔2〕 汪敬虞主编:《中国近代经济史1895-1927》(中册),人民出版社2000年版,第1430页。

〔3〕 王宗培:《中国之内国公债》(上卷),上海长城书局1933年版,第42~43页。

甚多,皆依政府借款而营利,获利极巨”。[1] 第四,公债流通市场基本形成。银行业深度参与公债市场,事实上形成了一个以银行为主的银行间公债流通市场,公债二级流通市场的建立和形成对一级市场公债的顺利发行和规模化发展起到有力的促进作用,为一级发行市场提供广泛的流动性和市场深度。正如当时任财政总长的周自齐所说:“近年以来,国内银行事业,日形发达,而买卖有价证券,为银行重要之营业,假令各项内债本息一朝停滞,全国金融必受恐慌。”[2]

三、发展兴盛——南京国民政府时期(1928~1937年)

南京国民政府初期,经济状况仍是毫无起色,军阀各自为政,税收无法统一调配,税制繁冗,内部财政压力沉重,外债包袱亦难以偿付。政府只能依靠江浙财团的支持勉强支撑。[3] 在此期间,南京国民政府先后发行了近26亿元的公债,约为北洋政府以“公债票”形式发行的内债总和的4倍。公债市场进一步稳定和发展,在继承北洋政府的存量公债的同时,新的公债大量发行,公债的流通市场也随之活跃。近代中国的内债发行进入一个兴盛期,公债也步入大规模发展的新阶段。

与北洋政府时期相比较,南京国民政府时期公债体系进一步发展:第一,发行规模更大,造成沉重的财政负担。1928年南京政府正式成立之初,公债规模达18亿元左右;截至1937年,公债规模为42亿元。1928年南京政府全年税收收入3.3亿元,1934年南京政府全年税收收入为6.38亿元,若按这两年的年收入还债,分别需要12年

[1] 胡善恒:《公债论》,商务印书馆1936年版,第284页。

[2] 千家驹编:《旧中国公债史资料》,中华书局1984年版,第66页。

[3] 易继苍:《南京国民政府的盐税与统税改革》,载《杭州师范学院学报(社会科学版)》2003年第2期。

多和6年多才可以全部偿还完毕这些公债负担。第二,政府不断加强公债的管控。一是设立国库券基金保管委员会,专门负责公债的管理工作。二是通过立法明确公债的发行用途。1929年4月20日立法院通过《公债法原则》,不但详细规定了发行公债的具体用途,还明确规定"中央与地方政府募集公债,均以不得充经常政费为原则",并且"凡经指定用途之公债收入,不得挪作别用"。[1] 三是推行公债整理制度。公债整理虽然在一定程度上损害了持券人的利益,但是通过"持券人会"的方式展开,还是得到了当时银行界重要人物的支持。第三,发行条件和偿还指标结构优化,债信提升。南京政府时期,政府加大了公债发行的折扣力度,用于吸引鼓励承销承购者和投资者,同时利率逐步稳定降低;每次发行公债都引入新的税源作为担保。关税、卷烟税、印花税等都曾作为新发公债的担保,担保条款简明、务实、高效,公债发行条例清晰。因此,政府从公债发行中实际获得的资金数不断增加,政府负担减轻。第四,流通和交易更加活跃。同北洋时期相比,南京政府时期的公债流通市场有了长足发展。银行大力参与以后,事实上的银行间市场形成。市场交投活跃,品种丰富,期货现货搭配,投资投机两旺,交易场所繁荣,盈利稳步增加,公债交易市场甚至成了"战场",市场的深度和广度都有了明显发展。

1927年4月至1937年7月全面抗战爆发,内忧外患重重,经济衰敝,政府财政入不敷出。最初,为了满足战争开销,不得不学习北洋政府的做法,依靠公债发行来平衡财政,想尽办法筹集内债资金。由于时局动荡,国家经济和人民积贫积弱,发行公债必须通过比较大的折扣才能吸引投资,培育银行,随后公债发行逐步打开局面,流通市场和发行市场相互支持,共同发展,进而经济形势得以好转,金融开始繁荣,公债市场流通兴旺。大量公债的成功发行与流通对南

〔1〕 千家驹编:《旧中国公债史料》,中华书局1984年版,第181页。

京政府的生存、统一和稳定起到毋庸置疑的作用。

四、功能衰退——全面抗战时期(1937~1945年)

当时的中国国民经济受到沉重打击,关、盐、统三种主要税收锐减,而军费支出却迅猛增长,军费占总岁出的比重从1937年的66.4%增至最高时的87.3%,甚至90%以上。[1] 为筹集资金,国民政府采取增税、募债、发钞三管齐下的办法。

这一时期公债也有自身的特点:首先,公债发行量大。为筹集资金,国民政府采取增税、募债、发钞三管齐下的办法,而以募债为重点。从全面抗战爆发到1944年,国民政府发行的内债共有24次,其中以法币为单位的公债额度总计156亿元。此外,4种粮食库券若各以当年粮价折合总计法币370亿元。其次,公债种类繁多,发行方式多样。为了顺利发行公债,政府设置各种各样的公债。以募集标的分,有货币公债和实物公债;以公债购买的义务分,有强制公债、爱国公债和普通自由公债等类别。再次,公债发行在财政中比重下降,公债功能衰落。随着抗战的持续进行,依靠人民爱国心发行的公债难以长久维持,兼之战时公债销售的客观环境受限,实销效果无法保证,使公债在战时财政中无法发挥更大的作用。而与此同时,前线的抗战异常激烈,政府开支与日俱增。迫于无奈,国民政府财政部将尚未售出的公债,以"总预约券"的形式抵押给中央银行、中国银行、交通银行、中国农业银行四家银行来取得银行垫款。在开始阶段,四行对政府的垫款并不全部来自钞票发行,有一部分是来自银行自身的资产或储蓄存款。但之后公债垫款日益增加,四行无力承受,不得不全部以发行纸币来对付,使公债发行与国家银行垫款及纸币增发,实质上混为一谈。马寅初称其为"烟幕下之通货膨胀"。而随着通货膨胀越来越严重,法币的迅速贬值使民众和私

---

〔1〕 参见杨荫溥:《民国财政史》,中国财政经济出版社1985年版,第103页。

人银行更不愿意购买政府公债,政府只能要求国家银行进一步增加公债垫款,由此形成公债发行与通货膨胀之间的恶性循环,公债的功能逐步衰弱。又次,交易场所关停,公债二级市场流动性几乎停滞,流通市场功能衰落。最后,利率低、期限长、流动性差,24 种公债中,期限最长的 38 年,大部分期限都在 15 ~ 30 年之间,期限在 10 年以上的有 18 种,占 78%。[1]

综上,国民政府在全面抗战时期所举借的国内公债大多为筹措抗战经费而发行,必要性、合理性应基本肯定,对支持抗战的意义也十分重大。一方面,由于战时的金融统制政策,对市场化参与主体的依赖大幅减少,因此这些公债市场参与主体的业务也不断萎缩,发展受到抑制;另一方面,物价指数飙升,利率指数狂涨,汇率贬值严重,整个金融市场的发展受到抑制。随着交易场所关闭,金融市场交易数量和二级流通功能更是一落千丈。

五、启示

近代中国公债的发展,既有成功的经验,又有惨痛的失败教训。从这些经验和教训中我们可以得到一些启示。

第一,公债发行要规模适度。内国公债发行规模一旦超过国家财力的承受能力,也会发生财政危机,如北洋政府和南京国民政府滥发内债,最后偿还无着,国计民生皆受其弊。所以,内国公债应建立一套宏观总量指标控制体系,如占国民收入的比重,占财政收入的比重,内债的产业投资比例、投资收益等,使内债更好地为经济政策和财政政策服务。

第二,公债成效与政府信誉直接相关。政府信誉巩固,公债方能顺利推销。近代中国历次公债市场的波动和公债风潮的发生,本质上都与政府信用的动荡有极大关系。没有稳固的政府信用做后盾,

---

[1] 参见千家驹编:《旧中国公债史资料》,中华书局 1984 年版,第 275 ~ 318 页。

公债政策和公债市场就成了无源之水、无本之木。

第三,应重视承销力量的培育。公债市场的建立和发展要调动承购商的积极性,培育有相当实力的承销机构。全面抗战时期,国民政府发行的大量国内公债,只能做到“发”的地步,不能达到“销”的目的,最后只能以“总预约券”的方式作抵,向国家银行借款,而国家银行则以此为准备发行货币,内债转而成为通货膨胀的“帮凶”,无法发挥抑制通货膨胀的作用。

第四,应建立公平的公债流通市场,打击内幕交易和价格操纵。公债为有价证券,应自由流通,使购买债券的不同主体之间可以互相交换,调剂资金余缺,活跃金融市场。有了吸纳巨大发行量的健康的公债二级流通市场,一级发行市场才能顺利进行下去。建立公开、公平、公正的公债二级流通市场,需要加强内幕交易行为和价格操纵行为的监管和惩戒,保障全体投资者拥有同等的信息优势。另外,必须明确公债市场上法律明确禁止行为的界限,秉持“法无禁止即可为”的原则,让全体市场参与者能够在清晰的法律框架范围内从事二级市场的交易活动。对守法守规者要形成法律保护,对违法违规者要实施明确的制裁。

第五,公债市场要有适度监管。不论是一级发行市场还是二级流通市场,适度监管是有必要的。监管可以是政府的行政监管,也可以是行业协会的自律监管,都可以在市场手段失灵时起到纠偏作用。在近代中国公债市场的发展过程中,发行市场的无序和滥发、公债风潮的形成、流通市场上异常波动的出现,都与监管缺位有很大关系。公债发行市场方面,适度监管主要体现在对发行主体融资规模的监管和失信行为的惩戒上。公债流通市场方面,适度监管主要体现在三个方面:首先,需要对承分销环节的利益进行规范监管。既要调动承购商的积极性,踊跃承购或销售公债,又不能过分加重财政负担,让公债变成承购商利用制度和门槛优势中饱私囊的工具。其次,需要对二级交易市场进行监管和规范。必须加强对内幕信息的把控和监管,做好信息披露工作。同时,需要严厉惩戒利用内幕信息优势非法牟利的行为。最后,应该强化市场参与主体的监管。应该对市场参与主体进行分类监管:对风险承受能力较弱的投资者,应该排除在公债二级投资市场之外,其参与一级市场公债的具体范围也应该有所限制,以免公债市场的动荡对其造成毁灭性打击,引发社会动荡;对实力较强的投资者,应该限制其持有单一公债的规模,避免集中度过高,既可以降低持券主体的市场风险,也可以防止价格操纵,从而分散全社会的金融风险。

从“英美关系契约理论”到“中国古代契约实践”

王翼泽*

【摘要】 现代契约法理论正面临多重社会身份关系对契约入侵的困境，中国古代契约实践天然涵盖多重社会身份关系，几乎可以对所有的民事关系进行调整，其能否对当代中国契约理论构建有所增益？本文从两个方面说明这种包容性的成因：一是古代契约仅对意思表示真实进行约束；二是古代政权在调节具体关系时对“平衡”的追求。继而通过对比古代实践契约与西方近代契约理论的区别，说明对“平衡”的追求并不是契约理论的核心，而是上位阶法律，乃至社会意识所赋予的。中国古代契约实践作为一种自然的、未被赋予更多社会追求的技术实践经验，或可带我们超越近代大陆法的抽象理性。

【关键词】 原因条款；平衡；关系契约

一、引言

近代以来的西方契约法理论历经古典契约法理论的奠基与新古典契约法理论的改良，曾为西方世界带来诸多辉煌的契约法。然而，20 世纪 80 年代以来，随着英美社会的发展，契约已经承载了多

* 中国政法大学比较法学研究院博士研究生。

重社会关系,成为多种社会因素博弈的结果,无论是建构期的古典契约法还是调整期的新古典契约法,都无力解决契约社会化的法律问题,应运而生的关系契约理论被认为是有关市场交换之法理构建中最有前途的理论选择。[1] 近代以来的中国立法实践经历着“打破——重建”的变革,当代中国合同法有继受至西方、起步晚的特点,这意味着我们不仅要从零补课,更要面临西方契约法所面对的最新问题,正视众多新型权利或民事关系及其复杂的性质特征与传统契约概念及逻辑框架之间难以整合的矛盾。[2] 在此两重难题之下,我们的合同法治现代化之路注定与西方有很大的不同。这些年的司法实践逐渐让从事本土资源研究的学者们意识到,作为顶层设计的国家法律制度可以改变,而现代化、全球化的高速变革却是建立在传统社会、文化基础上的“转型升级”,意识形态引领社会观念前行的同时,也要面对社会现实与政治现实。正是基于此种背景之下,笔者希望通过对中国古代契约实践进行研究,力图避免对现代法律概念表面化地生搬硬套,希望可以发掘其内在的精神、理论,使中国当代契约理论可以从中汲取一些养分。

二、契约实践活动

得益于20世纪以来学者对各地文献集刊的发掘、整理,我们可

[1] 参见刘承韪:《契约法理论的历史嬗迭与现代发展——以英美契约法为核心的考察》,载《中外法学》2011年第4期。“关系契约理论”的核心意指从社会学的外在视角对契约效力的正当性进行了全新的解释和说明。认为契约不过是有关规划将来交换过程的当事人之间的各种关系,在这一全新的概念中,契约已不仅仅是传统契约法所谓的当事人交易的协议或合意,它还包括命令、身份、社会功能、血缘关系、官僚体系、宗教义务、习惯等多种社会因素和社会关系。

[2] 参见王利明:《民法分则合同编立法研究》,载《中国法学》2017年第2期。文章指出,我们要随着交易实践的发展而与时俱进、不断完善,对许多不断涌现的新型合同进行确认与规范,充分发挥合同法组织经济的功能,规范长期性合同、组织性合同、继续性合同。

以看到古人对契约的记载可以追溯到西周时期,留存至今的数量庞大的契约文书,也证明古代民间存在丰富、发达的契约实践活动。当我们采用西方法学的体系来分析这些契约时,就会发现很难将其逐一对照纳入今日法律框架之中。俞江老师在《是"身份到契约"还是"身份契约"》一文中,概括中国古代契约的范围,不仅涉及保证、租赁、借贷等债的关系,更涵盖物权关系,无论所有权、使用权和占有权,或是地上权、永佃权、抵押权、典权,甚至涵盖了天然的家庭关系,例如,父子关系外的一切身份关系,除凡是与家庭外发生关联的,如婚姻、收养、立嗣等,又如,财产继承、分家析产等,甚至包括一切不为主流观念所认同的身份关系,如人口典卖等。[1]

以中国华侨历史博物馆馆藏的清代地契"乾隆四十二年地契"为例,契约内容"因为使用不便,别无所措"说明契约订立的原因,同时也作为一方当事人订约的动机;"祖业"说明了契约中标的来源合法性、交付正当性。这种不同于现代合同要素的条款,被韩伟老师称为"原因条款",其研究表明:"至少自唐五代以来,无论是汉文还是少数民族文字,在某些种类的契约中,原因条款开始出现,到了宋代,这类条款几乎是必备的,而且逐渐形成了一些固定的套语与格式,开始进入日用类书之契式。"[2]正是这种遍布于中国古代各种类型契约当中的"原因条款",令古代社会中各种权利得以表现。以物权关系为例,在古代民间和官府,没有今天所谓追究登记或公示或任何其他物权设定行为一说,除了通过"先占"或拾得等自然关系以及国家授田和分封等政治关系外,它们仅在契约文书中作为原因条款得以表现。[3] 进一步观察清代的诉讼仲裁制度,也可以看到中国

[1] 参见俞江:《是"身份到契约"还是"身份契约"》,载《读书》2002年第5期。

[2] 韩伟、赵晓耕:《中国传统契约"原因条款"研究——兼与欧陆民法原因理论之比较》,载《北方法学》2014年第6期。

[3] 参见俞江:《"契约"与"合同"之辩——以清代契约文书为出发点》,载《中国社会科学》2003年第6期。

古代政府对权属的确认，亦是通过争讼程序对契约关系的有效性进行确认。[1] 国家认可的不是所有权，而是买卖契约（关系）；不是典权，而是典卖契约（关系）。这些权利之所以能够成立并保证其有效，无不依赖于范围广阔的契约关系的达成，而且由契约行为加以设定、确认和延续。[2]

这种只有在征税或争讼中才会出现司法对权利进行确认的方式，完全不同于西方法律理念中通过法律对权利进行确认的方式。笔者认为，其思想源头或许可以追溯到老子《道德经》中，“天下皆知美之为美，斯恶已；皆知善之为善，斯不善已”。换言之，我们只有在权属争讼中，才会需要确认自己拥有的权属边界。“不尚贤，使民不争；不贵难得之货，使民不为盗；不见可欲，使民心不乱。”古代君王会把“民权、私权”的确认，视作一种“欲”，以此为出发点，也就衍生出争讼可耻的思想。国家会去寻找具体契约关系中的平衡，却不愿在事前彰显契约参与者的权利，为了达到“使民不争；使民不为盗；使民心不乱”的目的。通常情况下，古代政权会把民间契约实践称为一种“细事”，主要应由社会自己来处理，若非“迫不得已”（征税、争讼），更乐意“官有政法，民有私契”任其自治。[3]

不同于国家法令对契约规制的回避，实践中古代民事关系、民事权利的确认可谓是尽系于契约之上。这里需要注意的是，笔者认为，中国古代契约中的原因条款是一种具体的事实说明，包含对缔约的动机、缔约的前因或对标的合法性的陈述，其意在通过陈述引起效果意思的心理过程来佐证意思表示的真实，作为契约的一种

---

〔1〕 参见黄宗智：《“清代民事审判与民间调解”导论》，载《南京大学法律评论》1999年第1期。

〔2〕 参见俞江：《“契约”与“合同”之辩——以清代契约文书为出发点》，载《中国社会科学》2003年第6期。

〔3〕 参见黄宗智：《“清代民事审判与民间调解”导论》，载《南京大学法律评论》1999年第1期。

“远因”,其不等同于西方契约法理论上抽象的原因,在对罗马法的注释中,巴托鲁斯以买卖为例解释说出卖人的原因是获取价款,而买受人的原因是出售标的物,故原因在此被认为是作为回报而受领某物。[1] 这里原因是指引诱合同当事人订立合同的动机、代价和推动力,或对另一方的许诺或行为所作出的承诺。在法国法理中,被称为约因,指定约当事人产生该项债务所追求的最近和最直接的目的,[2]大体等同于英美契约法中的对价,各自允诺为对方负担一定的作为或不作为的义务。“当不存在原因时,即认为一项协议不能构成一项债务。”原因的存在,旨在证明契约效力的根源及其正当性。更不等同于近代对物权行为无因性探讨中所采用的原因一词,此原因针对债权行为而言,旨在探讨物权变动是否独立于债权行为。

在古希腊时期的贸易生活中,普遍认为定约者洞察对方真实的“远因”是一件很困难的事情,很难避免在契约履行中出现的诡辩言辞。在此之上发展而来的对抽象化与体系化契约体系的追求,对严格理性的要求,正是发达的商品贸易的内在需求,为了使人们对合同的订立、履行以及违约责任等有一个较为明确的预期,以达到促进交易的目的。但在中国古代的商品交易中,人们更相信经验。在中国古人看来,“远因”并不远,“远因”才是契约实践中具有真正的因果关系的“因”,其是具体的,是契约实践的起因,说明订约的动机。所以原因条款是意思表示的前置,缔约人通过审查原因条款,来确认对方确属真实意思表达,避免了表意人出于错误或不知致使其意思表示与效果意思不一致的情形,以保证契约可以被更好地履

[1] 参见[美]詹姆斯·戈德雷:《现代合同理论的哲学起源》,张家勇译,法律出版社2006年版,第62~63页。

[2] 参见游新宇、王燕主编:《国际贸易实务》,西南财经大学出版社2011年版,第196页。

行；而当原因条款是虚假时，或是当一方拒绝履行依据其意思表示设立的义务时，又可以通过二者起到互相制约的功能，达到类似英美契约法理论中“允诺禁反言”规则的作用，推论其“食言”“无信”以对契约关系作出裁判。这种原因虽然仅是一种目的、动机，不属于现代法律调整的对象，但无疑是符合中国古人心理结构认知的，可以说在今日商业活动中，“远因”作为合同的补充，也在一定程度上影响我们，其在现代商事合同中可以起到原则性条款的作用，得到双方认可的订立合同的目的、动机，正是合同履行不能时进行二次磋商的基础。

三、契约的包容性

正是中国古代这种仅对以原因条款为基础作出的意思表示真实进行规制，仅以双方的合意作为契约核心维持契约基本效力的契约规则，塑造了古代契约的包容性。绝非有些学者认为的，是对“平等的漠视”造成了契约的包容性。可以通过三方面来看：

1. 起码在清代，尊卑等级和阶级的观念已经不再那么重要，许多之前的规定已经不再存在于法律条文和实践中。譬如，从雍正时期开始，许多贱民（如乐户、疍民、雇工人等）与“良民”间的法律身份划分被消除。在清中叶以后的“细事”（民事）案件档案中，我们基本看不到“贱民”的身影。[1]《大清律例》中也具体禁止了几种“显失公平”的现象：一是“把持行市”，不经双方同意，强买强卖或设置交易障碍为自己谋利，“凡买卖诸物，两不和同，而把持行市，专取其利，杖八十”。二是“勾结牙行”，垄断市场价格为自己谋利，即“卖己之物以贱为贵，卖人之物以贵为贱者，杖八十”。[2]

---

〔1〕 参见黄宗智：《道德与法律——中国的过去和现在》，载《开放时代》2015 年第 1 期。

〔2〕 田涛、郑秦点校：《大清律例》，法律出版社 1999 年版，第 69 页。

2. 西方近代以来追求的平等,最为重要的是通过法律文件(如法国《权利宣言》)对政治权利的平等进行确认,在其之后通过法典(如法国《民法典》)确立民法上抽象的人格,任何人皆享有相同的私法上的权利和义务,即对于一切人,不分年龄、性别、职业,具有平等的基于其意思之自主而缔结或不缔结契约的权利。然而,实践中人与人之间的不平等是始终存在的。卢梭提到,自由不仅在于实现自己的意志,而尤其在于不屈服于别人的意志,然而,一旦人类进入社会之中,便不可挽回地因财富、权力甚至是生存条件而对他者产生依附。[1] 自然人之间不仅存在性别、种族、信仰之分,还存在年龄、智力、体力之别;法人之间至少存在规模、营业范围和经济实力等方面的差异;至于自然人与法人之间事实上更是存在巨大的差别。[2] 因此,科恩特别强调,任何企图证明人皆平等的努力,都是应该否定的,要证明人皆平等是不可能的。[3] 现代民法正是普遍认识到基于抽象的法人格,由于对一切人作抽象对待,在多种法律关系中,造成经济上的强者对经济上的弱者的支配,反过来动摇民法的基础,为了调节这种经济上的不平等,导致从抽象的法人格中,分化出若干具体的法人格,认可在一些领域的契约关系中存在"弱者"这种具体身份。[4]

3. 中国当代民法对"平等"的规定最初是出于彰显民法独立性的历史需要,实质上是经济体制之争。[5] 问题源自列宁的一段话:"我们不承认任何私法,在我们看来,经济领域中的一切都属于公法

---

〔1〕 参见[法]卢梭:《爱弥儿》,李平沤译,商务印书馆1978年版,第46~52页。

〔2〕 参见蔡立东:《"平等主体关系说"的弃与留——未来〈民法典〉调整对象条款之抉择》,载《法学论坛》2015年第2期。

〔3〕 参见[美]卡尔·科恩:《民主概论》,聂崇信、朱秀贤译,商务印书馆(香港)1989年版,第273页。

〔4〕 参见梁慧星:《民法总论》(第4版),法律出版社2011年版,第4页。

〔5〕 参见孙莹、谭启平:《我国民法典编纂中民法调整对象的确定与表达》,载《法学杂志》2015年第10期。

范围,而不属于私法范围。"[1] 正是由于计划经济体制的长期存在,导致在原《民法通则》制定之时,我国曾产生过需不需要民法的疑问。直到立法者明确"民法调整的是平等主体之间的关系,在民事活动中各主体的地位是平等的,民事活动应当遵循自愿、平等的原则"。[2] 这种价值宣示条款在特定的历史岁月中起到积极的作用,却倒置了民法的目的,混淆了民法的因果,并不能与整个法律体系相融,主体法律地位平等是民法的追求,是民法用以调整社会关系的手段或机制,不是民法发挥调整作用的前提,不是社会关系已经平等地等待民法来调整,而是民法以平等为原则去调整,力争在民法调整后在民事主体间产生平等性社会关系。[3]

综上,不论是中国学者对《民法通则》中调整对象的争论,还是现代民法中具体人格的设立,都让我们可以清晰地看到,现代民法的核心与其说是"平等",毋宁说是在保护一种"平衡"关系,其是一种探讨人们如何确立平等性的学问,首务不是研究什么是平等的,是将平等作为调整社会关系的原则,旨在使民事主体在法律中获得平等对待。俞江老师的研究也指出,人与人之间的议价能力几乎总是不平等的,但是在自由的、竞争的市场中,单纯的能力不平等通常无关紧要——主要是当一方有某种强制力(通常产生于垄断地位,也可能产生于信息优势)时,议价能力的不平等才变得要紧。[4] 可

[1] 《列宁全集》(第36卷),人民出版社1959年版,第587页。转引自田夫:《对民法调整对象法定化的政治社会学检讨——以学术与政治的关系为中心》,载《比较法研究》2008年第3期。

[2] 顾昂然:《我国社会主义法制的主要奠基人——纪念彭真同志诞辰100周年》,载《求是》2002年第21期。转引自田夫:《对民法调整对象法定化的政治社会学检讨——以学术与政治的关系为中心》,载《比较法研究》2008年第3期。

[3] 参见徐国栋:《"平等主体"民法调整对象限制语研究综述》,载《北方法学》2009年第3期。

[4] 参见俞江:《"契约"与"合同"之辩——以清代契约文书为出发点》,载《中国社会科学》2003年第6期。

以说,不平等的具体契约关系是普遍存在于现代契约中的,具体契约关系中双方的"不平等"是绝对的,而平等则是"相对"的,在一定范围的"不平等"恰是市场经济的源动力,是法律认为可以容忍的平等交易;而当"不平等"超出了一定范围,契约被认为是不能成立的,是现代契约法要规制的范畴。

正如民法的现代模式并非完全取代其近代模式,而是构成两者共生的现象。在认识具体契约关系的同时,不应否定抽象契约关系的重要性。揭示契约关系中那些貌似平等但却掩盖不平等关系的事实,可以发现现代民法这种对契约关系中"平衡"的追求与中国古代契约实践有一定相同之处。平等是现代法所追求的目标,不平等是作为反面意义被揭示和否定的。当我们客观地正视契约双方地位的不平等,再来审视契约本身,就可以发现肯定事实身份在契约中不可替代的地位,增加契约当事人身份的多元性,扩大私法的自治空间,实则可以更好地实现现代法律平等的目标,也能从中探寻到契约法将去往的方向。

四、对"平衡"的追求

中国古代契约实践中对具体"平衡"的追求与现代契约法理论对"平衡"的追求是否完全相同?

黄宗智老师在《中国古今的民、刑事正义体系——全球视野下的中华法系》一文中写到清代的买卖人口契约,最初清代也是严格限制的,但在后期刑部逐步形成了斡旋于法律条文与社会实际之间的立场,1818 年说明,不再把丈夫因贫穷所迫而出售妻子视作违反"买休卖休"律("纵容妻妾犯奸"律)的"犯奸"行为而惩罚。[1] 其

---

[1] 参见薛允升:《读例存疑》(第 2 册),黄静嘉点校,台北,成文出版社 1971 年版,第 259 页。转引自黄宗智:《中国古今的民、刑事正义体系——全球视野下的中华法系》,载《法学家》2016 年第 1 期。

后，在1828年的一起案件中，刑部作出更明白的解释：在“赤贫待毙”的穷人中，如果妻子为了生存也自愿被卖予别人为妻，法律不该视作犯奸行为而对她或出卖她的本夫加以惩罚。〔1〕根据苏成捷搜集的272起案例（主要来自四川巴县，也包括四川南部县和直隶宝坻县）中的175起，由县官明确断案的关乎卖妻行为的案例，卖妻诉讼多源自要么是本夫在卖掉妻子之后，进一步勒索后夫，因此导致纠纷，要么是妻子或娘家反对该项买卖，因此诉诸衙门。衙门对那些案件的判断关键，在于被卖妻子/娘家是否确实反对被卖，如果没有反对，县官一般会容许该项“买卖”成立，但如果妻子或其娘家反对，县官则不会容许，会判定让被卖妻子回归娘家，也会惩罚本夫（掌责轻罚）。当然，也会惩罚“成交”之后无理勒索的本夫。〔2〕从此资料可以看到，清代政府对民间契约行为（哪怕是买卖人口契约）依旧采取一种尊重其自治的态度，政府仅被动调节以契约为中心所形成的社会关系之间的“平衡”，包括政府对待契约中的标的（妻子）的意思表示的重视，都充分体现老子思想中对“势”的顺应。以短时期内看，通过具体案件的平衡维持了地方宗族势力的稳定，继而稳定了社会秩序；长久来看，漠视日益扩大的贫富差距将造成更为悬殊的社会不平等。

在西方法律生活中，事先没有通过约定确认享有某种权利，随后就不会产生相应的请求权乃至诉权，国家强制力更不会介入其中。这种制度在诞生初期时，放弃了对纷繁复杂的社会关系进行调整，

---

〔1〕参见祝庆祺编次、鲍书芸参定：《刑案汇览》（第3册），台北，成文出版社1968年重印版，第1395页。转引自黄宗智：《中国古今的民、刑事正义体系——全球视野下的中华法系》，载《法学家》2016年第1期。

〔2〕参见[美]苏成捷：《清代县衙的卖妻案件审判：以272件巴县、南部和宝坻县案子为例证》，载陈熙远、邱澎生编：《明清法律运作中的权力与文化》，台北，联经出版公司2009年版，第362～364、366～367、384页。转引自黄宗智：《中国古今的民、刑事正义体系——全球视野下的中华法系》，载《法学家》2016年第1期。

仅聚焦在某几类法律关系之上,可以被称为鸡肋、僵化的。但却明确权利的获取途径,确立不经设立不享有权利的契约精神,保障社会秩序的稳定可预期。将这种制度置于宏大的西方历史中就会发现,近代以来西方社会人民的每一次反抗、每一次思想运动,都是围绕权利边界的争论、实体权利的争夺来进行的,直至形成今日西方国家公民所享有的基本权利。也正是这种围绕更新契约约定的权利争斗,导致斗争可以被维持在一定限度内——人民起义夺取了国王的特权,国王本人签署了限制权力的契约,但他还是某个领地的亲王,国王主动放弃自己曾经享有的一些权利,将之让渡给百姓或大臣们、新贵族,让渡的这一部分权利,并不妨碍他依旧享有其他权利,这种围绕权利的运动可以持续进行至曾经的特权者与所有百姓一样享有平等的基本权利那天。这种运动与其说是对人生来具有的天然权利的明确,不如说是对部分强权者的限制,对部分弱权者的救济。其并不是一个静态的制度,而是一个流动的、运行的规则——约定权利、严格按照权属作为或不作为、通过斗争再次缔约扩大权利,直至抽象的政治上、法律上的权利不断被全体公民所均分,西方近现代国家政府均构建在此之上。虽然近代西方,在抽象的政治、法律上的权利平等的思想成为社会文化理念基石之后,自由贸易却导致了百姓经济上的不平等,各个经济体之间的竞争在一定时期内催生了企业主利用机械技术提高生产效率的渴望,但社会不平等的加剧令过往"追求自由运动"变成了"限制自由"的运动,于是各国家对自由贸易进行限制,公法对私法进行限制,各种怜弱法案的出台,其不变的核心是以调节社会整体的平衡为目的。

中国古代并不会事先约定自然人所享有的权利,古代的学者从未对"君主—百姓"的权利核心进行描绘,对权利外延进行确定,他们只通过告诉君主、百姓应该追求一种怎样的状态、应该如何做可以实现这种状态——礼学、刑律,百姓只有在向统治者举起刀枪时才会知道自己权利的边界。唐宋以后的历代通过"科举"制度约束、扶持新的地方势力，通过一次次新旧地方宗族势力交替，相互牵制、瓦解，达成一种社会的平衡。大部分百姓的生活其实是处于“被局限—过度扩张”的两极波动中，在耕者有其田的日子里是“耕读传家”，在地方势力失衡，没田没饭的时候就爆发了农民起义。当起义军领袖执掌了国家，起义军领袖会完全剥夺曾经统治者的全部权力，将经济上的权利——土地，分给所有支持他胜出的伙伴。然而当新的统治者执政之后，很快会发现整个社会的生产力远远不能满足随着统治集团人口膨胀而增长的物质需求，继而造成土地兼并严重、大批农民失地的恶果。我们不应评价中国古代百姓不存在权利意思，古代法律仅作为统治者治理国家的一种手段而存在，未诞生一种思想理论将抽象的权利与具体的土地权利分开，以避免经济上的困境危及国家政治稳定。统治者消极地调整契约中的具体平衡，通过对地方宗族势力的承认、调配来维持王朝，民间享有充分的自治权利，却没有形成一项规则来稳定有效的调节社会利益分配，以保证百姓的基本生存权利，统治者终究无力挽回社会整体向着更严重的不平等滑落。

这种完全在个案中依靠契约关系寻求平衡的思路和机制，迥异于西方依据法定权利确认救济的方式。正是这种看起来不大的区分，其中有截然不同的实质差异，中国古代法律制度与西方近代法律因发端的不同，后续所达到的高度实则不在一个维度。但同时，我们也应认识到，将契约解剖后“去芜存菁”，政治的归政治，宪法的归宪法，从其核心基础重新出发，将其当代意义定位于通过法律技术保障宪法原则在实践契约中充分体现，才能更好地发展适宜当代中国的契约理论。西方这种通过事先约定确定权利、按照抽象理论严格解释契约的规则，令其在近代以来社会经济稳定向前发展，但抽象逻辑要求严密推理的内在要求，也造就其私法上的日渐封闭。

五、余论

以中国古代契约实践为出发点对比英美关系契约理论,绝非"举泰西之制而证之于古""西法之中固有与古法相同者"[1]。现在乃至将来的中国法不论是继受西方法律体系,还是西方契约思想,我们真正可以融汇吸收的只能是符合当代中国的那部分。正如其近年来在经济发展的实践之中——我们已经对西方以及中国传统法律的理论作出诸多改变。

麦克尼尔试图将关系契约理论建构成一个全新的一般化合同法理论的成果,它拓宽了合同与合同法的范围,把经典的现代合同法理论中无法容纳的或者已经排挤出去的合同形态(如公司法、劳动法、婚姻法中的合同关系)再找回来,在动态的层次上给予统一的说明和规范。[2] 黄宗智老师总结康德的思想,说明理性绝对不仅限于形式理性(理论理性),需要"实践理性",亦即关乎指导行为的道德准则的理性,来把理论理性和行为/实践连接打通,因为实际要比任何原则或准则来得复杂和多变,不是抽象理论所能完全涵盖的,所以任何抽象法则都需要佐以具体事实情况来阐明。[3] 笔者认为这是一个契机,处理具体事实中的"平衡",正是我们古代契约实践中的核心,抽象理性思维正是近代以来我们一直在学习、实践的,通过应对现代契约法理论的新情况、新发展,或许恰可发展构建符合我国当代的契约法理论。

---

〔1〕 沈家本:《寄簃文存》卷六。转引自俞江:《共同"法律现象"下的"深层共性"——评〈中西法文化的暗合与差异〉》,载《博览群书》2004 年第 4 期。

〔2〕 参见刘承韪:《契约法理论的历史嬗迭与现代发展——以英美契约法为核心的考察》,载《中外法学》2011 年第 4 期。

〔3〕 参见黄宗智:《道德与法律——中国的过去和现在》,载《开放时代》2015 年第 1 期。

词与物的错位

——权利话语的前世与今生*

董　敏**

【摘要】　权利的意义既有古今之别也有中西之异。中文“权利”汉译自英文 right，right 又衍生于拉丁文 jus。罗马法中的 jus 包含了今天我们所说的“法律”、“权利”与“公正”三重意义，但近代自然法学说的兴起令“主观法”（权利）脱离了“客观法”（法律），并逐渐形成了一种独立于“法律话语”的“权利话语”。近代翻译家将 right 及 jus 译作“权利”，人为地割裂了法律与权利的联系，并脱离了中文语境和文化传统，在法学理论和法律实践中造成了权利术语与权利现象的错位。要纠正这一偏差，法学家应当从“权利话语”回归权利理论，从脱离法律奢谈权利回归在法律内部理解权利。

【关键词】　jus；right；权利；权利话语

人们坚信，如果听到词语，肯定就有一些思想附载其中。

——卡尔·波普尔

按照多数人的理解，法学并不是单纯地研究法律规范本身，换言

* 国家社科基金重大研究专项项目“中华优秀传统文化传承发展的立法对策研究”（批准号：18VHJ009）的阶段性研究成果。

** 中国政法大学法学院博士研究生。

之,这门学问并不以实在法——尤其是制定法——为限;相反,法学有时被看作一门关于权利的学问,研究权利现象即使不是法学的唯一任务,也至少是其要务之一。对权利的研究形成了一套权利话语,“为权利而斗争”“认真对待权利”等脍炙人口的法学格言正是这种权利话语的典型表达方式。甚至权利话语在当代社会已不再为专业法律人士所垄断,普通社会成员同样在日常生活中参与着这一话语系统的形成和演变,并对一些重要的理论争议表达着自身的见解。

同样无法忽视的是,“重义务、轻权利”之类的老生常谈,无论对于当代中国法还是当代中国人而言,都早已不再是准确的。如果说“权利话语”在理论上的合法性依然具有可争议性,至少其在实践中的重要性是令法学家无法视而不见的。中国普通社会成员对于“权利”这个词不再感到隔膜和费解,尤其是在激烈的权利冲突中,这些典型的权利话语往往同时被冲突双方用以对自身的行为加以辩护,不论其所主张的权利究竟有无法律上的依据(亲吻权、生育权、祭奠权、送葬权、知情权、探视权等权利诉求的案件并不鲜见)。公民对“权利”空前高涨的热情引起了法学家们的注意,并带来了立场上的分歧:有学者认为大量新的权利诉求被法律认可会导致“权利泛化”,而“权利泛化”会进一步带来权利的“乌龙效应”——权利设置的目标与实效相背离,当我们大量承认各种“新权利”时,若未能考虑其可行性、可操作性、整体性,可能被承认的权利最终也无法落到实处。[1] 如此一来,权利体系看似被充实了,实则被“贬值”了,“不严谨的权利设置带来的‘权利泛化’,助长了一般意义上、规范层面的权利冲突现象,不仅会造成‘立法越多而秩序感越少’的悖谬,还

---

〔1〕 合肥市庐阳区法院在判决当事子女定期看望老人后,就遇到了当事人不执行判决的尴尬。在法官的劝导下,子女虽然同意“回家看看”,却只在门口“看看”老人。参见陈林林:《反思中国法治进程中的权利泛化》,载《法学研究》2014年第1期。

会在权利设置的目标与实效、权利的分类保障、国家与社会、权利与道德等各方面造成冲突”。[1] 当然,也有学者将上述现象看作权利形成的自然过程,因为“权利泛化其实恰是权利的一种生长机制。一般而言,现代权利都是经过道德和法律认定,将其纳入制度框架之内,从而获得了正当性”。[2] 当已有的法律权利不足以保障公民生活质量时,新的权利需求便会产生,“个体的欲望和需要不是静态地等待被满足,而是动态地在市场中获得培育和塑造,并且面向社会以权利的名义主张出来”,[3] 进而从道德权利主张上升到法律权利,并被纳入法律权利的体系当中去,他们将这些近年来被人们提出来的“权利”诉求命名为“新兴权利”,并称“新兴权利的确认恰恰体现了社会对主体权利意识的尊重和对其利益诉求的承认”。[4] 甚至已经有学者开始着手为这些新兴权利的入法“铺路”了,譬如姚建宗教授和王方玉教授。当然,他们的态度是谨慎的,姚建宗教授提出“新兴权利研究就是要从外在视角来理性辨识、全面分析、妥善处置这些基于各自利益要求的权利诉求,使之祛除纯粹利己的偏执而向彼此妥协相互协调而迈向共同互赢方向的思考和行动,并为此而提供各种可能的选择方案”;[5] 王方玉教授则认为“司法机关如何在合适的情境下并在合理的限度内推定认可一些新提出的权利至关重要,也唯有如此才能避免纵容权利泛滥或裁判过分保守的指责”。[6]

---

[1] 陈林林:《反思中国法治进程中的权利泛化》,载《法学研究》2014 年第 1 期。

[2] 汪太贤:《权利泛化与现代人的权利生存》,载《法学研究》2014 年第 1 期。

[3] 张曦:《“权利泛化”与权利辩护》,载《华东政法大学学报》2016 年第 3 期。

[4] 张昌辉:《新兴权利确认:司法路径的正当性阐释》,载《宁夏社会科学》2017 年第 2 期。

[5] 姚建宗、方芳:《新兴权利研究的几个问题》,载《苏州大学学报(哲学社会科学版)》2015 年第 3 期。

[6] 王方玉:《新兴权利司法推定:表现、困境与限度——基于司法实践的考察》,载《法律科学(西北政法大学学报)》2019 年第 2 期。

无论是对新兴权利鼓吹法律上的认可,还是担忧其导致权利的泛化,其实都承认了"权利"本身对于通过法律的社会治理的重要意义。相较于二者的分歧而言,其基础性的共识反而或许是更值得讨论的问题。为何保护"权利"本身对于法治来说是重要的?这个充斥着"权利话语"的社会是否就是值得期待的那个"法治理想国"?"权利话语"对法治社会形成在多大程度上起到了正面作用?

上述疑问构成了本文的写作主题,通过梳理"权利话语"在西方和中国各自流变的历程,本文试图证明,现代"权利话语"滥觞于罗马法传统在遭遇近代自然法学说时发生的"畸变",并造成了现代西方社会的一场所谓"权利的革命"(rights revolution);〔1〕权利概念在近代输入中国,文化上的"误会"与译法上的草率,令"权利话语"被"中国化",并在转型中的中国社会引起了"创造权利""过度维权"等一系列问题。〔2〕总之,"权利话语"纵然对法学而言是必要的,但也只能从属于法律话语,权利问题不能在法律之外寻找答案。

一、词义的畸变——"权利"的古今之别

现代西方法律和法学的主要源头是古代罗马法,而罗马法采取的是拉丁文的表达形式,要探讨"权利话语"的起源,就必须在拉丁文中考察"权利"的本义。我们知道,拉丁文中表达"权利"的词是"jus",这个词同时也表达"法律",并兼有"公正"的含义;拉丁文中表达法律的另一个词是"lex",其专指由当时罗马有权立法的机关,诸如贵族大会、军伍大会等所制定的法律,〔3〕大致相当于现今学者所称的制

---

〔1〕 参见[美]格伦顿:《权利话语——穷途末路的政治言辞》,周威译,北京大学出版社2006年版,第5页。

〔2〕 参见杨建军、马治选:《当代中国社会的维权行动——以维权法治人物、案件和新闻为主要分析对象》,载《法制与社会发展》2013年第5期。

〔3〕 参见周枏:《罗马法原论》(上册),商务印书馆1994年版,第80页。

定法。[1] 因此,"jus"的意义外延和适用范围皆大于"lex"。

然而,在哈特谈及"恶法"究竟是否具有法律性质这个重要的现代法律问题时,却对欧洲语言中分别源自"jus"和"lex"的两类法律概念作出了另一番解释:法律的概念有两个,其中源自"lex"的那些术语表达"更加普遍意义的法律",而源自"jus"的那些词汇则表达一个相对较"窄"的含义,即"符合无论哪种其所应符合之道德理想的法律",[2]也就是所谓的"良法"。这种解释带来了两个后果:第一个后果是"jus"和"lex"的种属关系倒置,即"jus"的外延小于"lex",有些"lex"不是"jus";第二个后果则更值得重视,考虑到欧洲语言中"源自'jus'的那些词汇"同时也表达"权利"的含义,[3]那么哈特谈论的"法"与"良法"的二元对立,同时也就意味着法律话语与权利话语的对立——权利不是或者说不只是法律的造物,恰恰相反,法律是为维护权利而生或者说是首先为维护权利而

---

〔1〕 古拉丁文最初只有23个字母,没有今天使用的J、U和W,也没有大小写的区别,因此"jus"在古罗马的写法应是IVS。直到中世纪,才出现了区别于半元音I的J和区别于半元音V的U、W,并产生了小写字母。因此,"jus"其实是中世纪之后的写法。相对于"lex","jus"的含义比较丰富,在法律领域中的使用范围也比较广,其既泛指具有不同形式和来源的法,同时也专指与"lex"相对称的那种法律形式,也就是习惯法。不过在埃利希(Eugen Ehrich)看来,包括市民法、万民法及"自然法"在内的罗马习惯法,并非原初意义上的习惯法,而是经过理论重构的法,即萨维尼所称的法律的第二个阶段——法学家法(或称学者法)。参见[奥]埃利希:《法社会学原理》,舒国滢译,中国大百科全书出版社2009年版,第479~480、493页;[德]萨维尼:《论立法与法学的当代使命》,许章润译,中国法制出版社2001年版,第9~10页。

〔2〕 [英]哈特:《法律的概念》,张文显、郑成良等译,中国大百科全书出版社1996年版,第203~204页。

〔3〕 众所周知,由于拉丁文是多数欧洲语言的母体,因此"jus"和"lex"也就分别演变为法文中的droit和loi,德文中的recht与gesetz,意文的diritto和legge以及西文中的derecho和ley。当然英文是个例外,不过据边沁(Jeremy Bentham)考证,在古英语中除了lage等几个词表示具体含义外,其实还有相当于德语Recht的right一词表示抽象含义。"不过,right一词早已失去此意,现代英语不再有此便利。"参见[英]边沁:《道德与立法原理导论》,时殷宏译,商务印书馆2000年版,第361页。

生。如此一来,“法律”和“权利”纵然未变成反义词,至少已不再是同义词了。

(一)“jus”的三重含义

“一切历史都是当代史。”人类文化发展中的一个普遍现象是,每一个时代的人们都按照自己时代的面貌在自己心中塑造古代的形象。在20世纪历史学家的笔下,“古希腊罗马社会在经济、政治、文化上都是一派‘古代资本主义’景象,除了‘企业’里劳动的不是自由工人而是奴隶”,[1]唯其如此,罗马法才得以成为“商品生产者社会的第一个世界性法律”。显然,学者根据他生活的时代有意识地重塑了罗马人、罗马社会以及罗马法。然而,根据当代史学家的研究,古罗马其实远不符合我们当初对于“古代资本主义”的想象,罗马人也与动辄主张个人权利的现代西方人大相径庭。“典型受过教育的罗马人,重秩序、保守、忠诚、有节制、虔诚、固执、朴实、重实际。他乐于守纪律,不胡乱主张自由。其服从性,就像正受着指挥训练时一样。”[2]法学家对于罗马法的看法也经历过这样的变迁,今天的学者们至少承认,罗马法中根本找不到后世的所谓“权利”概念,罗马法中的“jus”并不是指个人的某种权利,而是指一种客观的法律创设,是一种“无形的东西”。“它事实上是指社会组织中属于个人的那一份,这一份额可以包容错综复杂的各种利益和负担。公正就是每个人各得其所,用在个人身上的‘权利’一词是指归于他的那一份额。”[3]

其实法律史学家梅因早就提出了类似观点,他在阐述现在民法

---

[1] 秦晖:《历史决定论的贫困——超越文化形态史观》,载秦晖:《问题与主义:秦晖文选》,长春出版社1999年版,第326页。

[2] [美]杜兰:《世界文明史·恺撒与基督》,幼狮文化公司译,东方出版社1998年版,第99页。

[3] [法]盖斯旦、古傅:《法国民法总论》,张丽娟、石佳友等译,法律出版社2004年版,第122页。

中“债”的观念时写道:“什么是一个‘债’? 罗马法学家的定义是:‘应负担义务的法锁。’”[1]因此,债就成了法律借以把人们结合到一起的锁链,用这个锁链为人的行为设置法律上的后果,这与我们通常的印象相反,罗马法学家定义下的“债”并不仅指法律上的负担(义务),也包括法律上的利益(权利)。“这说明了罗马法律用语上另一个在其他情况下很难解释的特性,即债既表示权利,也表示义务,对于其一端的重视不多也不少于其他一端。”[2]“法锁”这个形象化的比喻表明,罗马人眼中的“权利”与“正义”都并不包含形而上学的意味,而只能来自法律。[3] 同样罗马法学家也无意像后世的潘德克顿学者那样构建一个包罗万象的权利谱系,而是要关注如何运用法律来解决具体的问题。“罗马法学家们的学术工作不是理论性的,他们的知识兴趣并不是通过逻辑的结构来解释所谓‘科学的真理’,也并不是把法律体系化或试图发展出一个贯通的私法体系,毋宁说,他们的兴趣是实践性的。”[4]在法学家的实践过程中,拉丁文中的“jus”一词具有三重意义:当谈论一般的规范时,“jus”指的是我们所说的“法律”;当涉及人依法律应如何行事时,“jus”表达了今天“权利”(法律权利)一词的含义;当评价某人行事合乎法律时,“jus”则体现了“公正”的内涵。正如今天英文单词“right”虽已不再被用来表达“法律”,却仍保留着“权利”和“正

[1] [英]梅因:《古代法》,沈景一译,商务印书馆1996年版,第162~163页。

[2] [英]梅因:《古代法》,沈景一译,商务印书馆1996年版,第163页。

[3] 除此之外,这种始终将权利与义务并置,在二者之间不偏不倚的态度,是罗马人对法律理论的重大贡献:能否用权利——义务的“锁链”将人与人联系在一起,是区别法律与其他社会规范的重要标志。道德中存在无权利的义务:在地铁上,你有给我让座的道德义务,我却没有要求你必须让座的道德权利——你承担义务的对象是你自己的“良知”而不是我。

[4] 舒国滢:《法学是一门什么样的学问?——从古罗马时期的Jurisprudentia谈起》,载《清华法学》2013年第1期。

当”的双重含义。[1]

上述“jus”的三重意义体现了一种“一元论”的古代世界观,在罗马法学家看来,社会与自然、个人与城邦是统一的,而法律的作用便是安排人在社会生活中的位置,也就是“各得其所”。“因为存在自然秩序,宇宙的所有构成要素都应各就其位。由此,有必要在人、物、机构之间确立一定的关系。”也正因如此,以亚里士多德为代表的古典正义论才把重点放在探讨诸正义所遵循的比例之上,法学也才被罗马人称作“关于正义和非正义的科学”。[2] 需要指出的是,尽管古代地中海世界也流行着早期的自然法观念,但自然与社会、自然法与人法却不存在现代人理解的那种对立关系:“‘自然’不仅是初始存在和人的本性,它在逻辑上也当然蕴含了家庭、国家与社会这些人类的组织形式。”[3] 更何况法律在罗马人看来,原本就是各民族习俗的一部分,那么服从法律原本就是合乎自然的公正生活,因为“人法的多样性并不排斥自然法的观念”。[4]

(二)从客观的法律到主观的权利

17世纪以来,“一元论”的古代世界观日渐遭到近代自然科学的瓦解,“人们被迫接受一种根本的典型的现代二元论以及在自然科学上的非目的论和人的科学上的目的论”。随着近代自然法学说的兴起,法学家对“jus”的三个向度的关系的看法发生了戏剧化的转

[1] 在有的学者看来,“权利”与“正当”体现了“right”的不同词性:“人与他人交易且受普遍保障本属正当:此为其形容词形式,表达可取、适当、相符、符合普遍功利之类的含义;与任何人进行任何交易乃是我的权利:此为其名词形式……”([英]边沁:《道德与立法原理导论》,时殷宏译,商务印书馆2000年版,第361页。)

[2] [古罗马]查士丁尼:《法学总论——法学阶梯》,张企泰译,商务印书馆1989年版,第5页。

[3] 柯岚:《“自然”与“自然法”概念的古今之异——关于自然法学术史的一个初步反思》,载《法律科学(西北政法大学学报)》2008年第5期。

[4] 柯岚:《“自然”与“自然法”概念的古今之异——关于自然法学术史的一个初步反思》,载《法律科学(西北政法大学学报)》2008年第5期。

变。最先把权利与法律对立起来的似乎是霍布斯,"法律与权利向为最令人费解之词,权者,乃我辈于法律下所保留之自由,而限制自由之法,则恰为我辈彼此让渡自由之产物。执是之故,法律与权利之别便不外乎限制与自由之对立而已"。[1] 自此,"jus"的两种原本统一的意义(一般规范要求人们如何行事与具体个人如何依规范行事)就被人为地割裂为互相对立的两种法,也就是近代欧洲罗马法研究中盛行的一对概念——主观法与客观法。"客观法是个人在行为时必须遵循的规则;主观法则是个人从法律规定中得到的权利。……在私法中,它是整个法律制度的核心,由它产生了私权和人权,如财产权、契约权、人身权和家庭权等。"[2]

之所以说主观法和客观法这对概念割裂了"jus"的两种意义,是由于无论在时间上还是逻辑上,权利(主观法)不再被视为法律(客观法)的个别化与调整结果,而是早在法律产生之前就预先存在,譬如19世纪的德国民法学者曾写道:"就历史而言,早在有意识之政治秩序形成之前,主观法便已存在。其基于个人之人格而生,唯有其人身与财产先获得尊重,嗣后方可以强制维系。……因此,以为主观意义之权利仅系客观意义之法的产物,纯系历史之谬见。"[3] 如此一来,无论法律承认与否,权利就是权利,法律只能维护而不能创制或消灭权利。而拒绝保护权利的法律也就成了所谓的"恶法"。显然,权利(主观法)这个术语除了充当表达"具体情境中的法"之外,还扮演了实在法之上的另一"高级法"(higher law)的角色。甚至对于前一功能而言,"权利"也常常"越界",其意义从"合乎法律"扩张

---

〔1〕 [英]霍布斯:《法律要义:自然法与民约法》,张书友译,中国法制出版社2010年版,第204页。

〔2〕 [美]梅利曼:《大陆法系》,顾培东、禄正平译,法律出版社2004年版,第74页。

〔3〕 Heinrich Dernburg, System des Römischen Rechts (8th ed.), Berlin: H. W. Müller, 1911, p. 65.

到某种超出法律界限,甚至与之对立的实体的意愿或利益。[1] 随着“jus”上述两种意义的割裂,其第三种意义也发生了变化:正义不再位于“法律之下”,法律不再是正义的标准,权利反而成了判断法律公正与否的尺度。“恶法非法”正是多数近代自然法学家的主张,于是有学者指出,“近代自然法理论根本就不是关于法律的一套理论,而是有关权利的一套理论。在相似的名词掩护下,一番重大的变迁已经发生”。[2] 之所以说这变迁“重大”,就在于权利可以作为一种反抗现行法律和社会秩序的理论武器,“随时可供对既存体制挑战的近代人使用”,[3] 这或许恰是现代权利话语的真谛。[4]

(三)小结

不论罗马法学家还是现代学者,至少都承认法律首先是一种规范性存在,而规范性就意味着对人的行动有所影响。“在任何时间和地点,法律都有一个最为显著的普遍特征,这就是它的存在意味着,特定种类的人类行为不再是任意的,而是具有了某种强制性。”[5] 因此,法学作为体系化的法律知识,其首要任务便是准确理解现行法律规范(法律问题),并据以回答人在具体情境下如何依据现行法律规范行事(权利问题),并判断业已作出的行为是否合乎法律(正义问题)。因此,法律、权利、正义本是“三位一体”。谈法律就

---

[1] 参见张书友:《动静之间——凯尔森论法律的结构》,载《东方法学》2012 年第 3 期。

[2] [意]登特列夫:《自然法·法律哲学导论》,李日章等译,新星出版社 2008 年版,第 68 页。

[3] [意]登特列夫:《自然法·法律哲学导论》,李日章等译,新星出版社 2008 年版,第 70 页。

[4] 这套话语至今仍影响西方普通人对法律的看法:“例如,不论法律如何规定,许多英国人觉得,60 岁拥有足够养老金的人仍能获得失业津贴,这尽管完全合法,却是‘不对的’;而妇女应有权在需要时进行人工流产,尽管是违法的,却是‘对的’。”([英]詹姆斯:《法律原理》,关贵森等译,中国金融出版社 1990 年版,第 6 页。)

[5] [古罗马]查士丁尼:《法学总论——法学阶梯》,张企泰译,商务印书馆 1989 年版,第 7 页。

是在谈权利和正义，反之亦然。古人早就发现，人尽管也像动物一样饥要餐、渴要饮，而且“知好色而慕少艾”(《孟子·万章》)，但人类的日常生活却不完全适用物竞天择、适者生存的“丛林法则”，而是在本能之外还受到某些无形的拘束。人是社会性的动物，天生要与同类过群居生活，罗马法学家正是谨慎地从人的社会性出发，认为“整个社会制度(婚姻、家庭、国家、国际社会)的秩序和这些制度的基本形态都潜在地存在于其社会性中……相反，近代思想家的出发点也是经验性本身，是借助于抽象，从被视为根本性的心理的驱动力量中发现的，伦理体系和自然法则体系则是以某种唯理主义的方法中演绎出来的”。[1] 于是，现代学者纷纷大胆地从不同的抽象人性出发，将人从社会存在剥离为孤立的个体存在。对于经济学家而言，人是唯利是图、斤斤计较的“理性人”；对于法学家而言，人则“成了一个‘权利的复合体’或者说‘权利的动物’”。[2] 即使在当代西方，对“权利话语”持批判态度的也不乏其人，甚至有学者斥其为“穷途末路的政治言辞”，正是由于“开口权利、闭口权利的公共话语容易迎合一个问题具有经济的、眼前的和个体的维度，但同时却常常忽视了其所具有的道德的、长期的以及社会的内涵”。[3] 究其根源，就在于“权利话语”脱离了权利的规范性依据，也就是法律，而奢谈一种抽象的权利。于是，一切主张都可以被某种理论论证成“权利”，那么这种过分“主观”的权利也就无法令自身区别于利益、偏好乃至口味，甚至“权利”这一术语自身也将成为多余的了。

---

〔1〕［德］罗门：《自然法的观念史和哲学》，姚中秋译，上海三联书店2007年版，第71页。

〔2〕谢鸿飞：《现代民法中的“人”》，载《北大法律评论》第3卷第2辑，法律出版社2001年版，第139页。

〔3〕［美］格伦顿：《权利话语——穷途末路的政治言辞》，周威译，北京大学出版社2006年版，第226页。

二、文化的误会——"权利"的中西之异

如前所述,多数欧洲语言中源自"jus"的那个词,在演变中具有了汉语中现今用"权利"一词表达的那种意义。在当代中国学者看来,这似乎是拉丁——日耳曼语族独有的特点及优点,采取单音节方块字表达的中文则断不会产生权利术语以及"权利话语"。譬如有学者认为:"在中国古代文献里,的确找不出一个可以同拉丁语"jus"、英语"right"、德语"recht"、法语"droit"完全对等的表示'权利'的单词……这不是一件奇怪的事情。"[1]这当然不令人奇怪,真正奇怪的反倒是当初的"jus"以及"right"等词的汉译者,为何偏偏选择或说创造了"权利"这一复合词来翻译上述西文词汇。须知构成"权利"一词的"权""利"两字的中文含义原本和"jus"所表达的意思相去甚远。如果说拉丁文中的"jus"将法律与权利联系在一起,"权"与"利"却一开始就将两者截然分开了。

在古汉语中,"权"字的本义是秤锤,由此引申出"权衡""衡量""定夺"之义,所谓"权,然后知轻重"(《孟子·梁惠王上》);上述动词引申义再度派生出抽象的名词,也就是权势、权柄,所谓"权出一者强,权出两者弱"(《荀子·议兵》),这似乎与现代中文法律用语中"权力""权限"的用法相似。综合考虑上述两个字义,"权"表达的更多是一种近似"自然力"(force)的现象,尽管现代"权利"(广义)一词的外延,有时包含"权力"或"形成权"这类看似独断的"强力",但这毕竟并非"权利"的核心意义,尤其不足以如"jus"一般,同时体现法律与权利的双重含义。非但如此,古汉语中的"权"字还有"机变""灵活"的含义,今天仍在使用的"权术"一词表达的也是这方面的含义。因此,"权"字还有"姑且""暂且"之义,譬如成语"权

[1] 夏勇:《民本与民权——中国权利话语的历史基础》,载《中国社会科学》2004年第5期。

宜之计”。综合考虑后两个字义,“权”表达的则是行动对规范的背离或例外。古汉语中的“权”相对于“经”(常规、原则)而言,“有经有变有权”(《晋书·志第十》)表达的正是此义。就此而言,“权”与“jus”在意义上实在有些南辕北辙了。

汉字“利”的本义是一个十分具象的形容词,也就是“锋利”“锐利”,“坚甲利兵”就是这个意思,由此引申出“顺利”之义,再由此派生出“好处”“益处”等义,譬如“利出于地,则民尽力”(《商君书·算地》)。尽管在现代权利话语中,权利无非是个人利益的表达形式,然而在长达两千多年的中国儒家传统中,“利”却是“义”的对立面,所谓“君子喻于义,小人喻于利”(《论语·里仁》),“唯利是图”是不可取的。相反,“正其谊不谋其利,明其道不计其功”(《汉书·董仲舒传》)则是值得嘉许的态度。如果说拉丁文“jus”以及英文“right”体现了权利与正义的统一,汉字“利”的意义则大相径庭。我们之所以有时使用“正当利益”这个词组,从另一角度看,其实就是承认存在并不正当的利益。

尽管“权”“利”与“jus”、“right”的词义如此相去甚远,但这“不意味着古代汉语就没有自己的关于‘权利’的表达方式,更不意味着古代中国人没有权利观念,没有权利语言,没有权利思维”。任何人类组织体的成员总要回答“我应当如何依法行事”“他人依法可以如何对我行事”之类的问题,否则我们简直无法将中国同西方当成同类的文明社会,更无法解释传统中国社会何以长期延续并取得令其他民族羡慕的成就。因此,我们只能设想将“jus”、“right”译成中文之时,本有比“权利”更能达意的现成汉语词汇,只不过最初的译者虑不及此,后来的译者又不求甚解地萧规曹随罢了。

(一)从“right”到“权利”

据当代学者考证,用汉语“权利”来对译英文中“right”始于美国传教士丁韪良汉译的《万国公法》一书,其表述为“即如一权字。书内不独专指有司所操之权,亦指凡人理所应得之分,有时增一利字,如谓庶人本有之权利”“盖诸国与庶人迥异,故其名分权利亦不同”。[1] 显然,这种表达方式至少在无意间预设了国民(庶人)与政府(有司)之间的一种结构性紧张,甚至对立关系,进而也是一种权利与法律之间的对立。这恰恰符合 19 世纪西方法学中通过“主观法”而改造的“权利话语”,即存在一种不依赖法律的权利、一种高于法律的权利。因为丁韪良所译的《万国公法》原本就是一本有浓厚自然法意味的国际法著作,“欲知此公法,凭何权而立,为有究察各国相待、所守天然之义法而已”“夫此公法二派,其一,则与各国之律法相合,而尤不混,盖专指世人自然之权”,[2] 通过这些表达能够轻松得出前述结论。

对于现代中国法而言,丁韪良的译法可谓是一种理论和实践上的不幸。就理论而言,用“权”“权柄”之类的词汇表达或翻译今天我们称为“主权”“公权力”“国家权力”的那类法律现象,对于中国人而言并不陌生。如前所述,“权”在汉语中原本就能够表达那种作为“事实意义上的影响力”的权力。因此,早在鸦片战争之前,广州出版的中文期刊——《东西洋考每月统计传》在介绍美国政治制度时,就出现了“其列邦各自操权”“美理哥民主自主操权”之类的表述。[3] 这完全符合汉语中“权”字的传统用法,即赤裸裸的“强力”。直到 20 世纪初的中文《官话和合本圣经》(1904 ~ 1919)对于英文“power”仍采取这种译法,即“在上有权柄的,人人当顺服他;因为没有权柄不是出于神的”,对中文而言,这种译法没有什么不妥,但将“right”译作“权”“权利”就很有问题,“right”在英文中所包含的“正

---

〔1〕 王健:《沟通两个世界的法律意义——晚清西方法的输入与法律新词初探》,中国政法大学出版社 2001 年版,第 163 页。

〔2〕 王健:《沟通两个世界的法律意义——晚清西方法的输入与法律新词初探》,中国政法大学出版社 2001 年版,第 164 ~ 165 页。

〔3〕 王健:《沟通两个世界的法律意义——晚清西方法的输入与法律新词初探》,中国政法大学出版社 2001 年版,第 64 ~ 65 页。

确”“正当”等意义在翻译的过程中被丢失殆尽。《官话和合本圣经》对这个问题的处理要好得多,其译者未受丁氏的影响,而是坚持将“right”、“righteous”译作“义”“理”“公义”,考虑到中文的语境,该译者的译法要更胜一筹。正如当代研究者所指出的,丁氏“译本里的权(利)并非指原著中的“right”;实际上,英文里的“authority”、“sovereignty”、“power”、“privileges”等词语,也都被视不同情形而被译成中文中的“权”或“权利”。将上述英文词语一概译为权字,从而使英文中的许多词语和中文词语无法明确地区分表示,在含义和用法上无法确切反映出中西语言的差异”。[1] 其实,《万国公法》之前的西律汉译者对“right”及相关术语的译法曾做过多样化的尝试,例如,从规范性依据的角度将“liberty”译作“自主之理”(今译作“自由”“自由权”),[2] 又如,通过“当……”“应(有)……”“(不)得……”等规范模态词来意译“right”,这也正是当代中西立法中最常见的基本表达技术。可惜在丁氏翻译的《万国公法》出版后,“权利”相对于“right”(及其他“jus”的衍生词)的其他译法取得了压倒性的优势,“权利”不仅成为一个重要的中文法律术语,还成了当代汉语法学的“基本范畴”之一。

在实践领域中,“权利”这个译法的影响同样不可小视。如前所述,“权利”一词预设了公民与政府、社会与国家的二元对立。“过去祈之于天、而天又未予赐佑的诉求,终于找到了‘权利’这个方便的术语。每个人想要什么,想做什么,或者,不愿别人对自己要什么、做什么,都可以说‘这是我的权利’‘我有权利如何’。……倘若法律上没有规定这项权利,仍然能够以权利的名义诉诸某种足以使诉求

〔1〕 王健:《沟通两个世界的法律意义——晚清西方法的输入与法律新词初探》,中国政法大学出版社2001年版,第168页。

〔2〕 王健:《沟通两个世界的法律意义——晚清西方法的输入与法律新词初探》,中国政法大学出版社2001年版,第54页。

显得不仅正当,而且富于权威的资源。"[1]上述二元对立就转化为"民权"与"国权"在社会实践中的鲜明对立。在当时的历史条件下,体现和运用这种民权最好的方式就是"大规模的民众运动,还有与大规模民众运动的道德威力和技术需要相适应的对既有文化秩序、政治秩序、经济秩序几乎全面的怀疑和否定"。[2] 这种毫不犹豫地全盘否定现有秩序的思考方式,正是植根于近代自然法学说的西方"权利话语"的终极版本,直到今天,我们仍能在"维权"与"维稳"的日常对立中邂逅这类"权利话语"。

(二)"分"与"礼"

笔者认为,要翻译 jus/right 的原初意义,汉语中有比"权"或"权利"更适合的词汇可供选择。其实在将"right"译作"权"的同时,丁韪良也曾用"分"来对中国读者进一步解释"权"的意义(亦指凡人理应所得之分),这大概是译者意识到"right"的确与汉语中的"分"有异曲同工之处。汉字"分"本是动词,也就是"分开",由此引申出了"分配"(也就是"按份分开")之义,这恰好暗合亚里士多德的正义观。具体的正义有两种,其中"一类是表现于荣誉、钱财或其他可析分的共同财富的分配上(这些东西一个人可能分同等的或不同等的一份)的正义",他称为"分配正义",也就是各得其所。[3] 汉语中的"分"正是在"各得其所"的意义上派生出了"名分""职分"的含义,譬如"恰如其分""安分守己"等,这正是"right"在"权利"之外的另一层含义——正确、正当。既然权利是指"凡人理所应当之分",那么"犯分乱理"(《荀子·正论》)指的就是不按自身的权利(分)行

---

[1] 夏勇:《民本与民权——中国权利话语的历史基础》,载《中国社会科学》2004 年第 5 期。

[2] 夏勇:《民本与民权——中国权利话语的历史基础》,载《中国社会科学》2004 年第 5 期。

[3] [古希腊]亚里士多德:《尼各马可伦理学》,廖申白译注,商务印书馆 2003 年版,第 128 页。

事便违背了一般规范（理）。传统儒家观念中，君臣、父子、夫妻的关系称为“名”，相应的权利、义务称为“分”。直到今天，中国人仍用“定分止争”（而不是“定纷止争”）作为“确权”的古雅表达。至少在这个意义上，用“分”来表达 jus/right 要比“权”“利”恰当得多。

比“分”更适合表达“jus”含义的则是“礼”。我们不能想当然地从现代法律观出发，将“礼”当作与法律无关甚至对立的现象。中国法律传统包含了礼、法二元论，即“礼禁于未然之前，法施于已然之后”的“出礼入刑”之说，“礼之所去，刑之所取，失礼则入刑，相为表里”。礼与刑不仅表现形式不同（习惯法与制定法），所针对的对象也有所区别，所谓“礼不下庶人，刑不上大夫”。其实，中国古代的“礼”无论在起源、形式还是变迁上，皆与古罗马的“jus”相似。“礼”的繁体为“禮”，其形象以盘盛放贵重物品置于祖先牌位之前，可见礼是与祖先崇拜和祭祀活动联系在一起的。中国古代的礼并不只是伦理道德，还是一种习俗性的规范体系。“礼，履也，所以事福致福也。凡所依皆曰履。”[1]可见礼是一种祭祀活动必须遵守、践行的规范，后来这种规范的适用范围扩大到了日常生活中，成了一种维护宗族关系的习惯法：“教训正俗，非礼不备。分争诉讼，非礼不决。君臣上下父子兄弟，非礼不定。”（《礼记·曲礼》）

前文提到，罗马的“jus”具有三重意义，而中国的“礼”又何尝不是如此，“行礼”“送礼”等词便是明证，“礼”从一般规范的要求变成了符合这一规范的具体行事方式（对于“送礼”而言，“礼”甚至变成了行动的“标的”）。直到今天，仍有西方学者将“请客”“送礼”这类常被我们所诟病的举动看作当代中国活生生的习惯法。[2]“敢问临

〔1〕 段玉裁：《说文解字注》，凤凰出版社 2007 年版，第 23 页。

〔2〕 Mary Szto, *Strengthening the Rule of Virtue and Finding Chinese Law in "Other" Places: Gods, Kin, Guilds, and Gifts*, in 35 Suffolk Transnational Law Review, p. 102 (2011).

尸而歌,礼乎?”(《庄子·大宗师》)一语则体现了“礼”的词义(规范与评价)与词性(名词与形容词)的“二重性”。如前所述,“权利”和“正当”在英文中同表达为“right”,当代中国的伦理学界翻译的英文伦理学著作中,通常将“right”译作“正当”、“公正”或“正义”,而非“权利”,强调的就是依据一般规范对具体行为的评价。而评价行为正当与否的标准,在罗马是“jus”,在中国则是“礼”。如果不考虑规范内容上的差异,那么几乎可以说“礼”就是中国版的“jus”。

因此,“礼”字具有今天我们用“权利”来表达的“以规范行事”的含义,至于其同时具备的“一般规范”与“合乎规范”的两重意义,更是“权”或“权利”这类词汇难以企及的。至于现代汉语中的“礼”与“权”之间之所以不具备上述关系,则完全是因为翻译上的考虑不周,“jus”及其衍生词在不同的场合分别被译作中文里本不同源的两个词:当“jus”表达一般规范对行为的要求时,翻译家将其译作“法”、“律”或“法律”;当“jus”表达依一般规范行事时,则译作“权”或“权利”。而“法”“权”“律”“利”在字源、字义上大相径庭,如此构造出的“法律”与“权利”又如何对应得起来?更何况“礼”字本有浓厚的道义论意味,而“权”字如前所述,则更具有功利论色彩。因此,在笔者看来,除非当初将“jus”的三重意义皆译为“礼”,否则现代汉语中的“法律”“权利”一经定名,就只能失之交臂了。

(三)小结

上述分析或许会遭受这样的质疑:植根于中国传统宗法制社会,倡导“长幼尊卑”“亲亲尊尊”的“礼”,能否与彰显个人自由与“权利”的“jus”等量齐观,甚至建立对应关系?其实前文已经谈到,罗马法中的“jus”的意义原本与自然法学说催生的现代“权利话语”大相径庭,是后人为了证成其政治主张重塑了罗马法。最近三十多年来,罗马史研究中的“现代主义”早就被“原始主义”所替代,历史学家逐渐倾向于赋予古罗马“一种古朴的、宗法式的、自然经济的、农民的面孔”;“罗马公民中的宗法纽带与族权、父权羁绊”更是与罗马社会相伴始终。[1] "近年来西方史学著作中的'古朴罗马'与其说近似于近代西方,毋宁说更近似于古代中国!"[2]其实,"权利话语"的古今之别要远大于中西之异,"jus"与"礼"彼此之间的相似性不仅远超于同属中文的"礼"与"权利",而且同样超越同属西文的"jus"与"right",反倒是当代中国与当代西方在"权利话语"上并没有那么大的差异,甚至连"权利膨胀""权利爆炸"等"权利病"都并无二致,[3]只不过"当我们对两民族的历史进行纯经验的比较时,发现其'异'总比发现其'同'要容易"罢了。[4] 既然如此,我们大可不必为今日西方的"权利话语"寻找历史根据,更无须用历史为现实辩护。

三、结语:从"权利话语"回归权利理论

"权利话语"逐渐成为当代中国的主流语言,"权利不仅常被当作维护正当利益的手段,也可能被作为一些不正当要求的幌子和借口,众多的权利滥用行为以及侵害他人权利的行为的发生便是很好的证明"。[5] 道理很简单,假如权利可以脱离法律而独立存在,假如权利的依据不以现行有效的法律为限,那么,当法律不足以对人们的行为加以证成时,当然可以诉诸其他依据。然而,法律作为主要的社会治理手段,之所以越来越被现代社会所接受,是因为法律尽

---

〔1〕 参见秦晖:《历史决定论的贫困——超越文化形态史观》,载秦晖:《问题与主义:秦晖文选》,长春出版社1999年版,第326~328页。

〔2〕 秦晖:《历史决定论的贫困——超越文化形态史观》,载秦晖:《问题与主义:秦晖文选》,长春出版社1999年版,第298~299页。

〔3〕 参见[美]施瓦茨:《美国法律史》,王军等译,中国政法大学出版社1990年版,第252页。

〔4〕 秦晖:《历史决定论的贫困——超越文化形态史观》,载秦晖:《问题与主义:秦晖文选》,长春出版社1999年版,第293页。

〔5〕 宁立标:《美国"权利病"的分析及其对中国的启示——读〈权利话语〉一书》,载《学术界》2008年第5期。

可能地排除了其他依据的适用可能,从而为人的行为会得到怎样的评价提供了一种确定性、可预期性,通俗地讲,也就是给予了人们一种社会生活的安全感。尽管为此难免会付出“用简单应对复杂”的代价,但这种安全感却是法治的主要优点之一,现代法律话语正是围绕这一优点展开的。因此,如果允许权利话语独立于法律话语之外,甚至凌驾于法律话语之上,那么法治的核心价值也就无法立足了。

如前所述,西方权利话语的兴起与近代自然法学说有关。因此,法律话语与权利话语对立的背后,隐藏着客观法与主观法、实在法与自然法的二元论,即使19世纪的欧洲民法理论及法的一般理论也是如此,“只不过不像其前辈一般明目张胆,而是披上了概念之外衣而已”。站在法学的立场上,其实所谓“权利”无非是为规范人的行为而创造的一项法律技术。既然“权利”已经不可逆地成为重要的法律术语和法学范畴,一种在法律框架内研究权利现象的权利理论,对于法学而言当然不是多余的。但是,这种权利理论应当固守自身的理论界限,如果这种理论不满足于在法律内部理解权利,而是试图帮助人们在法律之外“能动性地创造权利”,甚至造成“‘只要闹就会有利益回报’的负面社会示范效应”,〔1〕那么它便走向了自身的反面,有害于法治。“以权利为基础的社会改革,赋予权利主体一种对抗他人、社群和政府的依凭……这却是以损害权利运行于间的社会、文化与制度情境为代价的,并造成‘法治秩序的好处未得,而破坏礼治秩序的弊病却已发生’。”〔2〕

“权利”当然首先是一种社会现象,其次才是描述该现象的概念或名称。但有时候词偏偏影响、干扰,甚至决定物的“存在”,用以称

〔1〕 杨建军、马治选:《当代中国社会的维权行动——以维权法治人物、案件和新闻为主要分析对象》,载《法制与社会发展》2013年第5期。

〔2〕 陈林林:《反思中国法治进程中的权利泛化》,载《法学研究》2014年第1期。

呼现象的名称反而左右着我们对现象的认识和理解。但是,作为现代"权利话语"中心词的"权利",如今却成了一个哲学家所谓的"大词"。"权利"成了衡量人的行为乃至法律自身的绝对尺度,成了追逐一切个人利益的理由。其实,权利离不开法律,我们谈论权利的同时也是在谈论法律本身,其中的道理正如重力离不开地球一般简单。对于近代西方权利话语的兴起及其社会实践,中国原本可以置身事外。然而,由于"译出夷律"时的一个偶然误会,"权利"成了可以卓然独立于法律之外的某种实体,中国也意外地成了各类"权利话语"交战的舞台。主张将新兴权利纳入法律权利体系中的学者放任披上"权利"外衣的个人道德/利益诉求涌入法律领域,既动摇了法律本应具有的确定性与可预期性,同时其"法律中心主义/司法中心主义"的姿态也贬损了其他社会治理手段本应具有的重要性。至于"新兴权利"的反对者,他们尽管对"权利泛化"可能带来的风险表示了足够的担忧,并且看似对法律自身的功能给予了足够重视,但同时却将权利的功能夸大到令人难以接受的程度,仿佛权利不再是法律个别化(individualization of law)的结果,反而成了法律的出发点和归宿。因此,不论是在西方还是在中国,民众和学者都对权利给予了太多的溢美之词和崇敬之意,以至于忘记了今日的"权利"原本不过是"法律"的形容词形式罢了。中国古人曾有"循名责实"之说,也就是按照名称去理解实际内容,以求名实相符。这也是我们对于"权利"这个"大词"的应有态度。

神明与上帝：西方前现代就职宣誓制度的自然法视域

佘文博*

【摘要】 就职宣誓制度是基于使社会秩序在权力移转之时仍维持“稳定”状态的考量，由经选举或任命的公职人员在就职时依宪制性法律的相关规定，向选民、代议机构、法官或其他政治象征公开宣誓遵守宪法、效忠国家、依法履职等誓言，以“公示”新任公职人员开始履新事实的一种政治仪式。当代就职宣誓制度虽是西方近代立宪主义的产物，但其在实施过程中所依托的自然法思想乃肇基于西方前现代社会——古希腊、古罗马与中世纪。约言之，古希腊“公职宣誓”的信仰基础是神明，而其背后的隐喻乃是自由的个人意识的“圣化”，是“法治”框架内对个人权利、自由的尊重。古罗马“官员就职仪式”是一般官员行使“治权”的正当性来源，其信仰基础仍然是神明。但与古希腊不同，古罗马的神明更多的是作为“正义”的本源而存在。神意则是透过“正义”的开显——“法律”在尘世加以体现。欧洲中世纪，斯多葛学派之“理性”自然法丕变为“上帝”意志的体现，成为中世纪“加冕宣誓”的信仰基础。

【关键词】 就职宣誓制度；神明；上帝；自然法；宪法

“今世文明法治之国，莫不以宣誓为法治之根本手续也。”〔1〕时

---

* 中国政法大学法学院博士研究生。

〔1〕 孙中山：《建国方略》，中国长安出版社2011年版，第50页。

至近代，自由、平等之要义揭橥，民主、法治之理念勃兴，以保障民权为核心的就职宣誓制度弘扬于世。[1] 然而，作为一种政治仪式、一种广义的法律制度，当代就职宣誓制度虽是西方近代立宪主义的产物，但其在实施过程中所依托的自然法思想乃肇基于西方前现代社会[2]——古希腊、古罗马与中世纪。易言之，正是这些在西方历史脉络中自生自发而演进千余年的"本土资源"，伴随历史变迁因革损益，内化为西方社会的心理基础。作为重要的历史和文化背景，就职宣誓制度在当代西方国家得以广泛实行并受到热切关注端赖于此。故而，通过探究西方前现代社会就职宣誓制度的表现形式及其在运行过程中所凭借的法律思想与政治传统，庶几可为关注当代就职宣誓制度的系列理论与实践问题提供一个较为清晰的历史维度。同时，查学界对西方前现代就职宣誓制度的研究成果，可谓付之阙如。而拙稿愿为此作出努力。[3]

---

〔1〕 习近平总书记指出，"在142个有成文宪法的国家中，规定相关国家公职人员必须宣誓拥护或效忠宪法的有97个"。参见《中国共产党第十八届中央委员会第四次全体会议文件汇编》，人民出版社2014年版，第82页。

〔2〕 马克思指出，1648年的革命不是英国的革命，而是欧洲的革命。这场革命宣告了欧洲新社会的政治制度，它是资产阶级权利对中世纪特权的胜利。参见《马克思恩格斯文集》(第2卷)，人民出版社2009年版，第74页。因此，依学界通说，拙稿将1648年作为西方社会"前现代"与"现代"阶段的划分界限。

〔3〕 目前，国内尚无关于西方就职宣誓制度的专著，相关内容主要散见在期刊论文中。重要的是，这些内容不成体系，欠缺考证。譬如：潘丽华：《论宣誓制度》，载《法律科学》1999年第4期；蒋伟：《论建立忠于宪法的宣誓制度》，载《法商研究》2000年第5期；董前程、邹桂英、姜贵：《历史与现实之间：政治宣誓制度建立的可能》，载《兰州学刊》2005年第6期；支振锋：《宪法宣誓制度经验比较与完善措施》，载《理论视野》2015年第3期；马华、王晓宾：《就职宣誓：国家治理现代化的构建》，载《政治学研究》2016年第6期；周斯佳：《元首宣誓对象研究及其对我国的启示》，载《安徽大学学报(哲学社会科学版)》2017年第4期；陈少林：《宣誓的启示——信仰、道德与法制》，载《法学评论》2009年第5期；等期刊论文。此外，经检索，关于西方宪法宣誓制度的硕士学位论文计有两篇。参见张美：《都铎英国至尊宣誓制度研究》，吉林大学2009年硕士学位论文；王朔：《宣誓与古希腊城邦政治》，上海师范大学2016年硕士学位论文。前一篇论文与拙稿的研究问题关联度不大，而后一篇论文为拙稿提供了部分研究史料，但其偏于介绍，分析不足。

揆诸史实,自然法(nature law)意指“一种对公正或正义秩序的信念”,[1]其发皇于古希腊,成熟于古罗马,嬗变于中世纪而复明于近现代,实乃西方哲学、法律史和法律理论中最古老、最长久的内容。鉴于此,为更好地对西方前现代就职宣誓制度进行“嵌入式”考察,本文拟以自然法为视域,在阐述、界定“宣誓”“就职宣誓制度”等概念意涵的基础上,以西方前现代就职宣誓制度的历史背景、宣誓誓词、宣誓仪式与宣誓符号为主要分析载体,通过“人类学”与“符号学”的相关研究成果,分别探讨此一制度在古希腊、古罗马、中世纪的源流。

一、前论:“宣誓”与“就职宣誓制度”辨析

(一)关于“宣誓”

依“宣誓”二字之文义言,“宣”乃表明、传达之意;而“誓”乃“上‘折’下‘言’”,意为承诺须言而有信,否则便为食言。遂“誓”乃“不食言之辞”,“亦约束之意也”。[2] 质言之,宣誓者,表明承诺以约束自身者属之。

“一个人面临一时不能使人确信自己行为时或对自己的行为确信时,他可能希望通过某种能使他们认同自己行为的形式获得他人的确信。社会中的任何主体总会遇上这样或那样的这种情况,所以诅咒(赌咒)、发誓就在所难免。”[3]然而,因受传统褊狭思想的影响,部分学者在探讨宣誓产生的缘由时,乃“以今非古”,认为宣誓乃嚆矢于初民的“愚昧落后”。[4] 其实,这亦是一种脱离具体历史背

---

〔1〕[英]戴维·M. 沃克:《牛津法律大词典》,北京社会与科技发展研究所译,光明日报出版社1989年版,第629页。

〔2〕史锡恩:《宣誓与监誓法令之研究》,载《法学丛刊》1992年第4期。

〔3〕张永和:《信仰与权威》,法律出版社2006年版,第48页。

〔4〕参见潘丽华:《论宣誓制度》,载《法律科学》1999年第4期;段珊珊:《公务员宪法宣誓制度研究》,中南大学2012年硕士学位论文,第10页。

景的非“历史主义”观点。诚如梅因（Maine，1822～1888）所言，“用我们自己时代的道德观念来评价其他时代的人们，其错误正如假定现代社会机器中的每一个轮子、每一只螺钉在较原始的社会中都有其相对物的那样错误”。[1]

宣誓的背后，“蕴含有丰富的内涵和深厚的社会心理基础”。[2] 中山先生指出，举凡世界之进化，可分为四大时期。其中，第二时期为人类以“神权”同天争。[3] 其间，“极聪明的人便提倡神道设教，用祈祷的方法去避祸求福”。[4] 而最初之“宣誓”，大抵肇始此时。当时的初民业已摆脱野蛮愚昧的境地而跻入文明——人类对外在与内在的最大限度的控制。[5] 然而，初民进行社会控制的手段无疑是落后的，面对天灾人祸时常无能为力。当“死”是常态的时候，人们对“生”——“生产新生命的力量”[6]便愈加渴望。斯时，“生生之力”就成为“终极实体”。人生短暂，并无永恒，故这种“终极实体”只能存在于彼岸世界。而身处恶劣环境的初民在谋求一种从“困扰状态”转变为“解脱状态”的过程中，宗教应运而生。它要求人们根据“终极实体”的背景来规范自身生活，“以此扬长避短，不断完善自己”，离苦得乐，实现一种“根本转变”，[7]借以安定社会人心。当初民凡遇困境而欲主张自己的决心与清白时，“便放弃自己的判断力，

---

〔1〕［英］梅因：《古代法》，沈景一译，商务印书馆1959年版，第175页。

〔2〕陈少林：《宣誓的启示——信仰、道德与法制》，载《法学评论》2009年第5期。

〔3〕孙中山：《三民主义》，九州出版社2011年版，第70页。

〔4〕孙中山：《三民主义》，九州出版社2011年版，第68页。

〔5〕［美］罗斯科·庞德：《通过法律的社会控制》，沈宗灵译，商务印书馆2008年版，第8页。

〔6〕［日］幸德秋水：《基督何许人也——基督抹杀论》，马采译，商务印书馆1982年版，第45～47页。

〔7〕［美］斯特伦：《人与神——宗教生活的理解》，金泽、何其敏译，上海人民出版社1991年版，第3页。

以自身有限的理性作为'试金石',试探造物主不可思议的力量"。[1] 而"宣誓"就是手段之一,它者如"占卜""神判"等。[2] "为了加强心理强制,宣誓特别讲求形式;神明之前,方寸之间,沐浴焚香,正心诚意,手持圣物,大声发誓。"[3] 遂如违誓言,乃亵渎神明之举。故"社会为维持秩序计,对此冒渎行为常设有严格的刑罚"。[4] 因此,宣誓是对全能者和他的力量的信仰表达。[5] 然"相沿至今,由于神权思想的日益淡薄,宣誓的方式也有所变革,而根本观念、指导精神更是天差地别;昔日天国神灵的威吓已由现实法律的制裁所取代"。[6]

(二)就职宣誓制度之界说

目前,许多学者基于各自的研究视角对就职宣誓制度作出了界定。[7] 但其中最突出的问题在于并未揭示就职宣誓制度的"功

---

[1] [美]亨利·查尔斯·李:《迷信与暴力:历史中的宣誓、决斗、神判与酷刑》,X. Li 译,广西师范大学出版社 2016 年版,第 268 页。

[2] [美]霍贝尔:《原始人的法》,严存生等译,法律出版社 2006 年版,第 240 页。

[3] 张立宇:《由民选公职人员的宣誓就职初探宣誓的意义与争议》,载《黄埔学报》2001 年第 40 期。

[4] 蔡章麟:《道德、"刑"、法、宣誓、诚实信用原则与固有法"礼"之关系》,载《军法专刊》1966 年第 7 期。

[5] Helen Silving, *The Oath: I*, The Yale Law Journal, Vol. 68:7, p. 1392 – 1390(1991).

[6] 张立宇:《由民选公职人员的宣誓就职初探宣誓的意义与争议》,载《黄埔学报》2001 年第 40 期。

[7] 学界关于就职宣誓制度定义的表述计分六说:1. 主体说,侧重参加就职宣誓的主体。譬如新当选的国家元首或其他高级公职人员(参见蒋伟:《论建立忠于宪法的宣誓制度》,载《法商研究》2000 年第 5 期)。2. 主体及内容说,侧重"国家公职人员"宣誓"遵守宪法法律""接受人民监督""致力服务选民"等承诺(参见束锦、间小波:《建立"一府两院"官员宣誓制度刍议》,载《中共福建省委党校学报》2005 年第 3 期;唐小芹:《政治宣誓制度与"三个代表"》,载《湖南社会科学》2005 年第 4 期;董前程、邹桂英、姜贵:《历史与现实之间:政治宣誓制度建立的可能》,载《兰州学刊》2005 年第 6 期;刘重来:《论公职人员"宣誓就职"制度》,载《重庆社会主义学院学报》2010 年第 3 期;刘连泰、周雨:《宪法宣誓制度的"实"与"名"》,载《浙江社会科学》2015 年第 2 期;支振锋:《宪法宣誓制度经验比较与完善措施》,载《理论视野》2015 年第 3 期;郑潇:《论我国宪法

能”。而“功能”作为法制背后的深层次的存在，已为近世学界所烛察。此一趋势在“比较法”的领域尤为凸显。“在法律上只有那些完成相同任务、相同功能的事物才是可以比较的。……任何比较法研究作为出发点的问题必须从纯粹功能的角度提出。”〔1〕

鉴于此，兹以学界目前对就职宣誓制度的六种定义为基础，肇基此一制度的“功能”方面，特对其意涵提出新的界说，即就职宣誓制度是基于使社会秩序在权力移转之时仍维持“稳定”状态的考量，由经选举或任命的公职人员在就职时依宪制性法律的相关规定，向选民、代议机构、法官或其他政治象征公开宣誓遵守宪法、效忠国家、依法履职等誓言，以“公示”新任公职人员开始履新事实的一种政治仪式。

准此以观，使社会秩序在权力移转之时仍维持“稳定”状态，以“公示”新任公职人员开始履新事实乃是历史上就职宣誓制度最根

宣誓制度之完善》，华东政法大学2016年硕士学位论文；李佳璇：《我国宪法宣誓主体范围研究》，郑州大学2016年硕士学位论文；王欣：《我国宪法宣誓制度的效力基础及其实现》，载《南京师大学报（社会科学版）》2017年第4期）。坚持此说的学者人数最多。3. 主体及对象说，此说乃依循中共十八届四中全会的《全国人民代表大会常务委员会关于实行宪法宣誓制度的决定》对“宪法宣誓制度”的相关表述，侧重“国家元首及国家机关工作人员”向“宪法”的宣誓（参见顾曈曈：《我国宪法宣誓制度的效用基础及实现路径》，载《行政与法》2016年第2期；汪太贤、卢野：《我国宪法宣誓制度的效力与实现》，载《河北法学》2016年第3期；李宁：《我国宪法宣誓制度研究》，河南大学2015年硕士学位论文；晋帅：《论我国宪法宣誓制度的构建》，山东大学2015年硕士学位论文）。4. 对象及内容说，侧重宣誓人向“代表机关或全国人民”宣誓“效忠国家”“遵守宪法”“保卫和平与人权”等承诺（参见戴激涛：《对我国建立国家元首宣誓制度的思考》，载《时代法学》2003年第2期）。5. 主体、对象及内容说，此说谓“新当选的国家公务人员”在就职时向“民众”宣誓“遵守宪法法律”“为民服务”等承诺（参见段珊珊：《公务员宪法宣誓制度研究》，中南大学2012硕士学位论文；黄清：《宪法宣誓制度研究》，上海师范大学2016年硕士学位论文）。6. 程序说，此说谓“宪法宣誓制度”乃“宪法规定的权力转移程序”（参见王月明：《就职宣誓制度的程序性价值》，载《法学》2014年第12期）。

〔1〕［德］K. 茨威格特、H. 克茨：《比较法总论》，潘汉典等译，贵州人民出版社1992年版，第56页。

本的功能。及至近世,伴随以保障民权为核心的成文宪法的出现,就职宣誓制度的功能则在先前"维持稳定、公示履新"的基础上,进一步表现为提升全社会特别是公职人员对宪法、法律权威的维护与信仰。此外,"政治仪式"乃"政治人类学"所关注的焦点,意指"以一定的信仰为基础,带有明显权力属性,具有一定的强制规范性的仪式,其所展现、传递或强化的是某种政治意义"。[1] 在就职宣誓制度意涵中所突出的功能方面即与此若合符节:公职人员在就职时透过公开宣誓,"彰显宪法权威,激励和教育国家工作人员忠于宪法、遵守宪法、维护宪法,加强宪法实施"。[2]

二、本论

在人类社会的初期,普遍存在信仰超自然事物的社会现象。以古希腊、古罗马、中世纪为代表的西方前现代社会并未形成政治凌驾于宗教的体制,社会发展并未过早地走上世俗化的道路。对于法律而言,亦是如此。"法律必须被信仰,否则它将形同虚设。"[3] 哈罗德·伯尔曼(Harold J. Berman, 1918 ~ 2007)的名言,准确地反映了西方社会对法律的情感——"信仰"——"对'神圣'作出的自觉而肯定的反应"。[4] 西方前现代就职宣誓制度即此种"反应"之表征。

(一)基于"神明"的西方古代社会就职宣誓制度

"人时常需要以看不见的东西来说明看得见的东西,并在直接能证明的现象后面放上一种看不见的实体,用以作为他所证明的现

[1] 廖小东:《政治仪式与权力秩序:古代中国"国家祭祀"的政治分析》,中国社会科学出版社 2014 年版,"前言"第 5 页。

[2] 《全国人大常委会关于实行宪法宣誓制度的决定》,载《人民日报》2015 年 7 月 2 日,第 6 版。

[3] [美]伯尔曼:《法律与宗教》,梁治平译,中国政法大学出版社 2003 年版,第 3 页。

[4] [美]斯特伦:《人与神——宗教生活的理解》,金泽、何其敏译,上海人民出版社 1991 年版,第 60 页。

象的支柱和动因。"[1]其中,"看不见的东西"乃"终极实体",亦即神明。初民"都把人的智慧归因于神灵的存在,并相信神灵会对人们的特殊行为以赞成或不赞成作为回报。他们认为,人的生命必须与神灵的意愿、命令相一致。这种推论是很普遍的,在法律领域中普遍地留下其影响"。[2] 质言之,为定分止争计,初民不得不凭借神明的超自然威力以寻求事物的合法性。故当时的宪法宣誓多带有宗教色彩,借助"终极实体"——神的力量以行之。因为初民认为,"神灵无所不知,知道事实的真相"。[3]

1. 古希腊"公职宣誓":自由的个人意识与自然法精神的具象

目前,学界多通过引证《汉谟拉比法典》《摩西律法》(《摩奴法典》)等古代法典的相关条文说明就职宣誓制度的渊源。但应指出的是,这种行文直接从上古系列法典跳跃至古罗马时期的论述方式是值得商榷的。因为,证之典籍,我们便会发现:作为古希腊就职宣誓制度的历史表现形式,"公职宣誓"在制度层面已获致充分发展。这在古代社会的相关文献已渺不可考的状况下,足可视为就职宣誓制度的权舆。

揆之史实,雅典是古希腊文化的中心。因此,拙稿在探讨古希腊"公职宣誓"时即以雅典的遗制为论述对象。在古希腊之雅典,参与"公职宣誓"的主体计分三类:司法人员、议事会成员以及执政官。[4]

托克维尔(Tocqueville,1805~1859)指出,民情"是研究和经验

[1] [法]莱翁·狄骥:《宪法论》(第1卷),钱克新译,商务印书馆1959年版,第15页。

[2] [美]霍贝尔:《原始人的法》,严存生等译,法律出版社2006年版,第241页。

[3] [美]霍贝尔:《原始人的法》,严存生等译,法律出版社2006年版,第240页。

[4] 参见王朔:《宣誓与古希腊城邦政治》,上海师范大学2016年硕士学位论文,第24页;另见[古希腊]亚里士多德:《雅典政制》,日知等译,商务印书馆2009年版,第4、10、29~30、67页。

不断提醒我们注意的一项普遍真理”。[1] 因此,在分析古希腊“公职宣誓”时,不妨进行“嵌入式”的考察,即注重探究就职宣誓仪式背后的城邦政治与法律传统。

“神明”是古希腊“公职宣誓”的信仰基础。譬如,陪审员在就职时以“宙斯”“阿波罗”“德墨忒尔”之名起誓,并设定“我和我的家庭灭亡”为违誓责任;执政官就职时须登上“宰牲祭供的石头”者云云。可见古希腊就职宣誓制度乃导源于宗教信仰,若不敬神明,则宣誓顿失其义。然而,依循马克思的学说,宗教是“间接通过一个中介物对人的承认”。[2] 因此,我们在考察就职宣誓制度的源流时,应当透过天上的“神明”——古希腊就职宣誓制度的信仰基础——的表象而将目光投射至尘世的“人”的层面。

与古代东方国家不同,古希腊的神职人员——“祭司”在人们的思想领域从未发挥任何决定性作用,他们所拥有的只是庙宇和宗教仪式。[3] 此种现象的成因植根于古希腊的独特历史。我们知道,地理环境在古希腊商业文明的兴起过程中发挥了重要作用,初民为开辟新商业,往往从“母邦”向海外扩张,形成诸多“子邦”。然而,在古代技术条件下,跨海迁移的过程必定是苦难的。而为应对一系列的苦难,“神明”的观念便在古希腊初民的意识中产生了。“宗教里的苦难既是现实的苦难的表现,又是对这种现实的苦难的抗议。”[4]因此,古希腊诸神的出现是人们由困扰的此岸达致心灵宁静的彼岸的手段,神明因“人”的利益而存在。[5] 与后世基督教的“唯一真

---

[1] [法]托克维尔:《论美国的民主》,董果良译,商务印书馆1988年版,第358页。

[2] 《马克思恩格斯全集》(第1卷),人民出版社1956年版,第427页。

[3] [美]依迪丝·汉密尔顿:《希腊精神:西方文明的源泉》,葛海滨译,辽宁教育出版社2003年版,第17~18页。

[4] 《马克思恩格斯全集》(第1卷),人民出版社1956年版,第452页。

[5] [法]韦尔南:《神话与政治之间》,余中先译,生活·读书·新知三联书店2005年版,第230页。

神"——"上帝"不同,古希腊的众神具备了人的一切情感与弱点,喜怒哀乐与人初无二致,谈不上有任何"教化作用"。"他们的品行颇为不端,他们的尊严也并非没有问题。他们互相欺骗;他们和凡人打交道的时候狡诈多变;他们有的时候像是叛逆者,有的时候像是淘气的孩子,只有其父宙斯的威吓才能使他们循规蹈矩。"〔1〕更为重要的是,古希腊初民"跨海迁移的苦难所产生的一个成果……是在政治方面。这种新的政治……是以契约为基础的"。〔2〕因此,在此过程中产生的作为古希腊就职宣誓制度信仰基础的"神明"绝非专制之神,而是自由的个人意识的"圣化"。在这个"圣化"的世界中,"人们不会为了达到某个目的而牺牲任何人,但是每一个人都愿意怀着爱的精神与代表着爱的神一起为了他人的利益而牺牲自己"。〔3〕

值得注意的是,这种"自由"是由法律加以保障的。雅典人认为,"自由的含义就是尊重法律"〔4〕,而"法律恰恰正是免除一切情欲影响的神祇和理智的体现"。〔5〕这亦反映在古希腊就职宣誓仪式中。譬如,陪审员在宣誓时首先表明"将根据法律投票",执政官就职时须宣誓将"依法地从政",议事会成员在就职时宣誓"将根据法律发表意见",亦承诺"将不会投票支持任何违背法律之事"。准此以观,统治者与被统治者双方间实现了"法定"。〔6〕

---

〔1〕[美]依迪丝·汉密尔顿:《希腊精神:西方文明的源泉》,葛海滨译,辽宁教育出版社2003年版,第212页。

〔2〕顾准:《希腊城邦制度》,中国社会科学出版社1986年版,第62页。

〔3〕[美]依迪丝·汉密尔顿:《希腊精神:西方文明的源泉》,葛海滨译,辽宁教育出版社2003年版,第213页。

〔4〕[美]乔治·霍兰·萨拜因:《政治学说史》,刘山等译,商务印书馆1986年版,第39页。

〔5〕[古希腊]亚里士多德:《政治学》,吴寿彭译,商务印书馆1965年版,第172页。

〔6〕[美]乔治·霍兰·萨拜因:《政治学说史》,刘山等译,商务印书馆1986年版,第126页。

古希腊之"法"乃正义的体现,而不仅仅是一种"工具"——"刑"。此种法文化的形成乃与古希腊雅典国家的起源有关。雅典是由"部落联盟"发展而来的早期国家"最纯粹、最典型的形式",[1]"公共权力"是其本质特征。[2] 约言之,"英雄时代"的雅典乃是氏族部落社会,四个部落及组成部落的十二个胞族分居各地。此后,"由于地产的买卖,由于农业和手工业、商业和航海业之间的分工的进一步发展,氏族、胞族和部落的成员,很快就都杂居起来"。然而,初民社会的组织是"血缘的"而非"地缘的",因此这种"杂居"导致了社会的混乱。故为设法补救,提修斯(Theseus)在雅典设立了一个"中央管理机关",将先前由各部落独立处理的一部分事务收归中央管辖并宣布为"共同的事务","跨出了摧毁氏族制度的第一步"。[3] 在这种"公共权力"的统治下,崇尚对话协商而非武力征服的思维模式渐为社会所接受。由是观之,古希腊之"法"在起源上乃是"凌驾于社会之上的力量",[4] 是妥协的产物,是体现民主性、平等性的"权利法",[5] 而非独裁、专制的"血缘集团的压迫法"。[6]

约言之,古希腊就职宣誓制度的信仰基础虽然是"神明",但其背后乃是"法治"——"已成立的法律获得普遍的服从,而大家所服

---

〔1〕 [德]恩格斯:《家庭、私有制和国家的起源》,中共中央编译局译,人民出版社1997年版,第176页。

〔2〕 [德]恩格斯:《家庭、私有制和国家的起源》,中共中央编译局译,人民出版社1997年版,第121页。

〔3〕 [德]恩格斯:《家庭、私有制和国家的起源》,中共中央编译局译,人民出版社1997年版,第112~113页。

〔4〕 梁治平:《"法"辨》,载《中国社会科学》1986年第4期。

〔5〕 张中秋:《中西法律文化比较研究》(第4版),法律出版社2009年版,第35页。

〔6〕 张中秋:《中西法律文化比较研究》(第4版),法律出版社2009年版,第19页。

从的法律又应该本身是制定得良好的法律"[1]——框架内对个人权利、自由的尊重。在古希腊,"是法则而不是宙斯统治着世界。秩序与权力相比是第一位的"。[2] 正基于此,在神权的威力随人类理性启蒙而日趋衰微的历史过程中,古希腊的"神明"并未演化为"人"的专制权力,反而是以另一种存在形式——自由、民主、法治的新精神垂范后世。

2. 古罗马"官员就职仪式":正义与"理性"自然法的荣光

经伯罗奔尼撒之役,古希腊社会由盛而衰。后几经变乱,古希腊的典章制度与法律传统乃由古罗马——诞生于台伯河畔的小城镇,嗣经武力征伐而称霸世界——承袭。与古希腊人笃信性善之说不同,古罗马人则持性恶之论,故愿意服从某种外在力量以严明纪律。我们知道,以公平、正义维护全世界自由人权利的万民法(Universal Law)乃是由天性暴虐、充满嗜欲和蛮力的古罗马人创造的。因此,可以毫不夸张地认为,古罗马文明——西洋古代文明的高峰与尾声乃是"建立在法律之上并靠法律维系的文明"。[3]

孟德斯鸠(Montesquieu,1689～1755)指出,"誓言在罗马人中间威力极大,比任何别的东西更能让罗马人民遵纪守法。为了信守誓言,他们常常能做出为了光荣和祖国所不能做的事"。[4] 查学界关于就职宣誓制度的研究成果,多通过引证前述孟氏的名言作为阐述此一制度在古罗马时期渊源的论据。除此之外,这些研究成果并未呈现古罗马具体的就职宣誓制度。这与肇建于古代社会而法制完

---

[1] [古希腊]亚里士多德:《政治学》,吴寿彭译,商务印书馆1965年版,第202页。

[2] [法]韦尔南:《神话与政治之间》,余中先译,生活·读书·新知三联书店2005年版,第243页。

[3] [美]依迪丝·汉密尔顿:《罗马精神》,王昆译,华夏出版社2014年版,第176～177页。

[4] [法]孟德斯鸠:《论法的精神》(上册),许明龙译,商务印书馆2012年版,第144页。

备的古罗马——"世界帝国"的恢宏气象相比显得极不相称。倘以就职宣誓制度的"功能"衡之,"官员就职仪式"即古罗马宪法就职制度之历史表现形式。

受古希腊思想文化的影响,"神明"观念在古罗马依旧浓厚。"官员就职仪式"得以运作的信仰基础仍然是神明。"古罗马宗教的特征是预测未来,并试图与神就未来的发展订立合同。"[1]但是,与古希腊不同,古罗马的神明更多的是作为"正义"——"给予每个人他应得的部分的这种坚定而恒久的愿望"[2]——的本源而存在。神意则是透过"正义"的开显——"法律"——"植根于自然的、指挥应然行为并禁止相反行为的最高理性(reason)"[3]在尘世加以体现。准此以观,古罗马的"法律"是以"自然法"——"一部鞭策立法者技艺、启迪立法者直觉的法典"[4]——的精神为指引而加以订定的,其侧重法的价值层面。

揆诸历史,"自然法"的思想乃是贯穿西方法制变迁的主轴,其导源于古希腊的"自然"观念。"古希腊哲学家注意到自然现象是统一的……但人们的法律、习惯以及对它们的遵从情况却千差万别。"[5]鉴于此,古希腊哲人乃"试图通过比附自然世界日常现象的恒定性和普遍性,为社会秩序的可靠安全性找出依据"。[6]因而,与吾国"圣王"之"法则天象"者同,西方"自然"观念的权舆亦是人类自身与客观世界连结的体现。此种"自然"观念嗣经主张"四海之内

---

〔1〕[德]孟文理:《罗马法史》,迟颖等译,商务印书馆2016年版,第43页。

〔2〕[古罗马]查士丁尼:《法学总论》,张企泰译,商务印书馆1989年版,第5页。

〔3〕[古罗马]西塞罗:《国家篇 法律篇》,沈叔平等译,商务印书馆1999年版,第158页。

〔4〕[美]爱德华·S.考文:《美国宪法的"高级法"背景》,强世功译,生活·读书·新知三联书店1996年版,第14页。

〔5〕[美]罗斯科·庞德:《法律与道德》,陈林林译,商务印书馆2016年版,第7页。

〔6〕[美]罗斯科·庞德:《法律与道德》,陈林林译,商务印书馆2016年版,第8页。

皆兄弟和一切有理性的人权利平等"[1]的斯多葛学派的发展,一个以"理性"为要义的"自然法"应运而生。[2] 而后,古罗马法学家西塞罗(Cicero,前106~前43)将自然法"恢复为世界性的法律和政治观念",[3]并指出,自然法——"真正的法律"是"与本性(nature)相合的正确的理性;它是普遍适用的、不变的和永恒的;它以其指令提出义务,并以其禁令来避免做坏事。……试图去改变这种法律是一种罪孽,也不许试图废除它的任何部分,并且也不可能完全废除它"。[4] 循此,正义的来源应在法律中发现,"因为法律是一种自然力;它是聪明人的理智和理性,是衡量正义和非正义的标准"。[5] 古罗马皇帝的尊严"须用法律来巩固";[6]而一般官员行使"治权"的正当性来源,则不外就职仪式的举行。

古罗马"官员就职仪式"导源于"王政时期"的国王加冕仪式,其由库里亚大会(comitia curiata)协助主持。"在该仪式上,一名占卜官(augur,对征兆进行预卜并对行为的神奇效力作出判断的教士)通过举行仪式传达神奇力量。"[7]"占卜官"在仪式中的核心角色足以表明神明信仰的心理基础。然而,遗憾的是,受加冕仪式影响而产生的官员就职仪式的具体情形已渺不可考。但由于古罗马商品经济的发达,一种私法制度——曼兮帕蓄(mancipium)所有权转移仪

---

〔1〕 [美]梯利:《西方哲学史》(增补修订版),葛力译,商务印书馆1995年版,第123~124页。

〔2〕 [美]埃德加·博登海默:《法理学——法哲学及其方法》,邓正来等译,华夏出版社1987年版,第13页。

〔3〕 [美]爱德华·S.考文:《美国宪法的"高级法"背景》,强世功译,生活·读书·新知三联书店1996年版,第4页。

〔4〕 [古罗马]西塞罗:《国家篇 法律篇》,沈叔平等译,商务印书馆1999年版,第104页。

〔5〕 [古罗马]西塞罗:《国家篇 法律篇》,沈叔平等译,商务印书馆1999年版,第158页。

〔6〕 [古罗马]查士丁尼:《法学总论》,张企泰译,商务印书馆1989年版,第1页。

〔7〕 [德]孟文理:《罗马法史》,迟颖等译,商务印书馆2016年版,第6页。

式“与官员就职仪式非常相似，通过提问与回答来创设债权关系法律行为的要式口约，源于官员在就某些先兆询问占卜官时所使用的要式口约”。[1] 曼兮帕蓄乃是一种虚拟出卖，只有罗马市民有权进行此交易。其程序如下：

> 必须至少有五名成年罗马市民作为证人和另外一名成年罗马市民作为司称，司称因手拿一杆铜秤而得名；通过曼兮帕蓄取得物的人抓起该物，陈述一下套语：“我声称，依据罗马法律，该奴隶为我所有，他已经被我以这些铜钱和这个铜秤所购买。”同时以铜钱敲打铜秤，将象征价金的铜钱支付给以曼兮帕蓄仪式出卖物的人。[2]

在曼兮帕蓄所有权转移仪式中，有“证人”、“司秤”和“通过曼兮帕蓄取得物的人”等三种角色。此亦如“官员就职仪式”之“宣誓见证人”、“监誓人”与“宣誓人”。而参加曼兮帕蓄所有权转移仪式的罗马市民需要“陈述套语”的规定，乃近世就职宣誓制度之誓词法定化的古代遗迹。质言之，此种法律规范的“僵硬”不啻“严格法阶段”的体现。而在“衡平法与自然法阶段”，罗马法因受导源于古希腊哲学之“自然法”的影响，“道德原则同样被认为是法律规则”。[3] 此一法文化的新思潮亦体现在古罗马就职宣誓制度中。譬如，为赢得他人信任，宣誓通常含有“违誓责任”，即若违背誓言，宣誓人应得何

---

[1] [德]孟文理：《罗马法史》，迟颖等译，商务印书馆2016年版，第43页。

[2] [德]孟文理：《罗马法史》，迟颖等译，商务印书馆2016年版，第13页。

[3] Roscoe Pound, *The End of Law as Developed in Legal Rules and Doctrines*, Harvard Law Review, Vol. 27:3, p. 195－234.

种处罚。此亦“赌咒”[1]。起初，古希腊、古罗马人将宙斯（朱庇特）对背誓者的闪电打击作为“违誓责任”。[2] 而西塞罗在阐述“我的舌头立了誓，我的心没在立誓”的后果时乃着眼于人的道德义务，指出“誓言是一个以宗教神圣性为基础的保证；一个当着神这个证人的面许下的诺言是必须严肃遵守的。问题不再关系神的愤怒（因为没有这种事），而是关系着对正义和诚实的义务”。[3]

值得注意的是，虽然古罗马“官员就职仪式”侧重人的“正义和诚实的义务”，但其毕竟是以“宗教神圣性”为制度的大背景。因此，维系古罗马就职宣誓制度运作的社会心理基础仍旧是对“神明”的信仰。

雅努斯（Janus）——古罗马本土最原始的神祇——作为古罗马的门神和保护神，拥有双重面孔：一面回望过去，他面展望未来；另一面代表终结，他面象征开始。雅努斯神善始善终，给人以对立、统一的思维。“官员就职仪式”即体现了此种思维：公职人员行使“治权”的权柄因就职仪式而授予，但同时，其权力的傲慢亦通过就职仪式而限制。准此以观，“授权”与“限权”是对立的。但从二者皆服从于体现宇宙理性的“自然法”及据此制定的世俗法的角度而言，古罗马就职宣誓制度是体现神性的“正义”的统一体。

揆之史实，自斯多葛学派而发端的“自然法”思想极大地推动了西方社会的文明进程。它主张人人平等的原则，加速了有违人道的奴隶制度的废除；它揭橥正直与仁爱，冲淡了古罗马父权制家庭制

---

〔1〕 Helen Silving, *The Oath*: *I*, The Yale Law Journal, Vol. 68:7, p. 1329 – 1390 (1991). “赌咒是赌咒人确信自己无辜或设定自己有过的报应设定。”张永和：《信仰与权威》，法律出版社 2006 年版，第 19 页。

〔2〕 Helen Silving, *The Oath*: *I*, The Yale Law Journal, Vol. 68:7, p. 1329 – 1390 (1991).

〔3〕 [古罗马]西塞罗：《论义务》，张竹明等译，译林出版社 2015 年版，第 148 ~ 149 页。

度的严酷;它推崇以"道德"为核心的公民区分标准,实现了古罗马公民权的普及。此外,更为重要的是,"自然法"宣扬"宇宙就是一个活生生的上帝",人作为"唯理的整体的一部分",须"为了整体的完善"而"协助实现上帝的意志","否则就不能得到幸福"。[1] 这一思想为以色列——古罗马殖民地的"被压迫者"——"奴隶和被释放奴隶、穷人和无权者、被罗马征服或驱散的人们"[2]带来了福音:他们将此种"世界主义"新思潮与固有之犹太教传统相结合,促成了基督教思想的兴起与传播。[3] 古罗马继"武力"之后再次征服了世界。

(二)基于"上帝"的中世纪就职宣誓制度

五德之运,天命靡常。对于进入"帝制时期"的古罗马而言,由于"历朝皇帝软弱无能,大臣官宦党同伐异,旧宗教对新宗教的仇恨,基督教的血腥内讧,神学论争取代了军事操练,颓唐怠惰取代了勇猛精神,成群僧侣代替了农夫和兵士;所有这一切,招致了蛮族入侵"。[4] 迨至公元476年,伴随西罗马帝国之倾覆,西洋"古代社会"走入了历史。蛮族乱国,祸乱频仍。自古希腊以降的典章制度被扫进了战争的灰烬,整个西欧社会进入了蒙昧而黑暗的"中世纪"。正如恩格斯所指出的,"中世纪是从粗野的原始状态发展而来的。它把古代文明、古代哲学、政治和法律一扫而光,以便一切都从头做起。它从没落了的古代世界承受下来的唯一事物就是基督教和一些残破不全而且失掉文明的城市"。[5] 但幸运的是,正是诞生

---

[1] [美]梯利:《西方哲学史》(增补修订版),葛力译,商务印书馆1995年版,第102页。

[2] 《马克思恩格斯选集》(第4卷),人民出版社1995年版,第457页。

[3] [美]埃德加·博登海默:《法理学——法哲学及其方法》,邓正来等译,华夏出版社1987年版,第18~21页。

[4] [法]伏尔泰:《风俗论》(上册),梁守锵译,商务印书馆2009年版,第217页。

[5] [德]恩格斯:《德国农民战争》,中共中央编译局译,人民出版社1975年版,第33页。

于古罗马时期并成为国教的“基督教”在社会迅速蛮族化的过程中承祧了西洋古代文明。“神的国就在你们心里。”(《圣经·路加福音》)由于连年的战乱，民心思安。而基督教满足了此种人群心理，“上帝”的荣光便笼罩在欧洲上空。“没有权柄不是出于神的，凡掌权的都是神所命的。”(《圣经·罗马书》)面对蛮族国家封建割据的局面，作为“上帝”在人间的代表——“教会”获致了极大的权威。自此，“世俗权力要受宗教权力的支配”。[1]

1. 中世纪“加冕宣誓”：“神权”自然法限制“王权”

查欧洲中世纪之政情，各国封建君主之继位均由教宗加冕，君主向“上帝”宣誓，以示其政权之合法性与王权之神圣性。此种制度与就职宣誓制度之“功能”颇为暗合。

总体而言，学界在论述中世纪“加冕宣誓”时，普遍着墨较少。现有的研究成果多认为此一制度源于日耳曼习惯法和基督教的影响；[2]而实行之目的，则在于彰显“君权神授”，以增强王权的合法性。[3] 其实，早在摩西时代的以色列，“约”(berith)的概念就已成为重要的政治观念。[4] “上帝”与以色列人在西奈山所立之“约”、以色列人与大卫王订立之“约”在《圣经·旧约》中斑斑可考。而立约时多辅之以宣誓，旨在增强“约”的效力，申明宣誓人履行契约的决心与诚意。此一传统由犹太教传至基督教，因应时势，在中世纪的西欧封建国家的政治生活中蔚然成风。

“人都是指着比自己大的起誓，并且以起誓为实据，了结各样的

[1] 《阿奎那政治著作选》，马清槐译，商务印书馆2009年版，第158页。

[2] 参见潘丽华：《论宣誓制度》，载《法律科学》1999年第4期；黄清：《宪法宣誓制度研究》，上海师范大学2016年硕士学位论文，第11页。

[3] 马华、王晓宾：《就职宣誓：国家治理现代化的构建》，载《政治学研究》2016年第6期。

[4] [美]沃格林：《政治观念史稿》(第1卷)，谢华育译，华东师范大学出版社2007年版，第138页。

争论。照样,神愿意为那承受应许的人格外显明他的旨意是不更改的,就起誓为证”。(《圣经·希伯来书》)因而,“上帝”成为中世纪就职宣誓制度的信仰基础。但应当注意的是,与古代社会的诸神处于一种“荣誉再分配的秩序”[1]不同,此时鉴临宣誓的“上帝”——耶和华乃是“从犹太民族的神一跃而为天地间唯一最高的神,他要统治一切民族,他对改宗者许以恩泽,给不驯者以无情的毁灭,他信守古代的老规矩:宽恕降服者,制服傲慢者”。[2] 故而,在“造物主”与“救世主”面前,神性高于人性,甚至高于理性。自此,斯多葛学派之“理性”(“神与人共有的”[3])“自然法”丕变为“上帝”意志的体现。

揆诸历史,自公元9世纪开始,“国王加冕典礼由教会掌握,国王需跪着接受教皇的加冕,并宣读效忠誓词”。[4] 然而,此一加冕宣誓的仪式可上溯至东、西罗马帝国并立的时期。

> 在东罗马帝国,“按古代流传的习俗,帝国的高级官员和牧首把皇帝置于盾牌上高举起来。然后,皇帝从御座登上教堂的经书台,牧首用一根蘸了圣油的羽毛在他头上画十字;辅祭捧着皇冠,为首的大臣或皇族中血统最近的亲王将皇冠戴在新的皇帝头上,牧首和人民齐声喊道:‘他堪当皇帝!’”而在西罗马帝国的加冕仪式中,“则是由主教先对人民说:‘你们要这个国王吗?’人民回答:‘他堪当皇帝!’接着,国王先向主教宣誓,再向

---

[1] [法]韦尔南:《神话与政治之间》,余中先译,生活·读书·新知三联书店2005年版,第241页。

[2] 《马克思恩格斯选集》(第4卷),人民出版社1995年版,第480页。

[3] 任强:《为法律赢得神圣——中西法律观念的信仰基础反思》,载《法制与社会发展》2004年第4期。

[4] 马华、王晓宾:《就职宣誓:国家治理现代化的构建》,载《政治学研究》2016年第6期。

人民宣誓”。[1]

可见，在西罗马帝国的加冕仪式中，人民的“同意权”是国王宣誓就职的前提，其缘由可能与侵入西罗马帝国的“蛮族”——早期日耳曼人时处原始的“军事民主制”时期有关。日耳曼人的国王并没有无限的或专制的权力，将领的领导则多是凭借以身作则，而非专靠权威。[2] 嗣西罗马帝国覆亡，公元800年在战争的废墟上建立起来的法兰克帝国承袭了原西罗马帝国皇帝的加冕仪式。同时，参酌基督教文化，中世纪“加冕宣誓”应运而生。

极具价值的物体实乃宣誓仪式展演的保证。[3] 在基督教的笼罩下，中世纪的就职宣誓仪式带有极其浓厚的宗教色彩，除教宗的参与外，还体现在对宣誓的“象征”——“对遗存的圣迹”的强烈崇拜方面。“这些遗迹被当作最有效的手段运用到宣誓中，以增加誓言的可信度，而单凭誓言即信者寥寥无几。不久之后，原本的附属品反而被看作核心要素，誓词本身倒失去了它们原本的约束力”。[4]

约言之，在中世纪就职宣誓仪式中，可以指以为誓的“圣物”有三种：上帝的名义、教宗的权杖和举以宣誓的手。[5] 其中，“耶和华至高者是可畏的，他是治理全地的大君王。”（《圣经·诗篇》）因此，国王唯有向“万王之王”——“上帝”宣誓，才能体现王权的合法性与神圣性。而教宗作为基督教会的首领，乃是“上帝”在人间的代表，

〔1〕［法］伏尔泰：《风俗论》（上册），梁守锵译，商务印书馆2009年版，第361页。

〔2〕《中世纪初期的西欧》，齐思和等选译，生活·读书·新知三联书店1958年版，第5~6页。

〔3〕 Helen Silving, *The Oath*: I, The Yale Law Journal, 68(7), p. 1329 - 1390.

〔4〕［美］亨利·查尔斯·李：《迷信与暴力：历史中的宣誓、决斗、神判与酷刑》，X. Li译，广西师范大学出版社2016年版，第25页。

〔5〕［美］亨利·查尔斯·李：《迷信与暴力：历史中的宣誓、决斗、神判与酷刑》，X. Li译，广西师范大学出版社2016年版，第27页。

故向教宗的"权杖"宣誓,其效力与誓于"上帝"者同。此外,"你的右手满了公义。"(《圣经·诗篇》)"手懒的,要受贫穷;手勤的,却要富足。"(《圣经·箴言》)可见,在基督教文化中,举右手宣誓乃是履新的公职人员标举自身"勤政"与"公义"的象征。因而,"举以宣誓的手"亦能证明宣誓的效力。此外,文化人类学的观点认为,"人们用右手起誓……这是因为给予这些手势和作用于事物的动力以影响的力量和权威位于人体的右侧"。[1]

起初,人们宣誓时乃高举右手,左手持有一个武器。嗣基督教渐为流行,人们的宣誓动作乃变为手按《圣经》。[2]《圣经·新约》有云,"无论作什么,都要从心里作,像是给主作的,不是给人作的,因你们知道从主那里必得着基业为赏赐。你们所侍奉的乃是主基督"。(《圣经·歌罗西书》)就现实而言,中世纪乃封建社会,王权难以集中,以致国家力量薄弱,故单凭世俗法的强制力惩罚背誓者往往无法达成目的。在这种情况下,规定人们宣誓时手按《圣经》乃是寄望透过"上帝"永恒的惩罚使宣誓说谎者的灵魂永处于危险之中。如今,此一宣誓动作流变为象征性的做法。[3] 申言之,近世西方公职人员宣誓时抚按《圣经》乃是基于基督教的文化传统,透过"上帝"的符号以增强其誓言的效力。而之所以用"左手","一说因为左手较接近心脏,代表心灵与神的直接接触"。[4]

在中世纪纷乱的政局中,追求国家社会的安宁是第一重要的。

---

〔1〕 [法]罗伯特·赫尔兹:《死亡与右手》,吴凤玲译,上海人民出版社2011年版,第109页。

〔2〕 [英]爱德华·甄克斯:《中世纪的法律与政治》,屈文生等译,中国政法大学出版社2010年版,第204页。

〔3〕 *So Help Me, Gods? Presidents And Other Public Officials Can Take Their Oaths On A Bible, The Bhagavad Gita – Or Even A Lawbook*, Church & State, January, 2013:4(4).

〔4〕 杨泰顺:《宣誓就职典礼与我国法制的调整》,载《国会月刊》2009年第10期。

因此,当时普遍流行的观点认为君主制是最好的政体。唯有如此,社会方能“公道之风盛行,并因财富充盈而民情欢腾”。[1] 然为防止“君主”——“依照法律来行使统治权”[2]沦为“暴君”——“用基于暴力的统治权来压迫人民”[3],“适当地限制王权”十分必要。[4] 中世纪“加冕宣誓”的举行即达成了以“神权”限制“王权”的客观效果。同时,在变乱纷呈的中世纪,人们满蕴激情又狂暴不羁的心灵总是摇摆于涕泗纵横的虔诚与冷漠无情的残酷之间,跌宕于尊崇与侮谩、沮丧与嬉戏的矛盾之中。在此种情况下,最严厉的规则与最严格的形式主义可以稳定公众的情感,使其免予被激情和残暴损害生活。[5] 而就职宣誓仪式的举行无疑增强了中世纪政治的理性,这对王权移转时的社会秩序产生了巨大的稳定功能。

“你公义的典章,我曾起誓遵守,我必按誓而行。”(《圣经·诗篇》)因此,国王基于对“上帝”的信仰,在宣誓即位后便不可乖违“上帝”的律法——“永恒法”。而此种“永恒法”,便成为限制君权的“超验正义”。但是,“上帝”远在“天国”,其律法何以在“尘世”彰显?西儒托马斯·阿奎那(Thomas Aquinas,约1225~1274年)乃赓续古典自然法的“理性主义”传统,指出,“自然法”是“人”——“理性动物”对“上帝”的律法——“永恒法”的参与。[6] 由此,“自然法”与“永恒法”者同,虽直接源自“上帝”,但间接属于“人民”。同

---

〔1〕《阿奎那政治著作选》,马清槐译,商务印书馆2009年版,第48~49页。

〔2〕[美]爱德华·S.考文:《美国宪法的“高级法”背景》,强世功译,生活·读书·新知三联书店1996年版,第12页。

〔3〕[美]爱德华·S.考文:《美国宪法的“高级法”背景》,强世功译,生活·读书·新知三联书店1996年版,第12页。

〔4〕《阿奎那政治著作选》,马清槐译,商务印书馆2009年版,第57~60页。

〔5〕[荷兰]约翰·赫伊津哈:《中世纪的衰落》,刘军等译,中国美术学院出版社1997年版,第43页。

〔6〕《阿奎那政治著作选》,马清槐译,商务印书馆2009年版,第109~110页。

时,人民又是服从法律的统治的。[1] 由是观之,国王虽基于"上帝"的信仰而宣誓加冕,但"人民"才是其所宣誓的真正对象。而上帝永恒的律法是"公义"与"至诚"的,(《圣经·诗篇》)其核心是"爱"。(《圣经·歌罗西书》)因此,一旦国王实行暴政,便是违背了"永恒法"和"自然法"。在此种情势下,人民揭竿而起"严格地说来并不是叛乱"。[2] 质言之,中世纪的国王是"法律下的国王",他本人和他的臣民一样地服从法律——"上帝"的律法。[3] 西洋"法治"之信仰基础自此奠定。

然而,应当注意,此种作为信仰基础的"法治"与近世实行于民主国家的那种"四境之内,大凡一切特权,以至宽大的裁夺,均被摒除";"人民在法律前之平等"[4]的"法治"(Rule of Law)仍有差异,因为它们存乎不同的社会结构之中。中世纪的政治状况呈现一种多元权力的"均势":总体而言表现为"王权"与"教权"的争雄,而在"王权"内部又存在"国王"、"贵族"与"领主"之间的博弈。是故,参与此种消极的"法治"状态的"人民"乃是"等级集团"的首领,而一般民众作为这些团体的附庸并无政治主体之地位。但是,以社会效果而言,作为一种思维模式的"法治"观念——"一切权力在本质上都是有条件的"[5]却斯底于成:经宣誓加冕的国王一旦逾越封建成例,擅自侵犯领主和贵族的固有权利,被侵犯者即可以"上帝"及其"永恒法"而抗争。因为"任何事情,只要与自然法颠扑不破的永恒

---

[1] [美]乔治·霍兰·萨拜因:《政治学说史》,刘山等译,商务印书馆1986年版,第249页。

[2] 《阿奎那政治著作选》,马清槐译,商务印书馆2009年版,第140~141页。

[3] [美]乔治·霍兰·萨拜因:《政治学说史》,刘山等译,商务印书馆1986年版,第251页。

[4] [英]戴雪:《英宪精义》,雷宾南译,中国法制出版社2001年版,第244页。

[5] [美]爱德华·S.考文:《美国宪法的"高级法"背景》,强世功译,生活·读书·新知三联书店1996年版,第13页。

原则相冲突，就是无效的，因而也就不能约束任何人”。[1] 英王约翰（King John，约1167～1217年）在1215年6月15日被迫签署《大宪章》即是因应此种情势。

2. 1215年《大宪章》之“宣誓”条款：自然法的指导力与实在法的强制力

在历史上，英国贵族所代表的盎格鲁—撒克逊之自由民主传统与英王所代表的诺曼集权传统向存冲突。英王约翰在位时，其不忠、不孝、不仁、不义的个性促使其恣意任性，反复无常，暴政频施，淋漓尽致地展现了外来暴发户的专权。而这，致使贵族封建负担的沉重、封建特权的剥夺。[2] 因之，贵族们起而抗争，英王约翰遂被迫签署《大宪章》（Magna Carta）。该文件以法律的形式保障了“英格兰教会”、“朕之人臣”从“朕及朕之子嗣处”所获得的“一切特权、法权和让步”。[3] 在该文件的第63条（末条）第2款，乃涉及“宣誓”的问题。

> 朕与男爵们都已宣誓，将认真遵守上述所有条款，不得恶意欺骗。[4]

在《大宪章》的“序言”部分，有如下表述：“朕，约翰，受命于上帝……上帝在上，为拯救朕之灵魂及所有朕之先祖及子嗣之灵魂，为维护上帝之荣耀，为提升神圣教会之地位并更好地治理朕之国

---

〔1〕［美］爱德华·S. 考文：《美国宪法的“高级法”背景》，强世功译，生活·读书·新知三联书店1996年版，第13页。

〔2〕［英］威廉·夏普·麦克奇尼：《大宪章的历史导读》，李红海编译，中国政法大学出版社2016年版，第3～14页。

〔3〕《大宪章》，陈国华译，商务印书馆2016年版，第56页。

〔4〕《大宪章》，陈国华译，商务印书馆2016年版，第56页。

家……"[1]准此以观,《大宪章》所载明的英王约翰之"宣誓"的信仰基础仍是"上帝"。自此,英格兰国王不仅服从自然法的指导力,也服从实在法的强制力。[2]

1308年2月5日爱德华二世(Edward Ⅱ,1284~1327年)举行加冕,即王位。此次"加冕宣誓"乃是英国官方保存的最早加冕记录。[3] 在历史上,此份誓词计有法文与拉丁文两种。但作为史料而言,二者互为参照,同等重要。[4] 英王爱德华的誓词采用问答形式,凸显了其对某些价值的强烈认同。从中,我们不难发现:此次加冕宣誓完全基于对"上帝"的依靠。爱德华二世在宣誓时透过对"英王的特权源自法律与风俗民情"、"判断善良和真理正义"以及"承认公正的法律和习俗"等重大政治决断的肯定回答,继承并重申了《大宪章》的精神。于今,英国1215年《大宪章》有四个条款(第1、13、39、40条)仍在适用,见证了其历史与现实的价值。而《大宪章》所呈现的妥协、理性、依法而治、君民共治、法律的正当程序以及未经同意不得征税等精神与理念,[5]足可启示当下。

查学界的相关论述,多认为英国1215年《大宪章》是近世就职宣誓制度的权舆,其理由在于认为宪法保障民权的近代意涵肇始于此。易言之,《大宪章》是近世宪法的开端。然而,《大宪章》的定位是一个历史的过程,所谓"近世宪法"的观念产生于后世,而在签署时——1215年——13世纪,《大宪章》只是一份"特许状"、一份"契

[1] 《大宪章》,陈国华译,商务印书馆2016年版,第21~23页。

[2] [德]恩内斯特·康托洛维茨:《国王的两个身体:中世纪政治神学研究》,徐震宇译,华东师范大学出版社2018年版,第254页。

[3] Robert S. Hoyt, *The Coronation Oath of* 1308, The English Historical Review, 71(280), p. 353-383.

[4] Robert S. Hoyt, *The Coronation Oath of* 1308, The English Historical Review, 71(280), p. 353-383.

[5] [英]威廉·夏普·麦克奇尼:《大宪章的历史导读》,李红海编译,中国政法大学出版社2016年版,第33~34页。

约"而非"制定法"。[1] 《大宪章》诸条文里的"自由人"在当时"可能很少指贵族阶层以外的人"，但其"很早就显示出向前发展的能力"。[2] 因为，随着《大宪章》"所保护的阶层和利益的范围的扩大，它作为高级法从而在某种意义上全面约束政府这一品格也不断增强"。[3] 迨至1354年，爱德华三世（Edward Ⅲ，1312～1377年）对1215年《大宪章》第39条进行修改，将"自由人"改为"任何人，无论其等级与地位"；将"通过其平等人士之合法裁决或通过英格兰法裁决"易为"法律的正当程序"。[4] 至此，《大宪章》始具备"近世宪法"的雏形。[5]

自11世纪末教会对国王发动"授职权之争"（Investiture Contest）以来，教权在西欧封建社会获致了空前的权威。教宗宣称教会"为上帝所独创"，他有上帝"所赋予废黜帝王之权"且本人"不受任何人审判"。此外，教宗"有权解除人民向违反正义的统治者之效忠誓约"。[6] 然而，在中世纪后期，情势逐渐变化：斯时，"诸侯，贵族，僧侣，城市贵族，市民，平民和农民形成一种极其庞杂的人群，他们的要求极其悬殊而又错综复杂。每一等级都妨碍着另一等级，

---

〔1〕 [美]爱德华·S.考文：《美国宪法的"高级法"背景》，强世功译，生活·读书·新知三联书店1996年版，第25页。

〔2〕 [美]爱德华·S.考文：《美国宪法的"高级法"背景》，强世功译，生活·读书·新知三联书店1996年版，第27页。

〔3〕 [美]爱德华·S.考文：《美国宪法的"高级法"背景》，强世功译，生活·读书·新知三联书店1996年版，第28页。

〔4〕 [英]威廉·夏普·麦克奇尼：《大宪章的历史导读》，李红海编译，中国政法大学出版社2016年版，第26页。

〔5〕 [美]爱德华·S.考文：《美国宪法的"高级法"背景》，强世功译，生活·读书·新知三联书店1996年版，第28页。

〔6〕 详见《格利哥里七世阐释教皇地位及权力的命令》，参见法学教材编辑部《外国法制史》编写组：《外国法制史资料汇编》（上册），北京大学出版社1982年版，第212～213页。

都不免与所有其他等级处在继续不断的明争暗斗中”。[1] 在此背景下,日益崛起的商人阶层出于发展工商业的需要,乃与世俗国王联合起来,从而导致教权日衰,王权勃兴。与此同时,经“复兴”后的“罗马法”因适应社会情状的丕变而风靡欧陆诸国。此外,“世界和理智”的具体价值经“文艺复兴”运动得到承认。[2] 而顺应此一思潮,格劳秀斯(Hugo Grotius,1583~1645年)“一举把整个中世纪淤积下来的神学含义从自然法概念中清除出去,同时还使自然法完全摆脱了对教会与教皇的依赖。自然法再一次被定义为正确理性,描述为既是上帝的法律,也是给上帝设定的法律”。[3] 在中世纪“上帝”文化的笼罩下,“一旦一个誓言失去其具有的上帝召唤的特性,那么宣誓的习惯随之也就变了质而仅仅成为一种无意义的沙哑呓语”。[4] 这种情况一旦发生,对于封建当局而言无疑是颠覆性的,因为“上帝”正是他们权力的合法性来源。然而,在那人文主义、理性精神萌动的年代,统治者纵然制造“割唇”“切舌”等“神圣恐怖”以求“上帝”在民众意识中的地位稳固,但结果却是螳臂当车。因为,最终“所有的誓言都已不受惩治地遍布整个王国”。[5]

---

[1] [德]恩格斯:《德国农民战争》,中共中央编译局译,人民出版社1975年版,第31页。

[2] [德]E.卡西尔:《启蒙哲学》,顾伟铭等译,山东人民出版社1988年版,第133页。

[3] [美]爱德华·S.考文:《美国宪法的“高级法”背景》,强世功译,生活·读书·新知三联书店1996年版,第60页。

[4] [荷兰]约翰·赫伊津哈:《中世纪的衰落》,刘军等译,中国美术学院出版社1997年版,第170页。

[5] [荷兰]约翰·赫伊津哈:《中世纪的衰落》,刘军等译,中国美术学院出版社1997年版,第171页。

三、结论

美儒伯尔曼有云,"在所有的社会中,法律与日常事务分离都是必要的。这种分离是通过仪式和典礼,通过反映在仪式和典礼中的信念,即相信一定的言语的力量,这种言语用一定的方式表达,以便产生所谓'法律的'一定效果。如果法律要发挥作用,就需要这种魔法"。[1] 易言之,法律是需要仪式的。法律通过仪式中体现法治信念的言语实现其社会效果。在就职宣誓仪式中,当公职人员宣读誓词时,法律的权威得以维护,宪法实施获得保证,全社会特别是公职人员的宪法意识由此增强,民众对政治的认同显著提升。

综观西方前现代就职宣誓制度的源流,不难发现,"自然法"是贯穿其中的一条时明时晦的主线。在古代社会(古希腊、古罗马时期),"自然正义"——"立法者遵循的规范和指南"[2]的概念递嬗为斯多葛派之"自然法"(Jus Naturale),它是一种基于理性(人与神共有)的道德秩序与伦理概念。"人们通过上帝赐予的理性能力与诸神一道,直接参与这种秩序"。[3] 在此基础之上,"自然法"成为"一部鞭策立法者技艺、启迪立法者直觉的法典"。[4] 其间,就职宣誓制度之信仰基础表现为"神明"。但其背后的"隐喻",则体现了自由的个人意识的"圣化",每个人对"正义"的追求;展现了一条由西洋"权利法"观念变易为体现"神"的理性之法的理路,这为中世纪以"上帝"为信仰基础的就职宣誓制度的产生埋下了伏笔。迨至中世

---

〔1〕 [美]哈罗德·J. 伯尔曼:《法律与革命——西方法律传统的形成》,贺卫方等译,中国大百科全书出版社1993年版,第70页。

〔2〕 [美]爱德华·S. 考文:《美国宪法的"高级法"背景》,强世功译,生活·读书·新知三联书店1996年版,第4页。

〔3〕 [美]爱德华·S. 考文:《美国宪法的"高级法"背景》,强世功译,生活·读书·新知三联书店1996年版,第4页。

〔4〕 [美]爱德华·S. 考文:《美国宪法的"高级法"背景》,强世功译,生活·读书·新知三联书店1996年版,第14页。

纪,为约束封建君主的权威,“理性”与“上帝”相结合,成为一种超验的体现某种革命性的“较高法律”,[1]实现了由“尘世”向“天国”的跨越。[2] 自此,奠定了西方“法治”的信仰基础。

---

〔1〕 [英]登特列夫:《自然法:法律哲学导论》,李日章等译,新星出版社2008年版,第31页。

〔2〕 这一“跨越”的产生有特殊的历史背景。与古罗马不同,在中世纪,“立法活动几乎完全瘫痪……统治权变成了私人的、不承担责任的、且不受制度约束的权力。为了适应这一时代需要……罗马法中的某些特定条款、教会的教义和《圣经》中的某些片段,皆向神圣的方面解释,以期变成一种神秘的超越法……这种天真建构的目的……是为了纠正普遍流行的不正义……为了限制、约束权威”。参见[美]爱德华·S.考文:《美国宪法的“高级法”背景》,强世功译,生活·读书·新知三联书店1996年版,第15页。

商鞅法治思想在基层社会治理中的应用

郭竞坤*

【摘要】 党的十九大提出要加强和创新社会治理,足以说明"社会治理"已经成为当前党和政府非常关注的重点领域。基层社会治理基础就是法治化,商鞅法治思想是建设法治社会的本土资源,其成果是中国历史上的典范。因此,本文从商鞅法治思想的核心内容,立足当前我国基层社会治理现状及问题,提出商鞅法治思想在治理制度、治理主体、治理方式及内容等方面的应用。

【关键词】 商鞅;基层社会治理;法治思想;应用

一、绪论

党的十八大以来,以习近平同志为核心的党中央全面落实"依法治国"的国家战略,发布《中共中央关于全面推进依法治国若干重大问题的决定》,指出"全面推进依法治国,总目标是建设中国特色社会主义法治体系,建设社会主义法治国家。……坚持从中国实际出发。中国特色社会主义道路、理论体系、制度是全面推进依法治国的根本遵循。必须从我国基本国情出发,同改革开放不断深化相适应,总结和运用党领导人民实行法治的成功经验,围绕社会主义法治建设重大理论和实践问题,推进法治理论创新,发展符合中国

* 中国政法大学法学院博士研究生。

实际、具有中国特色、体现社会发展规律的社会主义法治理论,为依法治国提供理论指导和学理支撑。汲取中华法律文化精华,借鉴国外法治有益经验,但决不照搬外国法治理念和模式。"

中国特色社会主义法治体系的建构与完善,需要认真汲取中国传统法律文化的精华,以史为鉴,弘扬民族优秀传统。习近平总书记指出"重视历史、研究历史、借鉴历史是中华民族5000多年文明史的一个优良传统。当代中国是历史中国的延续和发展"。[1] 中国是法治文明发达很早的国家之一,而且有着五千年未曾中断的法治历史,因而,法文化的积淀非常深厚,历代研究法治的思想家、政治家不胜枚举,他们或进行法理学上的探讨,或提出治国理政的法治主张,或总结实施法治历史的经验与教训,[2]称得上是云蒸霞蔚、俊采星驰,由他们共同缔造的中国古代独具特色的法文化,具有极强的现实意义,是建设当代社会主义法治国家的"智库"。[3]

党的十九大报告提出,"打造共建共治共享的社会治理格局"。中国古代社会以农为本,占人口和面积极大比例的广袤乡村是地方社会的重要组成部分,乡村社会内部充满了错综复杂的矛盾和关系,乡村的治理水平决定了整个国家运转的有效性。为了实现有效的乡村治理,历代政治家、思想家围绕乡村善治的目标,创设了层层相因、彼此勾连、逻辑严密的治理体系,这为透视古代中国社会治理提供了一个样本。[4]

商鞅,是中国古代最为杰出的法思想家与政治家,其所进行的变法改革为秦国的移风易俗、社会变革、地方治理做出了巨大的改变,

〔1〕 习近平:《致中国社会科学院中国历史研究院成立的贺信》,载《人民日报》2019年1月3日,第1版。

〔2〕 参见时显群:《法家"以法治国"思想研究》,人民出版社2010年版,第5页。

〔3〕 参见季卫东:《法治中国》,中信出版社2015年版,第2页。

〔4〕 参见陈家刚:《国家治理现代化丛书:基层治理》,中央编译出版社2015年版,第4页。

使秦国一跃成为战国七雄之最,实现了秦国的富国强兵,最终建立了中国历史上第一个统一的中央集权制国家。[1] 商鞅法治思想包含丰富的内容,对法治所要求的各项内容都有涉及和论述,但其核心思想无不是围绕"法以爱民"的宗旨而展开的,在这则宗旨的指导下形成了商鞅法治思想的主线并贯穿始终,不仅让他的法治思想摆脱了以往时代有法制无法治的初级形态,更让他触及了法治的本质,那就是有了良法之治的高级形态内核而急剧升华,从此他的法治思想在漫漫历史长河的变化发展中以及中华法系的形成过程中占有了重要而突出的位置。[2] 以往学界关注于商鞅法思想的内容或者商鞅变法的历史研究[3],对商鞅法思想做出了巨大的研究成果。本文基于中国当代基层社会治理的现状,结合作者自己长期从事基层社会治理的工作经验,对于商鞅法思想如何实现创造性转化与创新型发展,如何对基层社会治理提供历史经验,提出自己不为成熟的学术思考,敬请学界前辈不吝赐教。

二、我国基层社会治理现状

基层治理,主要是指在国家政治体制的不同管理层级以及不同管理主体,结合本地区工作实际,为达到有效管理和政治利益分配,而通过密切合作和积极协商的方式,来实现有效管理和公共利益最

〔1〕 参见张岂之:《中国思想学说史》,广西师范大学出版社2007年版,第53页。

〔2〕 参见萧伯符:《商鞅法治理论及其现代借鉴》,载《中国法学》2002年第2期。

〔3〕 代表性著作有陈启天:《商鞅评传》,商务印书馆1935年版;杨宽:《商鞅变法》,上海人民出版社1956年版;郑良树:《商鞅及其学派》,台北,学生书局1987年版;郑良树:《商鞅评传》,南京大学出版社1998年版;张金光:《秦制研究》,上海古籍出版社2004年版。代表性论文有晁福林:《商鞅变法史事考》,载《人文杂志》1994年第4期;乔健:《论商鞅的一元化思想》,载《兰州大学学报》1996年第3期;萧伯符:《商鞅法治理论及其现代借鉴》,载《中国法学》2002年第2期;宋玲:《商鞅"法治"思想与中国传统社会治理》,载《比较法研究》2015年第1期。

大化的政治过程。[1] 从新时期来看,我国基层社会治理工作总体向好,基层事务稳健推进。特别是党的十九大以来,我国基层治理水平和治理能力建设成果显著,也探索和积累了诸多实践经验,并在各地区推广运用和逐步深化。同时,我们也需要看到,当前我国基层社会治理任务依然繁重,复杂矛盾问题依然突出,只有强化党的集中统一领导,通过基层政府和群众的密切合作,共同抓好社会治理工作,不断创新手法,才能更好提升基层社会治理水平。

(一)基层政府职能转变

从目前来看,基层政府的职能已经由管理型向服务型方向快速转变。[2] 而延续了几十年的传统社会治理格局中,基层政府的工作属于管理角色。1954 年,我国颁布了《城市街道办事处组织条例》和《城市居民委员会组织条例》,随着这两部条例的出台,“街居制”逐渐成为我国城市基层社会治理的主要管理体制。在这样的政治格局中,最为基层的街道办事处和居委会,自然就成为基层政府组织的两个治理主体。而作为每个地区的街道办事处,扮演乡镇的功能,也是基层政府处理日常辖区居民公共事务的地方。而居委会属于村委会类似的居民自治组织。随着我国城乡一体化发展进程的加快,街道办事处和辖区内的各个居委会,需要处理的事务更加多元化,工作量加大的同时,管理的专业性和成本等方面都在不断改变。为了提升办事效率,很多地方政府由此把办事处的工作职能和部分权利下放,政府的管理职能也开始逐渐转变到服务类型中来。通过把部分工作和权限转移到社区居委会、社会组织或社群公共组织中来,可以发挥公众的参与性和管理能力,通过鼓励多元主体的

---

〔1〕 参见吴锦良:《服务型政府大视野丛书:基层社会治理》,中国人民大学出版社 2014 年版,第 293 页。

〔2〕 参见陈家刚:《国家治理现代化丛书:基层治理》,中央编译出版社 2015 年版,第 195 页。

参与形式,可以改善城市基层社会治理范围大、事务多、人员少等客观局限,进一步提升城市治理的水平和效果。根据国家于1998年颁布的《村民委员会组织法》显示,国家鼓励地方政府根据地方工作需求和当地实际,把相关管理放权给村委会,目的就是确保农村村民自治的实施,鼓励村民发展基层民主,促进农村社会发展,使地方政府职能向服务型转变。[1]

(二)非政府组织参与到基层社会治理中来

当前,非政府组织参与到基础社会的治理中来,已经成为我国基层社会管理的重要做法。主要是依托非组织所具备的优质人才资源和丰富的治理能力,由此加强地方政府的有效服务和增强管理的水平。[2] 比如社会工作者这一群体,就是非常专业的,他们掌握丰富的知识和经验,可以胜任社区服务的专业人员。我国大力支持社区治理专业人才的培训,目的就是增强社区治理的水平,加强社区管理的专业化水平。促进社区治理能力的增强,社区成为有效协助街道办事处开展基层治理的主要组织。同时,还可以激发本社区居民组织群体的参与性,比如目前在社区中经常看到的居民事务协调委员会、业主委员会等自发性组织,因为他们汇集了诸多的人员,如果把他们也加入基层社会治理中,将会发挥很大的作用。

(三)重视公民自主意识和参与意识的觉醒提升

新时期,居民文化水平和知识视野快速提升,已经更加自觉参与到社区管理中来。而在传统的社会管理模式下,社区居民习惯了被管理,只会听从安排,严重缺乏自主意识和主动意识行为。随着基层社会治理的逐步深入,参与基层社会治理的公民逐渐增多,公民

---

[1] 参见徐炜、陈民洋:《农村社会治理创新模式的持续发展问题解析》,载《江汉论坛》2015年第1期。

[2] 参见罗哲、赵林:《从社会管理到社会治理:契约精神与协商政治》,载《四川大学学报》2014年第5期。

的参与机会也有所增加。公民在参与基层治理的过程中,感受到治理的内容都是与切身利益相关的问题,意识到“参与”的重要性,认识到自己既是“被管者”,也是“管理者”,既是“被治理”的对象,也是“治理主体”。特别是在新时期,国家重视居民的自我管理能力建设,鼓励城乡居民自我管理,共同来参与社区建设,发挥居民的自我服务和管理的能力,大家也慢慢培养了自主管理的意识,积极参与性强,自觉为基层社会治理出力,一起出谋划策。在持续的推动过程中,城乡居民的治理工作能力得到加强,社区治理水平也自然得到提高。

(四)协商民主在基层社会治理中发挥积极作用

协商民主作为我国基层社会治理的重要形式和有效手段,其发挥的突出作用有目共睹,通过协商,大家认同具体的方案,实施起来也有广泛的民意基础,获得更多人的支持和拥护。[1] 由此突出协商民主的巨大优势,同时,协商民主具有多种形式,各地区可以根据自身的客观实际,为基层社会治理设计操作方法,让更多基层群众发挥力量,让大家积极参与到基层社会治理中来。通过广泛征求群众意见,吸收有效建议,为基层社会治理更好开展,为解决基层问题提出行之有效的方案和决策思路。

三、我国基层社会治理存在的问题

党的十九大以后,我国基层社会治理虽然取得了比较显著的成效,但是因我国幅员广阔,基层范围较为广泛,矛盾复杂且多变,城乡之间的基层社会治理差距较大,故基层社会治理中依然存在一些问题。

---

〔1〕 参见罗哲、赵林:《从社会管理到社会治理:契约精神与协商政治》,载《四川大学学报》2014 年第 5 期。

(一)治理制度贯彻不足

新中国成立以来,我国相继颁布多项与基层社会治理相关的条例,基本上已经覆盖了基层民众的自治程序、机制、治理目标及民众权利等。但是据当前基层社会治理中所出现的怪象和乱象,基层社会治理中的一些基本制度并未得到真正的贯彻和落实,如很少有人处理事情按照既有制度进行;即便按照制度办理,所取得的成效甚微。之所以出现这样的问题原因有很多:一是基层社会治理制度本身还是有缺陷和不足,实施起来难免有所偏差;二是制度所要求的实施条件和现实的社会治理条件存有差距,导致实施起来比较困难;三是我国基层社会治理基本还是沿用行政角度对社会进行管理,对社会治理亦产生不好影响。

(二)治理职责不明

我国进入现代社会以来,基层社会治理的主体经历了绅权治理、工农治理、参议员治理和人民代表治理四个阶段的治理模式。[1] 当前所实施的治理模式就是三级治理,即乡镇、村级和城市街居治理。三级治理结构模式较为贴近基层,增强了基层治理的自主性,然而这样的做法也容易导致治理的职责不明。例如,城市街居治理中,街道办事处将其掌管的职责下放给了社区,但是社区所掌握的资源又比较少,无法完全满足居民的需要,居民在寻求街道办事处帮助时,办事处推诿不作为,这样的做法使基层社会治理效率变得低下。又如,农村基层社会治理中因农村中多数的年轻人进城务工,村中所留下的人群主要是妇女、儿童和老人,这些人的治理能力是非常有限的,那么就会出现治理主体治理能力缺失,无法有效地实现治理。此外,基层社会治理中因我国政府的干预有过度倾向,我国有的基层社会治理法律规范中没有明确过基层社会组织的所属权力

[1] 参见陈家刚:《国家治理现代化丛书:基层治理》,中央编译出版社 2015 年版,第 263 页。

范围和同级的政府之间关系,那么治理主体之间的关系不清晰也会导致治理职责的不明确。

(三)治理方式行政化倾向严重

目前我国的基层社会治理的层级多,那么治理成本随之上升,治理方式行政化的倾向也比较严重。因为在实际的社会治理中依然是沿用行政管制的手段,从执行到运作再到监督均是采用行政手段来完成的。当前村委会或者居委会因人、财和物等的不足,无法有效地去开展治理。这是因为政府当时在放权的时候没有考虑到基层治理主体的治理能力,使得很多原先是行政性的事务被转移到村、居委员会,但是没有给予治理上资源支持,使得这些治理主体治理能力和所能提供的治理服务大打折扣,无法真正起到利民和便民的治理效果。此外,一些基层自治组织一般面临的都是日常生活小事,如治安问题、邻里纠纷和环境问题等,然而在解决这些问题的时治理主体因能力、认识等因素影响,还是采用行政化的方式去解决,不能正确地对治理内容进行区分,使得矛盾未被及时处理,进而引发一系列的纠纷。

四、商鞅法治思想在基层社会治理中的应用

(一)依法治理,法治必行

一个国家基层社会法治治理状况如何,除了考察其是否具有健全的法律体系及制度,还要看该制度有没有落到实处。商鞅法治思想中最为重要的观点之一就是国家之乱就是因为有法不依。任何国家都是有法律的,但是再健全的法律制度及体系,都不能完全确保法律制度能够做到该法律想要实现的执行效果。因此,商鞅提出有法必依是考察政府是否清明的关键,有法必依的政府相对比较清明,政府清明就会得到民众的认可,执法就会比较顺利,法治就可以有效实现。如果有法不依,那么民众就会和政府离心离德,最终导

致政府的混乱。[1] 基于此,在基层社会治理中要强调依法治理,执法必严。那么首要的就是对当前社会治理相关法律制度进行完善,通过立法将有关基层社会治理中的相关法律制度进行完善,做到有法可依。其次就是要求治理主体严格按照法律程序去治理基层社会,确保程序不流于形式,能够真正地体现在社会治理之中。

(二)权责明确,增强法律意识

商鞅提出"五官分而无常,则乱"[2],即官吏如果职责没有常规化,权责没有明确划分,那么权力就会缺少限制,会导致国家和社会管理的混乱。进而商鞅提出了"别其势,难其道"[3],即要对制度内的官吏职权范围进行明确的划分,使官吏明确自己的职责范围。商鞅之所以有这样的见解和认知,是因为他并不相信官僚政府能完全地秉公执法,相反他们可能凭借手中所掌握的权力去破坏法治。那么当前的基层社会治理,重点就是针对现有治理主体,对其治理内容进行正确划分,明确各级治理主体权责,只有权责明确才不会出现互相推诿及不作为,从而提升治理的效率。

此外,在对治理主体职责进行明确划分之外,为确保其能够正确理解其职责,并在治理中按照相关法律规范进行,基层治理主体的法律意识的增强是非常有必要的。商鞅也非常重视法律的教育及法律意识的培养,即"为法必使明白易知"。我们有必要采用网络法治培训,进社区、进村进行普法教育和大讲堂等多种形式,促使基层治理主体能够自觉接受学习法律知识,增强法律意识。在基层社会治理中能够按照法律程序及制度行使职责,且在过程中还要对民众进行普法教育,培养民众的法治意识,形成治理主体和被治理主体

---

〔1〕 参见周向阳、张洁:《"法"与"法治":商鞅法律思想解读》,载《湖州师范学院学报》2009年第4期。

〔2〕 蒋礼鸿:《商君书锥指》,中华书局1986年版,第72页。

〔3〕 蒋礼鸿:《商君书锥指》,中华书局1986年版,第87页。

之间的良性制约。

(三)治理规范,取信于民

商鞅提出执法者必须要尊重法律的权威性,要严格按照法律规范办事,不允许执法者出现以私害法的情况,[1]这就要求在基层社会治理中要严格按照法律规范所要求的方式去处理所遇到的治理问题,要求我们的治理主体善于运用法治精神来对尚未有法治规范的治理领域进行治理。那么在实际的社会治理中,治理主体一方面要正确认识和区分治理内容,采取的治理手段要按照法律规范进行,才能够得民心;另一方面治理主体在日常工作中也要严格遵守法律,并在维护法律尊严方面要起带头示范作用,维护法律的权威,进而通过治理者的行为来影响周围的民众,进而取信于民,使得社会治理能够有效进行,并取得良好效果。

(四)与时俱进,治理创新

马克思主义观点认为社会历史在不断发展变化,我们要善于用发展的眼光看待问题,所以基层社会治理内容、方法都要随之变化。商鞅在秦国开展的变革活动,损害了奴隶主和贵族的利益,推进了新兴地主阶级的发展,并同时推进封建社会、经济和政治的发展。即便商鞅在变法中被各种阻挠,他依然不改初衷,坚持变法。当前我们所处的社会已经和商鞅所处的时代大大不同,但是也有相似之处,就是要与时俱进,注重变法革新,这在当前社会中还是有可用之处的。我国当前的基层社会随着经济发展,基层社会矛盾、问题已经较过去出现很大变化,这就要求我们在基层社会治理中,注意新的问题、新的情况和新的矛盾,坚持多元化的治理原则,要有更为开放的心态来解决社会治理中出现的问题。此外,要采用现代法治思维,对原有治理方式、手段进行变革,运用现代信息技术实现治理手

〔1〕 参见刘术永:《商鞅"法治"思想的形成与内容剖析》,载《福建论坛》2011年第2期。

段、方式的变革,并将其充分运用在基层社会治理中,将民众真正地团结起来,实现基层社会治理的有序化和规范化。

五、结语

商鞅的法治思想核心就是通过法制来实现法治,意思就是法治是过程及目的的统一体。要想获得什么样的法治社会,就要通过法治化的手段对相关利益主体及格局进行规范,运用制度建构来推进社会运行机制,进而形成法治化的相关社会运行规则,从而促使社会在法治化的轨道中良好有序运转。[1] 当前我国社会正处于转型时期,社会结构趋于复杂,基层社会在经济转型的推动下,也发生了巨大的变化。基层社会的活力在增强,相关的利益诉求开始增多,所面临的问题也越来越多,基层社会治理需求越来越大。商鞅法治思想是在变法实践中产生的,也是为了满足当时社会治理需要出现的,其变法成果也说明法治才是社会理性化运行的制度保障和思想准则,因此,商鞅法治思想可以借鉴到当前的基层社会治理中,且可以取得良好的社会治理效果。

〔1〕 参见萧伯符:《商鞅法治理论及其现代借鉴》,载《中国法学》2002年第2期。

学术聚焦

【编者按】 本卷“学术聚焦”栏内,我们聚焦于法律文化交流专题。我们选编了两篇文章,分别看中华法系中高丽法对唐律的继承嬗变,以及近代留日学生对清末法律改革的影响,都体现了法律在中华法系圈内的流动。通过法律的交流,促进各自法律的发展,这同样是中华法系发展的途径。

多重因素影响下的法律移植

——高丽“变异”唐式的路径分析

张春海*

【摘要】 高丽人在制定本国的式文时，尽管在相当大的程度上依据了唐式的原理，但在具体的内容上则更多地从本国的实际出发，对唐式进行了很大的变异。但依据式之性质与内容的不同，具体的变异方式也有差异：对唐式中居于多数的“技术性”条文，高丽人采取了基本照搬，又依据半岛实际情况略加变异的移植方法与模式；对与社会结构相关的式，则使其内容与高丽贵族社会的特质相符；对与伦理相关的式，高丽人则采取了仅将唐式中与半岛伦理抵触不大的部分内容移植过来的方法，其他部分则视时机的成熟程度，以制与判的方式做零星而随机的移植。国家的法律体系也由此而逐渐完善、成熟起来。

【关键词】 高丽；唐式；移植；变异

朝鲜时代(1392～1910年)的史学家李种徽云：“罗丽济三国，官勋爵阶，参以方言，冗杂猥琐，莫可称述。高丽之初，遵用泰封新定之制，而亦荒陋鄙俚，多沿罗代之旧……洎于成宗，大新制作，定内外之官、省、部、台、院、寺、司、馆、局。外有牧、府、州、县。官有常

* 南京大学法学院副教授。

守,位有定员,盖自箕子以来初有,亦可谓一代之文治矣。"[1]成宗时期创立的这套制度主要系模仿唐制而来,以律令格式体系为主要支撑。隋唐时期的律令格式是在儒化与汉化的文化与社会整合政策下进行的,[2]体现儒家伦理的"礼"是其精髓与核心,[3]而它们本身又是一整套的具有很强操作性的社会行为规范,这就决定了它们既有很强的"技术性"又有浓烈的"伦理性"与"社会性",是对整体社会结构与文化状态的反映。礼与法,技术、伦理、结构与文化之间实现了较为完美的结合。

当然,在不同的法典以及同一法典的不同篇目与条文中,礼与法,技术、伦理、结构与文化体现的方式与程度亦不相同:有的具有很强的伦理性,有的则是纯粹的技术性条款,有的则对结构体现的较多,有的则兼而有之。在高丽前期,半岛与中国唐代的社会结构及政治格局存在重大差异,在文化与伦理上也有重大不同,存在"华化"与"土俗"的冲突,[4]精英阶层对中国文化的认同尚未普遍地建立起来。在此语境下,高丽人对唐代法制的移植便成了一个充满变异的过程。在此,我们首先讨论高丽对唐式中技术性内容的移植与变异。

然而,由于两国在社会、文化诸层面的种种不同,使法律移植不再是一个简单的"技术"层面的工作,而成为多种因素介入与影响下的利益上的博弈与文化上的冲撞,结果就使高丽人对唐代法律体系的移植成了一个充满变异的过程,且此种变异是全方位的,在律、令、格、式四种法律形式中均有大量体现。然而,到目前为止,就高

---

〔1〕 [朝鲜]李种徽:《修山集》卷一三《高丽史志·百官志》,景仁文化社。

〔2〕 关于此,可参见高明士:《从律令制度论隋代的立国政策》,载中国唐代学会编辑委员会编:《唐代文化研讨会论文集》,台北,文史哲出版社 1991 年版,第 34 页。

〔3〕 参见刘俊文:《唐律疏议笺解》,中华书局 1996 年版,"前言"。

〔4〕 关于这一问题的具体讨论,参见张春海:《高丽王朝的"华化"与"土俗"之争》,载《安徽史学》2008 年第 1 期。

丽人在制定本国之式时,如何移植并变异唐制,学界尚未有系统深入的研究,因而我们在对中华法系形成模式的认识上缺失了必要的一环,[1]本文则将对此问题做初步的探索,望专家学者批评指正。

一、个别化:高丽"式"成立的方式

关于式,《唐六典》卷六《刑部》:"凡文法之名有四,一曰律,二曰令,三曰格,四曰式。凡律以正刑定罪,令以设范立制,格以禁违止邪,式以轨物程事。"[2]有学者认为,唐式是"以行政法为主,间有军事法、民事法及诉讼法规范掺杂其间的综合法律形式。"[3]它与令、格的不同,在于其"行政实施细则"的性质。[4]

从现有史料看,高丽王朝亦有较为发达的式。《高丽史·礼六》:"钤辖以下诸军使副、判官于阶上俱重行,再拜……拜讫,便行师,如《军令式》。"[5]《军令式》现已亡佚,我们不易判断其与唐式的关系。又,文宗十八年(1064年)三月,兵部奏:"军班氏族,成籍既久,蠹损朽烂,由此军额不明,请依旧式改成帐籍。"[6]兵部所说的"旧式"应该就是《兵部式》。从"旧式"的用语看,此式早已存在。另从"军班氏族"这类高丽特有的兵制术语看,此式并非对唐制的照搬,而是具有半岛的特色。

---

〔1〕 日本学者仁井田陞著有《唐宋の法と高丽律》(载《东方学》1965年第30期),郑显文教授著有《唐律令与高丽律令之比较》(载[韩]《民族文化论丛》),上述文章均对《高丽史·刑法志》中的一些规范性条款和唐代律令格式的相关条款进行了比较,但并未聚焦于"式"。

〔2〕 李林甫等撰:《唐六典》,陈仲夫点校,中华书局1992年版,第180~185页。

〔3〕 霍存福:《唐式性质考论》,载《吉林大学学报》1992年第6期。

〔4〕 周东平:《律令格式与律令制度、律令国家——二十世纪中日学者唐代法制史总体研究一瞥》,载《法制与社会发展》2002年第2期。

〔5〕 郑麟趾等:《高丽史》卷六四《礼六》,孙晓等点校,西南师范大学出版社、人民出版社2014年版,第2045页。

〔6〕 郑麟趾等:《高丽史》卷八《文宗三》,孙晓等点校,西南师范大学出版社、人民出版社2014年版,第227页。

让人庆幸的是,还是有一些式,保留下了一些具体内容,使我们得以一窥高丽式的面貌,并将之与唐式做一定程度的对比。毅宗十三年(1159年),典牧司奏定《诸牧监场畜马料式》:

> 战马,一匹黄草节一日稗一斗、豆二升、末豆四升,青草节稗一斗、末豆三升;杂马,一匹黄草节一日稗四升、豆二升、末豆三升,青草节稗三升、末豆二升;骆驼……[1]

如郑显文指出的那样,在唐代,管理畜牧业的机构是太仆寺,在《太仆式》中有相应的条款。[2]《唐六典》卷一七《太仆寺》典厩令条:"凡象日给稻、菽各三斗,盐一升;马,粟一斗、盐六勺,乳者倍之;驼及牛之乳者、运者各以斗菽,田牛半之;施盐三合,牛盐二合;羊,粟、菽各升有四合,盐六勺。(注:象、马、骡、牛、驼饲青草日,粟、豆各减半,盐则恒给;饲禾及青豆者,粟、豆全断。若无青可饲,粟、豆依旧给。其象至冬给羊皮及故毡作衣也。)"[3]《六典》该条应出自唐式,在内容上和高丽的《诸牧监场畜马料式》有很大不同,但就规范本身及隐于其后的原理而言,高丽式还是受到了唐式的一些影响。

由此,我们隐约可知,高丽人在制定本国式时尽管依据了唐式的原理,但在具体内容上又做了很大的变异,而这应和式之"行政法细则"的性质有关。由于两国的国情不同,而式又具有强烈的具体性、针对性、适用性,故高丽人只能更多地从本国的实际出发,而不能为了法律本身的完美或其他目的而照搬唐式。

---

[1] 郑麟趾等:《高丽史》卷八二《兵二》,孙晓等点校,西南师范大学出版社、人民出版社2014年版,第2617~2618页。

[2] 郑显文:《出土文献与唐代法律史研究》,中国社会科学出版社2012年版,第485页。

[3] 李林甫等撰:《唐六典》卷一七《太仆寺》,陈仲夫点校,中华书局1992年版,第484页。

因此,在律令格式四种法律形式中,高丽的式最为特殊。到目前为止,还没有明确的证据表明在高丽一代存在一部完整的《式典》,相反,几乎所有已知的高丽式都是根据现实的需要,零星、随时性地制定出来的,个别化是高丽式成立的主要方式。高丽一代,式的制定非常频繁,主要是通过国王命令特定大臣草拟式文,然后由之认可并颁布的方式制定。成宗六年(987 年)八月,“命李梦游详定《中外奏状及行移公文式》。”[1]显宗二年(1011 年),“礼部侍郎周起奏定《糊名试式》。”[2]这些均为高丽初年之事,李梦游、周起都是当时著名的文人,对中国制度较为熟悉,[3]他们拟定的这些式应是参考或移植唐宋制度而来。

国王随时制定并颁布的这些式,往往被宣布为“常式”、“恒式”或“永式”。成宗八年(1989 年)四月,“始令京官六品以下四考加资,五品以上必取旨,以为常式。”[4]显宗九年(1017 年)二月教曰:“《礼记》:‘季春之月,省囹圄,去桎梏’内外法司宜遵《月令》,以导阳和,用为恒式。”[5]文宗三十五年(1081 年)五月,制曰:“凡蕃人来朝者,留京毋过十五日,并令起馆,以为永式。”[6]

---

[1] 郑麟趾等:《高丽史》卷三《成宗世家》,孙晓等点校,西南师范大学出版社、人民出版社 2014 年版,第 66 页。

[2] 郑麟趾等:《高丽史》卷七三《选举一》,孙晓等点校,西南师范大学出版社、人民出版社 2014 年版,第 2304 页。

[3] 据《高丽史》卷七三《选举一》,李梦游曾于成宗二年(983 年)、五年(986 年)、六年(987 年)知贡举,取进士。他在成宗时期曾任左执政,死后与崔承老、崔亮、李知白、徐熙一起配成宗(参见《高丽史》卷五《显宗二》)。周起在《高丽史》中无传,但从其任礼部侍郎且定式的事迹看,应该也是以文学见长。

[4] 郑麟趾等:《高丽史》卷七五《选举三》,孙晓等点校,西南师范大学出版社、人民出版社 2014 年版,第 2367 页。

[5] 郑麟趾等:《高丽史》卷四《显宗一》,孙晓等点校,西南师范大学出版社、人民出版社 2014 年版,第 107 页。

[6] 郑麟趾等:《高丽史》卷九《文宗三》,孙晓等点校,西南师范大学出版社、人民出版社 2014 年版,第 264 页。

因式的行政细则的性质,故在具体的政务中被运用得十分频繁。在各种史料中,常有“如式”“依式”之语。[1] 如违反式的规定,则要被依律治罪。明宗二十二年(1192 年)五月制:“自今禁用油蜜果,代以木实……以为定式。有不如令,有司劾罪。”[2] 这和唐代“令者,尊卑贵贱之等数,国家之制度也;格者,百官有司之所常行之事也;式者,其所常守之法也。凡邦国之政,必从事于此三者,其有所违,及人之为恶而入于罪戾者,一断以律”[3] 的原理一致。

二、技术性内容的移植

主要作为行政法细则性质的唐式,其多数内容是“技术性”的。对于这些技术性的内容,高丽人采取了基本照搬,又依据半岛实际情况略加变异的移植方法与模式。高丽有《公牒相通式》:

> 京官:内史、门下、尚书都省于六官诸曹、七寺、三监出纳,门下侍郎以上不姓草押;拾遗以上,着姓草押;录事、注书、都事内位着姓名。六官诸曹、七寺、三监于三省侍郎,少卿以下具位姓名;御史、卿以上,着姓草押。六官诸曹于七寺、三监,员外郎以上着姓草押。七寺、三监于六官诸曹,少卿以下具衔姓名。七寺、三监于诸署局,丞、注簿着姓草押。诸署局于七寺、三监,直长以上着姓名。诸下局署于三省诸曹、式目、七寺、三监,直长以下具位姓名。吏部台省于六官诸曹、七寺、三监,门下侍郎平章

[1] 这样的记载不胜枚举,仅举一例。睿宗五年(666 年)九月判:“制述、明经诸业新举者……选上,乡贡则东、南京、八牧、三都护等界首官,依前式试选申省。”(郑麟趾等:《高丽史》卷七三《选举一》,孙晓等点校,西南师范大学出版社、人民出版社 2014 年版,第 2306 页。)

[2] 郑麟趾等:《高丽史》卷八五《刑法二》,孙晓等点校,西南师范大学出版社、人民出版社 2014 年版,第 2697 ~2698 页。

[3] 欧阳修、宋祁撰:《新唐书》卷五六《刑法志》,中华书局 1975 年版,第 1407 页。

以下拾遗以上着姓草押，录事具衔姓名，于诸署局录事注书着草押。诸署局于三省，直长以上具衔姓名。外官：别命使臣于牧、都护，当云"某使贴某牧、都护"……[1]

这条式文是对高丽官僚机构间往来公牒格式的规定，是一种"纯粹"的技术性条款。关于"牒"，《唐六典》卷一《三师、三公、尚书都省》："凡都省掌举诸司之纲纪与其百僚之程式……凡下之所以达上，其制亦有六，曰：表、状、笺、启、牒、辞（注：表上于天子，其近臣亦为状……九品已上公文皆曰牒）。"[2]高丽《公牒相通式》正是对官僚机构间文书往来格式所定的行政细则，符合《唐六典》关于"九品已上公文皆曰牒"的规定。因此，该式的原理亦来自唐。日本学者仁井田陞曾对唐开元移式、关式、牒式与符式进行了复原，其中《牒式》为：

尚书都省　为某事。

某司云云，案主姓名，故牒。

年月日

主事姓名

左右司郎中一人具官封名　令史姓名

书令史姓名[3]

关式、移式、符式与牒式类似，其格式均为长官"署位"；主管之司的郎中"具官封名"即只署名，不署姓；令史与书令史则要姓名俱

[1] 郑麟趾等：《高丽史》卷八四《刑法一》，孙晓等点校，西南师范大学出版社、人民出版社2014年版，第2663页，标点笔者依据文意进行了合理化，不完全遵照标点本。

[2] 李林甫等撰：《唐六典》卷一《三师、三公、尚书都省》，陈仲夫点校，中华书局1992年版，第10～11页。

[3] [日]仁井田陞：《唐令拾遗》，栗劲、霍存福等编译，长春出版社1989年版，第489～490页。

签;正好对应高丽《公牒相通式》中的“不姓草押”、“着姓草押”与“位内着姓名”三种方式,对唐式的变异不大。

高丽又有《烽燧式》。毅宗三年(1149年)八月,“定《烽燧式》:平时夜火昼烟各一、二;急二、三;急三、四;急四。每所防丁二、白丁二十人,各例给平田一结。”[1]唐代亦有《烽式》。宋人曾公亮、丁度著有《武经总要》一书,其前集卷五“烽火”条云:“烽燧,军中之耳目,豫备之道,不可阙也。唐兵部有《烽式》,尤为详具……今以唐式录为前,而今法次之,庶参考用焉。”接着录唐式云:

> 凡边城堠望,每三十里置一烽……凡掌烽火,置帅一人,副一人,每烽置烽子六人,并取谨信有家口者充。副帅往来检校……用烽火之法:应火炬长八尺,橛上火炬长五尺,并二尺围……凡白日放烟,夜放火……一炬火,一人应;二炬火,二人应;三炬火,三人应;四炬火,四人应……依式放烟……凡寇贼入境,马步兵五十人以上,不满五百人,放烽一炬;得蕃界事宜,及有烟尘,知欲南入,放烽两炬……若余蕃贼千人以上,不知头数,放烽四炬……先放烟火处州县镇即录状驰驿奏闻。若依式放烽至京讫,贼回者,放烽一炬报平安。凡放烽告贼者,三应三灭;报平安者,两应两灭。[2]

唐代《烽式》的规定十分详尽,相比之下,高丽《烽燧式》的规定则甚为简略,意义难明,其主因在于《高丽史》只是截录了该式的部分内容,而未如《武经总要》那样详细实录。不过,从其规定之放烽火数量与唐一样,也是从一炬到四炬的情况看,高丽该式的基本原

---

[1] 郑麟趾等:《高丽史》卷八一《兵一》,孙晓等点校,西南师范大学出版社、人民出版社2014年版,第2586页。

[2] 曾公亮、丁度:《武经总要》前集合卷五(文渊阁四库全书本)。

理应与唐式相近。

当然,也有变异之处。在唐代,每一烽置帅 1 人,副 1 人,烽子 6 人,而高丽则是每所置防丁 2 人,白丁 20 人,在人数上要多于唐。这首先是由两国不同的国情所致。唐王朝地域广袤,边境漫长,置烽之所甚多,不可能为每个烽燧配置过多的人员,而高丽的边境即所谓的"东西两界"则要狭小得多,加之首都距边境较近,故有条件也有必要为每个烽燧配置更多的人员。当然,这种变异与两国兵制的差异亦有关系,但这已非本文所能详论,不赘。[1]

高丽还有《刑杖式》,规定:

> 尺用金尺。脊杖,长五尺,大头围九分,小头围七分。臀杖,长五尺,大头围七分,小头围五分。笞杖,长五尺,大头围五分,小头围三分。[2]

该式亦依据唐代法律的原理所制定。《天圣令》载宋《狱官令》:

> 诸杖,皆削去节目。官杖长三尺五寸,大头阔不得过二寸,厚及小头径不得[过]九分。小杖长不得四尺五寸,大头径六分,小头径五分。讯因(囚)杖长同官杖,大头径三分二釐,小头径二分二釐。其官杖用火印为记,不得以筋、膠及诸物装钉。考讯者臀、腿分受。[3]

---

〔1〕 关于高丽的兵制,特别是边境地区的防御体制,可参见[韩]赵仁成:《주현군과 주진군》,《한국사》13《고려전기의 정치구조》,국사편찬위원회,2003 年版,第 72 页。

〔2〕 郑麟趾等:《高丽史》卷八四《刑法一》,"名例"条,孙晓等点校,西南师范大学出版社、人民出版社 2014 年版,第 2657 页。此即名为"式",显非我们所要探讨的"律"的内容。从其"尺用金尺"的注释来看,显然是受到了金朝的影响。

〔3〕 天一阁博物馆、中国社会科学院历史研究所天圣令整理课题组校证:《天一阁藏明钞本天圣令校证》(下册),中华书局 2006 年版,第 337 页。

高丽的《刑杖式》显然来自唐令或与唐令类似的式。郑显文就指出:“虽然高丽的《刑杖式》与唐代《狱官令》的刑具规格略有不同,但该法律条文参考了唐代的《狱官令》应不会有疑问。”〔1〕对此,我们大致同意,但也不应排除参考了唐式的可能性。

不过,在杖的规格上,高丽又进行了变异,此种变异首先也应是出于本国具体国情的考量。实际上,就连采取全盘移植模式的日本,对唐令此条也做了一定程度的修改。〔2〕

高丽《刑杖式》明确了脊杖、臀杖、笞杖的概念,并对它们的规格分别作出规定。对杖的这种区分,是从唐中后期开始的。在唐代,大约从玄宗时期开始,杖刑逐渐滥用,〔3〕有了台杖、常杖、重杖之分。〔4〕行刑部位亦越来越趋向要害部位,有了臀杖、脊杖之别,〔5〕

〔1〕郑显文:《唐律令与高丽律令之比较》,载韩国学术期刊数据库网 2007 年 12 月 30 日,http://www.dbpia.co.kr。

〔2〕《日本养老令·狱令》第 63 条规定:“凡杖,皆削去节目,长三尺五寸。讯囚及常行杖,大头径四分,小头三分。笞杖,大头三分,小头二分。枷长,四尺以下,三尺以上。杻长一尺八寸以下。一尺二寸以上其决杖笞者,臀受。拷讯者,背臀分受,须数等。”([日]井上光贞、关晃、土田直镇、青木和夫:《律令》,日本岩波书店 1976 年版,第 474 页。)

〔3〕《唐会要》卷四一《杂记》载:“(开元)四年正月六日敕:‘除长官以外,因公事责决,罚不过十下。其使及专执当者,不得过二十。’……干元元年二月五日敕节文:‘州县佐官以下,笞杖不得过十下;以上,须取长官处分。’……(大中)七年四月六日敕:‘法司断罪,每脊杖一下,折法杖十下;臀杖一下,折笞杖五下。则吏无逾制,法守常规。’”(王溥撰:《唐会要》卷九五《百济》,中华书局 1998 年版,第 746~747 页。)

〔4〕如有唐一代常有“决重杖”的记载。《宋本册府元龟》卷五一六《宪官部·振举》载有一事颇能说明问题,其文云:“(太和五年)九月八日,御史台奏:‘……有罪犯须科决等,或有罪犯稍重者,皆是愚人,常态不可一一奏闻,便欲随事科绳。又缘台杖稍细,以细杖而止大罪,必恐凶狡不惩。自今以后,如有情故难容,不足上尘圣听者,许臣等据所犯判决杖下数,勒送京兆府,用常行杖科决讫报。冀得戒惧之意稍严,奸欺之心可革。’从之。”(王钦若:《宋本册府元龟》,中华书局 1989 年版,第 1326 页)

〔5〕参见《全唐文》卷六五一,载元稹:《论浙西观察使封杖决杀县令事》,上海古籍出版社 1990 年版,第 2931 页。

并被宋代继承下来。高丽此式就是对此种制度的反映,很可能亦受到了宋制的影响。

从"尺用金尺"的规定看,该式显然制定于臣服金朝之后。一般认为,金代的尺度是沿袭唐宋的。如确实如此,则高丽在笞、杖规格上对唐制变异的显著特点是:笞、杖在略微加长的同时大幅变细,这意味着刑罚的大幅减轻,与高丽的轻刑传统相符。根据现存史料的记载,在高丽,笞杖刑为轻刑。《宣和奉使高丽图经》卷十六囹圄条:"笞杖极轻,自百至十,随其轻重而加损。"[1]《鸡林类事》云:"有犯不去巾,但褫袍带,笞杖颇轻,投束荆使自择,以牌记其杖数。……其犯恶逆及骂父母乃斩,余止杖肋,亦不甚楚,有降或不免。"[2]不过,也有学者认为唐宋时期的一尺约等于现在的30.7厘米,而金代一尺等于43厘米左右,[3]超过唐宋。如果此说确实,则高丽的笞杖比唐宋更长,但仍较唐宋细,轻刑的特点仍在。

三、结构性内容的移植

法律制度不是凭空搭建的楼阁,而必须建立于特定的社会结构之上。在特定的法律体系中,除了那些具有普遍适用性的条文外,总有一些内容是社会结构的规范化与法制化。因此,欲在社会结构大不相同的政治实体之间对此类条文进行移植,便需做更大幅度的变异,否则难以被认同,也就收不到法律移植的效果。

在社会结构上,高丽与唐差异巨大。具体而言,高丽是一典型的

---

〔1〕 徐兢:《宣和奉使高丽图经》卷一六,近泽书店1932年版,第81~82页。

〔2〕 孙穆:《鸡林类事》,载杨渭生等编:《十至十四世纪中韩关系史料汇编》(上),学苑出版社1999年版,第25页。

〔3〕 关于这一问题的具体讨论,可参见高青山、王晓斌:《从金代的官印考察金代的尺度》,载《辽宁大学学报(哲学社会科学版)》1986年第4期。

贵族社会,[1]这一社会结构乃因袭新罗而来。统一新罗实行以血统为中心的“骨品制度”,[2]是一个有严格等级身份限制的贵族社会。高丽太祖王建之所以能化家为国,主要得益于地方豪族势力的拥戴。在一统三韩的大业完成之后,大的豪族势力与和平归顺高丽的新罗贵族,在既有社会结构的影响下,逐渐取代了骨品制下的旧贵族,形成了一种新的贵族势力——在京贵族集团(两班贵族);中小豪族势力则逐渐演化为在地方具有强大影响力的乡吏集团。

在高丽初期的80余年间,王权与贵族集团曾进行过激烈的博弈,甚至出现了大规模的杀戮,[3]强劲的贵族传统使中国那套以君主专制为依归的体制最终未能在半岛实质性地建立起来。在整个高丽时期,王权相对微弱,贵族势力强大,对王权构成了强有力的牵制,重要国政一般都要经过大贵族的合议才能实行。《高丽史·崔莹传》:

辛禑元年(崔莹)判三司事。二年,都堂以禑命欲宥在贬康舜龙、郑思道、廉兴邦、成大庯、郑寓、尹虎、郑梦周等。议已定,

〔1〕 参见[韩]邊太燮:《韓國史通论》第三编第一章“門閥貴族社會의 형성”,三英社1999年版,第87页;[韩]李基白:《高麗中央官僚의 貴族적 性格—成宗대를 中心으로》,载《東洋學》1975年第5期。

〔2〕 所谓“骨品制度”是指新罗之按照血统的尊贵与卑贱程度来决定人们在政治、社会、文化及日常生活中是否享有某种特权的等级身份制度。新罗的骨品制共分为圣骨、真骨、六头品、五头品、四头品、三头品、二头品、一头品八个等级。其中圣骨为金氏王族中具有成为国王资格之人的等级,在真德女王之后,圣骨消失。真骨为金氏王族中没有成为国王资格的人之等级,因真德女王死后,圣骨等级消失,所以真骨出身的太宗武烈王才得以继位。六头品、五头品、四头品为一般贵族,其中六头品号为“难得”,是仅次于真骨一级的特权阶层。三头品、二头品、一头品之后也逐渐消失,被统称为平民或百姓,相当于一般的自由民阶层。另外,新罗社会还存在数量庞大的贱民阶层。(参见[韩]李基白:《韓國史新论》,国际文化出版公司1994年版,第78页)

〔3〕 关于这一问题的讨论,参见张春海:《高丽王朝的“华化”与“土俗”之争》,载《安徽史学》2008年第1期。

莹出猎不与其议。及还,录事请署其案,莹怒曰:"国家大事必大臣合议然后行,何不预告遽取署耶?"遂不署。[1]

高门贵族不仅世代占据着一些重要职位,而且还通过"荫叙"制度及在科举制上设置于己有利的条件[2],使其势力得以世代相承,无世袭之名而有世袭之实。

在高丽一代,宰相一般均由高门贵族担任,如文宗朝的宰相李子渊就出身高门庆源李氏,他的四个儿子"皆宰相";其孙李资谦、资谅、资义、资仁、资德,其曾孙李奕、李预,其玄孙李公寿等均曾任宰相[3]。被称为"累代儒宗""海东孔子"的靖宗朝宰相崔冲,其子孙"登宰辅者数十人"[4],其曾孙崔溱亦官至门下侍郎平章事,史称"(李)资谦及文公美、柳仁著(均出身高门,是高丽朝著名的宰相——引者),皆其女壻,门阀之盛,一时无比。"[5]

唐代社会虽亦有贵族制的色彩,但皇权持续上升,贵族没落的趋势明显。在这样的状况下建立起来的是君主专制的政体。表现在法律上,唐律在五刑之后首列"十恶",此乃"王权天命论"的法制化,[6]在法典中的顺位与重要性上,远远凌驾于体现官僚贵族特权的议、请、减、荫等制度。而在一定程度上体现贵族特权的八议制度,比之前代

---

〔1〕 郑麟趾等:《高丽史·崔莹传》,孙晓等点校,西南师范大学出版社、人民出版社 2014 年版,第 3462 页。

〔2〕 参见[韩]朴龍雲:《高麗時代 蔭叙制와 科擧制 研究》,一志社 1990 年版,第 659~660 页。

〔3〕 郑麟趾等:《高丽史》卷九五《李子渊传》,孙晓等点校,西南师范大学出版社、人民出版社 2014 年版,第 2946 页。

〔4〕 郑麟趾等:《高丽史·崔冲传》,孙晓等点校,西南师范大学出版社、人民出版社 2014 年版,第 2942 页。

〔5〕 郑麟趾等:《高丽史·崔思诹传》,孙晓等点校,西南师范大学出版社、人民出版社 2014 年版,第 2968 页。

〔6〕 高明士:《从律令制的演变看唐宋间的变革》,载《台大历史学报》2004 年第 32 期。

又有变化——该制规定:“诸八议者,犯死罪,皆条所坐及应议之状,先奏请议,议定奏裁。流罪以下,减一等。其犯十恶者,不用此律。”[1]皇帝对官僚贵族的生杀握有最后决定权。[2]

社会结构上的这种差异,对法律制度的移植与建构也产生了重大影响。

> 高丽穆宗元年十二月,“改定文武两班及军人田柴科:第一科,田一百结,柴七十结[内史令,侍中];第二科,田九十五结,柴六十五结[内史门下侍郎平章事致仕侍中]……第十八科,田二十结[散殿前副承旨、大常司仪、斋郎、国子典学、知班、注药、药童、军将官通引、厅头直省、殿驱官、堂引、追仗、监膳、引谒等流外杂职、诸步军。]不及此限者,皆给田十七结,以为常式。”[3]

我们不妨将穆宗元年(998年)的此式称为“田柴科”式。高丽的田柴科制度虽借鉴了唐代的均田制,[4]但从本质上看却与均田制有重大差异,主要是对半岛社会结构及文化传统的反映,故此式为高丽特有之式,在唐代令式中找不到明显而直接的依据。换言之,

---

〔1〕 刘俊文:《唐律疏议笺解》,中华书局1996年版,第113页。

〔2〕 可资比较的是,直到隋代,“其在八议之科及官品第七已上犯罪,皆例减一等。其品第九已上犯者,听赎。”(魏徵等撰:《隋书》卷二五《刑法志》,中华书局2019年版,第711页。)官僚贵族仍享有不依赖于皇权的法定减刑权。

〔3〕 郑麟趾等:《高丽史》卷七八《食货一》,孙晓等点校,西南师范大学出版社、人民出版社2014年版,第2481~2483页。

〔4〕 郑麟趾等:《高丽史》卷七八《食货一》:“高丽田制大抵仿唐制,括垦田数,分膏脊,自文武百官至府兵、闲人,莫不科授。”(第2476页)郑道传亦云:“唐永业、口分之田,亦计口授田,使自耕之,以其租为公家之用,然识者讥其田制之未正也。前朝田制,有苗裔田、役分田、功荫田、登科田。”并加按语云:“高丽田制仿唐制。”([朝鲜]郑道传:《三峰集》卷七《朝鲜经国典上·赋典》,“经理”条。)

该式对唐制的借鉴主要在于形式，内容则完全是"土俗性"的。

田柴科制初创于高丽景宗时期。景宗元年(976 年)十一月，

> 始定职散官各品田柴科，勿论官品高低，但以人品定之：紫衫以上作十八品。一品田柴各一百一十结；二品田柴各一百五结……十八品田三十二结、柴二十五结。文班丹衫以上作十品。一品田六十五结、柴五十五结……十品田三十结、柴十八结……武班丹衫以上作五品。一品田六十五结、柴五十五结……五品田四十五结、柴三十九结……[1]

景宗元年(976 年)是高丽史上的一个特殊时点。景宗甫一即位，即对其父(光宗)的"华化"政策进行了大转向，在光宗时期被打压的贵族势力再次得势，并对"华化"派展开了血腥报复。史载，景宗"焚积年谗毁之书，放累岁无辜之狱，冤愤悉除，朝野称庆。但以不谙政体，专任权豪，害及宗亲。"[2]田柴科之设，即是对之前受到压抑之贵族势力的一种补偿，故该制秉承的原则是"勿论官品高低，但以人品定之"，即主要以门阀的高低为定。

在贵族社会，人品(门阀)与官品本来是一致的，可在光宗时期，"华化"派得势，他们或来自中国，或出自社会下层，[3]但却占据着

---

〔1〕 郑麟趾等：《高丽史》卷七八《食货一》，孙晓等点校，西南师范大学出版社、人民出版社 2014 年版，第 2479～2481 页。

〔2〕 郑麟趾等：《高丽史·崔承老传》，孙晓等点校，西南师范大学出版社、人民出版社 2014 年版，第 2887 页。

〔3〕 《高丽史·崔承老传》载《时务策》云："(光宗)不阿亲贵，而常抑豪强……及双冀见用以来，崇重文士，恩礼过丰。由是非才滥进，不次骤迁，未浃岁时，便为卿相。或连宵引见，或继日延容。……于是，南北庸人，竞愿依投，不论其有智有才，皆接以殊恩殊礼。所以后生争进，旧德渐衰。……上下离心，君臣解体，旧臣宿将，相次诛夷。"(郑麟趾等：《高丽史·崔承老传》，孙晓等点校，西南师范大学出版社、人民出版社 2014 年版，第 2885～2886 页。)

朝廷高位,出现了人品与官品的分离,贵族在官品上处于劣势。因此,景宗元年(976年)的田柴科制是依据"人品"而非"官品"。不过,从以紫衫、丹衫等作为区分的情形看,"人品"又离不开"官品"。[1] 所谓"以人品定之",其精髓在于这可在一定的官品范围内拉大受田柴的差距,使"旧臣宿将"与高门贵族获得最大的利益。这种方式与唐代主要依据官品授田的做法不同。

不过,以人品确定的田制与现实的以三省六部制为框架的官僚体制难以匹配,故到了穆宗之后,随着王权与贵族势力妥协的达成,"华化"的渐次深入特别是贵族势力的大幅跃进,使人品与官品再趋一致,便又改为完全以官品为标准分配田柴,形成了来自中国的令式"带动"土俗性令式,使之逐渐"中国化"的现象。穆宗元年(998年)十二月关于"文武两班及军人田柴科"的"常式"即是如此。

关于结构性因素对式之移植的影响,我们不妨再以"学式"为例加以说明。《高丽史》卷二十七《选举二》载"仁宗朝式目都监详定学式":

> 国子学生以文武官三品以上子孙,及勋官二品带县公以上,并京官四品带三品以上勋封者之子为之。太学生以文武官五品以上子孙,若正从三品曾孙,及勋官三品以上有封者之子为之。四门学生以勋官三品以上无封,四品有封,及文武官七品以上之子为之。三学生各三百人,在学以齿序。凡系杂路及工商乐名等贱事者、大小功亲犯嫁者、家道不正者、犯恶逆归乡者、贱乡部曲人等子孙,及身犯私罪者,不许入学。其律学、书学、算学,皆肄国子学。律、书、算及州县学生,并以八品以上子及庶人为之。

---

〔1〕《高丽史》卷七十二《舆服志》:"光宗十一年三月定百官公服:元尹以上紫衫,中坛卿以上丹衫,都航卿以上绯衫,小主簿以上绿衫。"(郑麟趾等:《高丽史》卷七十二《舆服志》,孙晓等点校,西南师范大学出版社、人民出版社2014年版,第2264页。)

七品以上子情愿者听……凡经,《周易》、《尚书》、《周礼》、《礼记》、《毛诗》、《春秋左氏传》、《公羊传谷梁传》各为一经,《孝经》、《论语》必令兼通。诸学生课业:《孝经》、《论语》共限一年。《尚书》、《公羊》、《谷梁传》各限二年半,《周易》、《毛诗》、《周礼》、《仪礼》各二年,《礼记》、《左传》各三年。皆先读《孝经》、《论语》,次读诸经并算,习时务策,有暇兼须习书,日一纸,并读《国语》、《说文》、《字林》、《三仓》、《尔雅》。[1]

高丽这一学式显然来自唐式。《新唐书》卷四十四《选举志上》:

凡学六,皆隶于国子监:国子学,生三百人,以文武三品以上子孙若从二品以上曾孙及勋官二品、县公、京官四品带三品勋封之子为之;太学,生五百人,以五品以上子孙、职事官五品期亲若三品曾孙及勋官三品以上有封之子为之;四门学,生千三百人,其五百人以勋官三品以上无封、四品有封及文武七品以上子为之,八百人以庶人之俊异者为之;律学,生五十人,书学,生三十人,算学,生三十人,以八品以下子及庶人之通其学者为之……凡《礼记》、《春秋左氏传》为大经,《诗》、《周礼》、《仪礼》为中经,《易》、《尚书》、《春秋公羊传》、《谷梁传》为小经。通二经者,大经、小经各一,若中经二。通三经者,大经、中经、小经各一。通五经者,大经皆通,余经各一,《孝经》、《论语》皆兼通之。凡治《孝经》、《论语》共限一岁,《尚书》、《公羊传》、《谷梁传》各一岁半,《易》、《诗》、《周礼》、《仪礼》各二岁,《礼记》、《左氏传》各三岁。学书,日纸一幅,间习时务策,读《国语》、《说文》、《字林》、《三苍》、《尔雅》。凡书学,石经三体限三岁,《说文》二岁,

〔1〕 关于该式的具体规定,参见郑麟趾等:《高丽史》卷七四《选举二》,孙晓等点校,西南师范大学出版社、人民出版社2014年版,第2360~2361页。

《字林》一岁。凡算学,《孙子》、《五曹》共限一岁,《九章》、《海岛》共三岁,《张丘建》、《夏侯阳》各一岁,《周髀》、《五经算》共一岁,《缀术》四岁,《缉古》三岁,《记遗》、《三等数》皆兼习之。[1]

两相比较,可知高丽学式与《新唐书》的记载有同有异。除对书学与算学没有具体规定,及在学生人数、学习内容、学习时间上的微小不同外,[2]高丽学式与唐制最大的差异有两点。

首先,对于四门学,唐制将1300人的名额分成两部分,其中500人"以勋官三品以上无封、四品有封及文武七品以上子为之",800人"以庶人之俊异者为之"。关于这一规定的意义,吴宗国指出:"庶人子弟在国子三学学生总数中占到了38%……学校对平民子弟门开得更大了。"[3]这正是当时社会结构上之变化在法制上的反响。而在高丽,由于其贵族社会的特性,等级制比唐更为严格,故高丽人将唐式中对庶民开放的条款删除,把七品以下低层官吏及平民子女完全排除在外,使国子三学完全沦为了贵族学校。

其次,高丽规定了不少禁止入学的条件,而唐代则没有此类规定。高丽律禁止大小功亲犯嫁者,犯恶逆归乡者及犯私罪者入学。"归乡"罪主要是针对贵族集团的一种特有罪名。在高丽执政的是在京两班贵族,将他们逐出京城,放归本贯,意味着他们特权与身份

---

〔1〕 欧阳修、宋祁:《新唐书》卷四四《选举志上》,中华书局1975年版,第1159~1161页。

〔2〕 就国子学与太学的规定而言,在资格方面的要求基本相同,不同的仅是唐太学的名额为500,而高丽因为国小民寡,规定为300。但就所占人口比重而言,高丽当远高于唐。关于学习的内容,高丽的规定与唐基本相同,但对唐制做了简化。唐将儒家经典分为大经、中经、小经三类,规定了通二经、三经与五经三种情况,对不同的情形,要求亦不相同,但《孝经》与《论语》必须兼通。高丽不做这样的区分,但仍要求《孝经》《论语》兼通。对通经书的时间要求,高丽与唐亦不完全相同。《孝经》《论语》与唐一样,均为一年,但《尚书》《公羊》《谷梁》与唐不同唐为一年半,高丽为二年半。

〔3〕 吴宗国:《唐代科举制度研究》,北京大学出版社2010年版,第115页。

的降低乃至丧失,因而是一种严厉的惩罚。[1] 高丽禁止近亲之间的婚姻关系并将之定为犯罪,是高丽"华化"程度加深的产物,在当时的社会状况下,针对的仍是精英阶层,因为只有他们才有入学的资格。同样,公罪与私罪的划分本来就是针对官僚集团的,而在高丽,官僚与贵族常常是一个硬币的两面,故"犯私罪者"的规定也以贵族集团为对象。

通过这样的分析,我们便明白了这些禁止性条款的意义:贵族社会是小集团的统治,[2]要以各种制度对人群进行淘汰,而首要的便是在精英阶层中建立淘汰机制,以长久保持小集团的特性,这些禁止性规定正是这种内部淘汰机制的组成部分。

与此同时,贵族社会小集团统治的维持,还必须对人群进行分类,将那些占人口绝大多数的本集团之外的人尽量阻挡在外。因此,在半岛社会存在一个整然的分层体系——在统治集团内部,有文班、武班、南班的差别;在统治集团之外的良人阶层中,则有乡吏,军人,杂类,一般郡县农民以及乡·所·部曲人、工匠、商人、津尺、驿民的区分;另外,还存在一个数量庞大的贱民阶层,这个阶层又分为公奴婢、私奴婢、寺奴婢三种。(如表1所示)

---

〔1〕 关于这一问题的讨论,可参见[韩]洪承基:《사회구조》,《한국사》15《고려 전기의 사회와대외관계》,국사편찬위인회2003年版,第22页。

〔2〕 奥尔森就指出:"当这些分利集团企图通过政治行动达到其目标时,排挤新成员的原因在于:该集团若能以最少的人数取胜,则其中每一成员分得的利益最多。……采用政治或军事手段来达到目的的特殊利益集团的一个有趣例子就是掌握统治权的贵族或寡头。……该集团必定是排他性的……全部历史上所有贵族统治集团都有排他性的事实……当统治集团的地位足够稳定,能将其权力传给其后代时,这种排他性就更加明显了。……这种排他性是如此根深蒂固,以致有些人认为这是'天赋的',并找出一切理由来为其辩护。"([美]曼库儿·奥尔森:《国家兴衰探源——经济增长、滞胀与社会僵化》,吕应中等译,商务印书馆1998年版,第72~73页。)他还指出:"对于一个不按人口比例分配农业收成的分利集团而言……最少人数的分利集团中的成员可以取得最大的收益。"([美]曼库儿·奥尔森:《国家兴衰探源——经济增长、滞胀与社会僵化》,吕应中等译,商务印书馆1998年版,第172页。)

表1 高丽社会的分层结构(按在社会结构中的等级排列)①

阶层	在高丽时代的名称
贵族 (全体又可视为一个“官人阶层”)	文班(士族、士大夫、世家大族)(可一直上升到正一品)
	武班(最高为正三品)
	南班(最高正七品)
良人(庶人)	乡吏(限职)
	杂类(限仕路)
	一般郡县农民
	乡·所·部曲人、工匠、商人、津尺、驿民(一般世袭贱役)
	杨水尺(禾尺、才人)(化外之民)
贱民(奴婢、贱隶)	公奴婢、私奴婢、寺奴婢(世袭)

①本表主要参考了[韩]洪承基:《사회구조》(《한국사》15《고려 전기의 사회와대외관계》,국사편찬위인회2003年版,第19页),并根据现有的研究状况及为了理解的方便略有修改。

高丽社会的分层结构与“役”挂钩,不同阶层的人从事不同的职业,且这种职业具有世袭性,故人们所属的社会阶层也是世袭的。文武两班专以做官为业,特别是文班更是一个世袭的文化贵族阶层,自称“士族”或“士大夫”。[1] 乡吏世袭地方吏职,杂类则世袭中央机构的吏职,一般农民、工匠、商人、津尺、驿民、奴婢等同样如此。越往下,所从事的职业越卑贱,在社会结构中的位置越低下。

不同阶层的人享有不同的权利,负担不同的义务,总的原则是:在社会分层结构中的排位越高,所享有的权利越大,受到的制约越少;排位越低,所享有的权利越小,受到的制约越大。因此,位于社

[1] 关于这一问题的具体讨论,可参考[韩]金光哲:《高丽后期世族层研究》(东国大学校出版社1991年版)一书的有关论述。

会下层的人及其子孙被排除到了入学的范围之外。质言之,从总体上看,高丽学式似乎将唐制较为完整地移植了过去,但在结构因素的影响下,却做了两项根本性的变异。

法条的内容常常是综合性的,既有规范性、技术性的成分,也有文化性、伦理性、结构性的内容,因此,高丽对有关式的变异也具有综合性。有的变异看似是技术性的,实质却是结构性的。高丽显宗时期的《避马式》即是如此:

> 一品官,正三品以上马上祗揖,从三品以下下马回避;三品官,五品以上马上祗揖,六品以下下马回避;四品官,六品以上马上祗揖,七品以下下马回避;五品官,七品以上马上祗揖,八品以下下马回避;六品官,八品以上马上祗揖,九品以下下马回避;七品官,九品以上马上祗揖,流外杂吏下马回避。[1]

此式显然移植自唐,并对唐制做了变异。唐垂拱《仪制令》:"其准品应致敬,而非统属者,则不拜。注云:谓文昌都事于诸司郎中、殿中主事于诸局直长之类,即勾付之官于首判官,品虽卑亦不拜……"[2]开元七年(719年)《仪制令》:"诸致敬之式,若非连属应致敬之官相见,或贵贱悬隔,或有长幼亲戚者,任随私礼。"[3]而是否下马又是"致敬之式"中最重要的内容。唐贞观《仪制令》规定:"三品已上遇亲王于路,不合下马。"[4]开元七年(719年)《仪制

---

〔1〕 郑麟趾等:《高丽史》卷八十四《刑法一》,孙晓等点校,西南师范大学出版社、人民出版社2014年版,第2661页。

〔2〕 [日]仁井田陞等:《唐令拾遗》,栗劲等编译,长春出版社1989年版,第421页。

〔3〕 [日]仁井田陞等:《唐令拾遗》,栗劲等编译,长春出版社1989年版,第423页。

〔4〕 [日]仁井田陞等:《唐令拾遗》,栗劲等编译,长春出版社1989年版,第425页。

令》:“诸官人在路相遇者,四品已下遇正一品、东宫四品已下遇三师、诸司郎中遇丞相,皆下马(以外准拜礼。其不下者,皆敛马侧立)。”〔1〕

与这些令相应,在唐代必有相关的式。由于这些式已佚,在此我们只能将这些令与高丽的《避马式》做一对比。唐开元二十五年(737年)《仪制令》:

> 诸文武官三品以下拜正一品(中书门下则不拜),东宫官拜三师,四品已下拜三少。自余属官于本司隔品卑者皆拜。其准品应致敬,而非相统属者,则不拜(谓尚书都事于诸司郎中、殿中主事于主局直长之类,其品虽卑亦不拜。若流外官,拜本司品官。〔2〕

在三品与一品的关系上,唐令的规定与高丽的《避马式》完全相同。对三品以下,唐令规定的致敬原则有二:一是致敬的对象应为属官与本司长官之关系,即两者有统属关系,非统属者不拜;二是致敬的方法为“隔品卑者皆拜”。而在高丽,首先,不区分统属与非统属,官品卑者遇官品高者皆需致敬;其次,致敬的方法为隔两品者“马上祇揖”,隔三品者“下马回避”。

这些变异从表面上看似乎亦只是技术性的,但却是对高丽官府上下等级秩序更为严格这一结构性特征的反映,这与高丽贵族社会的特质相符。高丽社会的基本特点是严格的等级身份制,而官僚制的实施,使官僚机构内的品级具有了区别身份与社会分层的特性。

---

〔1〕[日]仁井田陞等:《唐令拾遗》,栗劲等编译,长春出版社1989年版,第425页。

〔2〕[日]仁井田陞等:《唐令拾遗》,栗劲等编译,长春出版社1989年版,第422页。

在官府中品级高，意味着在社会上门阀高，地位高；品级低则意味着门阀低，地位低。高品与低品之间差距越大，在身份上的差距也越大，故礼数非严不可。因此，高丽的《避马式》反映的正是"土俗"对"华制"的拉动与变异。

然而，在半岛制度与文化缓慢而持续"华化"的语境下，高丽的式也呈现不断向华制"进化"的趋势。德宗二年（1033 年）十二月判：

《政要》曰："三品以上六尚书、九卿遇亲王，不合下马。亲王班皆次三公下。"诸王立一品，文班从三品以上与武班上将军以上马上祇揖，文班四品以下、武班大将军以下下马回避……三品以上，文班少卿少监司业等五品、武班诸卫将军、南班引进使马上祇揖……七品，文班九品以上、武班散员、南班左右侍禁、左右班殿直马上祇揖，以下下马回避，以为恒式。[1]

这一对显宗朝《下马式》的修改，其依据亦是唐代令式，"诸王，立一品"的内容即是如此。不过，就总的情况看，它仍是对显宗式的完善，主要特点在于不仅仅是规定隔品官员之间的致敬原则，而且更将之细化到了具体的官职，确定性更强了。

四、伦理性内容的移植

在现在还略知其梗概的《烽燧式》《学式》《刑杖式》《避马式》《五服给暇式》《公牒相通式》中，以《五服给暇式》的伦理性最强。成宗四年（1473 年），"新定《五服给暇式》"：

斩衰、齐衰三年，给百日；齐衰期年，给三十日；大功九月，给

---

〔1〕 郑麟趾等：《高丽史》卷八十四《刑法一》，孙晓等点校，西南师范大学出版社、人民出版社 2014 年版，第 2661 ~2662 页。

二十日;小功五月,给十五日;缌麻三月,给七日。[1]

这是“式”之名称在高丽历史上的首次出现。由于唐代相关的式已经亡佚,我们只能将此式与相关的唐令做一比较。《天圣令》载宋《假宁令》:

诸丧,斩哀(衰)三年、齐衰三年者,并解官。齐哀(衰)杖期及为人后者为其父母,若庶人(子)为后为其母,亦解官,申其心丧。母出及嫁,为父后者虽不服,亦申心丧。其嫡、继、慈、养,若改嫁或归宗经三年以上断绝,及父为长子、夫为妻,并不解官,假同齐哀(衰)期。诸齐哀(衰)期,给假三十日,闻哀二十日,葬五日,除服三日。诸齐哀(衰)三月、五月,大功九月、七月,并给假二十日,闻哀十四日,葬三日是,除服二日。诸小功五月,给假十五日,闻哀十日,葬二日,除服一日。诸缌麻三月,给假七日,闻哀五日,葬及除[服]各一日。[2]

唐令的规定应与此相同或相近。[3] 日本学者仁井田陞已经注意到成宗所定《五服给暇式》与上引唐宋令略有不同的事实。对此现象,他的解释是:之所以如此,是因为在成宗时期还没必要对唐令进行原封不动的移植。[4] 至于为什么没有必要,他未做进一步的说

[1] 郑麟趾等:《高丽史》卷八十四《刑法一》,孙晓等点校,西南师范大学出版社、人民出版社2014年版,第2659页。

[2] 中国社会科学院历史研究所天圣令整理课题组:《天一阁藏明抄本天圣令校证·附唐令复原研究》,中华书局2006年版,第322~323页。

[3] 吴丽娱即据之复原了唐《假宁令》四条,见氏:《唐假宁令复原研究》;中国社会科学院历史研究所天圣令整理课题组:《天一阁藏明抄本天圣令校证·附唐令复原研究》,中华书局2006年版,第601页。

[4] [日]仁井田陞著、池田温补编:《唐令拾遗补》,东京大学出版社1997年版,第282页。

明,我们认为其主要的原因在于两国不同的文化与伦理环境。

从高丽《五服给暇式》与唐《假宁令》的内容看,两者最大的差异在于:唐的服丧期长,完全按照儒家的伦理规范进行,而高丽的服丧期则较短,[1]与儒家的伦理要求有一定差距。比如,在高丽前期,一直未确立父母去世守孝三年的规则,而是行百日丧,成宗十一年(1480年)六月制:"六品以下不入常参官,父母丧百日后,所司劝令出仕……遥谢行公。"[2]到了穆宗以后范围又不断扩展。穆宗六年(1003年)六月制:"五品以下官吏,父母丧百日后,所司劝令出仕,即上让表,不允,遥谢后起复结衔,以吉服正角角出仕。"[3]显宗十九年(1028年)四月制:"京外官吏父母丧,大祥斋后禫暇前,依前出仕。"[4]文宗二十二年(1470年)十月制:"嫁母之丧,前式无服。然人子不服其丧,似忘劬劳膝下之恩。自今行百日服后,以吉服正角出仕。"[5]

以上规定意味着,除了在给暇日之外,官员们都应正常办公,这在唐代至少触犯了"冒哀求仕"罪。《唐律疏议·职制》"府号官称犯父祖名"条规定"冒哀求仕者,徒一年。"律疏云:"但父母之丧,法合二十七月,二十五月内是正丧,若释服求仕,即当'不孝',合徒三年;其二十五月外,二十七月内,是'禫制未除',此中求仕,名为'冒

---

[1] 关于这一问题的详细讨论,可参见[韩]李熙德:《高麗時代　孝思想의展開》,载《歷史學報》1972年第55辑。

[2] 郑麟趾等:《高丽史》卷六十四《礼六》,孙晓等点校,西南师范大学出版社、人民出版社2014年版,第2039页。

[3] 郑麟趾等:《高丽史》卷六十四《礼六》,孙晓等点校,西南师范大学出版社、人民出版社2014年版,第2039页。

[4] 郑麟趾等:《高丽史》卷六十四《礼六》,孙晓等点校,西南师范大学出版社、人民出版社2014年版,第2039~2040页。

[5] 郑麟趾等:《高丽史》卷六十四《礼六》,孙晓等点校,西南师范大学出版社、人民出版社2014年版,第2040页。

哀',合徒一年;若释去禫服而求仕,自从'释服从吉'之法。"[1]然而,即便是百日之丧,在高丽也已日渐沦为形式,相应法条在实践中并未得到认真执行。毅宗五年(1151年)即下诏云:"今者民俗偷薄,而无礼义廉耻、孝悌、忠信之心,至于父母生不能奉养,死不能追远。"[2]

> 高丽文宗四年正月制:"外官父母在京身死,除奏达,许令上京。军兴时,所管事体商量,兼考兵马使给暇移文,酌量裁决。其别命员及随使记事者,亦依此例。"[3]

由此可见,在此之前,如父母在京身死,在地方任职的官员必须得到国王的裁准后才能赴京奔丧。而在中国礼制,必须奔丧。《通典》卷一百四十《开元礼纂类三十五·凶礼七》:"奔丧之礼:始闻亲丧,以哭答使者,尽哀,问故,又哭尽哀。服布深衣,素冠,遂行。日行百里,不以夜行。唯父母之丧,见星而行,见星而舍。若未得奔,则成服而后行。过州至境则哭,尽哀而止。哭避市朝。望其州境,哭。此父母之丧。"[4]

高丽一代,儒学虽是统治集团的政治理念,但影响力远不及佛教。在此语境下,伦理色彩浓烈的《五服给暇式》对唐制进行较大幅度的变异便是当然之事了。

不过,问题还有另一面,这就是高丽在文化上一直走着一条虽然

---

[1] 刘俊文:《唐律疏议笺解》,中华书局1996年版,第807页。

[2] 郑麟趾等:《高丽史》卷十九《明宗三》,孙晓等点校,西南师范大学出版社、人民出版社2014年版,第601页。

[3] 郑麟趾等:《高丽史》卷六十四《礼六》,孙晓等点校,西南师范大学出版社、人民出版社2014年版,第2404页。

[4] 杜佑:《通典》卷一百四十《开元礼纂类三十五·凶礼七》,中华书局2003年版,第1444页。

缓慢但却持续不断的“华化”之路，儒家伦理的深化亦在缓慢的进展之中。成宗之后，五服制在半岛的不断进展，就是其中的一个侧面。[1] 因此，成宗之后的五服给暇制度，其内容又在渐进而持续地扩展，其主要方式就是移植与变异唐制。

文宗二年判：“大小官吏四仲时祭，给暇二日。”[2]

如郑显文指出的那样，“该项制度在唐宋时期也有相关的规定：‘诸百官九品，私家附庙，除程，给假五日；四时祭祀，各给假四日，去任所三百里内，亦给程。’”[3] 高丽此制乃截取了唐制的一段，并将给暇日期缩短了一半，体现的即是渐进的华化路径。

仁宗十八年判：“无亲子祖父母忌，依宋制，给暇一日两宵。”又判：“入流品以上者，妻父母服，给暇三十日；其忌日，依外祖父母例，给暇一日两宵。”[4]

第一条判文直接移植自宋制，第二条判文则是基于半岛妻父母地位高的现实，依据唐制的原理制定的半岛特有之给暇制度。

高丽时期，在半岛特定的伦理状态下，妻父母的地位基本等同于己身之父母。《高丽律》中就有这样一条律文：“殴妻父母，准十恶不

---

[1] 关于这一问题较为详细的讨论，参见[韩]金斗宪：《韩国家族制度研究》，首尔大学出版部1989年版，第三章“亲族”。

[2] 郑麟趾等：《高丽史》卷八十四《刑法一》，孙晓等点校，西南师范大学出版社、人民出版社2014年版，第2660页。

[3] 郑显文：《出土文献与唐代法律史研究》，中国社会科学出版社2012年版，第125页。

[4] 郑麟趾等：《高丽史》卷八十四《刑法一》，孙晓等点校，西南师范大学出版社、人民出版社2014年版，第2661页。

睦论。"[1]此为唐律所无。《高丽律》的"谋杀周亲尊长"[2]条还将唐律本条规定之"诸谋杀期亲尊长、外祖父母、夫、夫之祖父母、父母者,皆斩"[3]中的"夫、夫之祖父母、父母者"改为"夫妇之父母"。而《高丽史》卷六十四《礼六》则记云:"小功五月:……义服,为妻父母,为女婿。"[4]女婿不是如中国那样为妻之父母服缌麻,而是服小功。

在中华法系"准五服以制罪"的法律原理下,女婿的法律地位与为妻之父母所服之服制,是一个硬币的两面。因此,妻之父母犯罪,女婿常缘坐。《高丽史·李永传》:"及李资谦杀韩安仁,(李永)以安仁妹壻坐流珍岛……乃饮酒一斗,愤懑而卒。"[5]法律实际上将女婿当作亲子看待。《高丽史·刑法志》"公式"条中亦首列三族——本族、外族、妻族,[6]三族地位并列,并无轩轾之分。这种伦理状况又和半岛实行的男住女家的"率婿婚"制有关。[7] 直到朝鲜王朝前期,依然如此。朝鲜中宗三十八年(1543年)三月乙卯,领议政尹殷辅等还上启说:"我国之俗,寄托妻家,受恩深重,故妻父母之服,于《大明律》缌麻之制,另加二十三日矣,至于用刑,则不可以

---

〔1〕 郑麟趾等:《高丽史》卷八十四《刑法一》,孙晓等点校,西南师范大学出版社、人民出版社2014年版,第2686页。

〔2〕 该条规定:"谋杀周亲尊长、外祖父母、夫妇之父母,虽未伤,斩;道士、女冠、僧尼谋杀师主,同叔伯父母。……"(郑麟趾:《高丽史》卷八十四《刑法一》,孙晓等点校,西南师范大学出版社、人民出版社2014年版,第2685页。)

〔3〕 刘俊文:《唐律疏议笺解》,中华书局1996年版,第1263页。

〔4〕 郑麟趾等:《高丽史》卷六十四《礼六》,孙晓等点校,西南师范大学出版社、人民出版社2014年版,第2038页。

〔5〕 郑麟趾等:《高丽史·李永传》,孙晓等点校,西南师范大学出版社、人民出版社2014年版,第3009页。

〔6〕 郑麟趾等:《高丽史》卷八十四《刑法一》,孙晓等点校,西南师范大学出版社、人民出版社2014年版,第2658页。

〔7〕 关于古代朝鲜半岛的"率婿婚"制,可参考[韩]朴秉濠:《韩国法制史考——近世의法과社会》之第五章《家族法》的有关论述,法文社1974年版。

此而加罪。"[1]

上引高丽仁宗十八年(1442年)的判文则进一步确认了在法律上妻父母等同于齐衰期亲的地位。至于该判文所提到的"外祖父母例",同样也是对半岛重外家习俗的反映,是半岛习俗在中国制度框架内的法律化。《高丽史》卷六十四《礼六》:"斋衰周年……义服:嫁继母为子。外族正服:为外祖父母。义服:为继母、慈母、义母、长母、为妻。"[2]在唐制为小功服的为外祖父母所服之丧服被提升到了齐缞。

李范稷教授认为,高丽五服制度的特点是将"作为女系的母系、妻系、出嫁女为血缘关系的族团编入到了丧制之中。"[3]此说当然是有道理的,但除了以母系、妻系与父系一起来界定亲属范围之外,高丽五服制度更明显的特点应是对母系、妻系在亲属集团中地位的界定与提升。韩国学者卢明镐看到"高丽的五服制度虽然是由移植唐制而成立,但又和唐制有重大不同"[4]的事实后指出:"高丽法制主要以唐宋法制为母法,基本照搬其体系,但在亲族关系法制上,却与唐宋有重大差异,其原因在于高丽的亲族组织和唐宋有重大不同",甚有理据。朝鲜王朝时期的学者丁若庸亦看到高丽时为妻族、外族所服丧服较重的现象,认为其原因在于"高丽立国,适与五代相值,所奉礼义,皆唐人之绪余,故外党之服,若是其隆重,厥咎在唐"[5]。其结论与历史事实正好相反。

总之,就与伦理相关之式的移植而言,高丽采取的方法是,将唐

---

〔1〕《朝鲜王朝实录·中宗实录》中宗三十八年(1543年)三月乙卯条。

〔2〕郑麟等:《高丽史》卷六十四《礼六》,孙晓等点校,西南师范大学出版社、人民出版社2014年版,第2038页。

〔3〕[韩]李范稷:《韩国中世礼思想研究——五礼를中心으로》,一潮阁1991年版,第123页。

〔4〕[韩]卢明镐:《高麗의五服亲과亲族关系法制》,载《韩国史研究》第33辑。

〔5〕丁若庸:《與犹堂全书·第三集礼集·丧礼四笺·丧期别·外亲》,民族文化推进会本,"唐礼升母党之服"条。

式中那些与半岛伦理抵触不大的部分内容先行移植过来。至于那些与半岛土俗伦理抵触较大,不太能为普通大众所接受的内容,则视本国文化上"华化"的进展情况与时机的成熟程度,以制与判的形式做零星而随机的移植。无论是哪种方式的移植,均不是对唐制的照搬,而是做了与半岛土俗、国情相应的变异,国家的法律体系亦由此而完善、成熟起来。

五、小结

法律移植并非简单的法条或法律制度之跨国界的流动,而是多与重塑一国政治、社会乃至文化的运动相联系,甚至就是这种运动的一环。因此,法律移植的过程与样态,亦即路径的选择,常受多重因素之影响,具有相当程度之复杂性。高丽在制定本国之式时,对唐制的移植也是如此。

由于在社会、文化与权力格局等诸层面,高丽与唐均有重大不同,而式又具有"行政法细则"的性质,有强烈之具体性、针对性、适用性的特征,使得高丽人在制定本国的式文时,尽管在相当大的程度上依据了唐式的原理,但在具体的内容上则主要是从本国的实际情况出发,对包括唐式在内的唐代制度进行了较大幅度的变异。因此,在律令格式四种法律形式中,高丽的式最为特殊。到现在为止,还没有明确的证据表明在高丽一代也存在一部完整的"式典",几乎所有已知的高丽式都是根据现实的需要零星、随时地制定出来的,个别化是高丽式成立之最主要的方式。

在总体的筛选与变异的路径下,依据式之性质与内容的不同,高丽人采取了不同的变异方式。首先,对于唐式中以"技术性"为主的内容,高丽人采取了基本照搬又依据半岛国情略加改造移植的方法与模式。其次,在社会结构与权力格局上,高丽与唐代存在巨大差异,对与此相关之式,高丽人在移植唐制时亦做了一定程度的改造。从表面上看,这类改造似乎是技术性的,但实质上却是对半岛贵族社会结构的反映，与高丽贵族社会的特质相符。最后，包括伦理在内的整体文化状况，高丽与唐有重大不同。基于这一事实，高丽人对于与伦理相关之式，采取了仅将唐制中那些与半岛伦理抵触不大的内容通过改造而零星、部分性移植的方法；至于那些与半岛土俗抵触较大，不太能为普通大众接受的唐式，高丽人则视本国"华化"的进展情况与时机成熟的程度，以制与判的方式做随机性移植。

无论采用哪种方式，高丽对唐式的移植均非照搬，而是做了与半岛土俗、国情相应的变异，国家的法律体系也由此而逐渐完善、成熟起来。由于高丽在文化上一直在走着一条虽然缓慢但却持续不断的"华化"之路，高丽的式也因此而呈现一种不断向华制"进化"的趋势。

清末留日学生与法律变革*

李　青**

【摘要】 清末因内忧外患的时代局势、清末“新政”之需以及日本吸收留学生的政策等，有大量的学生赴日留学，无论是官方还是私人，公费还是自费，均蔚为大观。这些留日学生回国后，无论在参与国内维新改革，还是立法建设乃至后来的革命斗争中，都担任了重要的角色，其中在法律变革方面，产生的影响尤其大，使得中国法律近代化改革呈现了很大的“日本”色彩。

【关键词】 清末；留日学生；法律变革

中国近代第一次留学潮发生在洋务运动时期，容闳是中国最早的留学生，也是近代中国留学生运动的奠基人。他从美国留学回国后，切身感受到中国教育的落后，一心要以西方教育推动中国走向文明富强。当时，以曾国藩、李鸿章为首的洋务派，也亟须培养洋务人才，与容闳设想的中国留学计划一拍即合，曾国藩、李鸿章在同治十年(1871年)联名奏章支持留学计划，拟订了《挑选幼童前赴泰西肄业章程》12条，“自同治七年始至光绪年止，每年挑选幼童30名，共合120名”，“赴美国书院学习军政、船政、步算、制造诸学，使西人

---

* 日本爱知大学国际问题研究所研究课题成果。

** 中国政法大学法律史学研究院教授。

擅长之技,中国皆能谙悉,以培人才而图自强。"[1]该章程规定,幼童年龄为十三四岁至20岁,后改为12岁至16岁,肄业年限为15年,毕业后回国听候派用,不准在外洋入籍逗留或私自先回另谋职业。

自1872年8月12日30名幼童在上海港码头登上驶往美国的轮船的一刻起,近代中国向海外派出了第一批留学生。以后又有第二批、第三批、第四批留学生相继成行,共120名。到1885年,共有209名派遣的官费留学生接受西方教育。这些留学生们不仅日受西方教育的熏陶,学习西方先进的科学技术,而且呼吸着"自由空气","其平昔性灵上所受极重之压力,一旦排空飞去","其一切言行举止,受美人之同化而渐改其故态,固有不期然而然者。"[2]第一批留学生派出的重要意义,在于它打破了陈旧保守的封建教育制度,抛弃了科举取仕的一套陈腐的教育内容,直接地、系统地吸取了西方的先进知识和文化,他们对西学的传播起到了启蒙的作用。

此后,中国赴欧美、日本的留学生络绎不绝,留学潮相继崛起,留学生——以其特殊的优势,成为近代新思想最主要的输入者,逐渐形成独具特色的知识群体,在近代法文化的交流中,起着不容忽视的桥梁作用。

19世纪中期,中国走上近代化的发展道路,清末甲午战争的失败和日本明治维新的成功,在中国的朝野内外产生巨大震动,张之洞在《劝学篇》中说:"日本小国耳,何兴之暴也。伊藤、山县、榎本、陆奥诸人,皆20年前出洋之学生也,愤其国为西洋所胁,率其徒百余人,分诣德、法、英诸国,或学政治、工商,或学水、陆兵法。学成而归,用为将相,政事一变,雄视东方。"[3]强调培养留学人才对于国家

---

〔1〕《洋务运动(二)》(中国近代史资料丛刊),上海人民出版社1961年版,第162页。

〔2〕容闳:《西学东渐记》,岳麓书社2015年版,第120页。

〔3〕张之洞:《劝学篇外篇·游学第二》,载《张文襄公全集》卷二〇三,北平文华斋刊本1928年版,第6页。

强盛的重要。维新派代表梁启超等人,也积极鼓吹留学日本的必要与方便。清政府也将日本小国一跃成为强国的原因,归因于日本教育的普及和实业的发达。在中国国内社会转型的关键时期,为了快速培养适应国内政治、法律、教育、军事等一系列改革需要的实用人才,清政府调整了留学生政策,将日本作为留学的首选国,选送大批学子赴日学习。从1896年到1911年,留日运动出现高潮,留日学生的人数达到上万人,在世界的留学史上也是史无前例的。

一、清末留学政策及留日状况

中国留学生东渡日本始于光绪二十二年(1896年)三月底,清朝首次派遣13名留学生抵达日本。据实藤惠秀《中国人留学日本史》所记载,当时这13人由日本高等师范学校校长嘉纳治五郎完全负责教育这批学生。此后,中国留学生人数逐渐增加,或官费或公费或自费。1899年从最初的13名增至200名,1902年有四五百名,1903年达到1000名,1906年达到8000余名。[1]

清政府的留学政策先以速成教育为主,立竿见影,迅速培养国内急需人才。

据1907年日本文部省直辖学校和东京私立学校公示的中国留学生在籍状况表明:在总数达到1万名的中国留学生中,速成科的学生占60%,普通科的占30%,中途退学者占5.6%,进入高等学校和高等专门学校的只占3.4%,进入大学的留学生不过1%。[2]

以接受中国留学生数超过250人的几所学校为例,法政大学在1904年,为中国留学生特别创设了法政速成科,设立了法律、政治、

---

〔1〕［日］实藤惠秀:《中国人留学日本史》,谭汝谦、林启彦译,北京大学出版社2012年版,第192页。

〔2〕王焕琛编著:《留学教育——中国留学教育史料一》(第2册),台北,“台湾编译馆”1980年版,第304页。

经济、外交四门课程。6 个月为一学期,3 个学期结业。到 1908 年,结业学生共计 1145 人,其中就有清政府从“进士馆”派出的进士留学生。“进士馆”的前身是京师法政学堂,招收 35 岁以下的进士入学。这些人本身就是通过科举考试、进入政府机构的官僚,为了使新进士掌握与转型时代相适应的政治、法律知识,清政府让这些人再接受 3 年的新知识再教育,使之成为完全的政法人才。进士留学生的教育由日本的法学博士严谷孙藏等人负责,预科为日本语,本科阶段用日本语讲授法律、政治等,留学与培养人才贯通,为中国政府培养专门的政法人才。

早稻田大学的清国留学生部设立于 1905 年,学制为 3 年,由一年预科和两年本科构成。预科课程修了后进入本科学习,本科为政法理财科、师范科和商科。此外,对希望进入早稻田大学大学部的留学生,开设了高等预科。有资料统计,清国留学部的入学人数,1907 年为 850 人,1908 年减少到 394 人,1910 年停止招生。

此外,日本的宏(弘)文学院、经纬学堂、东斌学校、振武学校也招收了大批的清朝留学生。宏(弘)文学院是为了在 1896 年招收最早一批 13 人的中国留学生,东京高等师范学校嘉纳治五郎校长新增设的学塾。学制为 3 年制普通科和 6 个月到 1 年半的速成科。到 1909 年闭校时,在此学习过的留学生达到 7192 人,宏(弘)文学院以速成教育为重点,成为中国留学生预备教育的大本营。经过宏(弘)文学院进入东京高等师范学校的留学生很多,为教育人才的养成做出了贡献。

经纬学堂于 1904 年创立,明治大学负责经营,普通科 2 年,高等科 1 年,还设立了师范、警务速成科,至 1910 年闭校,人数达到 2862 人。

东斌学校由当时的东京大学法学教授寺尾亨在 1903 年年末到 1904 年年初创立,设普通科、师范科和兵学科,既有速成科又有本科,由于清政府担心革命派也派遣留学生进修军事学校,于 1904 年以后禁止除官费留学生以外的中国人入学陆军士官学校和振武学校。以孙中山为代表的革命派,为了培育军事人才,在寺尾亨等人的协助下,创办了东斌学校兵学科。振武学校从名称上就能看出是一所军事学校,隶属于日本参谋本部,1903 年以前,欲进入陆军士官学校中国留学生的预备教育机构为成城学校,1903 年以后,该机构职能转移到振武学校,由福岛安正任校长。为了达到速成的目的,最初的修学年限仅 15 个月,1903 年以后改为 3 年。学校除了教授与军事有关的知识外,还重视日本语和普通学(基础教育)的学习,学生们在振武学校修完预备课程后,要经过在军队的实习,然后才可以进入陆军士官学校。由于统计资料的缺失,无法得到确切的数字,粗略估算,至 1914 年闭校,振武学校培养的中国军事人才超过 1000 人。

短期教育虽然起到了速成的作用,同时也带来留学生质量低下的问题。为了解决这一问题,清朝政府从 1906 年开始,着手实施以留学生选拔、日本学校入学和归国后任用为核心的旨在提高留学生质量的一系列政策。清政府的留学政策在 1901 ~ 1911 年,随着国内政治、经济发展变化的需要发生着转变。如果说,前半期的留学政策以速成教育和预备教育为重点,后半期的留学政策则调整转变为提高留学生的质量,建立留学生归国后优秀人才的选拔、提升的录用制度。

1906 年 3 月制定的《通行各省选送游学限制办法》,规定了日本留学生的资格。同年 7 月,中止了速成科留学生的派遣。1907 年清政府与日本文部省通过交涉,签订了从 1908 年开始的 15 年间,日本第一高等学校、东京高等师范学校、东京高等工业学校、山口高等商业学校和千叶医学专门学校等五所学校,每年接收 165 名中国留学生的《五校特约》。与此同时,为了避免优秀的留学生加入革命派的阵营,从 1905 年开始,对归国留学生实施录用考试制度。

归国留学生考试制度是清政府一系列留学生政策中的重要一

环,通过考试选拔出来的留学生们,对未来的政治、法律、教育领域及清末新政改革发挥了很大作用。从1905年正式实施,到1911年,共进行了7次考试。考试合格者分为最优等、优等、中等三个等级,最优等者赐予"进士"身份,作为官僚录用。从1906年到1907年,获得"进士"身份的欧美留学生多于日本留学生;但从1908年以后,由于日本留学生数量的急剧增长,加上出国前就熟知传统国学,出国后又学习和掌握先进知识技能,使得留日学生的成绩凌然于欧美留学生之上,但是获得进士的比率却低于欧美留学生。清朝从1908年开始,对归国留学生的考试办法实施类似于科举制任用官吏的"廷试"任用考试,重点放在考察留学生的能力上。这种考察通常在归国留学生通过录用考试合格后的第二年进行,综合知识和能力考查的成绩,考虑给予适合的官职,分配到中央或地方政府机构服务。可以说,留学生录用制度是为政府选拔录用人才而设置的一种制度。从专业领域看,在大批归国的留学生中,专攻法政学科的比例最高,尽管清政府也重视商、工、农领域的人才,对这些实业领域实行留学奖励政策,但事实上,和法政科的毕业生相比,学习实业技术的留学生数量明显减少。

在科举制度影响下实施的留学生录用考试制度还不成熟,存在很多问题:对已经录用的留学生晋升过快;由于缺少职位,大部分留学生得不到录用;录用的官职与专攻不符等。但是这种考试制度对于选拔掌握先进知识和技术的人才,尤其是在中国政治、法律、教育改革大规模展开之际所发挥的作用不可否认。在以后的20年间,这些被任用的留学人才,成为中国的教育、金融、外交及地质科学等研究领域中成长起来的领军人物,而他们中的很多人都是最先通过了清末留学生的录用考试的。

二、留日学生与清末政治法律变革

谈到清末新政和法律改革,日本是绕不开的话题。甲午战败两年后,以康有为、梁启超、严复、谭嗣同等人为代表的维新派,出于挽救民族危亡的目的,提出变君主专制政体为君主立宪政体的变法改制方案,他们以"公车上书"为起点,将西学介绍给中国,反对封建专制。他们主张法治,在近代中国社会掀起了一场变法图强、改革专制政治的运动,使维新政治和实行法治的思想影响不断的深入人心。戊戌变法失败后,康梁等人流亡日本,此后日本实际上成为立宪派活动的主要据点。梁启超流亡日本的11年间,始终有一批主张渐进改良的留日学生围绕在他周围,如1907年政闻社在东京成立时,"会员约1500人,均系留学生"。[1]

明治维新以后的日本,近代西方的著作,特别是和政治体制相关的翻译书籍非常丰富,为中国的近代化转型在理论方面做出了很大贡献,也成为掌握理论知识、主张改革的留日学生的理论基础。他们大量翻译外国书籍,"日本每一新书出,译者动数家,新思想之输入,如火如荼矣"。[2] 此外,留日学生自发组织的译书汇编社、国学社、湖南编译社、闽学会等一些翻译团体,也翻译了大量政治法律书籍:如《万法精理》(孟德斯鸠著,译书汇编社译)、《民约论》(卢梭著,杨廷栋译)、《宪法论》(菊地学而著,林棨译)、《日本议会史》(工藤武意重编,汪有龄译)、《万国宪法比较》(辰巳小二郎著,戢翼翚译)、《欧美政体通览》(上野贞吉著,巅涯生译)、《国家学原理》(高田早苗著,稽镜译)、《国民公私权考》(井上馨著,章宗祥译)、《政治泛论》(永井惟直著,范迪吉等译)等。相当数量的留学生,主张通过君主立宪,求得国家的独立和民族的强盛。他们目睹了明治维新给日本社会带来的巨大变化,坚信日本应该成为中国的榜样。汤化龙是法政大学留学生,他非常推崇日本近代政党创始人之一的大隈重

---

〔1〕 韩玉辰:《汤化龙的一生》,载《湖北文史资料》第8辑,湖北省政协文史资料委员会1984年版,第64页。

〔2〕 梁启超:《清代学术概论》,中华书局1954年版,第71页。

信，因竭力主张模仿日本的君主立宪制度，而被称为“大限之迷信者”。[1]

留日学生在国内外积极参与办报，宣传立宪。他们创办的《新民丛报》《时报》《大公报》《京话日报》《中外日报》等成为立宪派最主要的舆论阵地。参与报刊建设的编辑者除梁启超外，另有大批留日归国学生。如东京师范学校留学生徐佛苏；日本陆军士官学校留学生蔡锷、蒋百里；东京帝国大学张东荪；早稻田大学杨廷栋、罗普、雷奋等。

1905 年，清廷派五大臣称要出洋考察东西洋政治，在 101 名随行人员之中，就有陆宗舆、唐宝锷等日本留学生 11 人。这次考察是以日本为重点，留日学生发挥了重要作用。他们做翻译、协助调查、采访和翻译编辑资料，成为五大臣考察的重要依靠。陆宗舆在回忆这段经历时说：“与谁端带二专使放羊。赋得专心视察是正紧郑若现法国法等则为一只输。然刘德州学子街苦于中心制度之不同，亦令宁此之为喃。于行侠中所学之日本国法学朱书。朴有一只德国者。思惟解证莫不奉为至宝。组织此类法正朱舒大帅。接转义于日本端带 20，因为同行 40 人。精通西文者十有八元。不易报告之成功。上届中余留日出生者。因特卓为二等参赞。”

留日学生编译的资料，为清末的法律变革提供了重要的参考依据。五大臣的归国报告书也反映了他们的意见。[2] 载泽“为留学生所迷，极力推陈出新。”[3] 随着民间对改革政治体制的呼声越来越高，清政府也意识到改革的必要性，遂决定实施新政。无疑在日本

[1] 韩玉辰：《汤化龙的一生》，载《湖北文史资料》第 8 辑，湖北省政协文史资料委员会 1984 年版，第 64 页。

[2] 尚小明：《留日学生与清末新政》，江西教育出版社 2002 年版，第 156 ~ 159 页。

[3] 陈旭麓等主编：《辛亥革命前后》（《盛宣怀档案资料选辑》之一），上海人民出版社 1979 年版，第 28 页。

学习法政的留学生成为最活跃的一群。

1906年,清政府迫于立宪的舆论压力,宣布预备立宪。随即新设宪政编查馆、咨议局、资政院等机构,很多留日学生得到提拔。宪政编查馆的前身是仿效日本明治维新设立宪政调查所之例,下诏设立的考察政治馆,主要任务是研究日本和西方诸国的政治制度,提出立宪改革方案。宪政编查馆是负责清廷筹备立宪方案的枢纽机关,地位非常重要。不仅要设计筹备立宪方案,而且还要负责起草、审核中央和地方有关宪政改革法规、文件,监督和审核各地筹备立宪工作的进展情况。宪政编查馆几乎都是有留学经验的,在留学生职员47人中,41人是留日学生,占87%;而在宪政编查馆的核心机构编制局的21名职员中,16人有留学日本的经验,占76%。张宗祥任编制局的副局长。1908年清政府颁布的《钦定宪法大纲》,就是以日本1889年颁布的《日本帝国宪法》为模版制定的,这也间接反映了留日学生的地位。

官制改革可以说是清末宪政改革的第一步,它参考了日本明治维新时两次大的官制改革经验,"改定全国官制,为立宪之预备。"[1]提出了8条改革官制的原则性意见。官制改革草案,包括后来的咨议局及资政院有关章程、宪法大纲、大清宪法草案、内阁官制和弼德院官制改革草案等的主要起草者都是留日学生。

1898年,清政府颁布了《各省咨议局章程》和《咨议局议员选举章程》,根据章程,除新疆外,全国共设立了21个咨议局。虽然"咨议局仅代表一省舆论,尚非国家议院之比",其权限也"本非各国地方议会所得比拟",但是这一新生事物,激发了留日学生极大的政治热情。1907年发生了留日学生请愿国会事件。沈钧儒、雷光宇、恒均、熊范舆代表留日学生,从东京回到北京,于10月5日向都察院递

---

〔1〕 故宫博物院明清档案部编:《清末筹备立宪档案史料》(上册),中华书局1979年版,第368~380页。

交了请愿书，要求清廷"于一二年内即行开设民选议院"。[1] 1909年9月至1910年10月，由张謇等人组织发动的3次规模浩大的敦促清廷速开国会、速组责任内阁、迅即颁布宪法的请愿活动，社会各界都被卷入，参加者数10万人之多，同样得到留日生、华侨团体的支持和声援。

咨议局是相当于地方议会性质的机关，其议员由各府、州、县采用复选制选举产生。熟悉立宪政治知识的留日学生又发挥了很大作用。以浙江省咨议局为例，1909年，浙江省咨议局成立。法政大学毕业的陈时夏和沈钧儒担任副议长，留日学生议员虽然仅占议员总数的13%，但是有40%的议案是由有留日经验的议员提出，诸辅成、阮性存、刘耀东等人成为议会的中坚力量。他们深受资产阶级政治法律思想的熏陶，醉心于日本式的君主立宪制度。他们认为，"咨议局是国民发表舆论、与闻政事之第一人手处"，不断提出各种议案、质问、说帖，掀起争取立宪的层层波澜。到1909年，全国21个省设立咨议局，共选出议员1643人，其中149人为留日归国学生。1911年，在81个议长、副议长中，有22人有留日经验。21个省的咨议局，其中13个省咨议局的议长、副议长由日本留学生担任。[2]

留日议员们非常看重自己的议员职责，无论政府设立咨议局的意图是什么，他们认定咨议局就是地方议会，表现出较强的参政议政能力。如浙江省咨议局议员诸辅成，认为浙江巡抚的《完漕试办规则法律案》，对于"官吏浮收，狡书舞弄等弊，毫无规定"，提出《革除漕粮积弊案》。主张裁撤原有官署委派的稽查委员，由各地人民推举公正士绅充当稽查员。对于勒索民户舞弊等情形。一经发现，立即报告州县，州县官必须认真究办，稍有偏隐，即以违法论。[3] 陶

[1] 《清末筹备立宪档案史料》(下册)，中华书局1979年版，第616页。

[2] 尚小明：《留日学生与清末新政》，江西教育出版社2002年版，第25页。

[3] 《浙江咨议局第一届常年会议事录》(第一)，第103页。

葆霖提出《裁革州县衙门供应案》,揭露各级政府和官员中饱私囊。以汤化龙为代表的湖北省咨议局,通过决议,要求督府向咨议局提出省财政预算案,此举被舆论誉为“地方议政的楷模和预备立宪的先声”。[1] 凡此种种,留日出身的议员成为众多咨议局议政中最活跃的分子。

1907年9月,清廷发布了设立资政院的上谕。宣布“立宪政体取决公论,上下议院实为行政之本,中国上下议院一时未能成立,亟宜设资政院以立议院基础。”[2]宪政编查馆的留日学生起草了《资政院院章》《资政院议员选举章程》《资政院议事细则》《资政院分股办事细则》《资政院旁听规则》等。资政院的性质和咨议局一样,议题涉及有关国家的财政预算、税收、国债、宪法及其他法律的制定和修订以及国政事务等。资政院由200名议员组成,其中100名由皇帝指定,被称作钦选议员。相对这些皇族和中央政府的高级官僚,由各省咨议局选举产生的100名议员被称为民选议员。除总裁、副总裁四人外,196名资政局议员中,有12名钦选议员和29名民选议员,共计41人为日本留学生。[3] 虽然留日出身的资政院议员尽管只占总数的1/5,但却是资政院中影响最大的一群。他们以国民代表自居,积极参政,踊跃议政,是发言最多、提案最多的。在资政院议员提出的21宗案件中,留日出身议员所提的就有10宗。资政院会议中影响最大的议案,即弹劾军机案、预算案,陈请速开国会案和新刑律案。弹劾军机案和陈请速开国会案就是由易宗夔提出,并得到热烈响应。罗杰、易宗夔、雷奋三人,被誉为资政院三杰,均以善

---

〔1〕《立宪运动与湖北省咨议局》,载《武汉文史资料》第3、4辑合刊,武汉市政协文史资料委员会1990年版,第33~34页。

〔2〕上海商务印书馆编译所:《大清新法令》,商务印书馆2011年版,“谕旨”第19页。

〔3〕参见尚小明:《留日学生与清末新政》,江西教育出版社2002年版,第29~30、175~182页。

辩著称,“舌锋所及,莫不避之”。[1] 汪荣宝负责审查新刑律案,力主用资产阶级立法的原则原理编纂新律。留日出身议员的议案,虽未见得被清廷采纳,但他们议政行为的本身是在践行着民主实践具有重要意义。

清末的法律改革早于立宪改革。1902 年,慈禧太后发布变法上谕,张之洞提出“变法三折”,清廷制定了“参酌各国法律,务期中外通行”的修律宗旨。1904 年,设立修订法律馆,在修订法律大臣沈家本的主持下,翻译了大量的外国法律和法律著作,从 1904 年到 1905 年修订法律馆就翻译了《德意志刑法》《德意志裁判法》《俄罗斯刑法》《日本现行刑法》《日本改正刑法》《日本陆军刑法》《日本海军刑法》《日本刑事诉讼法》《日本监狱法》《日本裁判所构成法》《日本刑法义解》等。校正的有《法兰西刑法》。到 1907 年法律馆又译出了《荷兰刑法》《意大利刑法》《德国民事诉讼法》《日本监狱访问录》《日本新刑法草案》《日本裁判所编制立法论》等 12 种法律。1909 年,沈家本对修订法律馆脱离刑部独立以来的翻译成果做过一次统计,共计完成 34 种。据 1910 年 1 月的统计,又译出 11 种。在全部 69 种法律中,日本占 29 种、德国 13 种、奥地利 5 种、法兰西 4 种、美国 3 种,英国、瑞士、意大利各两种,葡萄牙、西班牙、罗马尼亚、荷兰、俄罗斯各一种,其他法律和法学著作 4 种。说明中国近代法律体系的建立,不仅深受大陆法系的影响,而且,由于日本因明治维新而成为强国,以日本为师,在当时成为一种共识。

除修订法律馆翻译的法律外,留日学生还翻译了大量的法律书籍。据《中国译日本书综合目录》:1896 年至 1911 年,中国人共翻译法律方面的书籍 98 种,[2] 其中大多为留日学生所译。如《日本行政

---

[1] 易宗夔:《新世说》,上海古籍书店 1982 年影印本,第 25 页。

[2] 参见谭汝谦主编:《中国译日本书综合目录》,香港中文大学出版社 1980 年版,第 47 页。

法纲要》(译书汇编社译)、《日本法制大意》(吕延平译)、《日本宪法义解》(丁德威译)、《民法财产》(姚华、许壬译)、《民法总则》(周大烈、陈国祥译)、《刑法通义》(陈成泽译)、《刑事诉讼法论》(陈时夏译)、《刑法总论》(瞿宗铎译)、《商法总则》(陈汉第译)、《宪法要义》(嵇静译)等。[1] 由早稻田大学毕业生、商务印书馆职员刘崇杰组织多名留日学生编译出版的《新译日本法规大全》,含宪法、民法、刑法、裁判法、诉讼法、商法以及官制官规、地方制度,及警察、财政、军事、矿业、森林之法等多种法律规范,成为清末修订法律的重要参考书。在1907年由商务印书馆出版时,军机大臣翟鸿禨题签,沈家本、端方、戴鸿慈、袁世凯、盛宣怀等朝廷重臣,及日本伯爵大隈重信、京都帝国大学教授织田万、早稻田大学学监高田早功等均为该书作序。如果说19世纪主要翻译英美法律,那么至20世纪初,已逐渐转向翻译以罗马法系为渊源的日本法律,尤其是修订法律馆成立以后,日本法律译书的比重明显加大。

从1907年开始,进入修订法律和制定新律阶段,留日学生同样发挥了重要作用。修订法律馆下设二科,分别负责民商律和诉讼律的调查起草工作。同年11月,在沈家本的奏请下又有30人进入修订法律馆,其中就有王宠惠等欧美留学生5人,章宗祥、曹汝霖等日本留学生14人。1908年10月,又有12名留日学生获选修订法律馆咨议官。沈家本还派修订法律馆成员董康赴日本考察诉讼与监狱。董康回国后,著《裁判访问录》《监狱访问录》二书,沈家本特为之作序。沈家本还聘请日本法学家担任新法的起草人,冈田朝太郎起草《大清民事诉讼律草案》、小河兹次郎起草《大清监狱律草案》、松冈正义起草《大清民律草案》前三编。在沈家本的主持下,从1907年至1911年,修订法律馆修订编纂的法律主要有:《大清现行刑律》

[1] 参见丁守和主编:《辛亥革命时期期刊介绍》(第一卷),人民出版社1982年版,第489~492页。

《刑事民事诉讼法》《大清刑律草案》《法院编制法》《大清商律草案》《刑事诉讼律草案》《民事诉讼律草案》《国籍条例》《违警律草案》《禁烟条例》等。

修订法律馆的留日学生不仅参加了新律的编纂工作，而且为编定新律提供了符合实际需要的事实依据和法律依据。如法政大学毕业、翰林院编修朱汝珍，在编修商律时，"遍历直隶、江苏、安徽、浙江、湖北、广东等省，遍访周咨，究其利弊，考察所得，多至数十万言"，使修订法律馆"于各省商情具知其要"。[1] 在新律的编纂和审核方面，留日学生也充当了重要角色。汪荣宝任修订法律馆第二科总纂[2]，参与了新刑律、民事诉讼与刑事诉讼律、法院编制法的编纂，同时又在宪政编查馆编制局任职，参加对这些法律的审核。汪荣宝、许同莘主要负责大清新刑律和大清刑事诉讼律草案的修订。

留日学生不仅参加清末新律的编纂，而且还参加了司法体制改革的实践。1910 年 2 月，宪政编查馆将张宗祥草拟、经汪荣宝修改的《核定法院编制法并另拟各项暂行章程折》上奏朝廷[3]。不久《法院编制法》及所附《法官考试任用暂行章程》、《司法区域分划暂行章程》、《初级及地方审判厅管辖案件暂行章程》正式公布。日本法政大学毕业的很多留学生们由于具备法政方面的专业知识，遂成为各级检察厅、审判厅的中坚力量。如赵俨葳负责在山西筹建各级审判厅；雷光宇受命主持山东全省审判厅筹备处事务，包括设立司法讲习所培训审判人才；[4] 翰林院编修孙志敏在浙江省审判厅筹办

---

〔1〕《修订法律大臣奏编订民商各律照章派员分省调查折》，载《折奏汇钞》(抄本)，北京大学图书馆藏。

〔2〕 汪荣宝：《汪荣宝日记》，韩策、崔学森整理，中华书局 2013 年版(宣统三年三月四日)。

〔3〕 汪荣宝：《汪荣宝日记》，韩策、崔学森整理，中华书局 2013 年版(宣统元年十二月二日)。

〔4〕 参见《山东巡抚袁树勋奏法政学堂统筹划一折》，载《政治官报》宣统元年六月初。

处内附设的审判研究所任监督,主要培养省级及商埠各级审判厅所需人才;[1]梅光羲在湖北设立官立法政研究、私立法政研究所、公立法政研究所和江汉法政研究所,并亲自出任和邀请汤化龙等日本法政毕业生担任所长,为湖北司法制度改革培养法官人才。[2] 审检机构成立后又有大批法政留日学生被推举担任要职。如浙江高等检察厅检察长辛汉、浙江高等审判厅厅丞张务本、杭州地方审判厅推事陈福民、杭州地方检察厅检察官吴荣萃、宁波地方审判厅厅长金泯澜、湖北高等审判厅厅长梅光羲、广东高等审判厅署庭长王祖泽、贵阳地方检察厅检察长王右庚等。尽管这些人在审检机构所占比例很小,所发挥的作用也极为有限,因为刑名幕友和科举人员还是法官队伍的主体。但是,在审检机构吸收法政出身的留日学生,说明近代司法体制正在逐步从司法行政不分迈向近代司法体制。

美国的历史学家道格拉斯·雷诺(Douglas R. Reynolds)称清末十年是"日中关系黄金的十年",[3]清政府为了推进新政改革,得到了日本协助。改革的方向受到日本的影响。在改革的过程中,在日本接受教育后归国的留学生发挥了重要的推动作用。这些留学生大部分在通过了录用考试之后,进入了主导改革方向的中央机构、地方行政机关,自始至终参与清末新政和法律改革。留日学生在清末法律改革进程中所作出的贡献,与清末以日本为中心的留学生政策和模仿日本进行法制改革的方针有很大关系,也和清政府一些官员如沈家本的支持有关,有了这些条件,才使这些学习法政的留日学生有了用武之地。他们希望改变中国被西方列强欺凌的现状,争

---

[1] 参见《浙江巡抚增韫奏浙江成立各级审判厅情形折》,载《清末筹备立宪档案史料》(下册),中华书局1979年版,第877页。

[2] 谢健:《谢铸陈回忆录》,载《近代中国史料丛刊正编》第91辑,台北,文海出版社有限公司1973年版,第40页。

[3] Douglas R. Reynolis, *China*. 1898 - 1912:*The Xunzheng Revolution and Japan*, Harvard University Press, 1993.

取国家的独立和民族的强盛。他们在日本留学期间,学习了近代先进的政治法律文化,成为贯通中西、实现法制近代化的桥梁。虽然他们的议政效果并不显著,很多主张未被采纳,虽然他们参与了多部新律的草拟,但在公布时被作了很大修改,尽管如此,留日学生的参政议政意识,和在近代法律改革中所发挥的作用及其贡献,值得重视和研究。

法治人物

【编者按】 本卷“法治人物”栏中，我们选编了两篇文章。分别介绍了慎到和徐道邻两位法治人物的思想与事功，两者一为春秋战国时期人物，一为中华民国时期人物，却有能够呼应的法治观念，别具省思。

“恶法亦法”与“恶法非法”
——慎到法思想中的道德因素探析*

商晓辉**

【摘要】 慎到法思想中对“公”的追求与西方自然法思想相类似。他认为道德与法律在一定程度上并不冲突，如果违反了道德的话，成文法就不具有法律效力，即“恶法非法”。从慎到肯定道德的角度分析，慎到认为“法虽不善，犹愈于无法”的实质应该是现实法律虽然与道德相违背和对立，但是也比无法可依的状态要好，也就是不善之法即“恶法犹愈于无法”。虽然是恶法但因其也是“法”，不能因为其不符合道德就否定其有效性，这与其所展现的在一定程度上肯定道德的自然法倾向并不矛盾，是为了确立法律的至上性。另外，慎到认为法律制度的建构以自为之心作为其人性论基础，将制度建构在美好道德之上是不切实际的幻想。他虽然未彻底否定道德的价值，但认为法律同道德相比具有客观性和公平性，这其实也是对道德持怀疑和不信任的态度。他认为二者冲突的话法律要高于道德，道德让位于法律。慎到法思想为我们今日制定法律时应如何更好地处理道德与法律的关系，避免步入泛道德主义和道德虚无主义的错误提供了有益的参考和借鉴。

---

* 本文系2019年度西北农林科技大学博士科研启动费“荀子国家治理思想及当代价值研究”（批准号：Z1090219091）阶段性成果。

** 西北农林科技大学马克思主义学院讲师。

【关键词】 慎到;法思想;新分析法学;新自然法学;法律与道德

一、引言

慎子,又名慎到。曾游学齐国稷下学宫,列为上大夫。《史记·孟荀列传》记载“慎到赵人。田骈、接子齐人、环渊楚人。学黄老道德之术,因发明序其旨意。故慎到著十二论,环渊著上下篇,而田骈、接子各有所论焉”,慎到思想之中[1]最为引人注意的是其通过道家思想来论证法家政治,并提出了对法律思想的独到见解。法思想在慎到思想之中占有重要的地位,可以说是其思想的核心。因此笔者尝试结合西方新分析法学与新自然法学的争论对慎到法思想所展现的法律对“公”的追求、对“法虽不善”的理解以及法律因循人性三个方面的问题进行分析,揭示其法思想中道德与法律二者的关系问题,敬请各位专家批评指正。

二、“恶法亦法”与“恶法非法”的争论

20世纪新分析法学的代表人物哈特与新自然法学的代表人物富勒,关于道德与法律二者究竟是怎样的关系的问题进行了持久的争论,并由此引发了广泛探讨,对后世产生了深远的影响。

新分析法学的代表人物哈特坚持认为法律与道德二者之间虽然具有一定的联系,但是“法律反应或符合一定的道德要求,尽管事实

---

〔1〕 学界关于慎到的学派界定,还存有争议。有的认为,其属于法家重势派,有的认为其属于道家学派。还有的学者如裘锡圭先生认为其属于“道法家”。笔者在这里认为其属于道家黄老学派的代表,但是其思想也带有明显的法家色彩,属于由道转法的过渡阶段。也就是通过道家哲理来论证法家政治,即所谓“因道全法”。

上往往如此,然而不是一个必然的真理”[1],并认为道德与法律具有根本的不同:道德与法律相比处于次要的地位,法律可以人为地改变和废除,道德却很难人为地改变和消除;触犯道德往往能够通过各种手段和措施得到豁免,而触犯法律的话则通常不会得到宽恕和原谅;最后道德往往是通过自我反省的方式来达到对错误的悔改之情,而法律则是通过外在的强制性措施达到惩戒的目的。鉴于以上的种种区别,哈特坚持认为道德与法律二者应该予以明确的分离。“一方面,在缺乏宪法和其他法律明确规定的情况下,我们不能仅仅因为一个法律规则违背了道德标准,就否认它是一个法律规则;另一方面,我们也不能仅仅因为一个道德标准是令人赞同的,就认为它是一个法律规则。”[2]因为法律是通过严格的程序所制定的,这正是其客观性所在。而道德本身往往具有模糊性和不准确性,不同的历史时代和社会环境对道德本身的理解也是有分歧和差异的。道德规范不一定与法律规则具有一致性,一味地以道德为准则,势必破坏法律的公平与正义。因此只要是依据正常的程序制定的法律,虽然其可能与道德伦理相冲突,但其本身就具有法律效力,这可以被概括为“恶法亦法”;虽然是恶法但是符合程序正义,因此我们也需要遵守。但是哈特认为这并不代表其具有天然的不容置疑性,虽然“恶法亦法”但我们也应该对恶法进行批判,使其能够更好和更恰当的与道德相一致。与哈特不同的是新自然法学的代表人物富勒,他认为法律与道德二者之间具有一致性,法律规则要符合道德的内在要求。如果法律规则与道德伦理相冲突的话,其便失去了合法的地位。实在法(现实法律)要以应然法(自然法)作为指导,体现应然

---

[1] [英]哈特:《法律的概念》,张文显译,中国大百科全书出版社1996年版,第182页。

[2] [英]哈特:《法律的概念》,张文显译,中国大百科全书出版社1996年版,第599页。

法(自然法)所蕴含的公平、公正和正义、符合人性的基本要求,这也是从古希腊以来西方自然法在近代的持续不断发展的结果。因此哈特和富勒二人的分歧也可以被称为“恶法亦法”与“恶法非法”的争论。虽然哈特和富勒对于道德与法律二者关系的看法具有较大差异,但是二者思想上还是具有互相切合之点。如哈特虽然认为道德与法律并不一定必然具有一致性,但同时也承认二者之间具有密切的联系。法律的颁布、施行以及废止很多时候要受到道德观念的影响,并不全然否定道德的价值,甚至于在法律制定的过程中要考虑道德的因素。他认为道德的底线与法律所要求的最低要求二者之间具有交叉和重叠,因此他提出了“最低限度的自然法”思想。这种思想主要包括五个方面的内容:第一,人类是脆弱的,道德和法律都规定不容许杀人,保护人的生命权。第二,人类大体是平等的,人人大体上的平等是道德与法律二者的共同诉求。第三,有限的利他主义,人不是天使也不是魔鬼,这使人与人互相结合成互助的群体来克服困难成为可能。第四,有限的资源。为了避免资源的过度消耗,人与人结合起来成为必要。第五,是人类理解力和意志力的有限性,使得自愿结合不可避免。哈特提出“最低限度的自然法”,反映了其向自然法倾斜的思想,是为了更好地说明道德与法律二者之间所具有的相一致性。

与此同时,富勒也表现了其弥合道德与法律分歧的意图。他认为以前的人们之所以对此争论不休,首先是因为没有清晰地定义“道德”的内涵。他将“道德”区分为“义务道德”和“愿望道德”,前者具有强制性,是人类社会运行的基本要求,后者具有理想性,是完美社会的美好追求。富勒认为,“如果说愿望的道德是人类所能达到的最高境界的话,那么义务的道德则是从最低点出发。”[1]在强调道德与法律相一致的情况下,富勒的自然法也强调程序正义的重要

---

〔1〕[美]富勒:《法律的道德性》,郑戈译,商务印书馆2005年版,第6页。

性,试图将道德纳入法律制定的全过程之中。他提出了法律建构要遵循一定的道德性,只有满足这些道德规范,制定的法律规则才可以说是真正的法律。[1]

哈特与富勒的争论其实是西方法律实证主义和自然法理论两千多年之争的延续。当然,二者将此争论推进到一个更高的顶点,提出的新理论丰富和充实了以往的内容,同时也为我们提供了参照系。下面结合新分析法学和新自然法学的争论之中所涉及的主要内容,让我们考察慎到法思想中道德与法律二者之间的关系问题。

三、慎到法思想中的自然法倾向以及对道德的肯定态度

慎到对法的论述可谓非常周详,其中大体上论述了关于法自身的作用、立法的原则、严格执法等问题。如提出关于立法的必要性时指出“君人者,舍法而以身治,则诛赏予夺,从君心出矣。然则受赏者虽当,望多无穷;受罚者虽当,望轻无已。君舍法,而以心裁轻重,则同功殊赏,同罪殊罚矣,怨之所由生也。是以分马者之用策,分田者之用钩,非以钩策为过于人智也。所以去私塞怨也。故曰:大君任法而弗躬,则事断于法矣。法之所加,各以其分,蒙其赏罚而无望于君也。”(《慎子·君人》)从君主个人爱憎喜怒出发来作为评判事物好坏的客观标准,会流于主观性和随意性,而以法作为衡量事物好坏,作为分配利益所得的标准和规则,则如权衡斗石一般,体现出其客观性和普遍性。“法是一种最公正的制度,是一种客观的准绳,是非曲直依其衡量,功名利禄靠它划分。所以,法是一个社会公平合理,人人各守其职,各安其分的制度性保障。”[2]法在慎到思想中可谓是最为公正的制度性保障,“法者,所以齐天下之动,至公

〔1〕 富勒的“程序性自然法”理论。这里由于篇幅所限不予展开,详见富勒的《法律的道德性》一书。

〔2〕 马作武:《法律史思辨录》,法律出版社2013年版,第89页。

大定之制也。故智者不得越法而肆谋,辩者不得越法而肆议,士不得背法而有名,臣不得背法而有功。我喜可抑,我忿可窒,我法不可离也;骨肉可刑,亲戚可灭,至法不可阙也。"(《慎子·逸文》)这可以说是其对法最积极的肯定和推崇之声。因此国君将法作为治理国家的重要手段,"为人君者不多听,据法倚数以观得失。无法之言,不听于耳;无法之劳,不图于功;无劳之亲,不任于官。官不私亲,法不遗爱,上下无事,唯法所在。"(《慎子·逸文》)惟其如此,方能做到上下无事,君臣和谐。

慎到之所以将法看得如此之重要,很大原因在于法背后所体现出的公平、公正和正义的原则,慎到本人将其称为"公"与"私"的对立。慎到多次提到公私之辩的问题,如"法者,所以齐天下之动,至公大定之制也。"(《慎子·逸文》)"法之功,莫大使私不行;君之功,莫大使民不争。今立法而行私,是私与法争,其乱甚于无法;立君而尊贤,是贤与君争,其乱甚于无君。故有道之国,法立则私议不行,君立则贤者不尊。民一于君,事断于法,是国之大道也。(《慎子·逸文》)"故蓍龟,所以立公识也;权衡,所以立公正也;书契,所以立公信也;度量,所以立公审也;法制礼籍,所以立公义也。凡立公,所以弃私也。"(《慎子·威德》)从以上这些材料可以看出,这里的"公"应该指的是公平、公正和正义的意思。慎到认为法律应当追求一种公平、公正和正义,法律规则要追求和符合法律之外的一种道德目的,以一系列原则作为法律的内在道德,以此达到"公"胜"私"的目的。这种对公平、公正和正义的追求,慎到认为归根结底源于对"道"的追求和效法。"古之全大体者,望天地,观江海,因山谷。日月所照,四时所行,云布风动。不以智累心,不以私累己。寄治乱于法术,托是非于赏罚,属轻重于权衡。不逆天理,不伤情性,不吹毛而求小疵,不洗垢而察难知,不引绳之外,不推绳之内,不急法之外,不缓法之内。守成理,因自然。祸福生乎道法,而不出乎爱恶。荣辱之责在乎己,而不在乎人。故至安之世,法如朝露,纯朴不欺,心无结怨,口无烦言。故车马不弊于远路,旌旗不乱于大泽,万民不失命于寇戎,豪杰不著名于图书。不录功于盘盂,记年之牒空虚。故曰:利莫长于简,福莫久于安。"(《慎子·逸文》)这一段材料经常被人所引用,人间秩序的制定要效法自然和天地的秩序,"道法"是最高的标准。因此要效法自然法则(自然法)来制定人世间的法律规则(成文法),成文法的制定体现了自然法则的公平、公正、客观的至上性原则和精神。遵循自然法则(自然法)所制定的法律条文(成文法)体现了公平、公正和正义的原则,合乎某种目的性。无怪乎有的学者认为"慎到重视社会与政治生活中的公的层面及其客观化建构,一方面保留了道家对自然的客观规律的认识;另一方面也重视法的人为的建构及其变迁。"〔1〕可谓说出了慎到法思想的实质。

从以上慎到法思想之中所展现的对公平、公正和正义的价值追求可以看出其类似于西方的自然法思想。当代新自然法学虽然对自然法思想进行了理论的完善和创新,但大致思想内容没有根本性和实质性的变化。自然法思想在西方可谓源远流长,古希腊时代就已经发展出其思想的大致轮廓,尤其在古罗马时代得到长足的发展。其主要内容可以概括为自然法是理性的一种体现;自然法具有普遍性、永恒性和至上性;现实法律源于自然法,要体现自然法对理性精神的追求;如果现实的法律违背自然法,那其就不具有法律的效力因而是无效的。正如对自然法发展做出卓越贡献的西塞罗所说,"实在法的力量源于自然法,凡是不符合自然法,立法者在立法时违背对人民的承诺,不是出于国家和人民的利益考虑所制定的法令,都不是真正的法律。"〔2〕从西塞罗的论述可以看出,慎到法思想

〔1〕 沈清松:《论慎到政治哲学中的"公共性"》,载《哲学与文化》2004年第6期。

〔2〕 [古罗马]西塞罗:《论共和国 论法律》,王焕生译,中国政法大学出版社1997年版,第218页。

之中许多地方类似于西方自然法思想。尤其是他对成文法的制定背后所展现的对“公”即公平、公正和正义原则的追求以及公平、公正和正义的实质是效法“道”的至上性之论述,其实也都是一种对理性追寻的反应。

通过结合西方自然法理论的分析,笔者认为可以说慎到法思想中所蕴含的“公”的精神即法律对公平、公正和正义原则的内在追求蕴含了对道德的积极肯定。因为公平、公正和正义从根本上说体现了一种道德性,体现了对理性的追求和渴望。如果公平、公正和正义被破坏的话,那么道德也将遥不可及,最终的结果只能是恶法盛行。因此慎到应该承认道德与法律二者之间具有一定的一致性,道德底线与法律基础二者之间具有交集。正如亚里士多德所言“如果说幸福是一种合乎德性的活动,当然幸福也是合乎最高善的,也就是说,是属于最高法则的。无论这个最高法则是理智或是其他什么东西,它都自然地被认为是主导者、领导者,并包含高尚和神圣于其中;或者说它本身就是神圣的,或是我们所有内在精神法则中最神圣的东西。”[1]慎到本人虽然强调法的作用和原则,但其对礼也并没有全然地否定其价值所在。如提出“圣人有德,而不忧人之危夫”(《慎子·威德》),“明君动事分职必由惠,定罪分财必由法,行德制中必由礼”(《慎子·威德》),强调德的重要性以及肯定礼的作用和价值,这其实都是对道德持肯定态度的集中表现。可以说慎到法思想并不完全排斥道德因素,其应该认为道德标准与法律底线二者具有交集成分,甚至认为法律在制定的过程中要吸收借鉴道德因素,将其吸收进成文法之中。

---

〔1〕[古希腊]亚里士多德:《尼各马可伦理学》,廖申白译,商务印书馆2017年版,第250页。

四、从“法虽不善,犹愈于无法”和人性自为看道德与法律的关系

慎到法思想认为法律规则要体现出“公”的精神,即对公平、公正和正义原则的追求,肯定道德与法律具有某种一致性,道德底线与法律规则在一定程度上是统一的。但这里我们应该注意的是现实中常常出现的情况却是道德与法律相对立的例子(如纳粹德国制定的相关法律)。慎到自己也看到现实中恶法存在的可能性,因而说到“法虽不善,犹愈于无法,所以一人心也。夫投钩以分财,投策以分马,非钩策为均也。使得美者,不知所以德;使得恶者,不知所以怨,此所以塞愿望也。”(《慎子·威德》)这里尤其要注意的是“法虽不善,犹愈于无法”这句话,从表面理解“法虽不善”的意思就是法律制度不完备、不健全的意思。“法虽不善”中的“法”可以理解为不善之法即恶法。恶法之所以不善的原因何在呢?通过上一节对慎到法思想中自然法倾向的分析,我们知道其法思想中具有肯定道德因素的方面,认为法律要体现道德的要求。因此“法虽不善”的深层含义笔者认为应该从道德与法律关系的角度进行理解,其不善所反应的深层含义应该是现存法律规则与道德底线相冲突、相违背的意思,这样的理解能够从整体上把握慎到法思想的实质。即使是不善之法即恶法,慎到认为也比没有法律作为客观裁断标准要好。无法状态就正如霍布斯笔下订立契约成立国家之前的自然状态一般,人与人为了争夺有限的资源和财富而互相猜忌争夺,甚至相互之间进行残杀。这就如同自然界一般,在这种状态下只有弱肉强食。对于现实中存在的恶法虽然现存史料中没有更多论述,但基于慎到认为恶法也比没有法律制度要优越这一点看,即“恶法犹愈于无法”来说,我们还是可以认为慎到对恶法的态度也是将其认定为“法”,即“恶法亦法”且具有程序正义性,不能因为它违反道德就否定它,但应保留对它的批判权。结合新自然法学与新分析法学的辩论,慎到“恶法犹愈于无法”的思想明显反映出哈特新分析法学的思想。难

道这就与文章第三部分慎到对法律所追求的“公”即公平、公正和正义原则所展现出的自然法思想相抵触吗?通过第三部分的分析我们得知慎到法思想自身并不完全排斥道德,认为现实中的法律规定(成文法)要追求和体现法律自身之外的道德原则(公平、公正和正义),甚至立法的时候还要吸收借鉴道德因素。但是一旦现实法律在实际运作的过程中与约定俗成的道德标准发生冲突和对立的话怎么办?道德与法律何者优先?因为要保持法律的独立性和客观性,因此还是要以现实的法律为准,法律优先于道德,道德让位于法律。如果一味迁就道德势必破坏法律的公平和公正,导致泛道德主义现象的发生。道德与法律相冲突时要坚持法律优先,慎到有许多思想如“有权衡者,不可欺以轻重;有尺寸者,不可差以长短;有法度者,不可巧以诈伪”(《慎子·逸文》)、“厝钧石,使禹察锱铢之重,则不识也。悬于权衡,则氂发之不可差,则不待禹之智,中人之知,莫不足以识之矣”(《慎子·逸文》),都可以从中看出法律的客观性和准确性。为了保持法律如此的至上地位,也可以推理出如果二者冲突的话一定是法律优先于道德。可以说慎到法思想并不完全排斥道德因素,承认道德底线与法律规则在某种程度上具有交集。这与现实中如果二者冲突的话坚持法律优先、道德从属于法律的思想之间并不矛盾,最终目的是确立法的至上性。

法律除了要符合道德且体现道德的要求外,慎到还认为法律的制定要遵循人性的内在要求。“法非从天下,非从地出,发于人间,合乎人心而已。”(《慎子·逸文》),与儒家圣人制法与颁布法律并担负起教化民众的重要责任所不同,慎到认为法律的制定要符合现实中人类自身的真实情感。但是每个人的能力、品德都互不相同,甚至差距较大,“民杂处而各有所能,所能者不同,此民之情也”(《慎子·民杂》),这说出了现实的实际情况,但是在纷繁复杂的乱象背后,慎到认为人性还是具有相一致的地方,这种一致性可以集中概括为“因人之情”。“天道因则大,化则细。因也者,因人之情也。人莫不自为也,化而使之为我,则莫可得而用矣”(《慎子·因循》),人性中最大的一致性在慎到看来并不是儒家所说对某种美好道德如仁义礼智信的追求,而是一种自为之心。也就是对个人来说最为重要的是从自身的利益出发来权衡利弊得失,在现实生活中的集中体现便是一种趋利避害的行为方式。慎到还从现实之中来举例说明此种自为之心,“匠人成棺,不憎人死,利之所在,忘其丑也”(《慎子·逸文》),“家富则疏族聚,家贫则兄弟离,非不相爱,利不足相容也”(《慎子·逸文》)。贩卖棺材的人希望更多的人死亡,并不是憎恨的缘故,而是希望卖出更多的棺材来从中牟利。家庭富有则兄弟聚族而居,贫穷则分家单过,不是互不相爱而是没有聚在一起的经济利益的驱使。对于人类的这种趋利避害的自为本能,慎到认为可以利用作为赏罚的依据,“是故先王见不受禄者不臣,禄不厚者,不与入难。人不得其所以自为也,则上不取用焉。故用人之自为,不用人之为我,则莫不可得而用矣。此之谓因”(《慎子·因循》),以此达到为我所用的根本目的。这种思想被后来的法家集大成者韩非所继承和发扬,作为其法思想的重要人性论基础。

慎到认为法律的制定要符合人类趋利避害的自为之心,这其实是从功利主义的角度出发将法律制度深深植根于人性之中。利用人类自为的本性,也就是趋利避害的普遍心态,作为赏罚的现实依据。这种将自为之心作为公共制度建构的思想其实在西方也有类似的诠释。最为有名的当属荷兰学者曼德维尔提出的“曼德维尔悖论”。曼德维尔在他的名作《蜜蜂的寓言》中提出了此一思想,简要的说明可以概括为“私人恶德即公共利益”。主要内容则是“从道德的角度看,以自利驱动的行为是应该受到谴责的,但如果想以‘公共精神’的道德情怀来建立一种充满美德的繁荣社会,那只是一种‘浪漫的奇想’,因为私欲和私欲支配的个人恶行恰恰是社会繁荣的能源,离开了这个能源,公共利益将是无源之水,无本之木。公益心和道德感这样的善之花,都将结出贫困和伪善的恶之果。"[1]曼德维尔还详细指出"人生来就是一种自私、难以驾驭的动物。人类的行为,不论是出自生命自保的冲动,抑或是为荣誉而产生的善举,其动机都发端于利己心,没有任何力量能够消灭人类的这种自利本性。"[2]这可以说就是西方人眼中的"人莫不自为也"。曼德维尔提出人的本性是自利或自为的,甚至人的自利之心在一定程度上能够促进市场和社会的繁荣,以所谓的某种"公共精神"来建构制度都是不切实际的幻想。以此类推,制度建构的人性论基础如果按照曼德维尔所说不是建立在"公共精神"即美好品德(如儒家的仁义礼智信)之上的话,那就应该建立在对人性贪婪、狡诈和虚伪等阴暗面的防备之上。应该说慎到和曼德维尔二人的这种思想实质上都是对道德的怀疑,对道德本身持一种不信任的态度。虽然慎到思想之中并不完全排斥道德,但是道德规范很难达到法律规范这样的清晰性,不同时代和社会形态对道德规范的认识也是不尽相同,不应将制度建构的基础建立在对美好品德的肯定之上。因此包括法律制度在内的制度化建构都应植根于人性的利己心,这是一切制度的起点和理论基础,这与一定程度上承认道德规范也是不冲突的。

五、结语

以上通过分析慎到法思想中对"公"的追求,可以看出其与西方自然法思想相类似。在一定程度上肯定道德与法律具有一致性,二者并不是必然冲突的关系。道德应作为法律的基础,法律的制定要反映道德。现实中的实然法应该以应然法作为指导,如果违反了应然法的话就不具有法律效力,就失去了有效性即"恶法非法"。从慎

[1] [荷]B.曼德维尔:《蜜蜂的寓言》,肖聿译,商务印书馆2016年版,第56页。

[2] [荷]B.曼德维尔:《蜜蜂的寓言》,肖聿译,商务印书馆2016年版,第143页。

到在一定程度上肯定道德的角度出发，慎到认为“法虽不善，犹愈于无法”的实质应该是法律虽然与道德相违背和对立，但是也比无法可依的状态要好，也就是不善之法即恶法犹愈于无法。但因为要保持法律的独立性和客观性，还是要以现实的法律为准。法律优先于道德，道德让位于法律。“哈特认为立法学不应当属于法学这一领域，而应当属于伦理学领域。如果法学不能与伦理学分开，法律不能与道德分离，那么就会带来一系列风险。”[1]虽然是恶法但是其也是“法”，也符合程序正义的原则，不能因为其不符合道德就否定其有效性。这与慎到法思想中并不完全排斥道德因素，承认道德底线与法律规则在某种程度上具有交集的思想并不矛盾。另外，慎到认为法律制度的建构以自为之心作为其人性论基础，将制度建构在美好道德之上是不切实际的幻想，这是对道德持怀疑的态度。他认为法律制度建构的人性论基础是对人性虚伪、狡诈的防备。落实到现实层面对人性自为的经验观察又迫使慎到承认一切都应该以法为准、尽断于法。正所谓“无法之言，不听于耳；无法之劳，不图于功；无劳之亲，不任于官。官不私亲，法不遗爱，上下无事，唯法所在”（《慎子·君臣》），他承认法律优先于道德，法与德不一定完全一致，承认法的独立地位。虽然其法思想并不完全排斥道德因素，但是如果二者冲突还是以法为本，法主德辅，树立法的崇高地位。

慎到法思想中道德与法律的关系，也为我们在现实中提供了借鉴意义。那就是在现代法治社会不能因为肯定道德就承认泛道德主义，认为道德具有优先性，道德是评价一切事物的准绳。如果这样的话势必影响法律的独立性，法律迁就道德而破坏了法治的精神；另外，也不能走向另一个极端而全盘否定道德，这样的话就坠入

〔1〕［荷］B. 曼德维尔：《蜜蜂的寓言》，肖聿译，商务印书馆2016年版，第143页。

道德虚无主义之中。认为道德无足轻重,实现统治和维持秩序只能靠威逼利诱(通常所说的胡萝卜加大棒),道德与法律处于对立状态。这种情形下制定的法显然都是恶法,没有任何道德基础可言。“徒善不足以为政,徒法不能以自行”(《慎子·逸文》),我们需要道德与法律双管齐下,慎到法思想中道德与法律的关系为我们处理此一问题提供了借鉴意义。

徐道邻法律思想研究

黄飞翔*

【摘要】 晚清以降，中国社会经历了从传统到近代的转型，这一时期涌现出众多优秀的法律职业者为中国法治建设作出了卓有成效的探索和努力，徐道邻就是其中的一员。徐道邻一生富有传奇色彩，著述颇丰，其法律思想主要体现在立宪制度、法律史研究以及法学教育等方面。本文分别从社会和法律发展背景以及徐道邻的教育经历、学术生涯等方面进行具体分析，揭示徐道邻法律思想形成的外部条件和内在动因，梳理其法律思想的同时，归纳徐道邻在法制史领域的研究成就，并从进步性的角度对徐道邻法律思想进行客观评价。

【关键词】 徐道邻；生平；法律思想；法律史研究；现实意义

一、徐道邻生平

徐道邻，原名审交，字道邻[1]，以字行。江苏省萧县醴泉村人（今属安徽省宿州市）。光绪三十二年十一月初二(1906 年 12 月 17

---

* 清华大学法学院博士研究生。

〔1〕 据徐本人回忆，“我父亲给我取名审交，字道邻，是采取《孟子》上‘交邻国有道乎’那一句的意思。我后来发现道邻是史可法的号，拼成外国音时，这两个字也比较好读。就用之作为名字，把审交两字不用了。”徐道邻、徐樱：《徐树铮先生文集年谱合刊》，台北，商务印书馆 1989 年版，第 198 页。

日)出生于日本东京。徐道邻自幼接受良好的私塾教育,父亲徐树铮(1880~1925年)是北洋军阀皖系著名人物,曾经在科举考试考中秀才、补廪生,投靠袁世凯未得其赏识,后因偶然机会被推荐加入段祺瑞幕府。因其才华过人,受到段氏的赏识和栽培,逐渐成为段祺瑞的股肱心腹。[1] 1910年徐树铮从日本陆军士官学校步科专业毕业,徐道邻跟随父亲回国。1924年徐道邻侍父游历欧洲各国考察,并留德读书,1931年获德国柏林大学法学博士学位,回国后积极投身国民政府[2]法制建设,并在南京国民政府国防设计委员会担任职务。1936年他调任行政院参议,担任司法组主任及诉愿审议委员会常务委员。1938年秋,奉国民政府委派担任意大利大使馆代办,意图改善轴心国墨索里尼政府同中国的关系,但墨索里尼加入轴心国阵营,中意两国断交,徐道邻遂携使馆人员下旗回国。是年秋,徐道邻赴重庆任国防最高委员会参事、考试院考选委员会委员等职务,1942年任考试院铨叙部甄核司司长,1945年4月任行政院政务处处长,11月辞职,后经好友推荐,任教于同济大学法学院并担任院长一职。1947年任我国台湾地区政府委员兼秘书长,继任江苏省政府秘书长。1949年赴台,以教学著述为生,先后在台湾大学法律系、东海大学政治系讲授法律、政治等科目,与陈伯庄等人合办《现代学

---

〔1〕 徐树铮,字又铮,江苏萧县人,中国近代史上著名的政治、军事人物,北洋军阀皖系名将。有关段祺瑞与徐树铮的事迹,详见莫建来:《皖系军阀统治史稿》,天津古籍出版社2004年版,第7~10页;董尧:《北洋怪杰徐树铮》,中国财政经济出版社2002年版,第12~25页;李庆东:《段祺瑞幕府与幕僚》,浙江文艺出版社2010年版,第95~118页等。

〔2〕 关于“国民政府”这一名称,在中国近代历史上共出现过五次,分别为:(1)广东国民政府(1925~1926年);(2)武汉国民政府(1926~1927年);(3)南京国民政府(1927~1937年);(4)重庆国民政府(1937~1945年);(5)汪精卫南京国民政府(又称汪伪政府)(1940~1945年)。本文所论述“国民政府”是指当时普遍地被承认为“中华民国政府”的(3)和(4)时期。根据国际法上政府继承有关规定,中华民国国民政府于1928年继承了原为国际社会所承认的中华民国北洋(北京)政府。参见[美]费正清:《剑桥中华民国史》(上册),章建刚等译,上海人民出版社1991年版,第225页。

术季刊》，主持编译《读者文摘》。后赴美国华盛顿大学、哥伦比亚大学、密歇根州立大学等高校任教，主讲中国法制史、唐律，对中国法在西方学界的推介贡献颇多。1973 年病逝于美国西雅图。[1]

徐道邻生平著述颇丰，旨趣广泛，著有《唐律通论》《中国法制史论略》《论政治与学术》《语意学概要》《青年和人生观》《行为科学中的新概念》等论著，用中、英、德等不同语言在报纸和期刊上发表众多文章，研究遍及中国法制史、宪法与行政法学、行为学、语意学等诸多领域。综观徐道邻的一生，他作为一名政治活动家、教育家和法学家，为近代中国法制发展做出了杰出的贡献。

二、徐道邻法律思想的形成

（一）社会与法律变革背景

徐道邻出生时正处于中国封建社会末期。这一时期中国社会正经历着从传统到近代的转型，大到政治制度、经济结构，小到民众生活方式、社会风貌等各个层面都发生着显著变化。从法制发展的角度，徐道邻所提出的关于立宪制度、诉愿制度、考选改革、法律教育等一系列法律主张，既带有中国古典法学向近代法学的转型的时代印记，也是近代化转型时期进步知识分子思想变革的历史缩影。因而，要想深刻把握徐道邻的法律思想，绕不开对其所处时代的社会及法律发展背景的细致分析。

晚清七十年是近代中国风云变幻、波澜壮阔的历史时代。鸦片战争的巨炮声，惊醒了沉睡中的大清帝国，伴随西方洋人的船坚炮利，华夏古国海禁大门被迫向世界开放，西方先进器物和思想不断涌入中国。清廷日渐式微，在大厦将倾的危亡关头，是继续在没落的晚清帝国苟延残喘，一切率由旧章按部就班，还是变革祖宗之法，

---

〔1〕 参见刘继增、张葆华：《中国国民党名人录》，湖北人民出版社 1991 年版，第 337 ~ 338 页；刘绍唐：《民国人物小传》（第三册），上海三联书店 2014 年版，第 139 ~ 140 页。

从此咸与维新?这是传统社会向近代社会转型时期中国社会面临的艰难抉择。如何回应西法所带来的挑战,从林则徐、魏源等统治阶级开明知识分子,到康有为、梁启超维新民主人士,都对学习西方法制有着不同的体认。在康有为、梁启超所发起的戊戌变法运动中,维新派深刻反思甲午之败,主张只有通过改革才能强国,否则就会亡国灭种,他们提出若干诸如"法之既立,虽天子不可以不循也"[1]、"非变通旧法,无以为治"[2]、"法治主义,为今日救时唯一之主义"[3]等带有近代法治色彩的观点。然而,势力强大的保守派极力反对维新人士的看法,戊戌变法的法制改革成果大多胎死腹中或被推翻。这种盲目自大、消极抵触的心理,使清政府在与西方列强的战争交锋中一次次落败,归根结底是旧法对新制度的失败。最终,保守势力无奈作出妥协,西太后"西狩"中途以光绪皇帝名义颁旨变法修律,拉开了晚清法律改革的序幕。另外,修律也有废除领事裁判权、收回司法主权的愿望,慈禧赞成修律大臣沈家本、伍廷芳等人改旧律、学西法的奏议,先后进行了改革旧律中施行已久的酷刑重法、满汉畛域等制度,先后制定了《钦定大清刑律》《大清民律》《大清商律》《大清刑事民事诉讼法》等诸多取法西方的新律,设立了修订法律馆、宪政编查馆和资政院三大法政机构作为修律保障。为了更好地借鉴西方的经验,清政府先后派出由载泽等五大臣、汪大燮等三大臣组成的考察团出国考察,学习西方法制模式,设立京师法律学堂开办近代法律教育,改革司法机构体制。[4] 当然,清廷法

[1] [法]孟德斯鸠:《法意》,严复译,商务印书馆1990年版,"第二卷第五章案语"。

[2] 康有为:《上清帝第二书(一八九五年五月二日)》,载康有为:《康有为全集》第二集,上海古籍出版社1990年版,第74~102页。

[3] 梁启超:《中国法理学发达史论》,载梁启超:《饮冰室合集·文集之十五》,中华书局1989年版,第43页。

[4] 参见陈新宇、陈煜、江照信:《中国近代法律史讲义》,九州出版社2016年版,第1~37页。

律改革的根本目的在于维护自身的统治地位，学习西方的前提是不能动摇作为封建统治基础的封建礼教。在这一背景下，围绕着《大清新刑律》的纲常礼教条款适用问题，以沈家本、冈田朝太郎、董康、汪荣宝等为代表的新派青壮团体和以标榜礼教为本的劳乃宣、张之洞、陈宝琛等旧式功名代表，展开了激烈的论争，〔1〕这是西方法文化与中国传统法制观念的第一次冲突，并对近代中国法制发展产生了深刻影响。

清帝逊位，民国肇兴，晚清的论争已然不见，但摈斥西方法律、恢复中国传统礼教法律秩序的声音却曾未停歇。此时的先进知识精英们的政治理想是建设一个现代民主法治的国家，并最终实现民殷国富。以孙中山为代表的具有现代意识的民主法治追求者，秉持“取欧美之民主以为模范，同时仍取数千年前旧有文化而融贯之”〔2〕的理念，学习西方法治模式，经过探索实践建立起以五权宪法为核心的中华民国法律体系。从某种程度上，主张采纳西方法律和法学的论说被贴上了“政治正确”的标签，在政治层面占据绝对地位。但对于普通民众而言，近代意义上的法律并未得到真正意义上的尊崇，原因在于，规范人们行为的根本理念仍然是固有的传统法律价值准则和道德支撑。正如瞿同祖先生所讲“法律自法律，人民自人民”〔3〕，法律如何才能获得人民的遵守，如何弥补新法与传统之间的脱节，是民国时期法律发展所面临的困境。

综上所述，近代中国法制变革，并不同于以往朝代交替与政权更

〔1〕 更多有关“纲常礼教条款之争”细节描述，参见陈新宇：《〈钦定大清刑律〉新研究》，载《法学研究》2001 年第 2 期；《礼法论争中的冈田朝太郎与赫善心——全球史视野下的晚清修律》，载《华东政法大学学报》2016 年第 4 期；《〈大清新刑律〉编纂过程中的立法权之争》，载《法学研究》2017 年第 2 期。

〔2〕 孙中山：《在欧洲的演说》，载广东省社会科学院历史研究所等编：《孙中山全集》第一卷，中华书局 1981 年版，第 560 ~ 561 页。

〔3〕 瞿同祖先生以同性婚为例，特别指出应注意法律与社会间的距离，参见瞿同祖：《中国法律与中国社会》，中华书局 1981 年版，第 99 页。

迭,而是在古典中国法学体系的框架内所发生的法律变革。这是一个传统中华法系解体,律学传统断裂,近代西方法制与法学和近代国家与社会产生"化学反应"的过程。因此,近代法律人既具有忧国忧民的传统士人情怀,也增添了"法律救国"的时代特征。面对国家和社会的转型,各种新思潮不断涌现,理想与现实不免会出现扞格,然而,这一时期的法律人却未曾停止追寻民主和法治道路的步伐,显示了其坚韧的态度和执著的精神。这一历史背景下,徐道邻的法律思想正是通过其扎实的法学理论学习与丰富的法政实践不断发展。

(二)家学渊源

1. 尚文崇儒的地域文化

在目前对于徐道邻的人物研究资料中,有关童年时期的文献资料非常少见,但他所生活的家乡对其人生价值观念的陶养发挥了重要作用。在此,本文结合徐道邻的人物传记资料以及清末民初江苏萧县的地域文化特点对徐道邻早年教育生涯进行研究,以此来达到"知人论世"的目的。

徐道邻祖籍安徽萧县,早年随着父亲职务的不断变动,先后辗转于北京、上海、徐州萧县等多地。其中,徐道邻对祖辈长期生活的故乡有着特殊的情感寄托。程沧波曾回忆道,"徐氏之先伯益佐禹有功……世居青徐,徐氏之居徐州,由来久矣。"[1]此外,由徐州市宣传局主办的《彭城周末》曾刊载《徐州走出的民国宪法学先驱》一文,其中也有徐道邻的生平介绍:"徐道邻,是徐树铮、夏宣夫妇的三公子。祖籍江苏省徐州府萧县(今属安徽)醴泉村。……1910年暮春时节,道邻和大哥审义以及刚出生不久的妹妹徐樱,随父母回国来徐州省亲。1917年秋,母亲带着道邻和徐樱来徐州照顾年迈的奶奶。徐道

〔1〕 程沧波:《徐道邻先生行述》,载徐道邻:《中国法制史论集》,台北,志文出版社1975年版,第432页。

邻在徐州一住就是3年。"[1]

以上说法都是源自关于徐道邻幼年时期对于家乡生活的零星记载,即便这些材料都属于二次文献,但是对于徐道邻在萧县和徐州地域内所接受的传统士族教育具有一定的证成作用。萧县,"城形争南北诸朝,风气兼东西两楚"[2],古时地属徐州,地处江苏西北部,是苏北文化的典型代表之一,素有"文献之邦""文化大县"之美誉,是连通南北地区经济往来和人文交流的主要交通枢纽。作为苏北重镇徐州的属地,京杭古运河穿城而过,为城市注入了灵动和生机,为这里百姓对外进行交流提供了便利的条件。《宋书》有云,"升历中阳,英贤起于徐、沛;受箓白水,茂异出于荆、宛。"[3]浓厚的儒学文化氛围和关心时事、忧国忧民的文人学风,奠定了苏北人民的精神根基,形成了苏北人民勇于接受外来文化、开放包容的优良传统,这些都成为整个苏北文明的宝贵特性之一。良好的儒学传统,使该地区对教育事业尤为重视,作为文化昌盛之域,江苏藉历代名人不胜枚举。[4] 据历史学家考证,清代267年间全国科举考试中总共产生112位状元,仅江苏就有49人,占全国比重43.7%,位列全国之首。[5] 徐道邻生于书香门第,在这种尚文崇儒的苏北地域文化的长期浸润和滋养下,必然会使他养成"先天下之忧而忧,后天下之乐而乐"的忧国忧民、心系

[1] 王智科:《徐州走出的民国宪法学先驱》,载《彭城周末》2014年11月15日,A36、A37版。

[2] 段广瀛等:《萧县志》(一、二、三),台北,成文出版社1970年版,第146~164页。

[3] 沈约等:《宋书》,中华书局1997年版,第341页。

[4] 在南京大学历史系编写的《中国历代名人辞典》一书中记载,该书所收录的2677位中国历代杰出人物中,其中江苏籍人士有483人,占全国总数的18%。参见南京大学历史系《中国历代名人辞典》编写组:《中国历代名人辞典》,江西人民出版社1982年版,第136页。

[5] 参见范金民:《明清江南进士数量、地域分布及其特色分析》,载《南京大学学报(哲学·人文科学·社会科学版)》1997年第2期;参见吴根洲:《清代进士历史地理分布研究》,载《考试研究》2011年第3期。

天下的家国情怀,并对其日后发扬爱国情怀起到关键性影响。

2. 崇文重教的成长经历

徐道邻成长在官宦世家之中,祖父徐忠清,为萧县拔贡生,一生以教书为业。[1] 父亲徐树铮官至政府要职,权高位重。从徐道邻祖辈的事迹可以看出,虽非世袭豪门,但也称得上是书香门第,耕读世家,更进一步来说,徐氏之祖辈都是通过自身不断努力,走科举之路的士人。由祖辈徐忠清,到父辈徐树铮,再到徐道邻,徐氏几代人在平凡的岁月里缔造了不凡的人生轨迹。

徐道邻在襁褓之时,由于保姆在看管上的疏忽大意,意外失足坠地,致使他腿部受伤,事后保姆隐瞒病情,错失了治疗时机遂成顽疾,终生不良于行,只得拄杖行走。[2] 孩提时代,父亲为他聘请了晚清国学大师姜忠奎作为家庭塾师讲授国文,陪同道邻在家中伴读。也正是因为徐道邻行动不便的缘故,他逐渐养成了善于思考、心无旁骛的学习习惯,学习时更加专心致志,闭户读书。天资聪颖的他对于学习四书五经等传统科目的领悟能力很高,“作文属对,每有警句,塾师为之激赏”[3],这对徐道邻日后研习中国传统法律文化打下了坚实的文字基础。因此,在徐氏家族兄弟姐妹之中,徐道邻独得父母喜爱。[4]

---

[1] 根据《徐树铮先生文集年谱合刊》一书记载,“忠清字葵南,始以拔贡起家。由学官改州判,皆不就。教授乡里,从游者至千人,号为大师。”参见王树枏:《远威将军徐府君家传》,载徐道邻、徐樱:《徐树铮先生文集年谱合刊》,台北,商务印书馆 1989 年版,第 159 页。

[2] 参见程沧波:《徐道邻先生行述》,载徐道邻:《中国法制史论集》,台北,志文出版社 1975 年版,第 432 页。

[3] 程沧波:《徐道邻先生行述》,载徐道邻:《中国法制史论集》,台北,志文出版社 1975 年版,第 432 页。

[4] 关于自己出生经历,徐道邻曾回忆道:“我出生不久,袁项城忽然寄给我父亲二十两银子的津贴,我家里从此不再那么窘困,而我父亲也再不必为了避债而躲藏了。因此母亲认为我的‘命’好,格外喜欢我。”徐道邻、徐樱:《徐树铮先生文集年谱合刊》,台北,商务印书馆 1989 年版,第 198 ~ 199 页。

徐树铮十分重视教育问题,即便军政事务繁忙,也不忘践行教育救国的梦想。他曾于民国四年(1915 年)在北京创办正志中学,该校“以克己深省,尊师重道为诸生训”。学生在校期间,“四年作业,首重古文学之修养,次数理,再次为德语”。[1] 受此熏陶的徐道邻,虽未能如愿入校学习,但徐树铮经常带着年仅十岁的徐道邻与正志中学几位老先生们,诸如林琴南、姚叔节、吴辟畺、臧磵秋等人参加聚会,这不仅使徐道邻领略了国学大师们深厚的国文学识和学士风度,也让其国学陶养和言谈举止得到升华。[2]

(三)学术经历

1. 游学德国,师从名家

在接受多年私塾教育以后,1925 年徐道邻借助父亲赴欧考察的机会游学德国,尽管从未接受过正式的学堂教育,但其在一年短暂的时间里先后补习了拉丁文、法文、世界史、数学等课程,并顺利通过了普鲁士邦教育部的考试,具备高中毕业资格,进入海德堡大学学习法科,后转入柏林大学攻读法律。[3] 在校期间,师从德国宪法学家鲁道夫·西蒙德教授(Rudolf Smend),徐道邻虚心向老师请教,系统地接受了西方法学的学术训练,并以论文《宪法的变迁》获得柏

---

〔1〕 关德懋:《徐又铮先生创办正志中学述略》,载徐道邻、徐樱:《徐树铮先生文集年谱合刊》,台北,商务印书馆 1989 年版,第 219 ~ 221 页。值得一提的是,正志中学正是现如今首都师范大学附属中学的前身,该校继续秉承“正志笃行、成德达才”的办学理念,在新的历史时代奋发有为,为提升学生的精神素养,培育厚德博学的创新人才不懈奋斗。参见《正志笃行　成德达才——浅探首师大附中激情教育百年梦、践行教育强国志》,载人民论坛网,http://book.rmlt.com.cn/2014/0827/311307.shtml。

〔2〕 参见关德懋:《徐又铮先生创办正志中学述略》,载徐道邻、徐樱:《徐树铮先生文集年谱合刊》,台北,商务印书馆 1989 年版,第 219 ~ 221 页。

〔3〕 参见杜卫华:《1949 年前留德法学博士的学习和影响》,载《江苏师范大学学报(哲学社会科学版)》2016 年第 4 期。

林大学法学博士学位。[1] 徐道邻扎实的学术功底,论文语言措辞精确,旁征博引,而且论点深入,论据翔实见解独到,得到德国出版公司的好评。[2]

在德国的学习经历,使他直接领略到古典私塾教育和新式学堂理念的差异,体悟到传统国学体系和西方法文化的不同理念,这为日后徐道邻运用比较法视角观察中西法律价值打下了坚实基础。徐道邻跟随西蒙德教授研究宪法学多年,深受欧陆法系以概念为中心的德国法学的影响,也为自己运用西学解读中国古典法律文化找到了理论落脚点。

2. 长期任教,潜心钻研

1945 年抗战胜利后,徐道邻决定向重庆地方法院起诉二十年前冯玉祥杀父之悬案,用他的话说,那就是用法律人的手段为父报仇。他决心把辞职和控告同时进行,公私分明,皎如天日,但法院以诉讼时效到期为由驳回其诉讼请求。[3] 此后,虽经过两次地方行政服务,但徐道邻对于政治生涯似乎早已感到厌倦,无心再作"冯妇"了。在此期间,他曾在好友端木恺推荐和丁文渊校长盛邀下,担任同济大学法学院院长并讲授法律课程。"寂寞一生,从未得意"[4] 的他

---

[1] 关于德国博士毕业学位考核,同样曾留学德国的国学大师季羡林曾回忆道:"德国大学对论文要求十分严格,题目一般都不大,但必须有新东西,才能通过。有的中国留学生在德国已经待了六七年,学位始终拿不到,关键就在于论文。"参见季羡林:《留德十年》,载季羡林:《季羡林全集》第 4 卷,外语教学与研究出版社 2009 年版,第 468 页。由此可见,在德国,博士毕业论文对于法科毕业生而言,关系重大。

[2] 笔者在清华大学法学院陈新宇老师的帮助之下,有幸获此论文,再次体悟到徐道邻先生的学术风貌,祈盼有志人士能将该文译出,以飨读者。

[3] 徐道邻在《二十年后的申冤》一文中伤心地写道:"含冤二十年,未能手刃父仇,也未能使犯人正法,终不免抱恨终天;惟有祝祷和希望历史的制裁永远在人间发挥其正直的力量。"徐道邻:《二十年后的申冤》,载徐道邻、徐樱:《徐树铮先生文集年谱合刊》,台北,商务印书馆 1989 年版,第 379 ~ 381 页。

[4] 端木恺:《中国法制史论集序二》,载徐道邻:《中国法制史论集》,台北,志文出版社 1975 年版,第 4 页。

开始进入学术圈，手执教鞭，脚踏讲台，开启了讲学、著述和研究。

1950年赴台后，徐道邻先后任教于台湾大学、东海大学以及西雅图华盛顿大学，期间主要讲授中国法律史，也是我国台湾地区早期讲授该课程的教师团队之一。[1] 在我国台湾地区和海外的几十年的教书生涯里，其著作可谓丰富且多元，虽然他主要从事中国法制史方面的教学，但法制史领域外的相关学科也是他研究的对象。[2] 他的课堂氛围总是宽松的，亦师亦友，亦庄亦谐，又似一盏明灯，处处充斥着师生之间的思想碰撞，指引人生航行的方向。[3] 常年投身教育后，徐道邻锻炼出一种随和的风貌，他的身教使学生们乐观自信，据妻子叶妙暎回忆，“他对亲友们的关心，和自己的事情一般，亲友们是构成他的世界的基础。有朋友来访，那种由衷的快乐，使我觉得他对人的热情，有如做学生的时代。”[4]

梳理徐道邻的教育背景和学术经历可知，徐道邻的知识系统包括两个部分：第一，少年时代接受良好的私塾教育，国学功底深厚；第二，文化素养和专业知识主要源于西方法律知识，主要包括娴熟而丰厚的德文修养、西方法治理念之深切体会以及系统完备的欧陆

---

[1] 20世纪50年代，台湾大学法律系中国法制史的任课老师里，早期有戴炎辉、徐道邻、陈顾远，且除徐道邻外，戴、陈两位教授均任教到约80年代初。而且这些“枢纽人物”的努力推动了我国台湾地区学界对于中国法制史的研究进程。参见王泰升：《台湾大学法学院院史(1928～2000)》，台北，台大出版中心2011年版，第15、50页；参见尤陈俊、范忠信：《中国法律史研究在台湾：一个学术史的述评》，载《中西法律传统》2008年版，第5～20页。

[2] 程沧波先生曾回忆道：“至于赋诗、度曲及桥牌等艺事，(按：徐道邻)凡所涉猎，无不专精。”程沧波：《徐道邻先生行述》，载徐道邻：《中国法制史论集》，台北，志文出版社1975年版，第433页。

[3] 杨牧先生在东海大学就读时，曾亲自领略过徐道邻先生数次公开演讲，体会颇深。有关徐道邻的演说细节，参见杨牧：《徐道邻先生》，载杨牧：《柏克莱精神》，台北，洪范书店1984年版，第137～147页。

[4] 徐叶妙暎：《痛定思痛忆道邻》，载徐道邻：《中国法制史论集》，台北，志文出版社1975年版，第434～436页。

法系法律知识。这为其法律思想的开花结果打下坚实基础。

三、徐道邻主要法律思想

1928年东北易帜,南京国民政府在形式上完成了祖国统一,随后开始了国家政治、经济、文化等方面的建设。时代的发展进步离不开法治建设,而法律人在法治发展中扮演了重要角色,无时无刻不对法治建设起推动作用,徐道邻就是国民政府里投身中国法治建设的主力军的成员之一。无论是在国民政府时期还是迁居我国台湾地区以后,无论官居何位、职掌何事,徐道邻都尽其所能为近代法治建设作出努力。回首徐道邻的个人成长经历,我们可以发现,徐道邻的法律思想涉及领域众多,这也与他留学回国后的工作有很大关系。本文以徐道邻的立宪思想、守法思想和法律教育思想为重点,具体从宪法制度、行政法律制度和法律教育与实务性法律人才培养等角度予以介绍。

(一)立宪法律思想:限制政府权力,保障国民权利

1.宪法制度

(1)宪法概念:崇高的价值理念

关于"宪法"这一名词的概念,深受德国法学熏陶的徐道邻有着不同的体认。在《形式主义与反形式主义的宪法概念》一文中指出,宪法是一个光辉的产物,其价值理念有崇高的地位。这种观点的形成源于对从"胜者为王"现实主义出发的卡尔·施密特宪法观的批判,徐道邻认为,一个国家的成文宪法存在所谓的"价值理念",其概念取决于成文宪法的历史发展背景,即经历过数百年的流血与奋斗,从而确认制宪的根本目的——限制国家权力滥用以保障人权。[1]

---

[1] Hsu Daulin, Formalistischer und antiformalistischer Verfassungsbegriff, Archiv des öffentlichen Rechts, 1932(22): p. 27-53.

在他看来，对宪法概念的理解应当着眼于形式主义，而非反形式主义（实质主义），这种从现实主义出发，以价值无涉的立场看待宪法的方式必然会忽视宪法的“价值理念”，将会导致除修改程序不同外，形式主义宪法和实质主义宪法在本质上不存在任何区别，引起理论的混乱。因此，他得出结论：实质意义的宪法是毫无意义的概念，具有良好价值理念的宪法是一部理想意义的宪法。这一结论引起当时德国法学界足够的重视。尽管这些观点在当时国内未引起太多反响，但从这些论述中，我们可以看到今日宪法学者对宪法一般意义的理解——宪法是一国的基本法、宪法与其他法律在修改程序上有宽严之分、宪法的目的在于保障人权，这与徐道邻的宪法观念别无二致。[1]

需要特别指出的是，他所倡导的通过“怀抱感情，富含理想”认识宪法“价值理念”的主张，在严肃、冷静的学术深思背后，多了一分脉脉温情，穿梭于茫茫史海的巨轮上，也给徐道邻日后研究中国法制史提供价值导向。

（2）宪法变迁：国家现实生活的结果

从国家的角度而言，宪法作为国家最高的法秩序，应当约束国家权力滥用并始终维持一个合理妥当的法律体系。但是不容否认的事实是，宪法的实际与宪法的文义往往在许多地方产生龃龉。作为国家根本大法，倘若宪法连自身所存在的法律问题都难以解决，更何况其他实证法律规范。如何解决宪法规范与宪政实践过程中存在的不和谐因素，便成为了徐氏想要着重探讨的问题。

对于这一问题，徐道邻曾撰写《宪法的变迁》一文，按照他的观点，宪法具有的崇高的价值理念，国家具体生活受此价值理念的限制和约束，在宪法规范与宪政实际之间如果发生了不一致的现象，这称为“宪法变迁”。因此，宪法变迁是因宪法规范同宪法实际之间

---

〔1〕 参见陈新民：《公法学札记》，法律出版社2010年版，第171～208页。

不协调而产生,是国家现实生活的结果。从“现实”和“规范”分离的角度入手,徐氏认为宪法变迁主要基于四种原因:第一,没有规范的宪法现实,这种变迁方式在形式上并未更改宪法条文,而在实践上产生变迁;第二,没有现实的宪法规范,这是由于宪法所规定的权利在宪法上无法实现而产生的变迁;第三,现实与规范之间不协调,发生正面冲突,也就是说,现实中的做法违反宪法规定;第四,经过宪法解释带来宪法变迁。[1] 徐道邻通过援引德国联邦以及地方法律,并对比了美国、奥地利等国家的法律,为这四种宪法变迁模式提供现实支撑。在深入考察实质意义宪法变迁之后,徐道邻认识到形式主义与实质主义的宪法在宪法变迁界限问题上出现鸿沟,他以《魏玛宪法》为例指出,宪法变迁的界限应当在国家生活需要的范围之内,不能逾越宪法的精神,亦不能让宪法条文产生太大的质变,否则宪法恣意更改将会给国家政治生活和宪政体系造成破坏。为此,徐道邻提出“革命界限说”[2]的观点,然而,问题在于这一观点并未能受到人们的广泛关注,但多年之后,德国纳粹政权利用修宪这一“合法革命”,导致国家政治混乱,由此给全人类带来了生灵涂炭的大浩劫。反思这场战争,徐道邻提出的宪法变迁不能逾越宪法的基本精神之观点,具有深刻的洞察和警示作用。

(3)“五五宪草”:行动上的宪法高于纸面上的宪法

1932年,国民党召开四届三中全会,决定立法院从速制定宪法草案,拟定1935年召开国民大会,决议宪法,决定宪法颁布日期。[3] 这部宪法的公布经过了研究、初稿、评论、再稿及讨论五个时期,最终付梓,也就是后来的《中华民国宪法草案》(以下简称《草案》),亦

---

[1] 参见王锴:《德国宪法变迁理论的演进》,载《环球法律评论》2015年第3期。

[2] Hsu Daulin, Die Verfassungswandlung, Berlin und Leipzig, Walter de Gruyter & co, 1932.

[3] 参见荣孟源:《中国国民党历次代表大会及中央全会资料》(下册),光明日报出版社1985年版,第180页。

称“五五宪草”。1934 年,在宪法草案初稿公布之际,遂即成为社会热议的时政焦点,国内法政学者赞誉和批评并存。[1] 在徐道邻看来,制定宪法是实际政治问题,并非学术理论的争论。因此,如何使一国宪法更好地发生效力之价值意义远远高于至臻完善的宪法文本本身的价值,宪法虽“好”而不“生效”,与废纸无异;宪法虽有缺点而能生效,胜于无宪,即实际的适用高于理论的完备,行动上的宪法高于纸面上的宪法。具体而言,徐道邻在《对于宪法草案初稿之意见》[2] 一文中结合当前国情从行政诉讼、国民大会、地方行政以及宪法救济四个方面就宪法实施对《草案》加以解读:

第一,行政诉讼应独立于其他诉讼。参阅宪法草案,在司法院的章节里仅简要介绍法院受理行政案件,但尚未对行政法院的组织作出明确规定。徐道邻认为,行政诉讼不同于普通民刑诉讼,具有独立性,如果减掉行政诉讼,或并于普通民刑诉讼,必背离法治发展趋势,是不可取的。他建议,修订草案应把行政诉讼归入普通法院,设立专门的行政诉讼庭或者建立独立的行政法院。

第二,国民大会的组织形式应加以缜密、细化。国民大会是国家最高权力机关,徐道邻发现《草案》对于国民大会的规定问题较多。首先,关于国民代表的分布,他不认可《草案》规定的每县、市的国民代表人数均相同。由于不同地区县、市之间地理因素、经济水平差异较大,导致人口分布疏密不均,因此大县小县人口差别过

---

〔1〕 这一时期评论文章众多,不胜枚举,笔者在此仅择取其中一部分。诸如程经远:《对于中华民国宪法草案初稿之商榷》,载《时事月报》1937 年第 10 卷第 5 期;《再论宪法初稿修正案中之中央政制与国民大会》,载《政治评论》1934 年第 123 期;燕树棠:《中华民国宪法草案的初稿》,载《独立评论》1933 年第 60 期;赵菊芬:《评中华民国宪法草案初稿》,载《法治周报》1934 年第 2 卷第 15 期;陆振玉:《对于中华民国宪法草案之我见》,载《东方杂志》1934 年第 31 卷第 8 期;《评宪法草案所规定中央政府组织》,载《时代公论(南京)》1933 年第 65 期。

〔2〕 参见徐道邻:《对于宪法草案初稿之意见》,载《兴华》1934 年第 31 卷第 26 期。

大,《草案》规定每县各选代表一人,有失公平。其次,关于国民大会的实际运作情况,徐道邻也存有太多顾虑,他认为由民众团体选拔而来的代表集体赶赴国都参会,是否真正能代表选民和国家利益,能否为国家决定大计,实属疑问。最后,在徐道邻看来,针对以上问题应当从制度上入手,完善细化国民大会组织体制,使之运转有序、得当。

第三,强化县长履行地方行政职能。在地方上,县长受省政府直接管理并行使行政职能,但罢免县长的权力归县议会。如果县长依中央政府的行政行为与地方利益产生冲突,受到地方人民的激烈反抗,中央又该如何作出抉择。徐道邻认为,参照欧洲公法学者观点,一国在忧难之时,要侧重于从地方政治入手,解决好地方上的行政问题,才得百姓之幸福生活。因此,应当在还政于民的基础上,从《草案》入手,解决中央与地方的矛盾冲突。此外,宜将地方行政从省县两级制改为三级制。徐氏所提出的主张建议同这一时期南京国民统治形势有关,当时国家面临内忧外患,只有政府地位巩固,政权才能统一,这样才能逐渐摆脱困境。

第四,设立宪法法庭。如果公民的宪法权利受到侵害,宪法应当如何救济与保障,《草案》也未顾及这一问题。徐道邻留德期间曾亲身感受德国宪法法院的运作,这使他更加坚定地认为,设立违宪审查机制有助于防止公共权力滥用,保障国民的基本权利,应当支持设立宪法法庭,所有法律法规和行政行为须经过宪法法院审查,被判定违宪的法律法规归于无效,违宪的行政行为得到纠偏,这也有助于从根本上限制政府权力,保障国民的宪法权利。

2. 行政制度

(1)处分与判决:行政与司法的分野

如何理解行政裁判与司法裁判的区别?徐道邻从当年行政法院的司法判例入手,认为行政中的“处分”并不等同于司法中的“判决”,从法律效果来看主要存在两点不同:其一,行政处分仅有形式拘束力,并无实际拘束力,“行政处分为受当事人攻击,或被攻击而为受理官署所维持,则此处分之存在为确定,不能再受攻击而被撤销。即使此后为新处分所推翻,其‘曾经存在’不容疑问,其所生之法律效果,不因之而发生何变化是也。”[1]也就是说,处分行为需遵循信赖保护原则,经正当程序撤销的行政处分,对于已发生的法律行为仍然有效,并非自始至终无效。其二,对于已生效的行政处分,行为人就同一事件再次提起主张,行政机关可以继续受理,而司法裁判则遵循“一事不再理”之原则。在徐道邻看来“判决之所以有实际拘束力者,不但欲限制人民之滥行诉讼,实亦因法庭之不能妄翻成判;行政处分之所以不应有实际拘束力者,以欲为官署保留重新处分之自由,自亦不得不允许人民以再有主张之机会耳。”[2]

行政与司法是国家权力分立模式下的重要两级,在法治国家的背景下,如何规定二者的运转和制衡关系,对法治目标的实现具有重要意义。在徐道邻看来,理想的运作方式是法律在司法上主要表现为“目的”,在行政上则为“方法”“范围”。行政的性质在于,在法律规定的范围内,用法律的方式实现管理、服务职能;司法具有终局性,运用法律达到某种目的。相较司法的“严酷”,行政则显得更加“温情”。因此,他把行政与司法的价值总结为“司法之精神为执一不变,行政之精神,为因时制宜。司法之判决为一定的,行政之处分为无定则的。”[3]

(2)行政诉讼:界定公权力范围,补救违法处分

行政诉讼制度是近代法治国家的产物,按照现代法治的角度,传统中国缺乏行政诉讼制度发育的土壤,这一制度对中国而言完全是一个舶来品,直到1932年颁布《行政诉讼法》标志着南京民国政府

---

〔1〕 徐道邻:《论行政处分之拘束力》,载《行政研究》1937年第2卷第2期。

〔2〕 徐道邻:《论行政处分之拘束力》,载《行政研究》1937年第2卷第2期。

〔3〕 徐道邻:《论行政处分之拘束力》,载《行政研究》1937年第2卷第2期。

行政诉讼制度的正式确立。[1]

在徐道邻的立宪思想中,对行政诉讼的通透把握发轫于形成系统的知识体系之海外留学期间,多年从事诉愿工作的任职经历亦对其行政诉讼观念的形成产生影响。了解一个时代或一国的行政诉讼制度,首先应当了解该制度设立的初衷是什么以及实践中的运作方式,在他看来,行政诉讼的目的在于补救违法之处分,允许附带赔偿损害之请求,意在救济人民因违法处分所受之损失。[2] 综观世界各国,行政诉讼制度不一,究其原因,徐氏认为"以各国立宪政体之历史,公法思想之系统,司法制度之成效,与其行政裁判制度之演成,皆具有极密切之关系。"[3] 因此,英美法系的国家由普通法院行使行政裁判权,大陆法系诸国往往设有行政法院裁判。

当论及行政诉讼的范围,他认为,行政诉讼的价值在于界定公权力和私权利,基本精神是限制政府公权力,保障国民权利。具体包括:其一,作为行政诉讼的受理场所——行政法院只能裁判公法事件,不能裁判私法事件。其二,行政法院只能裁判违法处分,不能裁判失当处分。就第一点而言,如果案件公法、私法性质不明晰,易产生积极或消极的管辖权限争议。对此问题,各国解决方式多样,以德法两国为例,德国大多数州司法机关作最终的裁判,而在法国则以行政法院对争议问题行使最终裁判权。该行政法院之设立,乃为裁判行政官署之专横,以求保证人民之权利,并非顾虑行政官署之措施不周,使之作最后的裁断。因为,行政法的第一要义,为法律限制与自由裁量之分。他认为,若无法律限制,则行政官署的设施,将无所估计,势必导致只有国家而无人民;若无自由裁量,则行政官署

[1] 参见谢振民编著:《中华民国立法史》(下册),中国政法大学出版社 2000 年版,第 1053 页。

[2] 参见徐道邻:《行政诉讼中之赔偿损害问题》,载《行政研究》1937 年第 2 卷第 5 期。

[3] 徐道邻:《论行政诉讼之范围》,载《行政研究》1937 年第 2 卷第 1 期。

的束缚重重，必至无所措施，势必导致只有人民而无国家。[1] 因此，他呼吁有必要在法律上明确行政诉讼的范围，确保行政法院正确行使自身职权。

对于当时的国民而言，行政诉讼制度确立初期并不知它为何概念，具有何等价值。[2] 但是经过以徐道邻为代表的法律实务界和法学研究者的探讨和完善，民国行政诉讼制度在社会上已经得到成功推进并为社会大众所认同，实为法治之一大进步。

（二）守法思想：弥合法律与社会的关系

正如法律变革背景一节中所述，民国以来，南京国民政府虽然依靠强大的政权力量建立起符合西方观念的法律制度，法律变革在一定程度上取得了政治上的胜利，但是仅依靠政治上的力量，难以长久地支撑一套法律的实施。诚如蔡枢衡先生所言，“三十年来的中国法和中国法的历史脱了节，和中国社会的现实也不适合。这是若干法学人士所最感烦闷的所在，也是中国法史学和法哲学待决的议案。”[3] 他用“中国法学之贫困”对 20 世纪初期的中国法学下结论，更进一步来说，“法律自身贫困是原因，被人看不起是结果。”[4]

这一现象的主要原因就在于西方法律和法学与中国传统法律存在差异，西方法律的价值理念并不能得到全体民众的认同和理解，传统的法律理念也不可能因为新法的颁布实施而迅速磨灭其在民众心理上的地位。因此，法律与社会出现脱节，新法并未真正得到民众的尊崇，这也正是民国时期法律与社会的真实写照。在这一问

[1] 徐道邻：《论行政诉讼之范围》，载《行政研究》1937 年第 2 卷第 1 期。

[2] 参见行政法院书记庭：《行政法院判决汇编》第 1 辑，三民印务局 1936 年版，第 1 页。

[3] 蔡枢衡：《近四十年中国法律及其意识批判》，载蔡枢衡：《中国法理自觉的发展》，清华大学出版社 2005 年版，第 29 页。

[4] 蔡枢衡：《中国法学及法学教育》，载蔡枢衡：《中国法理自觉的发展》，清华大学出版社 2005 年版，第 85～113 页。

题上,徐道邻回归中国传统法律寻找答案。作为对蔡枢衡命题的回应,徐道邻强调守法对于弥合法律与社会关系的重要性,并以法律史学的脉络梳理了守法精神在东西方法律观念的差异,最终提出如何在现代社会推行守法精神,使民众认可和遵守法律。

在徐道邻看来,守法精神是判断一国人民政治程度高低的重要标志。他曾撰文比较了我国汉唐时期、普鲁士建国时期以及日本明治维新时期的强大国势,其中都以全国上下的守法精神为基础。更重要的是,他认为如果成文的法律制定出来却在社会生活中得不到有效地遵守和执行,那么法的权威将会大打折扣。在此基础上,徐道邻分析了中华民族和西洋民族的人民关于守法意识上的差异。在他看来,西方社会普遍重视守法精神,因为法律是人民向统治者争取得来的,个人的权利和自由都是他们流血奋斗的结果,所以他们具有强烈的自由意识,法律作为自由的保障自然而然地受到西方社会极大地尊崇。而对于国人不守法的原因,他认为国人的权利和自由自古以来就曾有之,对于这些唾手可得的权利,国人不需要用激烈的手段争取,因此也得不到足够的重视和珍惜。[1] 受这种不崇法传统观念的影响,法律在国民的心目中形同虚设,并非民众规范自身行为的根本准则。为了弥合法律与社会的关系,解决"法律自法律,人民自人民"的问题,在徐道邻看来,现代法治所追求的守法精神,主要是其中蕴含的法治精神和法治国家原则,并非纯粹的遵守法律和服从命令。他认为,首先要做的就是尊重法律制度,而法律制度要被尊重,需要政府权力机关率先垂范,正如他所比喻"政府权力机关,如若将其本身所制定之法律制度,率先不尊重,而希望民众能对之尊重,等于卖姜的人,高声说它不辣,而想有人来买,其不

[1] 参见徐道邻:《从法制史上看东方及西方法律观念之形成》,载社会科学论文集编辑委员会编:《萨孟武先生六秩晋一华诞纪念社会科学论文集》,社会科学论文集编辑委员会1957年版,第28~29页。

可能一也。"[1]其次,守法仍须通礼,这是古代中国讲究法律不可缺少的文化条件,中国古典法律的基本观念是"礼教的法律观",是从礼教出发而把法律看成是一种辅助工具。[2] 新法需要融入中国传统价值文化,才能破解法律与社会脱节的困境。

(三)法律教育思想:培养实务型法律人才

清末民初,法律教育和法律人才的培养呈现迅猛发展的趋势,研习法政人士数量庞大,在其中产生了一大批法律人才,他们活跃在法律界、学术界及其他各界,对推动中国法制近代化发展发挥了巨大作用。

南京国民政府成立后,政治时局相对稳定,国内民族资本主义经济的发展进入了"黄金时期",一系列重要法典相继颁布实施。教育方面也出台了诸多改革措施,但是法律教育却受到了当时"重实用科学,轻文法教育"观念的影响,[3]过于强调自然科学的教育,而忽视了法学教育应有的发展。这不但体现在政府部门藐视法律教育的地位及重要性,而且在学生的眼中,法科学生所享受的公费补助不及其他文科学生,因此报考法科的学生寥若晨星。

徐道邻在担任同济大学法学院院长期间,针对当时国内高校法律教育制度的诟病,提出了切中时弊且幽默而不失严肃的批评,"谈及现在我国的法律教育,恐怕一般人都是在摇头……一个法律系的学生,学校对他的要求和供给他学习的机会,债篇总论和世界通史模式完全一样的,刑法总论和哲学概论或什么心理学,是相差不多。

[1] 徐道邻:《民主、法治与制度》,载徐道邻:《论社会与文化》,台北,"中央"文物供应社1958年版,第13页。

[2] 参见徐道邻:《法律概念的形成》,载徐道邻:《论社会与文化》,台北,"中央"文物供应社1958年版,第72~80页。

[3] 当时高等教育的方针是:"注重实用科学,充实学科内容,养成专门人才,加强国立大学,整理省立大学,奖励或取缔私立大学。"大学院系的增设以农工医学等实用学科为主,限制文法学校的设立,减少经费投入,并相应减少招生、留学人数。参见汤能松等编著:《探索的轨迹——中国法学教育发展史略》,法律出版社1995年版,第309页。

就制度上而言,法学生读四年的法律学,对于民刑法下过的功夫,不过是各上过一次课,和参加过一次学期考试而已……请大家想一想,法律中的民法和刑法,是不是听过一次讲和参加过一次期考,就可以算'学会'了?"〔1〕这种不加掩饰的批评,体现了徐道邻对法律教育和实务型法律人才培养的高度重视。根据他的观察,民国时期法律人才培养存在偏差,主要归因于学科设置不合理、社会上存在严重偏见、学生缺乏学习兴趣和热情以及教师工作上的怠慢。

具体而言,在体制方面,南京国民政府时期高校的法学院是一个集法律学、政治学、社会学、经济学等学系糅杂而成的"大"学院,并不专门研究法学,并且存在"法律学系分组制度〔2〕价值不明晰""公共科目过多,体现不出法学专业的优势,耗费人力和物力""主要法律科目的学时分配过少,过于应付"等具体问题;在学校方面,则存在"学校的行政机构办事不认真"、"提供给法学学子法律专业实训的机会不够"、教员"工作压力大,薪水少,疲于应付了事"、具体课程上"国文和外国文基础科目不够重视"等问题;在学生方面,存在"缺乏足够的法律兴趣""国文基础掌握不牢固""外国文听说读写明显不足"等弱点。总之,在徐道邻看来,从现有的教育制度到学生,均存在或多或少的弊端。他认为,出现这一系列不良连锁反应,其直接的负面影响就是致使法学教育的质量大大下降以及实务性法律人才逐渐匮乏。在这一背景下,加强法律教育和人才培养成为南京国民政府时期,尤其是抗战胜利后迫切需要解决

〔1〕 徐道邻:《论现行法律教育制度》,载《观察》1948年第5卷第3期。

〔2〕 根据1938年南京国民政府教育部制定大学教学计划,其中规定大学各学院第一年不分学系,注重基础课目,第二年分系。第三、四年视各院系性质开设实用课目,为就业作准备。大学各院系必修和选修课程一律由教育部规定;大学采用学年学分制,学生必须修满142学分方可毕业。据此,各大学法律系开始实行相应的暂行科目表。法律学系分组制度即为民国时期法学院校大学法律教育的产物。参见薛铨曾:《我国大学法学课程之演进》,载《中华法学杂志》1944年第3卷第8期。

的重要问题。

针对上述法律教育领域内存在的思想上僵化、制度上落后的弊端,徐道邻提出了一系列改良方案,他从法律教育对培养实务性法律人才的重要性,法律专业学生的国学素养和外文水平以及课程设置和教学方式等问题出发,主要从法律教育制度方面着手进行改革,改变现状,切实改善法律人才培养模式。其具体的教育思想包括:(1)以培养法律实务人才为宗旨,课堂教学与课余实践相结合,注重主要法律科目在实践中的运用,使学生在政法实践的课堂里领悟法律奥秘。(2)精简课程设置,把原有非法律类的公共科目适当删减压缩,或改为选修课程,提高主要法律科目的师资投入力度,使学生真正能学有所长、学有所用。(3)改革法律学系分组制度,法科学生以接受通识性法学教育和训练为主。(4)提高法科学生国文写作与应用能力以及外国语听说能力,使毕业于法律学校的学生在社会上有立足之地。(5)提倡小班制讲授,培养学生批判性思维意识,不拘泥于当前的法律条文。[1] 当然,仅靠高校的努力还远远不够,还需要政府部门、社会团体共同配合,统筹实施。“做学问,则是一分耕耘,一分收获”[2],做学问需要不断付诸努力,对于法学教育而言,亦是如此。针对法律高等教育要建立有效的法律教育激励、监督、淘汰机制,促使其健康发展,鼓励法律教育的个性化、专长化发展,不拘泥形式,务使其利于国家和社会之需要。

晚年的徐道邻,学术旨趣虽已转向法制史领域,却仍然关心实务型法律人才的教育和培养。他在述及历代最具代表性的法制发展史实时,尤为关注中国古典律学家在推动法制发展过程中所发挥的重要作用。譬如,他提出“张裴‘律解’,杜预‘律本’,行世之久者,

---

〔1〕 参见徐道邻:《论现行法律教育制度》,载《观察》1948年第5卷第3期。

〔2〕 徐道邻:《政治家与学人》,载徐道邻:《中国法制史论集》,台北,志文出版社1975年版,第413页。

无出其右"[1]"北魏法学兴盛,代有名家,有两个人特别需要指出,即世祖时的崔浩、高允……(北魏律)应该归功于二人者不少"[2]"高颎,隋律的制定者,是对中国传统法最后贡献的一个人"[3]等论断,以史鉴今,饱含对法律人才与法治强国的深情关切。

四、法制史探究视阈下的徐道邻法律思想

(一)《唐律通论》视角下的唐代法律制度研究

1945年,徐道邻所撰写的专门探究唐代法律制度与文化的著作——《唐律通论》问世,这也是法制史研究领域的重要代表作之一。根据书中"叙言"所述,"余草《唐律疏议》补注毕,意犹未尽",于是,"闲牍之暇,难云思藻"的徐道邻想要进一步粗为阐发《唐律疏议》的微言要义,尽管受第二次世界大战时局所困,面临"山居僻塞,典籍渺然,因亦罕所参稽"的困境,但他仍发奋写作,最终使《唐律通论》如期付梓出版。[4] 国难之际,兵戈之间,文化交流难以像往常一样通畅,与此相关的历史文献典籍亦无迹可求,但徐道邻仍细细搜集史料,整理这一时期出版研究唐律的专著和论文,诸如杨鸿烈、陈顾远、黄秉心、陈允、程树德、薛祀光、朱方以及董绶等法史学家的研究成果,[5]在撰写过程中加以参酌。《唐律通论》凡十四章,集其多年研究之大成,将自己对于唐律的研究心得和成果较为完整地展示

---

[1] 徐道邻:《中国法制史论略》,台北,正中书局1953年版,第22页。

[2] 徐道邻:《中国法制史论略》,台北,正中书局1953年版,第28页。

[3] 徐道邻:《中国唐宋时代的法律教育》,载徐道邻:《中国法制史论集》,台北,志文出版社1975年版,第181页。

[4] 徐道邻:《唐律通论》,中华书局1945年版,"叙言"第1页。

[5] 参见徐道邻:《唐律通论》,中华书局1945年版,第10、20、33、35、50、53、64页。该书所参考的学者及其著作主要有:杨鸿烈《中国法律发达史》、陈顾远《中国法制史》、黄秉心《中国刑法史》、陈允《罗马法》、程树德《九朝律考》、朱方《中国法制史》以及薛祀光发表于《北京大学社会科学季刊》三卷一号文、董绶发表于《早稻田法学会志》第二号论文。

给世人,可谓民国时期唐律研究的扛鼎之作。

1. 研读唐律之意义:培养爱国信念

中国古典法律到了唐朝,达到了最圆满的发展,徐道邻称唐律为"最能代表中国的法律系统"[1]。然而当时人们却往往把《唐律疏议》看作中国古代的一部普通的刑法典,与《宋刑统》《元典章》以及其后的《大明律》《大清律例》别无二致,忽视唐律背后所蕴含的丰富的制度价值及意义。徐道邻在《唐律通论》一书中开宗明义地阐述了研读唐律的当代价值意义和史料价值,可以培养合乎现代理想之法律观念,有助于消除国人对于中国法律不及外国法律的误解,帮助改良现行法典律例,并能窥见唐代政治经济文化社会情形。基于"尤愿当世之士,能人人皆一取而读之"[2]的美好愿景,他建议政府教育部门定唐律为大学生必读科目,培养青年一代学生的爱国热情,传承和发扬中华传统法律文化。在日寇入侵、全民族浴血奋战的年代,唐律的背后蕴含着中华民族博大精深的法律文化,有利于凝聚国人的爱国之志,培养民族自豪感。

2. 唐律的地位、影响:一个比较法的视角

徐道邻从中国法制史、现代法、东亚诸国以及罗马法等不同角度与唐律的结构与内容进行比较,以此论述唐律的独特地位和影响。一方面,基于法律转型的视野,古今之间进行对比。他高度评价和赞赏唐律在中国法制史中"上集秦汉魏晋之大成,下立宋元明清之规范,历朝法典皆无与伦比"[3]之最高地位。他对唐律承先的发展且启后的影响进行整理和述评,认为唐律集前代立法之大成,为后世历代制律的准绳,并且向研究法史学者倡议:

---

〔1〕 徐道邻:《中国法制史论略》,台北,正中书局1953年版,第35页。

〔2〕 徐道邻:《中国法制史论略》,台北,正中书局1953年版,第35页。

〔3〕 徐道邻:《唐律通论》,中华书局1945年版,第6页。

> 盖研究中国法者,苟非专攻某一代以为长者,如不能尽取历代法典而详读之,惟有读唐律,可以知历代法制之常之正,而他律可略。不知唐律,但习明律清律,则仅见其变其偏而已。不知其渊源本末,未识其刑罚之中,尚无论焉。[1]

相较南京国民政府所颁行的现行法典,尽管制定时尽取西法为内容,但在熟悉现代法学的徐道邻看来,近代以来的法律仍然闪烁着唐律的精髓。他举例论证了在民法、刑法领域内,与唐律的不谋而同之处,[2]自内心深处发出了"唐律之徽音遐采,其犹有继乎"[3]的感叹。

另一方面,站在全球史观的视野,中外之间进行对比。前有杨鸿烈《中国法律对东亚诸国的影响》[4]探究唐律在东亚各国的影响,读杨鸿烈著作后徐道邻也道出了同样的感慨,"中国法系之中心,固唐律也。故唐律在东方各国之影响,不可不述。"[5]在杨鸿烈著作的基础上,他对比朝鲜、日本、琉球和安南的法制发展,丰富了这一领域的研究成果,再回归主旨"不独以历史方法治中国法者,必读唐律,而以比较方法治中国法者,盖尤必读唐律。"[6]对于学贯中西,具有比较法视野的徐道邻来说,《唐律疏议》读罢,总是发觉唐律与罗马法存在殊途同归之致,他从崇官、幼小、孳息、罚盗、良贱、化外人、定婚、婚禁(三则)、离婚、畜主、夜盗、父权、水利、宿藏物十四个方面

---

〔1〕 徐道邻:《唐律通论》,中华书局1945年版,第6~10页。

〔2〕 参见徐道邻:《唐律通论》,中华书局1945年版,第10~17页。其中涉及民法的内容有:期间、定婚自由、离婚、七出、父权、扶养、家长等。涉及刑法的内容为:论刑从轻、重伤、过失、老残废疾、从犯、没官、并合论罪、法律竞合、连续犯、自首、加不至死、数满乃坐等。

〔3〕 徐道邻:《唐律通论》,中华书局1945年版,第17页。

〔4〕 参见杨鸿烈:《中国法律对东亚诸国之影响》,商务印书馆1937年版。

〔5〕 徐道邻:《唐律通论》,中华书局1945年版,第17页。

〔6〕 徐道邻:《唐律通论》,中华书局1945年版,第20页。

进行比较,此皆信手拈来,出口成章。在他看来,东西方法律的根本差异在于法律文化的不同,唐律为代表的中华法系以儒家道德伦理体系为中心,而西方法律观念则继承了古罗马法律体系以权利为中心的核心观念。徐道邻进一步指出西法的弊端:

> (按:罗马法系)重权利,偏个人,务形式,其对于社会之影响,大可怀疑,西洋近代论法律哲学者,已久病之矣。[1]

由于今人对西方法律观念早已习惯,固有的礼教法律却被视为特殊产物,甚至嗤之以鼻。然中国古典法律博大精髓之理念却难得其解,对于唐律与罗马法的差异,徐道邻这样评价:以礼教为中心,故人与人之关系重,而社会本位。以权利为中心,故人与物之关系重,而个人为本位。唐律者社会本位之法律也。故刑律为其重心,而行政法惩戒法次之。罗马法者个人本位之法律也。故债权法为其重心,而继承法诉讼法次之。[2]

3. 唐代法律制度的特点:礼教中心、家族主义与社会本位

徐道邻认为唐律具有以礼教为中心的法律观、以家族为中心的礼教论和以社会为本位的控制思想。首先,唐律所代表的法律思想,并非申不害、韩非子之类的法家理论,而是两汉以后传统的儒家的法律思想,也就是以礼教为中心的法律观。这意味着法律的作用是在辅助礼教的不足,法律的内容是从礼教中取得其价值的。他认为这种基于礼教的法律观念在制度中的体现主要有四点:其一,唐律中有许多罪名,专门是为保障礼教规律而设的。其二,“律疏”解释律文,常常从礼经中取证。其三,礼教规则,可以补充法律的不足,被当作条文直接应用。其四,最重要的是,法律条文的引用和解

---

〔1〕 徐道邻:《唐律通论》,中华书局1945年版,第2页。

〔2〕 参见徐道邻:《唐律通论》,中华书局1945年版,第33页。

释,可以不受严格的形式主义的拘束。[1] 其次,唐律具有浓厚的家族主义色彩,徐道邻从缘坐、减赎、量刑、定罪、破法五个刑事环节,论述家族主义在唐律中起到了"为尊重家族观念,唐律条文的规定罪不可诛,刑不可用,而王事可废"[2]的作用。徐道邻在论证每个问题时,都大量引证律文,论证充分得当,例如,他考察律文中"亲在子孙不得别籍"(《户婚六》,"子孙不得别籍"条),"人民不得私入道"(《户婚五》,"私入道"条)以及"卖口分田"(《户婚十四》,"卖口分田"条)等制度时,论证了唐律在维护家族制度方面的具体体现。最后,唐律的基本观念是一种礼教的法律观,而维护社会秩序首重礼教,因此许多礼教中重要的事都需要刑律的维护,律文中明确体现出社会本位的性质。

4.结语:中西古今之辨

西方法律到底能否适用于中国社会?易言之,法律移植是否能在中国社会真正发挥作用?就此而言,徐道邻强烈批评"有谓礼治观念乃文明幼稚之征,或言弃礼治而寻法治,乃法律进化必然云云者"[3]的观点。他认为:

> 然而西方法律制度者,今日已陷于末流者。盖其法规典范,日益脱去是非公益之观念,而成为一种偶然意定之章则。……故近数十年来,各国学者之言法律哲学者日众,盖亦知其病之所在而思有以济之者矣。[4]

就当下而言,仍然有不少人主张诸如"唯西方论""全盘西化"

---

[1] 参见徐道邻:《中国法制史论略》,台北,正中书局1953年版,第36~39页。

[2] 徐道邻:《唐律通论》,中华书局1945年版,第39页。

[3] 徐道邻:《唐律通论》,中华书局1945年版,第41页。

[4] 徐道邻:《唐律通论》,中华书局1945年版,第35页。

等观点，他们认为应当彻底否定中国传统法制，全面地引进和吸收西方先进司法理念和法律制度。但实际上，他们却忽视了重要一点，正如萨维尼所言，法律是民族精神的产物，每个民族的法律都是特殊的历史和文化的产物。中西之间历史和文化的差异导致了其培育生成的法律不尽相同，同西方政治、经济、社会等相适应的西方法律制度能否适合中国本土开花结果，这本身就有待于进一步考证。不加辨析地把西方法律和法学移植过来，不免会发生"橘逾淮北而为枳"的结果，因此这一主张显然不能成为现实。时至今日，经过了一个甲子的轮回，徐道邻此番独到的见解对今人仍有深刻启迪。

（二）多元视角下的宋代法律制度研究

徐道邻先生在东海大学政治系任教期间，与著名政论家徐复观一同共事，两人彼此切磋，徐复观称赞其治学"蓄者甚厚，用力亦倍勤"[1]。除了研究唐律、中国法制史，徐道邻的研究旨趣还涉及政治学、思想史等方面，总体上偏重研究西周至秦汉时期的法律制度。[2]在徐道邻远赴北美以后，他所公开发表的论文多以宋代为主，徐道邻先生有关宋代法制史的研究，主要集中在宋代法律制度史和宋代法制人物研究两大领域。本章节以此为研究对象，从立法制度、司法制度、法律教育与考试制度、法制人物四个方面分别进行详述，分析其研究的主要特点和新颖之处。

1. 宋代立法制度的系统研究

(1)宋代刑统的研究

有关宋代成文法的形式，徐道邻认为共有三类：一是唐代的律令

[1] 徐复观：《中国法制史论集序一》，载徐道邻：《中国法制史论集》，台北，志文出版社1975年版，第1页。

[2] 诸如文章《周室的仁政》，载《东海学报》1959年第1卷第1期；评论文章《王充论》，载《东海学报》1961年第3卷第1期，等等。

格式,二是宋刑统,三是历代的编敕。这一时期学界不太注重检视宋代法律文书,而徐道邻正是这一领域的先行者。他首先关注宋刑统的研究,并指出“宋高宗绍兴十三年(1143年)的‘申明刑统’,和太祖建隆四年(963年)的‘重定刑统’,明明是两部书,而被人当作了一部。”[1]一方面,他引用陈振孙解题《庆元条法事类》而叹其“惜乎不并及刑统”;另一方面,采纳清末著名法学家沈家本“刑统为有宋一代之法制,其后虽有编敕之时多,而终以刑统为本”之评说。因此徐道邻主张刑统在宋代是始终施行的,并且驳斥了宋刑统无价值的看法。[2] 晚年时期,他对这一研究有了更为深入的理解,并且撰写发表《宋朝的刑书》[3]一文,就分门、唐朝的令格式、历代敕文、余条准此四十四条、释曰、起请、二十条疏议后的“议”等七项对《宋刑统》进行详细阐述。徐道邻仔细地比对了宋代刑统的修改情况和金元时期《刑统赋》若干版本,并提醒研究唐律的学者,应该特别注意若干新增条文。[4]

(2)律敕关系研究

关于敕的概念,《说文解字》解释为“敕,诫也。臿地曰敕,从攴束声”[5],是上级告知下级的文书,暗含长幼尊卑的等级观念。敕在宋代法制发展史上始终具有重要地位。一般通说认为,敕是以皇帝名义随时发布的诏令,敕的产生无须严格的程序要求。徐道邻并不赞同这一观点,经过详细考证他提出,皇帝的诏书(敕)只有经过三省部门的严格审查才具有法律上的效力,否则,违反者要承担一定

[1] 徐道邻:《中国法制史论略》,台北,正中书局1953年版,第2页。

[2] 参见徐道邻:《中国法制史论略》,台北,正中书局1953年版,第64页。

[3] 该文章发表于《东方杂志》1974年第7卷第8期,文章发表时徐道邻已去世两个月之久。张吴燕英:《徐道邻先生著述目录》,载徐道邻:《中国法制史论集》,台北,志文出版社1975年版,第442~444页;参见陈新宇、刘猛:《徐道隣先生著述目录》,载徐道隣:《徐道隣法政文集》,清华大学出版社2017年版,第486~496页。

[4] 参见徐道邻:《宋朝的刑书》,载《东方杂志》1974年第7卷第8期。

[5] 许慎:《说文解字》,中华书局1963年版,第68页。

的法律责任。在皇权高度一统的社会下,皇帝和官员的行为仍要遵循一定的程序。这一观点与中国法制史的传统观点不同,引起了中国法制史学者的重视。他还指出,宋代的“敕”并不是皇帝一道“手谕”就能颁布的,而敕书就是唐宋之间所谓“格”“格后敕”“杂敕”“编敕”,虽名称众多,但在实际上是同一指代。

在敕与律的关系上,徐道邻认为宋代的敕相对于律具有优先适用性。主要表现在两方面:第一,“凡律所不载者,一断以敕”[1],这说明宋代的敕已经具备了律(刑统)的功用,可断定“敕”已正式取得了“律”的地位。第二,通过对比《名例律》“犯罪未发自首”条在宋神宗与宋哲宗时期所产生的法律适用的变化,总结宋代“以敕变律”“后敕变前敕”的立法现象。

(3)宋代编敕的研究

徐道邻认为,宋朝历代皇帝进行编敕纂修具有时代的必然性。两宋时期的编敕数量庞杂,种类繁多。既包括由皇帝主持的全国性综合编敕[2],主要是刑法性质的法规,也有地方性编敕以及部门性编敕,主要是一些行政法性质的法令集。为防止出现前后敕令内容不一,统治者对历代敕书中存在异议问题之处进行系统清理。因而,宋朝历代皇帝无一例外地进行编敕。根据《宋史》中的《刑法志》和《艺文志》,徐道邻进一步归纳整理了宋代不同年间的全国性编敕,又将中央和地方大小衙门专用的敕书名、卷数以及编者,按照省院编敕、吏部法规、户部及司农寺法规、礼部及宗正寺法规、学校法规、贡举法规、兵部法规、刑部法规、工部法规、杂项法规以及地方编敕等十一项,将一百二十四种书目分门别类。徐道邻汇集并整理了历朝编敕纂修状况,为方便阅读,笔者将其做成表格,详见表1所示。

---

〔1〕 脱脱等:《宋史》,中华书局1977年版,第4963页。

〔2〕 徐道邻称其为“历朝编敕”,为尊重作者原意,下文一致用“历朝编敕”概念。

表1　宋代历朝编敕

年号	编敕名称	编者	时间
宋太祖	建隆编敕四卷（第一百六条）	窦仪	建隆四年（963年）
宋太宗	太平兴国编敕15卷	编者不详	太平兴国三年（978年）六月
宋太宗	淳化编敕30卷	苏易简	淳化五年（994年）八月
宋真宗	咸平编敕12卷	柴成务	公元998年至公元1003年
宋真宗	大中祥符编敕40卷	陈彭年	公元1008年至公元1016年
宋仁宗	天圣编敕12卷	吕夷简	明道元年（1032年）
宋仁宗	庆历编敕12卷总例1卷	贾昌朝	庆历七年（1047年）五月
宋仁宗	嘉祐编敕18卷总例1卷	韩琦	嘉祐七年（1062年）
宋仁宗	端拱以来宣敕札子60卷	韩琦	年代不详
宋神宗	熙宁详定编敕25卷	王安石	公元1068年至公元1077年
宋神宗	元丰编敕令格式并赦书德音申明80卷	崔台符	公元1078年至公元1085年
宋神宗	元丰敕令72卷	崔台符	公元1078年至公元1085年
宋哲宗	元符敕令格式134卷	章惇	公元1098年至公元1100年
宋徽宗	政和重修敕令格式548册	何执中	政和元年（1111年）二月至政和二年（1112年）十月*

续表

年号	编敕名称	编者	时间
宋徽宗	政和敕令式 903 卷	王韶	政和六年(1116 年)闰正月**
宋高宗	绍兴重修敕令格式 125 卷	张守珪	绍兴元年(1131 年)
宋高宗	××××格式 54 卷	秦桧	绍兴十年(1140 年)
宋孝宗	乾道重修敕令格式 120 卷	虞允文	乾道八年(1172 年)
宋孝宗	正月淳熙重修敕令格式及随敕申明 246 卷	蔡洸	公元 1174 年至公元 1189 年
宋宁宗	庆元重修敕令格式及随敕申明 256 卷	京镗	庆元三年(1197 年)
宋理宗	淳祐敕令格式	敕令所	淳祐二年(1242 年)
宋理宗	重修淳祐敕令格 430 卷	敕令所	淳祐十一年(1251 年)

注:*根据《宋会要辑稿》刑法一之二六记载,宋徽宗政和年间开始编修敕令格式,自政和元年(1111 年)二月至政和二年(1112 年)十月,由何执中等编成《政和重修敕令格式》一百三十八卷,政和三年(1113 年)正月一日颁行。此处原文记载为公元 1011 年至公元 1017 年,系与史实不符,特此改正。

**根据《宋会要辑稿》刑法一之二九记载,政和六年(1116 年)闰正月,王韶担任"详定一司敕令",上奏修此书。第一,此处原文记载为公元 1011 年至公元 1017 年,系与史实不符;第二,徐道邻认为此编敕为综合性编敕,归入"历朝编敕",实际上为"一司敕令所"编纂的部门敕令,不具有全国性,列入综合性编敕未免过于牵强。

徐道邻对宋代立法制度的探究,明确了《宋刑统》作为宋代立国之根本法律,恪守祖宗成宪,不可轻易更改,但是编敕具有灵活性、适用性等特征,可以补正和解释正式法律的缺漏。敕与律的有机结合,保证了宋代法律的稳定性,在维护统治秩序、巩固封建经济关系、调和阶级矛盾等方面发挥了不可或缺的作用。同时,他也指出编敕与法制发展不相适应之处,宋代编敕的种类和数量只增不减,加之缺乏有效的编敕清理措施,导致编敕内容冗杂,前后敕令抵牾,造成“虽有老于为吏,习于用法者,亦或莫能通晓”[1],甚至在实践中出现“法令虽具,然吏一切以例行事”[2]“引例破法”等情况。由此可见,法律过于繁密,缺乏廉明气正的行政官吏或者法律庞杂相互抵牾,都不能达到立法者的预期目的。

2. 宋代司法制度的深入研究

就司法制度而言,徐道邻认为宋代法制是中国传统法律发展的最高峰,主要表现在三个方面:第一,宋刑统继承并发扬了唐律的主要内容,并经过长期的修正补充,法律体系日臻完善;第二,宋代懂法和尊重法律的君臣众多,因此,有宋一代法律之学,蔚然成风;第三,修习法律制度化,法律考试制度不断完善。在宋代,法律是朝廷举办考试的主要科目之一,凡是参加科举考试的士人、晋升任用的各类文武官员以及国立学府的学子,均要修习律法,正所谓“士初试官,皆习律令”[3]。1970年在美国密歇根大学讲学期间,徐道邻在对唐律审判制度研究的基础上,撰写了《宋律中的审判制度》一文。此后多年时间里,他陆续发表了一系列和宋代法律制度相关的研究成果,诸如《法学家苏东坡》《翻异别勘考》《鞫谳分司考》《“自首”制在唐明清律中的演变》《宋朝的县级司法》等论文。笔者结合徐道邻先生对于宋代司法制度的研究旨趣,从鞫谳制度、翻异制度、覆核制度、民事审判制度四个方面进行述评。

(1)鞫谳分司

鞫谳分司制度是宋代所特有的刑事司法制度之一,也是最能代表宋代法制文明的优良制度。顾名思义,“鞫”是审讯、审问的意思,

---

[1] 李焘:《续资治通鉴长编　附拾补》(全五册),黄以周等辑补,上海古籍出版社1986年版,第3487页。

[2] 脱脱等:《宋史》,中华书局1977年版,第4965页。

[3] 徐道邻:《宋律中的审判制度》,载《东方杂志》1970年第4卷第4期。

负责“鞫狱断案”的官吏叫作“推司”；“谳”是审判定罪的意思，负责“检法断狱”的官吏叫作“法司”。徐道邻在《鞫谳分司考》一文中详细地考证和叙述了鞫谳制度从魏晋到宋代的演变过程，他指出，宋代帝王高度重视鞫谳分司制度，在宋初设立此项制度之时，宋太祖不图速求，多半承袭旧制，只在绝对必要的方面略作改革调整，逐渐缓慢改善。

关于鞫谳两司的责任问题，徐道邻指出，在宋代刑事审判中，统治者在立法设计时注重审判分离的组织原则，由推司负责审讯案情，法司专责检详法律条文供主要审判官从中采择。在这种制度设计之下，负责审问案情的推司无权过问法司检法断狱，法司也不得干涉推司审讯细节，二者相互牵制。在具体司法实践中，该原则也得到严格地贯彻执行。

自宋太祖建制以来，鞫谳分司的基本精神之所以历代相承不辍，主要原因在于这项制度有利于遏止执法官吏作弊，防范刑狱冤滥。正如朝廷要臣所言，“狱司推鞫，法司检断，各有司存，所以防奸也。”[1]然而徐道邻对该制度另有一番见解。他认为，这项制度虽然理论成熟，但是缺乏实际效用，尤其是推行到县级地方机关，这一问题更加明显。在他看来，县官审问徒以上罪，只是一种预审的性质，流于形式[2]，再加上缺乏县级司法人员，使审判法里的推鞫、录问、检断无法按照法律分权执行，使该制度的效能大打折扣，需要指出的是，我们对该问题应当客观理性地看待，倘若我们深入调查研究南宋县衙的狱讼制度，[3]可以发现宋代在维护县级司法机关审判分权所作出的努力。徐道邻亦不否认，套用近代法学的理论价值，宋

[1] 周林：《推司不得与法司议事札子》，载黄淮、杨士奇编：《历代名臣奏议》（全五册），上海古籍出版社 1989 年版，第 2850 页。

[2] 参见徐道邻：《宋朝的县级司法》，载《东方杂志》1972 年第 5 卷第 9 期。

[3] 关于宋代县级司法机关狱讼制度内容，参见刘馨珺：《明镜高悬：南宋县衙的狱讼》，北京大学出版社 2007 年版。

代鞫谳分司制度仍鲜明地体现了宋代尊重个体、关爱生命的近代法治社会所崇尚的人权精神。

(2)翻异别勘

翻异别勘是宋代刑事审判制度的另一项基本制度,徐道邻在《翻异别勘考》一文中对宋代刑事司法制度进行了仔细考证和深入探究,无论在史料的收集判断、问题的分析考证还是观点的阐释说明,都为后世学者研究翻异别勘制度作出了良好的表率。他认为宋律中的翻异别勘制度,等同于朝廷自动的代替人民申请上诉。[1] 他将宋代的翻异别勘制度细分为两种类型:以犯人翻供的时间节点为标准,如果犯人在录问时翻供,该案件就发到本州的其他法院进行重审,这种情况就是"移司别推";如果犯人在录问以后翻供喊冤,则由上级部门指派其他州府官员对案件重新进行审理,此情况叫作"差官别勘"。经由徐道邻有关翻异别勘制度的研究,我们得以窥见宋代司法制度的全貌,有助于我们学习和总结我国古代传统司法制度的价值和历史经验。

(3)覆核制度

徐道邻指出,覆核制度的基本内涵是利用若干不同的机关或者一个机关里若干不同的官员,来处理同一个安置,以求反覆详尽,以达至公。覆核制度作为中国传统司法制度之一,到了宋代得到更为深入地发展,诸如各州、大理寺和刑部的同僚覆查、从京内到地方的逐层覆查,这些制度都对后世产生深远影响。以宋代中期设立提刑司一职为例,元代因之设提刑按察司,后更名为肃政廉访司,这就是宋代提刑司的前身,明代又恢复提刑按察司,俗称臬司,一直延续至清代,足见宋代司法制度对传统法律制度的传承和对后世法制的借鉴。宋代的刑狱,经过推勘、录问以后,要求官吏依句宣读,无得隐瞒,徐道邻认为这是宋代较为成熟的立法制度,并称其为"聚录"。

[1] 参见徐道邻:《翻异别勘考》,载《东方杂志》1972 年第 6 卷第 2 期。

就制度设计而论，这有助于加强对司法官吏约束，防止官吏滥权，减少冤假错案，为囚犯提供申辩权利，“庶几伏辜者无憾，冤枉者获伸。”[1]覆核制度是宋代司法制度完善的重要标志，在刑事司法审判中发挥积极作用。

(4)民事审判制度

一直以来，学界认为“诸法合体，民刑不分”是中国传统法律的特征之一，然而，徐道邻对此主流意见并不认同。他认为该观念过于绝对，中国古典法律具有民刑分离的思想。中国传统法中的民刑之分，在诉讼法里表现得最为明显。为增强论证效力，他列举了诸多县级司法民事审判中的良好制度，譬如断由、词诉当日结绝、半年决不可诉等。[2] 这些制度皆体现了儒家传统文化“仁政”“慎刑”的理念，有助于陶养社会成员仁爱、尊君的道德品性，消除社会成员之间的矛盾冲突，实现和谐的大同理想。

3.宋代法律教育与考试制度研究

在法制史研究领域里，徐道邻是较早的重视法律教育与传承的少数学者之一。[3] 建立在扎实的史料研究的基础上，他提出隋律的制定者——隋代律学家高颎是对中国传统法最有贡献的一个人，并认为魏晋时期设立“律博士”的初衷，主要是“转相接受”，即指导教育自己的替身，在处理法律问题上有所裨益，这在当今宋代法制史研究中仍是先进的见解。关于唐宋的法律教育问题，徐道邻从两个角度进行考察：法律专业机构和法律考试制度。

唐宋时期针对“律学”而设置了专业的法律机构，徐道邻对此具有独到的见解。他认为，唐初各项制度皆因袭隋朝，大到政府组织

---

[1] 参见徐道邻：《宋朝的县级司法》，载《东方杂志》1972 年第 5 卷第 9 期。

[2] 参见徐道邻：《宋朝的县级司法》，载《东方杂志》1972 年第 5 卷第 9 期。

[3] 刘馨珺：《礼赞〈唐律〉——德国法学陶养的徐道邻（1906～1973）》，载《法制史研究》第 17 期。

和行政制度,例如,三省六部制,小到律学机构的隶属问题。但在这期间也有多次变更,通过比对《隋书》和《新唐书》等文献史料,他认为隋朝早期律学以及教授法律的律博士隶属于大理寺,后来又归属于国子监。[1] 宋代律学开始于宋神宗时期在国子监设立律学,置教授4名。特别指出的是,这里的教授并不必然指代律博士,元丰官制改革以后也就是元符二年(1099年)才开始设置律学博士,但并未说明在哪一段时间里朝廷停废律学。徐道邻通过考证宋人吴自牧所著《梦粱录》中的相关记载,因杭州太学只有"宗学"和"武学",并未出现"律学"字眼,据此推断自南渡起,南宋就不再设置律学这一法律专门学校,这也回答了沈家本关于"自元代不设此官"的困惑。[2] 以上论断所依据参考文献虽非出自正史材料,但徐道邻考证严谨,逻辑思路清晰,填补了宋代律学发展历程的学术研究空白,为后世在这一领域的研究提供了新思路。[3]

徐道邻独辟蹊径,从法律考试科目证成"宋代是中国历代最讲究法律的朝代"的推断。他分门别类地梳理了从唐代"明法"科、宋代早期"明法"科、宋神宗和宋高宗时期的"新明法"科、"书判拔萃"

---

〔1〕 参见徐道邻:《中国唐宋时代的法律教育》,载《东方杂志》1972年第6卷第4期。

〔2〕 徐道邻:《中国唐宋时代的法律教育》,载《东方杂志》1972年第6卷第4期。

〔3〕 持此见解的学者有乔卫平,他认为"靖康之难,宋代官学废绝,律学也未幸免。南宋以后……没有再次恢复律学"[乔卫平:《中国教育制度通史》(第3卷),山东教育出版社2000年版,第174页],汤能松(汤能松:《探索的轨迹——中国法学教育发展史略》,法律出版社1995年版,第39页)等;另外也有学者认为南宋时期仍存在律学,诸如张其昀认为:"以现代眼光而论,南宋太学仅可称为文科大学,而含有一部分法科性质"(张其昀:《南宋杭州之国立大学》,载李宗侗:《中国历代大学史》,中华文化出版事业委员会1958年版,第78页);李弘祺认为:"律学在宋廷南渡后仍未罢废,尽管它并非一个永久性的机构"(李弘祺:《宋代官学教育与科举》,台北,联经出版事业公司1994年版,第113页);何忠礼、徐吉军《南宋史稿》也认为南宋仍有律学之设(何忠礼、徐吉军:《南宋史稿》,杭州大学出版社1999年版,第572页)。以上学者的观点均未能提供相关例证。

科等法律考试科目的含义和发展历程，不论官吏职位、品阶高低，都要读律和试律，以此归结为宋代利用各种制度，重视并推崇律法，放眼中国历代也是旷古未有。但宋代法律教育的发展并非一帆风顺，受到层层阻碍，在“德主刑辅”的儒家价值观面前，法律观念只能位列其次，这具体表现在每当皇帝满怀憧憬进行法律改革之时，就有以“夫道德，本也；刑名，末也”[1]“为士已成刻薄，从政岂有循良”[2]为论调的反对声音，在此背景下，律学被嗤作小道，明法沦为下科。综合上述推论，难怪徐道邻先生感慨中国古典法学此后日渐衰落，并非北方民族入主中原的结果，而与根深蒂固的传统成见等内在原因密切相关。

4. 宋代法制人物研究

清末修律大臣沈家本曾言：“法学之盛衰，与政治之治忽，实息息相通。”[3]最高统治者对法律的态度和作为是检验法律兴盛与否的重要航标。值得注意的是，有宋一代历代帝王中涌现出多位通晓法律、善于用法的皇帝。根据徐道邻的考证，两宋时期共有八位皇帝改良法制，为立法和司法领域的不断完善作出贡献。宋代懂法律和尊重法律的皇帝比中国任何其他的朝代都多，诸如宋太祖赵匡胤亲自审讯囚犯，慎重用刑，不言刑逼供，选用懂法官员任职；宋太宗赵光义无论天寒酷暑都亲自参与审讯，具有高明的断案才能；宋高宗赵构用法宽厚，从未有意气杀人；宋神宗赵顼是宋代提倡法律最得力的皇帝，他改进科举制度，设立新科明法等。[4] 基于此，他认为

[1] 脱脱等：《宋史》，中华书局 1977 年版，第 10972 页。

[2] 司马光：《起请科场札子》，载司马光：《司马光奏议》，王根林点校，山西人民出版社 1986 年版，第 403 页。

[3] 沈家本：《法学盛衰说》，载沈家本：《历代刑法考》，中华书局 1985 年版，第 2143 页。

[4] 这八位皇帝分别是：北宋的宋太祖、宋太宗、宋真宗、宋仁宗、宋神宗，南宋的宋高宗、宋孝宗、宋理宗。参见徐道邻：《中国法制史论略》，正中书局 1959 年版，第66 ~ 71 页。

传统中国法制的兴盛,离不开统治者在推动法制进步中所作出的努力,其中宋朝实乃首屈一指。

徐道邻从明法之君、官僚阶层的法律意识等方面入手,建构宋代人物明法的特征,从宋代两个具有争议性的政治色彩的案件——"安崇绪"案和"阿云"案——的审判中可以发现,即便这些案件受政治斗争影响颇深,双方论争似乎是一种政治上的角力赛,但在诸多场合中,包括皇帝在内的两派官僚无论是认定案件事实或适用法律情形都能援法释理,以宋代律法为佐证,这体现了宋代君臣具有极强的律法观念。"读书万卷不读律"这句诗常常被人断章取义,理解为以苏轼为代表的中国传统士人"不习法"的明证,徐道邻对此却不以为然,他通过考证苏轼书信文集作品,认为苏东坡具有高度的法律修养,是明练通达法律的文人。[1] 除此之外,徐道邻还指出司马光、王安石、秦观等人也皆为明法之人。他对宋代文人的看法也得到了后世学者的认同。[2]

徐道邻对宋代法律制度的深入研究,突破了前人的研究领域和研究范式,"触角之广泛,角度之新颖,开风气之先,足让人一赞三叹。"[3]徐道邻先生治学,秉承"一分材料说一分话"的史家本色,从整体上看,延续以司法为中心的研究旨趣,并从典章、律例等原始文献入手,分析宋代法律制度的构成,确定其运作规范,进而通过列举实例,检验并印证宋代法律制度实践情况,充分展现了法学研究"应然"与"实然"的丰富面相。其中无论是文章的行文措辞,还是写作过程的史实考据,都能娴熟驾驭史料,加以论证,恰是史学与法学相

---

〔1〕 参见徐道邻:《法学家苏东坡》,载《东方杂志》1971年第4卷第9期。

〔2〕 杨牧在《读书万卷且读律》一文中赞同徐道邻的观点,认为苏东坡并不轻视法律,反而运用法律之学。参见杨牧:《读书万卷且读律》,载杨牧:《柏克莱精神》,台北,洪范书店1984年版,第145~147页。

〔3〕 陈新宇:《先哲已逝,典范永存——缅怀徐道邻先生兼评〈中国法制史论集〉》,载《政法论坛(中国政法大学学报)》2007年第4期。

得益彰。

值得强调的是，自从解放战争胜利，国民党退居我国台湾地区后，徐道邻先生的学术见解并不为大陆学者所知或者说知之甚少。20 世纪 80 年代之后，法学研究重获新生，中国法制史的研究也得到加强，宋代法律制度作为法律史学界最重要的研究课题之一更备受关注，在各类中国法制史教材和讲义中，宋律都是其中最主要的章节内容。其中，徐道邻的学术遗产得到了法史学者重新审视和观察，他对宋律的研究成果和理论观点在今人的著述里被频繁地引证和论述，这体现了徐道邻先生伟大的学术成就以及为法制史研究所作出的卓越贡献。

五、徐道邻法律思想的评价

作为一名民国时期法律人，徐道邻无论是从政期间抑或天涯讲学岁月，无论是进行理论研究抑或从事司法实务，都体现出他具有的深厚法律功底和良好法律素养。出国求学的经历和对中国传统文化的洞悉灼见，使西方法律思想和本土传统法制观念在徐道邻脑海里交锋碰撞，并形成其融贯中西，博通古今的法律思想。尽管徐道邻所生活的时代背景和社会环境与当今中国已大不相同，但是思想无国界，更没有时间界限。我们从学理上考察徐道邻的法律思想，就要脱离社会制度和意识形态领域的束缚，淡化其身份标签，从法学专业领域认知其理论价值，徐道邻是一名具有国民党身份的知识分子，但他更是一位怀揣法治梦想的爱国青年，他所做的是把自己的民主与立宪理想寄托在国家，以此实现国家独立与民族富强。正所谓“理性止处，信仰滋生”[1]，为救国治国寻求良药的徐道邻无论是阐述现代中国法治建设的方法论，还是对具体司法细节的独到见解，都有值得当代法律人学习和借鉴之处。

---

〔1〕 李泽厚:《实用理性与乐感文化》，三联书店 2008 年版，第 78 页。

(一)法律爱国主义精神对中国法治建设的重要意义

所谓爱国主义,是指历史地形成和巩固起来的对自己祖国的一种最深厚的感情,是对祖国的忠诚和热爱。这种感情集中地表现为民族自尊心、自信心和自豪感,表现为人们为争取自己祖国的独立富强而英勇献身的奋斗精神。[1] 爱国主义精神既是我国民族精神的内核,也是中华民族之魂。中国近代的法律变革带有鲜明的爱国主义的时代烙印。

探寻一个具有中国特色的法律发展之路,是近现代中国的百年之梦,也是时代所赋予的爱国情怀。自20世纪伊始,中国学术界涌现出一大批修身治学、忧国奉公的思想家、改革家以及法律人,沈家本、董康、王宠惠、钱端升、向哲濬等皆为其中一员,他们在中华民族的危急时刻,把法律变革和救亡图存紧密地联系在一起,他们以自己的法律知识背景,打破传统旧律的束缚,构思设计法律制度的改革方案,或著书立说、成一家之言,或投身现实、矢志司法实践,或兴办学校、培养法律人才,为近代中国的法学研究、法学教育和司法改革与法律发展以及中国近代法学体系的创建等都作出了应有的贡献,谱写了中国近现代法律变革的崭新篇章。

面对国家危亡,为了国家的独立、富强、民主和法治,改变一直以来"外国旁观的人说,中国人是一片散沙"[2]的固有偏见,以徐道邻为代表的爱国士人清醒地认识到中华民族的精神内核。在这种较为正确认识的基础上,他们一方面学习西方法律制度,另一方面反思中国传统法律文化,并从传统法律理念中寻找救国治国的良方。在徐道邻先生看来,晚清以来国家积贫积弱的现状直接源于落后的科学技术,而政治腐化则是衰败的深层动因,只有提高人民守法

---

〔1〕 参见廖盖隆、孙连成、陈有进:《马克思主义百科要览》,人民日报出版社1993年版,第356页。

〔2〕 孙中山:《三民主义》,岳麓书社2000年版,第2页。

意识和爱国观念,才能营造良好的政治氛围并以此推进法制发展。他从中国古典法律文明里寻根,探求解决现实问题的理论依据。于是,以“一准乎礼,而得古今之平”著称的唐律,成为徐道邻寻根的主要目标。他在《唐律通论》一书指出,唐律并非单一的刑事法典,而是一部弘扬法律爱国精神、凝聚民族自信心的大典。在国难当头的战火岁月,他曾建议南京国民政府定唐律为大学生之必读书目、高校之必修课程,以培养近代理想之法律爱国主义观念。徐道邻先生对法律爱国主义信仰的传承,正是以中国古典法律所蕴含的传统价值作为出发点的。可以说,法律爱国主义精神一直是这一时代的法律人为追求国家独立、民族富强而奋斗的主旋律。

当前中国改革开放已走过四十个年头,中国社会正逐渐从传统社会向现代社会转变。原有的价值系统和信仰体系正受到深度解构,在法律领域主要表现为公众对于立法机构制定的法律予以蔑视、不遵从和破坏,使法律条文被束之高阁,难以运用到实践中去。质言之,法律权威正从社会公众当中逐渐丧失。[1] 这已成为当今中国法治建设不能回避的重要问题之一。法律爱国主义精神是一国公民对以宪法为代表的国家法律的忠诚和对国家的热爱的集中表达。弘扬法律爱国主义精神,首先要树立法律信仰。法律爱国主义精神它经由法律表征爱国主义,经由爱国体认法律信仰,无疑可以强化公众的法律情感,重新凝聚国人的力量源泉,建构现代中国所需要的法律信仰,推动中国的法治进步。回顾徐道邻丰富而又曲折坎坷的人生经历,他所体现的法律爱国主义精神和忧国忧民的赤子之心,对新时代中国特色社会主义法治建设者而言具有重要学习意义。

---

〔1〕 参见范进学:《论法律信仰危机与中国法治化》,载《法商研究》1997 年第 2 期。

(二)重视对西方法律理论的合理借鉴和利用

学习借鉴西方法治理论,并不意味着生搬硬套、全盘吸收,而是在全面客观地掌握其形成背景、发展历程等基础上,结合本国国情对西方法治理论进行合理解释利用。在这一过程中,国内的本土法律资源是不容忽视的客观存在。如果强行引入不符合本国国情的法律制度和法治理念,那么这些借鉴过来的法律制度终会因为水土不服而无法发挥实际效用。[1]

徐道邻所处的时代正值西方法律观念鼎盛发展时期。这样一种扎根于西方社会的法律制度,对追求民族独立和国家富强的民国法律人产生了深远影响。但是,他所经历的法律变革运动恰恰陷入了新法与传统法律脱节、理想制度与现实境况割裂的泥潭。在进行法律借鉴时,民国政府不约而同地一味追求超前立法、快速立法甚至大规模立法,[2]舍弃了本国的传统和现实,这导致了匆忙出炉的法律难以融入社会生活的实际领域,新的法律制度未能得到社会民众体认,最终成为一纸空文。因此,作为一位谙习中国传统法律思想和西方法律制度于一身的中国法律学者,徐道邻更多地思考如何在法的实际运行中协调中西法律传统之间的关系。他根据中国的国

---

〔1〕 美国学者格伦顿、戈登等人认为,法律是特定的民族的历史、文化、社会的价值和一般意识与观念的集中表现。这种差异性也导致各国法律不尽相同,如果法律在移植过程中不经过“本土化”提炼,就不能轻易地完成移植。由此可见,本土化对于法律移植的重要性。参见[美]格伦顿、戈登、奥萨魁:《比较法律传统》,米健、贺卫方、高鸿钧译,中国政法大学出版社1993年版,第6~7页。

〔2〕 朱勇教授在自己编写的《中国法制通史》(第九卷)一书绪言中写道:“中国法律近代化在时间上也表现出阶段性。……从1912年民国政府建立,到1928年南京国民政府统一全国的十七年中,由北京政府推动并具体实施的法律近代化的重点,在于宪政体制的探索和变革。……南京国民政府建立后,一改此前法律近代化的侧重点,迅速展开大规模的基本法律的制订、完善活动。……在不到三年的时间里,即制订、颁布一系列重要的基本法律,包括民法、刑法、民事诉讼法、刑事诉讼法等,中国近代法律的典型形态——六法体系基本形成。”朱勇:《中国法制通史》(第九卷),法律出版社1999年版,“绪言”第2~3页。

情和法治发展对西方法律理论进行合理的借鉴和利用。在他看来，西洋法系是以权利为中心思想的法律体系，法律是确定公民权利和保护权利的工具。同时他也提出，以个人权利为本位的法律，一旦引发争讼，必是锱铢必较，不免走上极端的形式主义。[1] 合理借鉴西方法律理论，关注中国特殊文化背景和法律观念，既反对"唯西方是好"，不被西方理论俘虏，同时也不鼓励"去西方化"，反对不思进取和封闭守旧的观念，这是徐道邻对西方法律理论的基本观点。

对于西方法律与中国传统法制的关系，尤其是自新文化运动以来出现的"西学日盛，国学渐衰"局势以及国民政府所提倡的法制西化运动，偏执西方法律和法学致使民国时期法学浅显且浮躁，徐道邻对此深有体会。他提倡从合理吸收西方法律理论的精髓来弘扬中国传统法制文明的基本主张，西方法律理论虽有可取之处，但并非至善，中华法系也有符合现代法制的精神，更进一步说，盲目追求西方法律，会造成民众对于中国传统法制"思想落后，刑法残酷，法官颟顸"[2]的误解，不利于中国优秀传统法律文化的继承和发扬。因此，徐道邻等人对于西方法律思想的推介、合理借鉴和利用仍值得我们进行深刻反思、总结。

新时期，对于如何平衡中国传统法律与西方法治文明的关系，更好地实现法律文化的革新，是所有关心中国法治进程的法律人所关注的重大课题之一。党的十八届四中全会提出，"坚持走中国特色社会主义法治道路，汲取中华法律文化精华，借鉴国外法治有益经验，但决不照搬外国法治理念和模式。"[3]西方的法制和法学有着很

---

[1] 参见徐道邻：《从法制史上看东方及西方法律观念之形成》，载社会科学论文集编辑委员会编：《萨孟武先生六秩晋一华诞纪念社会科学论文集》，社会科学论文集编辑委员会 1957 年版，第 28～38 页。

[2] 徐道邻：《唐律通论》，中华书局 1945 年版，第 1～5 页。

[3] 中国法制出版社编：《中华人民共和国宪法　中共中央关于全面推进依法治国若干重大问题的决定》，中国法制出版社 2014 年版，第 42 页。

多优点,但也存在局限。西方法治道路也并非一帆风顺,我们在改进中国传统法制的同时,也要借鉴西方法治建设的历史经验,避免重蹈覆辙。为推动中国法治的发展,我们应当仔细审视中西文化的差异,求同存异,凝聚共识,在中西两者平衡之间寻求一条最适合本国国情的法治发展之路。法学研究,尤其是法史研究并非为了一时所需,解决当下之需要,而应该放眼未来,目光看得更长远一些。在法学的发展方向问题上,首先应当发掘探寻本土的传统资源,有针对性地参照其他法系先进理论成果,多种因素综合起来,盈潼而后进,建立起一种具有理论性和实用性的学说。[1] 徐道邻合理借鉴西方法律理论的有益探索,对于今天的中国法制建设者而言仍然是对法学理论研究和法制建设颇具重要意义的工作。

(三)正确看待中国古典法律文化对当代法治建设的重要启迪

中国传统法律文化是数千年来中国历史文化的积累和对法律实践的深刻总结,是中国法治建设的文化根基和精神支柱。从全球视野来看,晚清以迄民国的法律变革,并不能简单地认为根据西方法律制度内容和价值观念制定本国法律,而应当深入参酌本国的法律文化传统,绝不可忽视本土的法律文化资源所发挥的作用。徐道邻关于中国传统法律文化的认识可谓具有先见之明,洞若观火。当新法律体系与社会出现脱节,徐道邻回归到中国古典法律制度,在传统智慧中寻找出路。在他看来,中国传统法制具有悠久灿烂的法律文明,总结出"唐律上集秦汉魏晋之大成,下立宋元明清之规范"[2]、"宋律代表着中国传统法制的最高峰"[3]等观点。通过对唐宋法律制度的研究,他认为国人必须高度重视中国固有法律文化的价值,本土法律文化具有存在的合理意义,不能片面地用西方的

---

[1] 参见张伟仁:《中国传统的司法与法学》,载《现代法学》2006 年第 5 期。

[2] 徐道邻:《唐律通论》,中华书局 1945 年版,第 6~9 页。

[3] 徐道邻:《宋律中的审判制度》,载《东方杂志》1970 年第 4 卷第 4 期。

价值尺度衡量本国的所有法律，更不能对中国传统法律制度作出轻率的评价。但他也指出，要以辩证的眼光看待中国传统法律，不能因循守旧，抱残守缺。

庞德曾说："中国在寻求'现代的'法律制度时不必放弃自己的遗产。"[1]时至今日，随着时代不断向前发展，中国传统法律文化曾经的辉煌时代虽已渐渐褪去，但这并不意味着当代中国法治建设已不再需要传统法律文化的参与，其作为中华民族的智慧结晶，仍然具有十分重要的价值意义。亦如公丕祥教授所言，"缺乏相传的民族文化心理的支持与认同，无论现行社会秩序受到现行法律规则怎样强化，它也是脆弱不稳定的。"[2]因此，当我们对中国传统法律文化进行总结和评价时，应摒弃固有的偏见和片面思维，不能武断地认为中国传统法律文化已不合时代发展要求，更不能纯粹以西方的法律理论刻板地评判中国传统法律文化。一国法治建设的精髓并不是外来文明的舶来品，而是源于实践，并接受实践的检验。因此，我们应当以客观、中立的视角看待中国传统法律文化，正视其自身的局限，进一步挖掘中国传统法律文化的有益资源，从而推动法治进程。

(四)法律教育和法律人才培养

维系一个社会的生活秩序，需要有两个条件：一整套现行有效的规范体系和能保障这套规范良好运行的人。[3] 正所谓"徒法不足以自行"[4]，在法治社会里，法律的价值精神和实践导向需要有合格的

[1] 转引自高道蕴等编：《美国学者论中国法律传统》，中国政法大学出版社1994年版，第4页。

[2] 公丕祥：《法制现代化的理论逻辑》，中国政法大学出版社1999年版，第355页。

[3] 王健：《中国近代的法律教育》，中国政法大学出版社2001年版，"序言"第1页。

[4] 《孟子》，牧语译注，江西人民出版社2017年版，第145页。

法律人员去执行,而法律者的素质则有赖于法律教育的陶养。因此,就法治建设而言,法律教育发挥着基础性、全局性的重要作用。回顾新中国成立以来的法律发展历史,由于废除了国民党的旧法统,相应的法律教育与人才培养模式也发生了彻底的改变,我国现代法学教育基本上是从头开始,经历了曲折的发展过程。从总体上来说,经过70年的发展,尤其是改革开放以来,我国的法学教育获得新生,取得了辉煌瞩目的成就:法律教育结构重新得以确立并日渐完善;法律教学思想和教育理念逐渐脱离了阶级斗争的传统思维;法学课程设置和教学方法不断发展、改进;法学教师队伍也日渐壮大。更重要的是,先进的法律教育和法律人才培养模式为新中国法治建设培养了大量法律人才,为法治建设奠定了良好的基础。当然,法律教育与人才培养事业也存在明显问题,完善我国法律教育的道路任重而道远。

历史学家克罗齐曾言:"一切历史都是当代史。"[1]我们研究和解释历史,都归根于现实社会的实际需要。今天,法律的状况实际上正是过去法律教育实施的结果。因此,我们回溯徐道邻对于教育理念的思考、所作的努力和采取的措施,检视法律教育发展之路,不仅对于审视近一个世纪以来的法律学术传统具有重要意义,而且对于反思当下法学教育的弊端,探索新时代中国法学教育的改革与发展之路也具有十分重要的借鉴价值。

六、余论

晚清民国是一个新旧学说交替、中西方文化碰撞的风云时代。徐道邻正是这一时期著名的法学家。青年时代接受的国学教育和留洋经历为徐道邻法律思想的形成打下了坚实的基础。面对山河

---

〔1〕[意]克罗齐:《历史学的理论和实际》,傅任敢译,商务印书馆1982年版,第2页。

破碎、国家危难之局面，以徐道邻等人为代表的民国法律人以法律救国的姿态积极入世，学习借鉴西方法律制度，改革旧有的传统法制。常言道"时势造英雄"，特殊的历史背景和社会环境为徐道邻法律思想的不断发展以及其个人才华的充分施展创造了机遇。

徐道邻一生在法学道路上苦心孤诣，为近代中国的法制建设进行了有益探索。我们从古今之间的法学转型视野和中西之间的全球史观视野中重新发掘并深入思考徐道邻法律思想，感悟时代背后所体现的法律思想的内核，可以发现，这既是一位正直的知识分子对国家和人民的赤诚之心，更是中国知识分子独立人格的刻写。而对于这位在民国年代里成长起来的法律人，囿于阶级斗争和意识形态等政治环境的影响，人们对他的生平以及学术成就的认知屈指可数。正如现代学者所言，在中国的现代法学学术史上，徐道邻都是一个异数。不仅因为他"由学入仕，又由仕归学"的"不纯粹"的学术经历，也不仅因为他的作为"惊鸿一瞥的宪法学彗星"和作为避秦海外的中国法律史学卓越论者的"变异了的学术旨趣"，亦因为他的果毅的发愿以及对一份伦常执念的悲剧性的持守。[1] "寂寞一生，从未得意"[2]，这既是徐道邻先生的悲哀，也是民族和国家之大不幸！

徐道邻先生一生颠沛流离。少年留德时代的意气风发、胸怀天下，归国后从政仕途的摩拳擦掌、睥睨豪迈，这一切早已灰飞烟灭。而在了解徐道邻的家人和同事们眼里，已逐渐淡忘他青年时代于歌乐山的壮志凌云、慷慨激昂，更多的则是晚年于大度山中的安贫乐道、潇洒静雅。在朋友眼中的他依旧如此：

---

〔1〕 刘显刚：《慷慨何为——法史学名家徐道邻先生的一段往事》，载搜狐博客2007年10月20日，http://xiangangliu. blog. sohu. com/92558976. html。

〔2〕 端木恺：《中国法制史论集序二》，载徐道邻：《中国法制史论集》，台北，志文出版社1975年版，第4页。

记得最清楚的,是徐先生拄杖而行的样子,在文学院,在东海路上;他的笑容特别和蔼慈祥。大度山的冬天风大,师生多穿长袍的,但徐先生好像从来都穿大衣,不穿长袍,这也许与他的德国教育背景有关。[1]

他既具备法学家细致严谨、沉着冷静的态度,也具有传统知识分子忧国忧民、心系天下的情怀,这种宝贵的精神永远值得我们后辈法律人学习。

---

〔1〕 杨牧:《徐道邻先生》,载杨牧:《柏克莱精神》,台北,洪范书店1984年版,第140页。

学术新人

【编者按】 本卷“学术新人”栏中，我们选编了一篇文章，是一名硕士研究生的作品。讨论了《大清律例》中“盗贼窝主”这样一条律文。作者从词汇解释和法律适用两个角度进行考察，参考众说，且对学术界成说提出一定的质疑，展现了学术新人的敏锐色彩。

论清律"盗贼窝主"的主观情状

——从词汇解释与法律适用所进行的考察

程　实*

【摘要】 "盗贼窝主"律例具有较高研究价值,谢晶所作专论在进行了初步研究的同时也在"盗贼窝主"的主观情状之界定上带来了新的疑问。从词语内涵来看,律例并没有为"盗贼窝主"下定义,仅是对其主观情状进行列举;时人所使用的"盗贼窝主"一词的主观情状指代范围并不仅限于造意、共谋两项,也可以包含事前仅知情与事后知情。从法律适用来看,"知情存留"例所规定的"知情"这一主观情状兼指事前共谋、事前仅知情与事后知情。在经过对主观情状及相应处罚进行对比后可以发现"盗贼窝主"律与"知情藏匿罪人"律之间存在法律不协调的问题,薛允升的论述具有一定的合理性。

关键词:大清律例;刑律;盗贼窝主;共谋;知情

一、问题的提出

薛允升在《唐明律合编》中指出,唐律"共盗并赃论"的部分内容

* 天津师范大学法学院2019级法律史硕士研究生。

经过宋元立法的发展,到明清已经演变为"盗贼窝主"律例。[1] 那么如何理解此律例内容及相应变化也就成为值得探究的课题——尤其是在它和古代中国法律共同犯罪规定的发展变化密切相关的前提下。但是学界对"盗贼窝主"律例的关注较少,即使是对清代共同犯罪进行深入细致考察的论文著作也少有详论。[2] 两年前谢晶博士撰文《重实行与靖盗源——清律"盗贼窝主"立法原理及当代启示》,[3] 在《唐明律合编》与《读例存疑》的基础上,以专论的形式对"盗贼窝主"律例的立法内容进行了展示,对立法原理进行了解读,并就共同犯罪与现行刑法进行了比较。

该文向我们展示了重新审视中国古代共同犯罪理论与规定的新视角——"盗贼窝主"律例,但也引发了新的疑问。该文就"盗贼窝主"的主观情状界定问题提出了与薛允升著作不同的看法,两者主要争议点如下:第一,在对"盗贼窝主"一词的理解上,《唐明律合编》提出"窝主"有事前、事后之分,[4] 该文则坚持认为"窝主"只能是事前造意、共谋,并提出公式"窝主 = 窝藏 + 造意或共谋";第二,在法律适用上,双方均承认知情存留例之"知情"存在疑义,《读例存疑》推测其应是指事后,[5] 该文则在坚持上述事前造意、共谋

---

〔1〕 薛允升:《唐明律合编》,中国书店 2010 年版,第 218 ~ 219 页。需要说明的是,"盗贼窝主"律例是多种犯罪规定的集合体,并非只涉及盗贼之窝主。因此,为从用词上区分律目与本文研究对象,本文指称律目之下的律例时用"'盗贼窝主'律例",而指称盗贼之窝主时则用"盗贼窝主"。

〔2〕 如戴炎辉的《清律に於ける共犯》只是在论及造意犯的特殊形式以及事后共犯时提及了本律例,并未深入展开研究,森田成满的《清代刑法に於ける共同犯罪》同样如此。参见[日]戴炎辉:《清律に於ける共犯》,载《国家学会杂志》第 85 卷第 5・6 号;[日]森田成满:《清代刑法に於ける共同犯罪》,载《星药科大学一般教育论集》第 27 号。

〔3〕 谢晶:《重实行与靖盗源——清律"盗贼窝主"立法原理及当代启示》,载《法商研究》2018 年第 1 期。

〔4〕 薛允升:《唐明律合编》,中国书店 2010 年版,第 218 页。

〔5〕 薛允升:《读例存疑重刊本》,黄静嘉编校,台北,成文出版社 1970 年版,第 763 页。

的观点的前提下推测其应情同事前共谋；第三，通过对主观情状及相应处罚规定的比较，《唐明律合编》提出“盗贼窝主”律与“知情藏匿罪人”律存在法律协调问题，[1]该文则认为二者并无这一问题。那么，我们究竟该如何去对“盗贼窝主”的主观情状进行认识与理解？

这一疑问关系我们如何从整体上对“盗贼窝主”律例进行把握。笔者将在下文以上述争议为线索，结合史料对该疑问进行探究，希望借此进一步深化对有关问题的认识。

二、“盗贼窝主”的内涵

首先，就整个清代法律而言，“窝主”一词不为“盗贼窝主”律例所独有。清律《户律》有“窝主及知情娶者，各与（妻妾、奴婢）同罪”，[2]康熙朝《大清会典》有“若将茶货寄顿别家，仍以旧引影射，并窝主一体论罪”，[3]乾隆朝内务府抄本《理藩院则例》有“外藩逃人被获者，罚逃人之主一牛，给拿获主人，逃人鞭一百。窝主之什长，罚牲畜一九，给逃人之什长”，[4]等等。据此，“窝主”既可以指窝藏物之人，也可以指窝藏人之人，不论如何，解为“窝藏之主”至少是与史料相符的。那么清代法律里众多窝主之一的“盗贼窝主”又是否有更为限定的内涵？

（一）律例对“盗贼窝主”的规定

清律律文对“盗贼窝主”的表述为：

---

〔1〕 薛允升：《唐明律合编》，中国书店2010年版，第218～219页。

〔2〕 阿桂等纂：《大清律例》（第2册），中华书局2015年版，第214页。清律例变化复杂，出于对版本及行文方便的考虑，本文律例引用尽量以此书所载乾隆五十五年（1790年）武英殿刻本为主。

〔3〕 伊桑阿等纂：《大清会典》卷35，中国第一历史档案馆藏。

〔4〕 会典馆编：《乾隆朝内务府抄本〈理藩院则例〉》，赵云田点校，中国藏学出版社2006年版，第51页。

凡强盗窝主造意,身虽不(同)行但分赃者,斩(若行,则不问分赃不分赃,只依行而得财者不分首从皆斩。若不知盗情,只是暂时停歇者,止问不应)。若不(同)行又不分赃者,杖一百、流三千里。共谋(其窝主不曾造谋,但与贼人共知谋情)者,行而不分赃及分赃而不行,皆斩。若不行又不分赃者,杖一百。

窃盗窝主造意,身虽不行但分赃者,为首论。若不行又不分赃者,为从论(减一等),以临时主意上盗者为首。其(窝主若不造意,而但)为从者,行而不分赃及分赃而不行(减造意一等)仍为从论。若不行又不分赃,笞四十。

若本不同谋,(偶然)相遇共(为强、窃)盗,(其强盗固不分首从,若窃盗则)以临时主意上盗者为首,余为从论。[1]

明律与此大致相同,惟括号内小注为清律所增添。[2] 就“窝主”的主观情状而言,上引律文只是具体列举出造意与共谋,并未提出一个抽象的、封闭的窝主概念。另明万历十六年(1588 年)奏准:

推鞫窝主窝藏分赃人犯,必须审有造意共谋实情,方许以窝主律论斩。若止是勾引容留,往来住宿,并无造意共谋情状者,但当以窝藏例发遣。毋得附会文致,概坐窝主之罪。[3]

此例亦为清律所承袭,而例文所称“窝藏例”在万历朝为:

---

〔1〕 阿桂等纂:《大清律例》(第 3 册),中华书局 2015 年版,第 435 ~ 436 页。

〔2〕 参见黄彰健编著:《明代律例汇编》,台北,“中研院”历史语言研究所 1983 年版,第 792 页。

〔3〕 参见黄彰健编著:《明代律例汇编》,台北,“中研院”历史语言研究所 1983 年版,第 795 页。薛允升认为此文来自万历十五年(1587 年)刑部所题讲究律例十六条的内容,后经万历十六年(1588 年)题准定例,参见薛允升:《读例存疑重刊本》,台北,成文出版社 1970 年版,第 753 页。《明实录》略微记载了该题奏,但笔者并未找到题奏原文。参见《明实录》,台北,“中研院”历史语言研究所 1962 年版,第 3632 ~ 3633 页。

凡皇亲功臣管庄家仆佃户人等,及诸色军民大户,勾引来历不明之人,窝藏强盗二名以上,窃盗五名以上,坐家分赃者,俱问发边卫充军。若有造意共谋之情者,各依律从重科断。干碍勋戚,参究治罪。[1]

此条例基本为清朝所沿用,除雍正朝改“干碍勋戚”为“干碍皇亲、功臣者”,[2]乾隆朝改“边卫”为“近边”[3]外,并无太大变化。“窝藏例”本身也没对“窝藏”进行界定,“窝藏例”不过是例文的简称。

综上,我们并不能从这两条例文得出关于“窝主”的概念,例文不过是在提示:如果窝留犯人且坐家分赃,但不造意、不共谋、不行,则不能按律文论斩,而只是发遣。所谓“窝主律”以及“窝主之罪”不过是对律文的一种简称,而且这种简称所指的也不是律文全部内容,只是其论斩规定。

(二)时人理解

既然法律没有明确给出答案,那么我们只能根据时人认知去探究“盗贼窝主”的词义,即考察:时人在谈论窝留盗贼之人时,究竟只是称事前造意、共谋者为“窝主”,还是也对另外情形的犯罪者用“窝主”一词进行指代?

首先,律学著作中的确有将对盗贼“窝主”的理解限定为造意、共谋的实例,如王樵认为:“按,强盗窝主无不造意、不行、不共谋又不分赃之律,盖如此,则便是不知情而偶尔停泊其家非窝主也,止合

---

〔1〕 黄彰健编著:《明代律例汇编》,台北,“中研院”历史语言研究所1983年版,第794页。“窝藏例”的说法见王肯堂:《王仪部先生笺释》,顾鼎重辑,载《四库未收书辑刊》第1辑第25册,北京出版社2000年版,第546页。

〔2〕 朱轼等纂修:《大清律集解附例》,载《四库未收书辑刊》第1辑第26册,北京出版社2000年版,第312页。

〔3〕 故宫博物院编:《大清律例》(第1册),海南出版社2000年版,第360页。

问不应。"[1]王樵之子王肯堂也持同样看法。[2] 然而,也有律学著作将"窝主"一词用于造意、共谋外的其他情形,如冯孜认为:"盗之所依隐藏者曰窝主,而其情有不同。有于未盗之先而窝藏,或造意或共谋者,所以倡助乎盗者,不可弗禁也;有于已盗之后而分赃,或故买或受寄者,所以通同乎盗者,不可弗禁也。"[3]沈之奇认为:"若窝主不造意,不共谋,不同行,而止窝盗分赃者,则后有条例。其不知盗情,暂时停歇,则非窝家矣,故止问不应。"[4]这既表明"不知盗情,暂时停歇"不是窝家,同时也表明"窝主"的情形还有"不造意,不共谋"的"止窝盗分赃者"。司法实践中也有把不造意、不共谋之人称为"窝主"的情况,如《驳案汇编》所载"假差吓诈贿纵正贼勒索逼命"一案便将事后知情分赃之陈胡氏称为"窝主"。[5] 另外值得一提的是,雍正帝也曾在回应兵部尚书卢询所奏缉盗疏时指明:"其窝主有知情者,有不知情者;有分赃者,有不曾分赃者,须量其轻重分别定拟,乃一例定罪可乎?"[6]据此,我们只能认为他们均未像王樵父子一样将"盗贼窝主"一词仅限定于事前造意、共谋两项。

王明德说:"谨按,窝藏与窝主有别,律意甚明。愚意当以窝主

---

〔1〕 王樵:《读律私笺》刑律卷1,中国国家图书馆藏万历刊本。

〔2〕 参见王肯堂:《王仪部先生笺释》,全国图书馆文献微缩中心1992年版,第542页。

〔3〕 冯孜撰:《大明律集说附例》卷6,刘大文辑,东京大学东洋文化研究所藏万历十九年(1591年)挝州刘氏刊本。

〔4〕 沈之奇:《大清律辑注》,怀效锋、李俊点校,法律出版社2000年版,第639页。

〔5〕 全士潮等纂辑:《驳案汇编》,何勤华等点校,法律出版社2009年版,第751页。

〔6〕 中国第一历史档案馆编:《雍正朝起居注册》,中华书局1993年版,第130~131页。《清实录》的记载较详:"至于窝主,有窝强者,有窝窃者;有知情者,有不知情者;有分赃者,有未分赃者。律内按罪分别立决、监候斩绞以至杖笞,开载甚明。"(《清实录》,中华书局2012年版,第6086页)

窝家为分别,则明白晓然,不致混淆矣。”[1]这种将“窝主”一词进行限定化的尝试本身就证明“窝主”一词的限定化理解与使用在当时并非为所有人所认可,史料所呈现内容是多样化的。回顾本文开头所示第一个争议点,薛允升云:“窝主有事前、事后之分,情形原不相同。”[2]这是按“窝藏之主”的词义对盗贼犯罪全时段进行指代,非但没有不妥,反而是“盗贼窝主”一词直到晚清也未被严格限定使用的明证。至于谢晶博士的论述,不过是对王樵父子观点的坚持。

再回到律例本身,正如寺田浩明教授所指出的,律例是由既有的司法经验之积累而成,律例对犯罪的类型化处理规定也建立在其之上。[3] 律例是对旧有经验的反映,终究也只是对旧有经验的反映,随着主观认识与客观实践的改变,律例本身也会变化。就像下文知情存留例所表明的,律例非但没有给“盗贼窝主”一个概念界定,反而又列举了不能简单等同于事前共谋的“知情”这一新的主观情状规定。总之,既然律例只是对“盗贼窝主”的主观情状进行具体列举而并非抽象概括,则我们在对其进行理解时就不能更进一步地试图用某一特定时段的律例去指代整个律例,乃至提出一种封闭式的概念。从这个角度来说,在对“盗贼窝主”的内涵的理解上,应槚的直白释义或许是最恰当的:“窝主,窝藏强、窃盗之人也。”[4]这种仅凭律例所列举情形来对词义进行限定的解释既能与本章节第一段所举的清代法律的其他“窝主”保持用语上的一致,又能在一定程度上适应时代的立法变化,还能为今人留下探究时争论的空间。

---

〔1〕 王明德:《读律佩觿》,何勤华等点校,法律出版社2001年版,第80页。

〔2〕 薛允升:《唐明律合编》,中国书店2010年版,第218页。

〔3〕 [日]寺田浩明:《中国法制史》,东京大学出版会2018年版,第254页。

〔4〕 应槚:《大明律释义》,载高柯立、林荣辑:《明清法制史料辑刊》第3辑第1册,国家图书馆出版社2015年版,第575页。

三、"知情存留"例的适用情形

通常来说,虽然人们对"盗贼窝主"的内涵有多样化的理解,但对法律适用的认知不一定会受到影响。律例没有提出"盗贼窝主"的抽象概念,却把应认定为犯罪的各种具体情形进行了正、反向列举,这些列举出来的条文就是司法人员依照律例进行裁判及比附的重要准绳,且"律例所未该,随事斟酌,以定爰书,则成案实足以辅律例也"。[1] 另外,综观清律,有"窝主"字样的律目仅是"盗贼窝主",则大体来说,"窝主律"一类的简称也并不会引起混淆。然而,雍正元年所提出的"知情存留"却会使人们在法律适用层面对律例所列举的主观情状本身产生疑义。

(一)"知情存留"例的发展变化

正如我们已经看到的,作为拟遣之规定,窝藏例实际上处理的是不造意、不共谋、不行但坐家分赃之窝家,对于不造意、不共谋、不行又不分赃之窝家,只有强盗窝主条小注所提及的"若不知盗情,只是暂时停歇者,止问不应"。而强盗窝主共谋,不行又不分赃者杖一百,仅比不应为重律之杖八十略重;窃盗窝主为从,不行又不分赃者笞四十,与不应为律之笞四十相同。

1723年(雍正元年),雍正帝下令:"至窝盗之家,知情存留分别定以杖流,存留三人以上者,充发三姓地方。永著为例。"[2] 1725年(雍正三年)定例:"强盗窝主,虽不行又不分赃,但知情存留一人者,杖一百、徒三年;存留二人者,杖一百、流三千里;存留三人以上者,充发三姓地方,遇赦不准援免。"[3] 又1767年(乾隆三十二年)奏准

---

[1] 沈书城:《大清律例汇纂》凡例,京都大学附属图书馆藏1793年(乾隆五十八年)刊本。

[2] 《清实录》,中华书局2012年版,第6086页。

[3] 朱轼等纂修:《大清律集解附例》,载《四库未收书辑刊》第1辑第26册,北京出版社2000年版,第312页。

定例：“强盗窝主造意，不行又不分赃者，改发附近充军。”[1]雍正三年例与乾隆三十二年例因“首条系指不曾造意之窝主，第二条系指造意之窝主，事相同而语类，自宜并作一条”[2]，于1788年（乾隆五十三年）被合并为：

强盗窝主造意，不行又不分赃者，改发附近充军。若并非造意，又不同行分赃，但知情存留一人者，杖一百、徒三年；存留二人者，杖一百、流三千里；存留三人以上者，发极边足四千里充军。[3]

至此，我们已经能清晰地看出，对于不行又不分赃之强盗窝主，法律的惩处逐渐趋严。本例经后代立法变化，至1870年（同治九年）为：

强盗窝主造意，不行又不分赃，改发新疆给官兵为奴。若非造意，又不同行分赃，但知情存留一人，发近边充军；若存留二人，亦发新疆给官兵为奴；存留三人以上，于发遣处加枷号三个月；五人以上，加枷号六个月。如知情而又分赃，无论存留人数多寡仍照窝主律斩。[4]

为行文方便，本文简称上述这一系列例文为“知情存留”例。

（二）“知情”的疑义

薛允升对本例评论道：“惟所云‘知情’，是否事后？抑系上盗之

[1] 阿桂等纂：《大清律例》（第1册），中华书局2015年版，第362页。

[2] 郭成伟主编：《大清律例根原》，上海辞书出版社2012年版，第1158页。

[3] 阿桂等纂：《大清律例》（第3册），中华书局2015年版，第440页。

[4] 李瀚章等：《大清律例汇辑便览》卷25，早稻田大学图书馆藏1872年（同治十一年）湖北谳局刊本。

前？尚未叙明。”〔1〕从雍正元年到同治九年,本例一直沿用“知情存留”一词,那么,同为窝家的主观情状,知情与造意、共谋到底是什么关系？从乾隆五十三年例文之合并可以看出,造意与知情是两码事,因此,焦点实际上是“共谋”与“知情”的关系问题。当然,有必要说明的是,为避免混淆,本文所作论述并不针对其他条文。

“盗贼窝主”律文的“共谋”一词,清律小注解释为:“其窝主不曾造谋,但与贼人共知谋情。”〔2〕沈之奇则解释为:“而共谋则相与商计者耳。共谋又与知情不同,共谋是共相图谋,知情是但闻知其事。知情者,身在事外,共谋者,身在事中。”〔3〕沈家本对沈之奇的解释表示赞同:“此注分别共谋、知情最为明晰,律内小注‘共知谋情’四字尚可斟酌。”〔4〕然而必须要注意的是,《辑注》在对另一例文中的“大户知情故纵”进行解释时却说:“知情即是窝主,已包有造意、共谋等情在内,故有真犯死罪之说。”〔5〕即沈之奇所论之“知情”并未有统一用法,再考虑到《辑注》的成书年代早于知情存留例的制定时间这一事实,我们对上述解释只能持参考态度。

乾隆朝律学家万维翰解释:“注‘共知谋情’,知其所谋之情而共为谋,非但知情而已,故四字分开不得。若不共谋而窝盗分赃,止照窝藏例发遣。”〔6〕他的《律例图说》所示图表又将“知情存留”例划分

〔1〕 薛允升:《读例存疑重刊本》,黄静嘉编校,成文出版社1970年版,第763页。

〔2〕 阿桂等纂:《大清律例》(第3册),中华书局2015年版,第435页。

〔3〕 沈之奇:《大清律辑注》,怀效锋、李俊点校,法律出版社2000年版,第639页。

〔4〕 徐世虹主编:《沈家本全集》(第2卷),中国政法大学出版社2010年版,第877页。

〔5〕 沈之奇:《大清律辑注》,怀效锋、李俊点校,法律出版社2000年版,第641页。

〔6〕 笔者并未找到万维翰的《大清律例集注》原书,引文采距其年代较近之《大清律例汇纂》所作摘录。参见沈书城:《大清律例汇纂》卷20,京都大学附属图书馆藏1793年(乾隆五十八年)刊本。

在"窝主不造意但共谋"一项之下。[1] 据此，我们可以看出，万维翰既认为"共谋"是在"知其所谋之情"的基础上"共为谋"，又认为"知情存留"是"共谋"的情形之一。由此可见，对于盗贼"窝主"词义的理解，万维翰与王樵、王肯堂父子二人的观点近似——盗贼"窝主"限定在造意、共谋。更重要的是，万维翰的观点还揭示出另一疑问——难道不可能存在事前"但知情"而不"共为谋"的"盗贼窝主"？沈家本认为："知情者知其为强盗，勾引容留往来住宿，并非与之同谋。首条所谓并无共谋情状，当不论事前事后也。若一知情即为同谋，即无窝藏一层矣，似应照首条详细叙明，方不至歧误。"[2] 显然其受雍正元年以前律学著作影响较大，但是也提示了我们对于不造意、不共谋之情形的思考，不应宥于事前、事后之分别。

不论如何，三位先学所述均有一定启发性，"盗贼窝主"律文"若本不同谋，(偶然)相遇共(为强、窃)盗，(其强盗固不分首从，若窃盗则)以临时主意上盗者为首，余为从论"也在反向证明"共谋"即"同谋之非造意者"，本文对"共谋"即采此观点。那么，"知情存留"例所规定的主观情状范围到底是什么？换言之，本例到底如何进行法律适用？

(三)"知情存留"例的基本适用情形

就盗贼类共同犯罪总体而言，的确存在不共谋但事前知情的实例，例如，1733年(雍正十一年)"诬良为窝旋即供明被诬之人未受累仍照本条定拟"一案，刘上斌等人已经形成犯意，在前往行劫途中遇葛亚晚等人，告知其事由并邀入伙同往，葛亚晚等人先应允，"甫行数步，葛亚晚等畏惧，逃回，未敢同行"。葛亚晚等人"止系知情并未上盗，应照知人谋害他人不即阻挡又不首告律"。又如，1688年

[1] 万维翰：《律例图说》(第2册)，中华书局2015年版，第51页。

[2] 徐世虹主编：《沈家本全集》(第2卷)，中国政法大学出版社2010年版，第878页。

(康熙二十七年)"盗犯强逼同行中途逃回"一案,刘常子"系刘常藻强逼同行,中途逃回,并未上盗分赃……但不行出首,合依不应重律"。再如,1701年(康熙四十年)"被诱同往看守行李不作伙贼"一案,田文福于犯罪人犯意形成之后向其索取酒钱,被引诱同行并在现场之外看守行李,"田文福虽未上盗分赃,但不阻挡首告"。[1] 上述犯罪人均属于事前虽未造意、同谋但知情之人,他们既不参与犯意形成又不上盗,也不分赃。具体到涉及"盗贼窝主"的案件,事前知情之窝家既有按上文所述知情存留例处理的,也有按窝藏例处理的,还有按"不行首告"处理的,举例如下。

首先,按知情存留例处理的案例。例如,1728年(雍正六年)"诬良后即行自认免加等暂借书房聚会发遣首出盗首即获免罪"一案,李永起意行劫,找叶世臣借其书房以纠党商谋,叶世臣外出收租,不为拒绝。此案叶世臣"审无同谋、分赃",被判照"知情存留"例处理。[2] 又如,1882年(光绪八年)"孙振梆等人骑马迭次行劫"一案,店主席苍等人事前知孙振梆等系属马贼,容留其在店住宿,"惟席苍等人仅止知情容留,并非造意共谋,亦未同行分赃……但该犯等容留孙振梆等已在五人以上",被判照"知情存留"例处理。[3]

其次,按窝藏例处理的案例。例如,1739年(乾隆四年)"昌乐县盗犯赵秃子等行劫郭松林盐店"一案,赵秃子等人犯意已经形成,行劫之前告诉店主张殼事后在其店内分赃,张殼虽然事前知情且并未

〔1〕 洪弘绪、饶瀚:《成案质疑》卷18,日本国立公文书馆藏1746年(乾隆十一年)刊本。

〔2〕 参见洪弘绪、饶瀚:《成案质疑》卷18,日本国立公文书馆藏1746年(乾隆十一年)刊本。同时需要指出的是,《成案质疑》所载1732年(雍正十年)"暂时在寮聚会分赃不作窝家"一案,各盗在朱子满烟寮共同商谋,盗后又在此处分食所盗猪鸡,却被认为"虽在伊烟寮聚会分赃,但止一时聚集,与窝藏盗贼有间"。然而,此案朱子满亲自上盗,因此与本文所论的不上盗之窝主存在差异。

〔3〕 杨士骧:《例学新编》卷7,东京大学东洋文化研究所藏1906年(光绪三十二年),上海明溥书局石印本。

参与造意、共谋，但是其事前并未窝留犯人，犯人纠伙之地也并非张榖店内，张榖仅答应事后在其店内分赃。于是此案判张榖“改依民人窝留强盗二名以上坐家分赃例”。[1] 又如，1851 年（咸丰元年）“行劫官帑盗线窝主从重科罪”一案，余老四“窝留行劫饷银之潘淮芳等住宿，经潘淮芳将图劫之事告知，潘淮芳等行劫后复分给该犯元宝一枚”。余老四事前知情且不造意、不共谋，虽然被判改“依顺天府五城及直隶、山东二省窝藏强盗二名以上例”，但若非因犯罪对象为官帑，江苏巡抚原拟照“寻常窝藏强盗例”。[2]

最后，是按“不行首告”处理的案例。例如，1731 年（雍正九年）“并无造意共谋分赃亦无勾引窝藏先因贼众不敢斥逐后恐陷害不行首报拟杖”一案，店主张四“原无造意、共谋、分赃之事，亦无勾引、窝藏之情，其先因惧人众，不敢斥逐，后恐陷害，不行首告，似与有心存留者不同。今该督依强盗窝主知情存留例拟遣与例未协，应将张四改照知人谋害他人不即首告例”[3] 又如，1731 年（雍正九年）“营兵入伙行劫”一案，郭贤等人犯意已经形成，前往行劫途中偶遇营兵蔡德等人并邀其入伙，蔡德所乘艇之艇主萧亚颖事前并不知情。然而，就算蔡德有意瞒萧亚颖，等郭贤等人换乘萧亚颖之艇并前往行劫时，萧亚颖理应知情，这也并非事后知情。此案萧亚颖并未分赃，“事后不行首报，应照知人谋害他人不首告律”。[4]

上述案例似乎呈现如下倾向：①如非“有心存留”，则可能按“不行首报”或“不应为”处理；②如“有心存留”，分赃则可能按窝藏例，

---

〔1〕 洪彬：《驳案成编》，东京大学东洋文化研究所藏 1767 年（乾隆三十二年）刊本。

〔2〕 吴潮等编：《刑案汇览续编》，法律出版社 2007 年版，第 402～403 页。

〔3〕 洪弘绪、饶瀚：《成案质疑》卷 18，日本国立公文书馆藏 1746 年（乾隆十一年）刊本。

〔4〕 洪弘绪、饶瀚：《成案质疑》卷 18，日本国立公文书馆藏 1746 年（乾隆十一年）刊本。

不分赃则可能按“知情存留”例处理。而在探究出事前“仅知情”情形的存在及其相应处理后,我们必须进一步追问两个问题:①是否存在事后知情又不分赃之窝家按“知情存留”例处理的案例?②是否存在共谋、不行又不分赃之强盗窝家按“知情存留”例处理的案例?

对于问题①,回答是近乎肯定的。1895年(光绪二十一年)“管大等强盗”一案,伊广聚事后知情容留,并未分赃,被判按“知情存留”例处理。[1] 而对于问题②,则似乎并不容易回答。从诸多刑案的事实记录来看,不共谋的情形较容易判断,而共谋的情形则较为暧昧模糊。如1736年(乾隆元年)“窝盗三人以上之犯分别发遣”一案,宋三事前窝留李二等人居住,李二等人纠伙商谋地点、会合出发上盗地点、盗后分赃地点也均是在宋三家,宋三被裁判为适用“知情存留”例。[2] 表面上看似乎这是典型的共谋之强盗窝主,但是由于细节描述的缺乏,我们却并不能弄清宋三究竟有无共谋。然而这并非意味着我们无法从另一个角度对此问题进行回答,既然笔者已经证明了不造意、不共谋、不行、不分赃而仅知情的强盗窝主可被适用“知情存留”例,则共谋、不行又不分赃之强盗窝主没有道理被处以比“知情存留”例更轻的刑罚。同时,对于强盗窝主,本例文并没有在造意、不行又不分赃者与知情、不行又不分赃者之间留下可供第三者从容存在的空间,则我们完全有理由结合本章节第二小节所引万维翰著述认为:“知情存留”例之知情也包含共谋。换言之,“知情”一词的提法极有可能就是为了降低例文适用门槛——对于不造意之人,不需要再判断其是否共谋,只要是知情,即可按知情存留例

[1] 杨士骧:《例学新编》卷7,东京大学东洋文化研究所藏1906年(光绪三十二年)上海明溥书局石印本。

[2] 洪弘绪、饶瀚:《成案质疑》卷18,日本国立公文书馆藏1746年(乾隆十一年)刊本。

处理。也只有如此,我们才能理解为何本例文所列举的主观情状是造意、知情,而不是造意、共谋、知情。[1]

当然,笔者并非认为清代刑案一定是同案同判之产物,只是希望通过对刑案以及相关史料的列举与比较得到一种可能性的证明:“知情存留”例适用于共谋或仅知情(包括事前与事后)的不行又不分赃之强盗窝家。

(四)“知情存留”例的扩张

既然上文已经列举出了事后知情但不分赃之强盗窝主适用知情存留例的案例,则另一问题也就浮出水面:对于不造意、不共谋、不行但分赃之强盗窝主应该如何适用法律?或许我们首先想到的就是窝藏例。然而,如果回顾同治九年对“知情存留”例的修订,我们会发现其文末规定:“如知情而又分赃,无论存留人数多寡,仍照窝主律斩。”这表明,咸同年间两次颁行的强盗窝主章程之严惩精神被律例所吸收,其内容以例的形式确定下来。[2]

按窝藏例,对于不造意、不共谋、不行但分赃之强盗窝主,应拟遣,而同治九年例却规定照窝主律斩。1872年(同治十一年)之上谕再次对这一做法进行了确认:“近来承审人员往往止图速结,不复深

〔1〕 在明清律例中,“知情”一词包含“共谋”的用法并不止本例一处,有的条例甚至将“造意”也包含在其中,如弘治朝《问刑条例》有例文:“各处大户人家细仆,结构为盗、杀官劫库、劫狱放火,许大户随即送官追问。若大户知情故纵,除真犯死罪外,其徒流杖罪及窝贼三名以上,属军卫者,发边卫,属有司者,发附近,各充军。”清代修改此例时仍沿用“知情故纵”。对于此例之“知情”,王肯堂、沈之奇等皆认为包含造意、共谋。参见黄彰健编著:《明代律例汇编》,台北,“中研院”历史语言研究所1983年版,第793页;阿桂等纂:《大清律例》(第3册),中华书局2015年版,第437页;王肯堂:《王仪部先生笺释》,全国图书馆文献微缩中心1992年版,第545页;沈之奇:《大清律辑注》,怀效锋、李俊点校,法律出版社2000年版,第641页。

〔2〕 为严惩猖狂的“盗贼窝主”犯罪,清朝曾于咸丰十一年颁布严定强盗窝主章程,又于同治七年颁布强盗窝主分别酌定章程,知情分赃论斩之规定就直接来自后者。参见俞国娟主编:《清朝刑部通行条例》,浙江古籍出版社2012年版,第120~127页;潘文舫等:《新增刑案汇览》,法律出版社2007年版,第147~149页。

求,以致窝家多未破获。嗣后除孤村旅店、僻壤农家畏其凶横、强行食宿者照常免罪外,其余无论曾否造意、有无同行,但知系贼匪而窝留分赃者,即照强盗窝主拟斩立决。若并未分赃,仅知情容留或受托寄顿及代为销售者,不论人数、赃数,均发新疆给官兵为奴,遇赦不赦。"[1]"知情存留"例在一定程度上干涉了窝藏例,其在事后知情领域的适用范围得到进一步扩展——这也是对前文刑案考察所得结论的一种确证。

然而沈家本等人对此做法颇不以为然,修《大清现行刑律》时对此评论道:"今以仅知强情之犯,但一分赃,即不论存留人数多寡,仍照窝主论斩,既与前条必须有造意、共谋实情方许以窝主论之例义不符,且混窝主、窝藏为一,尤不足以昭平允。"[2]此论固然出自对清律的体系性考量,但若我们对咸丰年间以来严峻的犯罪态势及相应的刑事政策加以回顾,对律例规定从"造意与共谋"到"造意与知情"的这一变化加以考虑,就会发现其未必有很高的说服力。虽然《大清现行刑律》删去了上述论斩规定,[3]但是作为一种客观存在,此规定具有近四十年历史,我们应当予以正视。

综上,我们可以明确知道"知情存留"例适用范围较广泛:共谋或仅知情(包括事前与事后)的不行又不分赃之强盗窝主,乃至不造意、不共谋、不行但分赃之强盗窝主。这也从法律适用层面再次证明了盗贼窝主的主观情状既有事前也有事后。回顾本文开头所示第二个争议点,可知双方观点均不全面。

---

〔1〕 中国第一历史档案馆编:《咸丰同治两朝上谕档》(第22册),广西师范大学出版社1998年版,第183页。

〔2〕 沈家本等:《大清现行刑律案语》,载《续修四库全书》第864册,上海古籍出版社2002年版,第485页。

〔3〕 《大清现行刑律》规定:"强盗窝主造意,不行又不分赃,改发新疆当差。若非造意,又不同行分赃,但知情窝藏一人,流二千五百里;窝藏二人,流三千里;窝藏三人以上,发极边足四千里安置;五人以上,发烟瘴地方安置。"故宫博物院编:《钦定大清现行刑律》,海南出版社2000年版,第257页。

四、"盗贼窝主"律与"知情藏匿罪人"律的法律协调问题

上文分别从词义、法律适用两层面对"盗贼窝主"的主观情状问题进行了探究，至此，本文最初所示三处争议点尚有一处未被论及。为此，本章节将对由主观情状及相应处罚规定不同而带来的"盗贼窝主"律与"知情藏匿罪人"律的法律协调问题进行论述。

清律"知情藏匿罪人"律规定：

> 凡知（他）人犯罪事发，官司差人追唤，而（将犯罪之人）藏匿在家，不行捕告，及指引（所逃）道路，资给（所逃）衣粮，送令隐匿（他所）者，各减罪人（所犯）罪一等。[1]

若事未发、官司未差人追唤，则"止问不应"。[2]

在将"盗贼窝主"律与"知情藏匿罪人"律的主观情状及相应处罚的规定进行比较后，薛允升对"盗贼窝主"律评论道："若本不同谋，行盗以后犯或潜逃其家藏匿，则有知情藏匿罪人可援，何得仅拟杖责？律文既未明晰，以致后来例文愈改愈觉烦杂。律注谓止问不应，系指不知盗情而言，若明明窝盗且共谋矣，岂止知情已哉？乃仅拟以杖笞罪名，何也？不特较伙盗治罪为轻，亦与藏匿罪人之律意不符。"[3]

从上下文文义来看，此论应指对事后知情藏匿犯人而并不分赃一事进行处理而言。按律文规定，对于强盗窝主，共谋、不行又不分赃者杖一百，则较其情节为轻之不造意、不共谋、不行又不分赃者只能处以更轻的刑罚。而反观"知情藏匿罪人"律，减罪人一等的规定

---

〔1〕 阿桂等纂：《大清律例》（第4册），中华书局2015年版，第445页。

〔2〕 阿桂等纂：《大清律例》（第4册），中华书局2015年版，第445页。

〔3〕 薛允升：《唐明律合编》，黄静嘉编校，成文出版社1970年版，第218～219页。

显然可以比“盗贼窝主”律处以更重之刑罚，这就是“盗贼窝主”律与“知情藏匿罪人”律的不协调之处，可见薛氏之疑问并非空谈。当然，“知情藏匿罪人”律有时间限制要件：若事未发、官司未差人追唤，则止问不应。然而，此要件不过是对两律不协调的更进一步的佐证：连在限制要件之内都是要问不应为律，则“盗贼窝主”律更没有理由仅处以杖责。而且，对于强盗共同犯罪已行而个别伙盗未行，清律“强盗”律小注规定：“伙盗不行又不分赃者杖一百。”〔1〕强盗共同犯罪之伙盗既有共谋，也有仅知情之人，而共谋之强盗窝主较之还有“窝留”一项情节，前者杖一百，后者竟然也仅杖一百，这又是一处律文不协调之处，因此薛氏惊叹：“若明明窝盗且共谋矣，岂止知情已哉？乃仅拟以杖笞罪名，何也？”综上可见“不特较伙盗治罪为轻，亦与藏匿罪人之律意不符”之评论是正确的，谢晶博士的否定有欠妥当。

五、结语

就本文最初所提疑问而言，综合上文三个章节的论述，拙见如下：第一，法律并未直接对“盗贼窝主”进行定义，因此我们无法在律例所列主观情状的基础上更进一步地去抽象出一个封闭式的“盗贼窝主”概念；第二，就法律已规定的内容而言，“盗贼窝主”的主观情状涵盖造意、共谋、仅知情（包括事前、事后），而就时人对“盗贼窝主”的理解而言，既有限定于造意、共谋的，也有不宥于此范围的；第三，从对“盗贼窝主”律与“知情藏匿罪人”律的主观情状及相应处罚规定之比较来看，的确如薛允升所言，两律之间存在法律不协调之处。

律例是一个随时代推进而不断发展变化的存在，因此，任何试图通过某一特定时段的立法内容去对律例全局进行概括的做法都会有和律例以及司法实际不合之风险，任何试图仅凭明代以及清代前

〔1〕 阿桂等纂：《大清律例》（第3册），中华书局2015年版，第269页。

期律学家的部分著作而将清中后期法律现象进行阐明的做法也都是存疑的。通过上文的考察我们已经发现,在律例层面,盗贼“窝主”的主观情状是随着立法的发展而有所变化的,从律文所举造意、共谋到雍正元年所举知情再到同治九年例对窝藏例之干涉,这种变化早已超出王樵父子甚至沈之奇当初的论述范围。面对这样的情况,我们只能实事求是,对史料进行仔细比对,本文也正是以此为原则而进行的尝试。

关于“盗贼窝主”律例,主观情状的疑问只是我们对其内容进行认识与理解时所要解决的基础性问题。“盗贼窝主”律例尚还有诸多问题有待探索,特别是与清律共同犯罪有关的内容,而这也是笔者希望继续深化研究的方向。

学术动态

【编者按】 本卷《中华法系》“学术动态”专栏部分我们收录了一篇会议综述，为2020年11月底由中国政法大学法律史学研究院主办的“中国法律的传统与创造性转化”学术研讨会议，本次会议讨论面广，不乏前沿与深刻。为便于全国更多的未参与此次会议的法律史学同人了解会议情形，故而专门请学者撰写此文，以飨读者。

赓续与新变:法史研究的多维探微与发展

——“中国法律的传统与创造性转化”学术研讨会议综述

顾　元*　杨　潇**

2020 年 11 月 28 日,由教育部人文社会科学重点研究基地·中国政法大学法律史学研究院主办的“中国法律的传统与创造性转化”学术研讨会在北京举行。中国政法大学党委副书记高浣月教授、中国法律史学会会长张生教授出席会议并先后致辞,中国政法大学终身教授张晋藩先生作主题发言。来自中国政法大学、中国社会科学院、北京大学、清华大学、中国人民大学、北京师范大学、吉林大学、南开大学、中山大学、中南财经政法大学、华东政法大学、西北政法大学、天津财经大学、海南大学、上海师范大学等 38 所高校或研究机构的百余名专家学者共襄盛会,提交学术论文 56 篇,其中 19 篇进行了专题报告。

开幕式由中国法律史学会执行会长、中国政法大学法律史学研究院教授张中秋主持。中国政法大学法律史学研究院副院长顾元教授代表研究基地致辞,欢迎国内外参会的法律史学者,感谢法史学界同人一直以来的支持和关注。他回顾中国政法大学法律史学

---

* 中国政法大学法律史学研究院教授。

** 中国政法大学法律史学专业博士研究生。

研究院(所、中心)成立三十五周年的辛路历程,高度评价前辈学者们对于新中国法律史学科的奠基与开拓性贡献,并强调法律史学研究院作为教育部人文社科重点研究基地,是全国法律史同人共同的学术平台和精神家园,承诺继续秉持开放、包容、服务、传承理念,服务于法律史学研究。

此次会议围绕“中国法律的传统与创造性转化”的主题,聚焦“理论范式与思想文化”“传统法制与司法实践”“近现代法制变迁”等多个领域,以“和谐理念与衡平价值的历史观照”“传统法制与司法文明的近代转型”“法律文化与刑狱断案的社会视域”“身份地位与儒学伦理的多维思考”为主要内容,深入探讨了法律史学的理论特色与研究进路。法律史学的理论和创作在复兴中华法系,形成国家法律文化记忆与共同价值,构筑法治社会的进程中肩负重要使命。

法律史理论文化与价值观念的研究需要大量注入创造性转换的主体智慧。尊重法律兼并包容、多元共存的立场。结合社科法学的方法,中国法律史的研究可能有功于对法学理论体系的反思,从而在法学基本理论上做出中国的贡献。因此,本次会议的专家学者们指出,法律史视野的多元向度决定了法史学者必须兼备法学思维与史学功底,以扎实法律史料为基础的同时,借由法律思维缜密的逻辑构造,凝练和阐释历史时空下的理论文化与思想制度,深入探讨法律史的传统承继与创造转化。与会者深入交流了哲学、历史学、社会学、经济学等跨学科范式在法律史学术研究中的运用关窍与衍生问题,为中国法律史学研究的创造性转化与发展建言献策。

一、良法·善治·贤吏:和谐理念与衡平价值的历史观照

张晋藩先生(中国政法大学)在题为“综论中国古代的良法、贤吏与善治”的主题发言中,着重围绕本次会议“中国法律的传统与创造性转化”的主旨,阐明良法、善治与贤吏的统一关系。他回顾中国

法律传统中诸多重要因素的价值与功能，讨论了传统社会和谐理念与法律文化的多维观照，并分析了新时代法史研究的理论动态与学术面向。

首先，良法是治国之重器。法平如水，是古代法律最基本的特征，也是司法者最主要的价值取向。而法也是国家意志的体现，法的功用就在于维护国家的统治。只有适于时变之法，才是生动的、有效的法律规范。其次，善治是良法之目标。为政中和、宽猛相济，足食足兵、民富国强，区分善恶、信赏必罚，诚信和睦、调解息争等皆为善治的必然要求与价值准则。再次，贤吏是沟通良法与善治的核心环节。只有通过执法之吏使法的规范变成实际，法才能起到治世的作用。最后，良法、善治、贤吏是一个整体，三者共同构成传统法律文明与文化价值的有机统一体。中国作为一个法制文明古国，在漫长的发展过程中，经历过无数次的沧桑巨变，但始终保持着国家发展的稳定性、连续性，并且不断地走向文明与进步，以至中华法系成为世界法系中的一个重要代表，这是治国理政丰富经验的总结，体现出法律史中和谐理念与传统文化基因的重要价值。

张晋藩教授言简意赅地梳理了中国法治文明史的发展脉络与独特内核，其学术观点与方法理念与时俱进。他的研究昭示我们：当下法律史学面临着新的机遇和挑战，如何反思法史学的基本理论和方法，探索和创新研究理论和范式，更好地展现和汲取中国法律史学的独特价值和经验，做出全面推进“依法治国”语境下法史学人自己的独到贡献，是摆在我们面前的重要历史使命。

二、语言·逻辑·史料：传统法制与司法文明的近代转型

本部分论文和报告涉及传统法律史料文献、经典法学名著、律典档案及相关法律制度的研究，重点关注法制与社会的互动与经验传承，集中于“中国法律的传统与创造性转化”这一核心论题，力图展现传统法律文化与近代司法文明的宏阔内涵。

刘海年(中国社会科学院)以《从战国秦汉简牍法律看中华法系的渊源》为题,解读简牍和帛书当中的法律史料。他概述了战国秦汉简牍等法律文献及其蕴含丰富的史学资源。认为“汉承秦律”,中华法系是在先秦简牍等文献的基础上形成和逐步发展的。刘海年教授强调战国秦汉简牍的学术研究价值,呼吁法律史领域专家学者应重视出土文物,加强简牍和帛书中法律文献的研究,不断推进中国简帛学建设,为战国到两汉的法律史研究打开新局面。

张生(中国社会科学院)以《中国近代民法典编纂的历史反思——以传统法的体系化改造为中心》为题,生动展现了中国近代对传统法体系化改造的历史脉络。他认为,清末民国在编纂民律草案之际,为消除传统与近代的社会文化冲突,致力对传统法进行体系化改造。但经过体系化建构与改造的传统法多已失去了本土价值与规范功能。究其根源,近代的立法者汲取西方经验,并按照近代民法体系去改造传统法。中国近代对传统法体系化改造的经验教训,值得我们在建构现代民法体系的过程中加以警醒。

徐忠明(中山大学)则以李煦的《虚白斋尺牍》为素材,对清代官场实践中不同于正式制度的另一种逻辑进行反思。他指出,及至康熙时代,中国进入了相对稳定的发展期。以皇帝为中心的权力结构与相关制度也日趋完善。然而律例的文本规定与行政司法的实践活动悖离。《虚白斋尺牍》收录的信、文、启多数涉及李煦亲友族人的人情私事,反映了李煦利用特殊身份与权力资源建构官场网络的套路。找门路、托人情侵蚀了国家正式制度,并且呈现了不同于正式制度的另一种实践逻辑。

尤陈俊(中国人民大学)以《国家能力建设视角下的当代中国语言规划与语言立法——从20世纪50年代的文字改革运动到〈国家通用语言文字法〉》为题,从语言经济学和语言政治学的角度,强调大力推广普通话这一法定的国家通用语言的正当性。他指出,在对语言规划和语言立法的研究方面,我国法学界的专门研究成果长期以来颇为少见。学者可以结合法学、语言学、民族学、社会学、历史学的相关理论资源,来理解大力推广普通话这一法定的国家通用语言的正当性,特别是其对于铸牢中华民族共同体意识的重大现实意义。

陈景良(中南财经政法大学)提交的《事实、证据、规则:南宋法官群体断案是否讲逻辑》论文,以史料为基础讨论南宋理学家法官群体判案的特征与样态。他认为,南宋法官的事实认知以查清案件真相为前提,并在司法审判中讲求逻辑推理与证据事实,根据国法、情理、天理(经义与名分),结合案件实际情况作出恰到好处的判决,实现中国人特有的司法公平与正义,体现南宋理学家法官群体的固有智慧。他还以南宋司法断案为例,深入探讨中西法律文化大相径庭的原因,阐释法律的重要地位与作用。

郑显文(上海师范大学)的论文《汉代私有财产权制度的演变及其法律保护》,根据传世文献以及新发现的汉代简牍材料,对两汉时期的私有财产权制度进行分析。他认为,汉代是中国古代对私有财产权最为重视的时代,由于受先秦法家思想影响,汉代形成了私有财产不可侵犯的观念。同时汉代在民事法律方面制定相应的财产规范,以保障私人的财产所有权。

师彬彬(许昌学院)提交的论文《西汉外戚封侯制度研究》,认为西汉外戚封侯制度以皇帝颁布的诏书作为重要依据,既反映了外戚群体与列侯爵位存在一定的社会等级对应关系,又体现了皇权对外戚群体实施利用与抑制的政策,重视发挥外戚集团的政治职能以减少了外戚封侯制度之弊。

刘佳佳(江西省社会科学院)的论文《唐代律令格式法典编纂之演变新论》,指出唐律令格式法典体系代表了中国古代法典编纂技术和理念发展的顶峰,并将法典编纂同王朝政治体制与政务运行机制联系起来,以法律功能的角度探讨法律形式,探究唐宋变革背景下的律令格式法典体系变迁问题。

戴羽、任改勤(山西师范大学)的论文《〈天盛律令〉所见法律术语“坐赃”考辨》,以古籍文献为范本,分析相关语词内涵与法律概念。指出西夏坐赃罪借鉴唐宋狭义坐赃的部分内容,但二者在适用范围上有较大差异。学者在释读西夏文法典过程中,应充分注意唐宋法律术语的移植问题。

徐小芳(湖南师范大学)提交的论文《耶律大石时期的司法官制初窥》,提出西辽在蒙古人占据中亚之前就已将中国法治文化传播至西域。耶律大石作为西辽的开创者,是探讨西辽法治不可规避的重要人物。

代舒畅(海南大学)的论文《“除附公据”在宋代立嗣审判中的证明效力》,聚焦于宋代“除附公据”的功效与价值,认为“除附公据”作为宋代立嗣继承的凭证、立嗣审判最权威的证据,以其法定唯一性和实践佐证性促进了立嗣主体及宋代财产继承的明确化,在平息产业纷争、稳定社会秩序上发挥了一定作用。

林晓炜(厦门大学)在论文《制度何以变迁——御史“关白”制度与北宋中前期台谏政治的演化逻辑》中指出,御史“关白”意指御史先将欲弹劾的官员及具体情形向御史台长官汇报,待其许可后再行弹劾。“关白”制度为宋初以降皇权政治和官僚政治之“变异”,必将在皇权政治和官僚政治进一步成熟后退出历史舞台,使御史职能之运作回归常态。但君主集权背景下台谏的工具性极易导致其沦为朝臣攻讦的工具,最终导致政治日益腐化。

高德凯(中南财经政法大学)的论文《中国传统司法法源结构的反思——以社会—法律实证主义为进路》认为,在法律多元主义下,功能主义和本质主义因存在过多预设,难以解决法律与社会规范区分的问题,导致中国古代传统法的特性被法律中心主义所掩盖。运用“情法之平”进行律例适用的社会实践过程本身就是一种中国古代“法”的存在与识别。

徐琨捷、段晓彦(华东政法大学、福州大学)提交的论文《民初大理院民事裁判中的“权利不得滥用”原则》,认为“权利不得滥用”原则是西方近代民法原则,近现代中国对于该原则的继受,滥觞于《大清民律草案》的规定。大理院的判例中也体现了“私法社会化”思潮。该原则在司法适用过程中经历了保守观念与进步思想的考验,对后世的立法与司法产生了影响。

云霖霖(中南财经政法大学)的论文《民初龙泉士绅与基层警察的冲突与博弈》,着重讨论了龙泉司法档案中的“纵警仇学案”,认为诉讼过程中双方所采取的诉讼策略、诉讼话语以及对彼此形象的建构,深刻反映了时代变动背景下龙泉地方势力与乡镇警察这一新兴职业群体之间冲突与博弈的动态图景。

刘舟祺(中国社会科学院)在《论近代立法与司法对“七出”的逐步清理》一文中指出,民国时期大理院判例解释例对于“七出”的离婚事由予以适用、解释与改造。正式颁布的民国民法典也因循此思路,最终实现具有法律效力的“立法层面的清理”。因此,近代的“七出”清理正是法律适应社会本身的演变过程,而演变动力则源于社会变迁与法律移植。

刘之杨(清华大学)提交的论文《法律移植后的调适与反思:民国时期流放监犯探析》,认为从法律移植的角度看,由于监禁刑与中国社会磨合不利,故而流放作为一种调适手段应运而生。近代学者反思了法律移植中削足适履的做法,主张即便在思想共识下,各国仍可依据国情而建立不同的制度。但由于立法思维中仍长期带有求速求全的倾向,对法律移植的反思亦多停留在批评层面而缺乏足够的建设性,流放监犯的理想效果也难以发挥。

曹瑞冬(苏州大学)的论文《民国中后期苏州娼妓禁政中的违警罚金》提出,民国政府迭次修订违警罚法,将财政权从警政中剥离出来。民国中后期警察权的扩张与限缩多是时势所趋,苏州的娼妓禁政则为探索违警罚金的演进提供了财权路径。

任军豪(孙中山故居纪念馆)提交的论文《试论 1932—1937 年

间中央公务员惩戒委员惩戒的司法特征》,以涉财政部印刷局的三个案件为讨论中心,认为在国民党以党治国的政治大框架下,中惩会有其历史局限,但其所遵循的程序正义及所奉行的"无罪推定"原则,在当时具有相当的进步性。

罗冠男(中国政法大学)的《从中央人民政府委员会和政务院的关系看共同纲领时期中央国家机构组织原则》一文,认为共同纲领时期我国建立起了集立法、行政甚至司法和检察权于一身的中央人民政府。中央人民政府委员会是其首脑部分,政务院是由其产生的最高政务机关。两者的职权关系从法律条文上来看并不清晰。1954年宪法出台后,中央国家机构的组织原则实现了人民权力机关绝对权威之下的分权和分工,这是我国在中央国家机构组织方面进行自我完善的重要一步。

张俊英(六盘水师范学院)的论文《商鞅变法与秦王朝之兴衰研究》,认为商鞅变法是一场深刻、全面、成功的改革,是改变秦国整体实力与社会面貌的成功范例。变法推动了社会进步和历史发展,为秦统一中国奠定了坚实基础。

在评议阶段,李力(中南财经政法大学)认为简牍材料提供扎实的学术论据,它是中华法系的根本渊源,法律史学界需重视古代简牍的研究,以突出未来研究的基本方向和重点。郑显文(上海师范大学)认为解读史料需更加严谨细致,并指出应加强对于出土文献的法制史研究。赵晶(中国政法大学)的评议分别针对张生、尤陈俊以及徐忠明的论文提出关于"清末民国的立法对于当时社会生活有何影响","语言不同是否会影响国族认同"以及"书信尺牍是否可反映亲疏关系的变化"等疑问。各评议专家均对各篇文章提出了建设性意见。

三、习惯·官法·适用:法律文化与刑狱断案的社会视域

本部分以法律社会史、法律文化史为主视角,探究了历史时空下

的司法实践与社会危机、乡土文化与契约规制、女性婚姻及司法检验等问题。

徐晓光(江苏师范大学)作题为《清代村寨纠纷解决与地方官署的办案倾向》的报告。他以黔东南清水江碑刻、文书为例,认为碑刻、文书承载着基层社会的契约习惯。从历史文本来看,在血缘关系比较浓厚的传统农耕社会,族长、寨老、款首、头人等有较高的威望,他们是村落内部纠纷的裁判者和规范的实施者。因此,传统地域形成解决村落社会纠纷的一套独特规则。民间纠纷调解机制调整的范围较宽,涉及村寨社会生活各方面的问题,具有重要的社会文化意义。

王宏治(中国政法大学)探讨了沈家本对《唐律》与《大清律例》死刑条款的比较,并指出沈家本对"废除死刑"有着清醒的认识。沈家本认为,在"疆域稍广之国",教化还不能达到尽善尽美之时,废除死刑是不现实的。清末修律提出的"废除死刑"提议既不合乎当时的社会状况,也容易遭到反对修律者的攻击。报告强调"废除死刑"的学术价值,学界应开风气之先,顺应时代变迁,而不应将其列为学术研究的禁区。

李栋(中南财经政法大学)以《超越"依法裁判"的清代司法》为题,以清代司法裁判为基本制度背景,分析学界以滋贺秀三和黄宗智为代表关于此论题的争论,并在寺田浩明相关研究的基础上阐释清代司法裁判如何超越"依法裁判"。他认为无论在事实上还是在理论上,清代司法都不存在所谓的法律"决定论模式",学者应跳出西方近代以来对于"依法裁判"的"前见",重新审视传统中国的司法文明。

蒋铁初(杭州师范大学)讨论了"中国古代的无罪推定及其当代价值"。他阐释了中国古代无罪推定的基本概念与特征,并强调无罪推定的功能与价值,既可以预防冤狱的形成,亦能够平反已成冤狱。其文化基础为仁者司法理念和以情折狱的司法传统。当代冤狱形成的根本原因是司法者的有罪推定思维。因此,当代社会应当借鉴古代司法经验,努力培育司法人员的无罪推定与以情折狱思维。

郭瑞卿(中国政法大学)则以清代王氏“顶替被骗为妻杀夫”案为中心探究古代女性婚愿传统。她列举大量古代婚姻纠纷案件,通过对案件的分析论证及相关法条的考据辨析,提出女性在古代婚愿自由受到限制的观点,认为国家在对民间的非法婚姻处理时,通常以女性家长的婚姻意愿为定。

李守良(汕头大学)发表了题为《清末循化厅藏民抢劫案件法律适用论析》的报告。他认为,清末循化厅藏族内、藏族与其他民族间经常发生的抢劫案件多元异质化的法律适用状况,反映了“因俗而治”理念下,官府针对多族群杂居时各守各界及维持势力均衡的考量。循化厅两造抢劫纠纷的解决,为维护社会稳定和边疆安全起到了积极作用,也为民族地区的纠纷解决与秩序形成积累了丰富的经验。

朱仕金(西华师范大学)做题为《清代四川基层司法中的“约邻”——基于巴县档案为中心的考察》的报告。他认为,约邻不能视同乡约,而是由乡约、保长、邻佑等组成且外延更加宽泛的集体性称谓。从整个清代基层“命盗”司法领域看,县衙用以定案的“供”应该理解为涵盖了两造之供词和仵作、约邻、干证等人供词的“众供”。他通过梳理巴县档案所见清代基层司法实践,认为约邻众证是清代四川基层司法进程中不可或缺的结构性要素。

卓增华(清华大学)在论文《历史中国的分配正义——以荒政中的分配为视角》中,运用埃尔斯特的“地方性正义”理论对历史中国的荒政分配进行分析,指出重要的经济中心、京畿等地区和农民等群体在分配中往往会得到更多的关注,这体现了历史中国在分配正义中的差异性特征和对效益的追求。这种分配正义是历史中国的政府在特定情境的生存压力下作出的理性选择。

张京凯(中国政法大学)提交的论文《安民固本:宋代应对灾伤

的历史经验》，以户绝田流转与灾伤赈济为视角，研究宋代户绝田的流转及其在灾伤赈济中所发挥的作用，有助于深入了解宋代灾害预防和灾害赈济的相关制度。

周嘉豪（同济大学）的论文《中国古代荒政的非理性治理因素考察——以明清时期城隍祈雨为例》，通过灾害政治学的视角来考察明清时期地方官员的祈雨仪式，探讨中国古代的城隍信仰、制度作为一种普遍分布、受众广泛的公共崇拜的政治功能问题，展现中华帝国晚期荒政中的公共治理逻辑。

马林莹（北京师范大学）的论文《禁弛之间：清代察哈尔地方黄芪采挖研究》，梳理钩沉清代的封禁政策及内地民人对察哈尔黄芪的刨采和贸易情况，并考察清廷对民人私采黄芪的态度变化和律例调适过程，认为内地民人与当地官民互助挖采黄芪，促进了边疆地区的资源开发，推动了社会变迁和律例完善。

姜金顺（中国政法大学）提交的《国家治理与雍正朝法律改革的展开：一个微观史的考察》一文，提出清代制定了各种公文修辞规范，以便减少公文运转过程中的信息失真。为了解决疑难案件中地方督抚、刑部官员双方的分歧、纠正地方可能存在的错误判决，雍正帝制定了一套复杂的分歧解决机制。但这套机制使得地方督抚、刑部官员处于不平等地位，且有利于刑部不断扩充案件复核权力。就此而言，这是一场影响极为深远的法律改革。

方华玲（国防大学）提交的《冲突与调适：嘉庆朝废员发遣新疆案中的法理情》一文，对“法”“理”“情”在嘉庆朝废员发遣新疆案中的冲突与调适加以探讨，以期充实对清代吏治建设、清代新疆社会发展的学术研究。

颜丽媛（中国海洋大学）提交的论文《跨国合作：国际公共卫生软法视角下清末奉天万国鼠疫研究会的议决》，探讨了 1910 ~ 1911 年晚清暴发的严重鼠疫及相关举措。晚清政府举办万国鼠疫研究会，并形成了有关流行病症医学说明的《议决条款》与防疫措施科学建议的《议决条陈》。这为中国突破由不平等的条约硬法束缚的东北地缘政治现实,寻求在鼠疫及流行病等医学研究方面的跨国合作、发展中国及世界公共卫生事业提供了依据。

在评议阶段,李雪梅(中国政法大学)认为碑刻史料可以为少数民族如何治理地方提供丰富的素材。夏扬(北京师范大学)认为不同学者对于“法”的理解不同,并提出法典与判例是否具有统一性等疑问。李超(中国政法大学)认为应从典籍本身出发辨析相关语词,谨慎使用现代刑法术语和概念。李典蓉(中国政法大学)针对蒋铁初以及李守良的报告都作了精彩点评并提出一些建设性意见。颜丽媛(中国海洋大学)针对郭瑞卿的报告提出了探讨,认为传统的女性主义研究于21世纪被赋予新的含义,相关案件可被重新梳理,以发掘新的突破之处。

四、法理·哲学·人文:身份地位与儒学伦理的多维思考

本部分聚焦于法律史学考察视野的多元性与研究范式的多样性,涉及传统法学智慧、法学理论研究、中日法文化交流、传统契约中的身份地位关系等法律思想的学术专题。

崔永东(华东政法大学)的论文题为《中国法律传统中的智慧》。文章提出:首先,社会治理是国家治理的有益补充。重视基层社会治理,是中华文化的一大悠久的传统。儒家重视“礼治”,就包含了社会治理的内容,其核心在于道德教育和规则教育。其次,“从严治官”在中国有着悠久的历史,只有严格监督才能促成优良吏治。最后,责任司法是一种“治吏”司法、严格司法,相关人员须严格依法办事,慎重适用法律来化解纠纷,使法律的公正性得以体现。

林乾(中国政法大学)在《清朝以法治军的成就与启示》一文中认为,清朝通过制定不同层次和形式的强军战略,为各项政策措施实行创造了必要的先决条件。基于“军旅乃国家第一要务”的强军战略,清朝在制定军事单行法的同时,尤其重视总结战争中的经验

教训，及时将其纳入军事法并上升为国家的最高法律规范，使以往静态的军事法成为与实战结合紧密的实效性最强的法律，从而把统一的多民族国家的强化提升到历史的新高度。

杜文忠（西南民族大学）在《“理”之法意》一文中强调，中国古代就有“以理统法”之说，情理、道理中包含了中国人的法意识、法观念和“讲理”之风。历史上的中国讲的理，从来都不是西方式的形式理性；历史上的中国法律理性，也不是有如机械般可以计算的法律。与西方形式理性化的法理学不同，中国人的“法理化”包括了天道神性（道）、社会理性（理）、国家理性（法）三个部分，包括了道、理、法三个部分。由道而生理，由理而生法，因此可称为“道法学”或者“理法学”。

屠凯（清华大学）的文章《道德自律的制度展开：黄宗羲法哲学新论》，力求以现代的分析形式恢复黄宗羲法哲学大师的本来面目，贯通理学和政教话语。黄宗羲法哲学的主旨是，凝聚个人的精神力量，使思维和行为受到自己而非外在因素的控制，通过精神力量的自由表达，生成并维持人文界的内在秩序。正因如此，他为晚清以降的中国社会接受现代观念提供的不仅仅是榫桙或者津梁，而是肩负宇宙与社会秩序之恢复重建的自觉气质。

陈煜（中国政法大学）的文章主要考察江户前中期中国法在日本的传播和日本对中国的研究，并力图揭示相关的原因、特色及作用，以深化对中日法文化交流的理解。文章认为，在幕府控制力较强的江户前中期，在立法层面上中国法对日本的影响始终有限。这一时期中日法文化交流，主要体现在中国法法律文本及律学作品在日本的传播以及日本相关人士特别是儒学家对中国的研究上。在江户后期，随着幕藩体制的松动，部分具有实力的藩开始一定程度上模仿明清律例，制定适用于藩内的“藩法”。

张田田（沈阳师范大学）在《唐代违制罪研究》一文中探讨了唐代违制罪名的历史源流与实际适用。她指出，与其循环论证强调抽象的绝对皇权下违制罪的一些模糊性,不如更进一步深入把握常规常态违制罪的运行规律。该文依据现有文献,深入讨论唐人包括定律者、注疏者与使用者们对律典违制罪的理解。

冯学伟(南开大学)以"中国传统契约中的身份关系"为题,提出明清时期的中国社会聚族而居,身份关系显著,却存在大量丰富的契约实践。传统契约文书以形式上的书写格式展示身份关系,体现上下尊卑,实质权利义务处分时同等对待,且通过确立亲邻先买权等制度安排充分展示身份关系,避免权利瑕疵。在充分考虑个体之间实际不平等的前提下,传统社会能够调动个人的实践理性并进行更加有效的制度设计,保障契约自由、平等的实现。

邵方(中国政法大学)提交的《略论儒家民族观中的治边理念》一文指出,历代王朝制定治边政策时,主要遵循两种原则,一是"用夏变夷",二是"因俗而治",其目的均为实现儒家倡导的"王者无外"、"华夷一体"的大一统。儒家坚持"天下大同"的家国观,坚持"有教无类",将教化与仁、义、礼相结合,构成儒家民族观的基本要义。

乔飞(河南大学)的《儒家报应论及其法理诠释》一文,认为儒家的"善恶报应"论在中华文化中源远流长,内容命题丰富,实为一种法理性的"正义论",其所构建的法律秩序是一种"自然法"秩序。

宋磊(中国政法大学)的《再释中国法律之儒家化——以爵的法律特权为中心的考察》一文认为,《周礼》中的"八议之辟"、秦汉律中的"以爵减、免、赎"和唐律中的"八议"是中国古代三种重要的法律特权。"八议之辟"和"八议"与五等爵结合在一起,体现了"礼"的精神,但它们之间却有很大的差别,可以此为视角重新解释法律儒家化问题。

袁瑜琤、可晓(烟台大学)的论文《传统中国的"公法"与"私约"文化概略》,立意于传统中国的契约文化研究,借助法律史学的方法来对传统史料进行现代法治意义的解读。认为传统中国的基层社会并非一盘散沙,普通百姓对于权利话语也非简单地排斥,相反此种社会自有其相互缔约形成的公共秩序,百姓在私约的订立和维护中也在形成一种中国式的民法生态。

傅泽风(湖北省社会科学院)提交的《中国古代法治文化的理论价值和时代局限》一文认为,中国古代法治文化内容丰富,要充分发掘中国古代法治文化的理论价值,但在政治实践中专制高于法治,因此不能盲目搬用到当代中国法治实践中。

何元博(青海师范大学)提交的论文《先秦法律思想与中国专制制度渊源略论稿》指出,早在商周乃至更以前的习惯法时代,中华法系就秉持“刑不可知,威不可测”的理念,即便在成文法时代来临后也不曾褪去,在法家“刑无等级,明法去私”理念的主导下,先秦法律思想成为影响与维系后世中国君主专制制度的纽带。

李丽平(河北工业大学)提交的《〈歧路灯〉与“春秋决狱”之关系研究》一文,以长篇小说《歧路灯》为分析对象,讨论儒家观念对小说创作的影响。认为这和“以儒释法”、科举制度以及作者的人生经历、时代背景等相关,是“春秋决狱”延续至清朝后的一种民间体现。

湛果(中南财经政法大学)提交的《〈名公书判清明集〉中的传统法理及其现代价值》一文,以《名公书判清明集》为考察对象,分析词源及具体判词中的“法理”,认为传统法理集中体现为“天理、国法、人情”,此种大法观念对于重新定义法理学这门学科、服务于法律实践、提供基层自治新思路都有重要意义。

佘文博(中国政法大学)的论文《“参考古今,博稽中外”:沈家本法律现代化思维方式探析》认为,沈家本秉持会通中西思想,提出“参考古今,博稽中外”的法律转型方针。他透过会通中西的路径实现中国法律现代化,这是“西方化”与“本土化”两极思潮相互角力的自然归趋,是消弭法观念的价值冲突,凝聚共识而免于民气内耗的极则。

文扬(中国政法大学)提交的《此疆彼界:礼法之争是道德与法

律之争吗?》一文强调,礼教派与法理派关于法律与道德的争论,蕴积着古与今、中与西的时空错置。随着礼的隐退和伦理学学科的建立,德礼与刑罚本用、主辅、合一的关系,最终转向法律与道德的对等、互补、分离。

焦利(中共中央党校报刊社)的论文《传统文化的现代光辉:简析中国民法典的法文化基因》,认为《民法典》传承着传统中华法文化的基因,"隆礼重法""德法兼治""仁者爱人""定分止争""和合为贵,爱家睦邻""诚实守信,私约如律""天人合一,不违自然"等儒学思维与价值观念,依然在影响着中国人的法律和生活。

评议环节,高汉成(中国社会科学院)针对陈煜的报告,认为明治维新之前,中日之间的文化交流并非呈现单向性特征,而是二者之间相互影响、相互促进;刘晓林(吉林大学)就张田田的报告提出"唐代违制是否可被称为罪名"的疑问;姜晓敏(中国政法大学)认为,崔永东的报告纵贯古今,视野宏大,体现其对于社会现实的深切关怀;袁瑜琤(烟台大学)指出,屠凯的报告内容详实,文献梳理细致,无论对于黄宗羲内在精神的总结或是哲学观念的见解均引人深思,使人获益匪浅;谢晶(中国政法大学)探讨了中西方话语的差异,认为法律史研究应该跨越西方话语的影响,在本土实践中谨慎使用法律术语。

大会主题发言和三个单元的专题研讨中,与会专家学者基于不同的史料和文献,从不同的视角对中国传统法律文化中的相关问题或宏观或微观地进行了阐释和研讨,提出了对于中国传统法文化新的认识与评价。会议的主题发言和专题研讨,各个阶段的评议、提问、交流与回应,对于深化和拓展中国传统法文化研究,挖掘和总结传统国家治理实践与经验富有启发与借鉴意义。

除以上主题外,部分学者还将关注焦点集中于传统校训文化与专著书评等问题。李佳乐(天津师范大学)提交的论文"探究政法院校校训中的法律文化传统",强调校训有其特定的历史烙印,离不开法律文化传统的内核，同时亦是整个法律界发展的时代缩影。杨静（西北政法大学）在其论文《学问最难是创意——两本同名书〈中华法系研究〉的不同处》中，聚焦于杨振洪的《中华法系研究》和郝铁川的《中华法系研究》的著述特色与逻辑旨趣。认为两本同名著作书写的是不同维度下的中华法系，虽说风格与内容迥异，然均具有很强的可读性。

本次研讨会紧扣学术前沿，密切关注中国法律的传统与创造性转化的历程与范式，专业精深，讨论开放，体现一流的学术水平，是中国政法大学法律史学研究院依托教育部人文社会科学重点研究基地举办的一次学术盛会。研讨会对促进法律史学研究的进步与繁荣有重要意义。

教育部文科重点研究基地·中国政法大学法律史学研究院出版物《中华法系》

约稿启事(修订版)

《中华法系》由教育部文科重点研究基地·中国政法大学法律史学研究院主办,为我国面向国内外发行的专门研究中华法系及相关问题的学术性连续出版物。本着“弘扬中华法律文化,探讨现代中国法治;比较中外法律传统,构建新型中华法系”的目的,坚持“坚持学术自由,鼓励学术创新;守护学术经典,培育学术新人”的宗旨,致力在法律制度、法律思想、法律人物、法律文化、法律作品等方面向社会贡献出优秀的研究成果,推动社会主义法制建设。现面向国内外广大作者诚挚约稿,具体栏目设置如下:

一、学术研究

关于中国传统法律、中国近现代法律、中外法律比较等方面的学术论文。特别注意发掘中国古代优秀法律传统、分析中国近代法律发展在理论与实践方面的经验与教训。

二、学术聚焦

结合学术界的学术热点以及社会关注的法律学术问题,聚焦注目,邀请相关学者进行多视角探讨,对于热点问题进行学理分析和文化解读。

三、法治人物

介绍、分析在中国历史上有重要影响的法治人物,包括在法律思想、法律学术方面提出过重要观点,在国家法治进程中发挥重要作用的法律人物。

四、经典案例

介绍、分析国内外经典案例。通过经典案例分析，探讨法律发展的实证轨迹，展示法律发展的多元图景。

五、学术新人

本着培育学术新人的宗旨，为法律史学的年青学者（包括青年教师、在读法律史专业博士研究生、硕士研究生）提供专门园地，发表其研究成果。

六、学术动态

介绍法律史学著作和相关作品、法律史学界的著名学者、法律史学重要的学术活动、法律史学研究机构等。

投稿须知

一、来稿必须为原创作品，未经其他书籍、报刊、网站等媒体以整体或部分的形式公开发表。请勿一稿多投，来稿应注明专投本出版物，坚决反对抄袭、剽窃等一切学术不端行为。

二、稿件格式请参阅本出版物文章的体例。文章首页请标明题目、内容摘要（200～300字）、关键词（3～5个），以及作者的基本信息，包括作者姓名、工作单位、职务职称、联系地址、电话、邮编和电子信箱等内容。

三、对决定采用的稿件，本出版物有权更改格式、润饰文字。如有必要，将请作者根据审读意见进行修改。

四、本出版物收到来稿后，将尽快审读处理，采用与否，均在3个月内告知作者。

五、来稿应采用Word文档格式，页码自首页按顺序编排。注释采用页下脚注，格式请参照本出版物体例。

稿件的电子文本请以附件形式发到本出版物电子信箱：lawchen1978@163.com；也可同时邮寄文字稿（A4纸打印），邮寄地址：100088　北京西土城路25号中国政法大学法律史学研究院《中华法系》编辑部收。

六、本出版物对于除中国政法大学法律史学研究院研究人员以外的来稿，按照50元/千字支付稿酬。具体支付方法，由本出版物编辑部与出版单位协商后通知作者。

格式体例

一、内容提要和关键词

请在来稿首页的题目、姓名下面列出文章的内容提要和关键词。内容提要一般不应超过300字,但也不宜过短,关键词2~5个。

二、正文格式

1. 小标题及子目序列方式:正文小标题以及不同部分的子目可依照如下顺序标列:一,(一),1,(1),a,(a)等。

2. 引文:出现在正文和注释之中的引文,加双引号“”,引文之中的引文加单引号‘’。引文的注释序号加在引号之外;如果引文是完整的句子或段落,应在句子或段落的结尾加上句号或问号等,再加引号和注释序号。

3. 附加说明:正文和注释中涉及外文人名、地名、著作、短语和专用术语等,一般应以通行的译法译成中文,为准确和便于查证起见,必要时可在中文之后以圆括号加上原文。

4. 注释

(1)本出版物采用页下注(脚注),每页依序重新编号。

(2)中文文献的注释

A. 中文著作各个类项的标注次序为:著者/编者,书名,出版社及版次,页码。

B. 中文译著各个类项的次序为:(可以[ ]标明著者国别)著者,书名,译者,出版社及版次,页码。

C. 中文文章的注释:

如果引用刊物上的文章,各类项次序为:作者,文章题目(加双引号),刊物名称及期号,页码。

若为报纸上的文章,则在作者、文章题目后注明报纸的名称和日期。

如果引用文集中的文章,则次序为:作者,文章题目(加双引号),文集编者名称,文集(书)名,出版社及版次,页码。

D. 研讨会论文,则格式为:作者,论文题目(加双引号),研讨会名称(加双引号)论文,地点,时间。

E. 学位论文 其格式为：作者，论文题目（加双引号），发表地点：学校（名称）博（硕）士论文，年份，页码。

（3）外文文献的注释：

A. 注释外文著作，各个类项的标注次序为：著者／编者，书名（斜体），出版社及版次，页码。外文作者名字一律以名前姓后的顺序书写。

B. 外文文章的注释 文集中的文章，其各类项次序为：作者，文章标题（加双引号），文集编者，文集名称（斜体），出版社，版次，页码。

刊物上的文章，则各类项次序为：作者，文章标题（加双引号），刊物名称（斜体），期号，页码。报纸上的文章，则标注作者、文章标题（加双引号）、报纸名称（斜体）、时间即可。

（4）互联网资料 如实有必要，可以使用互联网资料，标注时著作者、文献名称等类项同上述相应体例，同时注明详细的互联网网址和登录的具体时间。

（5）重复引用 在同一篇文章中，如重复引用同一文献，则标注格式如下：

A 连续引用。中文文献，标注为：同上（书），第×页。外文文献，则标注为：Ibid.，p.×。

B. 非连续引用同一文献，不论中外文，皆只需注明著作者、文献名和页码。

5. 图表 图示和表格应该分开，如图1，图2…… 表1，表2……如果图表系出自其他书刊，应在图表下方说明其出处。也可以给图表附加说明。

6. 数字 原则上，准确的数目字都应以阿拉伯数字表示，如年代、数量、年龄等，但在某些特定情况下，也应遵循汉语数量词的惯用法。

三、参考文献

作者根据来稿的情况，可以列出参考文献（不包括注释中已经出现的文献），但本出版物一般在所刊发的文章后面不另开列"参考文献"。

中国政法大学法律史学研究院

《中华法系》编辑部